2017年度教育部人文社会科学研究一般项目（17YJA820031）资助

1980—2016
中国当代法律翻译研究
Chinese Translations of Foreign Legal Works 1980-2016

魏 蘅/著

中国政法大学出版社
2023·北京

声　明　1. 版权所有，侵权必究。
　　　　　2. 如有缺页、倒装问题，由出版社负责退换。

图书在版编目（CIP）数据

中国当代法律翻译研究：1980-2016/魏蘅著.—北京：中国政法大学出版社，2023.1
ISBN 978-7-5764-0748-8

Ⅰ.①中… Ⅱ.①魏… Ⅲ.①法律－翻译－研究－中国－1980-2016 Ⅳ.①D90-055

中国国家版本馆 CIP 数据核字(2023)第 008940 号

出 版 者	中国政法大学出版社
地　　址	北京市海淀区西土城路 25 号
邮寄地址	北京 100088 信箱 8034 分箱　邮编 100088
网　　址	http://www.cuplpress.com（网络实名：中国政法大学出版社）
电　　话	010-58908285(总编室) 58908433（编辑部）58908334(邮购部)
承　　印	北京中科印刷有限公司
开　　本	720mm×960mm　1/16
印　　张	25.25
字　　数	412 千字
版　　次	2023 年 1 月第 1 版
印　　次	2023 年 1 月第 1 次印刷
定　　价	115.00 元

自 序

在中国，法律翻译研究至今日已经有了长足发展，引起了不同领域学者的关注。目前，这件事情仍是法律人做法律的研究，外语（翻译和语言学）人做语言文字的研究。法律人的着眼点在法律史、法理、法律移植和比较法；外语人的入手点在字、词、句，翻译原则和策略，翻译与文化交流。例如，外语人对比《民法典》各译本，进行翻译质量批评，而法学家研究民国时期宪法译著对中国的意义，前者研究容易囿于文本，后者则徘徊在文本之外。

翻译本就有跨学科属性，语言学、比较文学、文化研究、哲学、社会学、历史学与翻译联系紧密，法律翻译还要加上法律。近些年，一些外语人学了法律，法律人翻译了法学著作，法律翻译研究有了些跨学科的苗头。这些跨学科的尝试是自发的，从不同角度展开的，缺乏系统性。常有写法律翻译论文的学生问，有什么针对性的理论可用，哪个理论更适合？但目前没有针对法律翻译的成熟理论，学生们、研究者们只能在既有的理论中寻找一个差不多的。因为跨学科的属性，法律翻译现象涉及许多要素，常会导致所用理论和研究对象两张皮，要么理论太过抽象宏观，大炮打蚊子；要么理论不能触及法律翻译实质，隔靴搔痒；要么理论脱离翻译实际，水土不服。

法律翻译这个跨学科的领域，研究创新最大的挑战是掌握不同学科的知识。推动不同学科知识和技术之间的联系，突破传统思维方法，跨学科研究就会前进一步。推动法律翻译跨学科研究，可以从创新研究方法和扩大研究对象入手。

法学研究方法一般包括阶级分析、经济分析、价值分析、实证分析、社会调查、历史考察、比较法、逻辑分析、语义分析等。翻译研究的方法更广泛，前面提到涉及翻译的各个学科的方法都有可能用得到。语言学方法的罗列，可能就需要几页纸。语言学的分支里，社会语言学、语料库语言学、认知语言学、系统功能语言学，等等，研究方法各具特色，这还只是语言学的方法。把不同学科方法交叉、叠加后加以改进，有可能创造出更具适用性的理论和方法。

扩大研究对象也能推进跨学科研究，把已有方法应用到新类型的研究对象上，可以解释翻译现象，修正、扩充理论。法律翻译涉及的几种法律文本，根据源语主题一般分为立法、司法、学术和法律应用文四类。Susan Šarčević根据文本功能把法律文本分为规定性、描写性与规定性混合、纯描写性三类。〔1〕Deborah Cao根据交流目的，把法律文本分为三类：一是以规范为目的的，如双语或多语环境法律法规；二是以传递信息为目的的，如判决书、学术著作；三是为司法服务的文书，如证人证言。〔2〕上述分类为我们厘定了法律翻译研究的文本范围和研究对象。如果按照法律翻译研究成果与翻译实践数量的比例来看，法律法规翻译研究关注最多，其他类别，尤其法律学术类的翻译研究很少。

为什么法律学术类翻译研究很少？原因之一是研究对象庞杂、边缘。存在哪些译著，哪些译著是经典的，有几个译本，研究价值如何，译者的身份角色等问题，一般需要研究者熟悉著作的相关法律领域才能作出判断。对外语人来说，这是陌生的。

对法律人来说，虽了解某一法律领域的译著或译者，但这是一个法律的边缘、非核心、不热门的领域，法律人很少关注。这种状况（法律翻译和法学的关系）在中国可以类比为翻译文学（外国文学）和现代文学的关系。一直以来，外国文学一向是外文系的研究领地，和中国文学似乎脱离了关系。进入新时期后，有学者提出翻译文学不是外国文学，而是中国文学的一部分。翻译产生的影响都在目标语世界，所以翻译文学应当是中国现代文学的组成部分。〔3〕同理，法学著作的汉译研究，也不应该只是外语人的，它同样是法律人的功课。幸而法律人也注意到了这个问题，贺卫方和苏力教授都提出需要对法律著作翻译进行研究。〔4〕

本书的目的就是在法律翻译研究对象和研究方法上开辟新思路。

本书研究对象为1980年至2016年间的汉译法学著作。研究对象的重心不在文本本身，而是译著、译者、法学学科以及他们之间的相互关系。研究对象

---

〔1〕 See Susan Šarčević, *New Approach to Legal Translation*, Kluwer Law International, 1997, p.5.

〔2〕 See Deborah Cao, *Translaitng Law*, Multilingual Matters Ltd., 2007, p.10.

〔3〕 参见赵稀方：《翻译与现代中国》，复旦大学出版社2018年版，自序。

〔4〕 参见贺卫方："1949年以来中国的法律翻译"，载《中国政法大学学报》2007年第1期。参见苏力："当代中国的法学著作翻译——从制度或经济学的角度考察"，载《清华法学》2004年第1期。

具有翻译、翻译史、法律史、比较法等学科交叉的性质。

本书以翻译学科的方法论为指导，贯穿整体的思路是梳理法学翻译事实，从翻译现象中提取特征和规律。研究的目的首先是梳理，即实证性质的描写，进而概括和解释，从中提炼规律，使翻译理论和实践良性循环起来。其次，在此基础上做一些初步的研究，挖掘译介与中国法制建设的关系，并为后续研究打好基础。

本书上编为法学译著的宏观观察。第一章用数据说明不同时期、学科、国别、出版系列的法学著作的概况，以及法学译介与我国法制发展、法律学科建设的关系。第二章通过数据和法学译著的副文本，梳理当代法学译者的概况。第三章聚焦美国法经济学在中国的译介，以及其与中国法经济学发展的联系。

中编为译著的微观观察。研究通过数据筛选出《法理学问题》的复译作为研究对象。中编的两章分别从行文语言和法律术语两方面对比初译和复译的差异，并分析译者不同时期翻译法学著作的态度，解释差异的原因。此外，分析还暴露了当代法学著作翻译的一些问题。

需要说明的是，我指导的研究生吴志双同学，在我的影响下也选了《法理学问题》的复译作为毕业论文内容，我们的研究路径相似，但立意和具体分析的方式均不同，请大家监督。

前两编的选题完全是数据驱动的。宏观观察就是数据的整体报告，微观观察是数据反映出的典型例子的分析。当然，肯定还有没有被挖掘出来的数据，还有很多典型例子没有讨论，我希望写这本书所做的所有努力，为后续研究打通一条路径，带来更多研究法学译著的成果。

下编内容有关法律翻译研究的方法。这部分内容不是直接产生于法学译著的各种数据，而是在精读和泛读了一些法学译著后，再结合法律翻译相关理论的思考。"再论Susan Šarčević法律翻译观"曾在《语言与法律研究》2021年第2期发表，"法律翻译的法学方法"曾在《中国ESP研究》2020年第2期发表，此处均稍有修改。

最后，本书的研究还有很多缺憾。一是数据。因为要确保译著信息来源稳定、可靠，信息收集的途径是固定的，但到了研究结束，书稿完成的时候，作者还会在其他途径发现某本译著没有收录进来。此外，译者信息虽经过各种途径相互验证，但信息数量庞大，难免有遗漏和失误。

二是研究的深入程度不够。由于作者水平有限，本书研究又是一种新的尝试，常感到宏观观察接近数据报告。可以说对法学译著状况的基本的描写完成了，但是与社会、历史、法学的关系分析还不透彻，还有待进一步探索。

三是微观观察只有一例，不够丰富。译著数据显示，还有很多有价值的译者自己复译和其他译者复译，或其他特殊的翻译现象，但由于结项时间限制，笔者只能暂时罢手。希望这样的分析积少成多，研究者能从中发现一些规律。

期待各位读者批评指正。

目 录

自 序 ··· 1

◇ 上编　宏观观察 ◇

第一章　1980-2016汉译法学著作考察 ··· 3
　一、引言 ··· 3
　二、译著数量 ·· 4
　三、译著学科 ·· 6
　四、原著国别 ·· 11
　五、法学译丛 ·· 18
　六、结语 ··· 25

第二章　外译中法学著作译者考察 ·· 27
　一、谁是译者 ·· 28
　二、翻译目的 ·· 32
　三、如何译 ··· 35
　四、结语 ··· 42

第三章　美国法经济学在中国的译介 ·· 44
　一、法经济学 ·· 45
　二、法经济学译著 ··· 46
　三、译者、学者与法经济学发展 ··· 55

— 1 —

四、法经济学译者 ·· 59
五、复译 ·· 66

◇ 中编　微观观察 ◇

第一章　法律文化自觉中译者的坚持与妥协
　　　　——《法理学问题》复译对比分析 ················· 73
一、原著、作者、译者及两个译本 ······················· 74
二、复译更贴近原文含义，直译策略明显 ············· 76
三、复译向可接受性妥协 ···································· 83
四、讨论 ·· 85
五、结语 ·· 88

第二章　《法理学问题》复译
　　　　——法律术语翻译对比 ··························· 89
一、复译不变 ·· 89
二、改为对等 ·· 92
三、两个对等换用 ··· 93
四、弃用对等，创新术语 ···································· 95
五、均不用对等，推敲字面意思 ··························· 97
六、术语的近义转换 ··· 100
七、没有对等 ·· 102
八、其他——复译对改错 ···································· 104
九、小结 ·· 105

◇ 下编　法律翻译研究方法 ◇

第一章　再论Susan Šarčević法律翻译观 ··············· 109
一、引言 ·· 109

二、跨学科的理论创举 ………………………………………… 110
三、挑战与缺陷 ………………………………………………… 118
四、对中国法律翻译研究的意义 ……………………………… 120

第二章　法律翻译的法学方法 …………………………………… 123
一、法律翻译运用法学方法现状 ……………………………… 124
二、法学方法的必要性 ………………………………………… 126
三、两种法学方法 ……………………………………………… 128
四、结语 ………………………………………………………… 135

附录一　1980-2016 法学译著总表 ……………………………… 136
附录二　译者信息 ………………………………………………… 309
后　记 ……………………………………………………………… 391

上编
宏观观察

第一章
1980-2016 汉译法学著作考察

一、引言

汉译法学著作与中国法学发展联系紧密,[1]对中国的法制现代化意义重大。汉译法学著作向中国介绍了新概念、新制度,丰富了中国法律语言、影响了几代学人。[2]

改革开放以来的法学翻译,在中国法学译介历史上是一段重要时期。从1978年到现今的法学翻译经历了复苏、转型和繁盛阶段,[3]这期间,西方法律思想通过译介对当前中国法学发展产生了现实影响。[4]法学家们想了解这一时期译介著作的整体情况,我们翻译哪些国家著作较多,哪个学科译著较多,都有哪些类型的译著等问题。[5]这些涉及翻译的法律界活动,是法律文化交流与法律制度建构的基础,掌握了法律译介的动向和全貌,我们就掌握了这部分法律翻译历史,从中可以提取经验,提升法律翻译理论和实践水平,更好为法学提供服务。从法学学科角度,本研究可归为法律史、法律文化类别的研究。

---

[1] 参见刘毅:"法学翻译与法律现代化",载《北京理工大学学报(社会科学版)》2012年第5期。

[2] 参见苏力:"当代中国的法学著作翻译——从制度或经济学的角度考察",载《清华法学》2004年第1期。

[3] 参见刘毅:"法学翻译与法律现代化",载《北京理工大学学报(社会科学版)》2012年第5期。

[4] 参见刘小平:"法学中西之间:西方法学在中国法学理论体系建构中的贡献和定位",载《法制与社会发展》2012年第6期。

[5] 参见贺卫方:"1949年以来中国的法律翻译",载《中国政法大学学报》2007年第1期。

从翻译学角度而言，梳理译著是对文本之外的翻译问题的描写。这里的法律翻译不谈一段文字怎么翻，不论它的对错好坏，而是对这一段时期内发生的法学翻译活动的统计与归类，以期发现它的特征、它与法学其他要素之间的关系，属于翻译史、翻译社会学类的研究。

学界对法学汉译的现象早有关注，也有学者做了某段时期、某个学科、某个角度的法学翻译的统计工作。丁翼基于 CSSCI 法学论文被引数据（2000-2007）统计出 101 种对我国法学领域最有影响的国外学术著作。[1] 申伟、朱佳林统计了法学译丛（1990-2011）的出版情况，发现 44 套译丛中，美、德、英、日、法、意的原作者较多。[2] 改革开放以来整体的外国法学著作汉译情况，未见规模化的统计与分析。

本书统计整理 1980-2016 年的汉译法学著作，从译著的数量、学科、来源国家、译丛等角度反映改革开放后法学译介的整体情况。

二、译著数量

（一）译著统计方法

本书统计译著主要依据每年由中华书局出版的《全国总书目》[3]，此外还借助《全国新书目》[4]、超星数字图书、读秀知识库等数据库资源进行补充查找，力求完整全面地呈现各年法学译著出版概况。

（二）总量及阶段变化

1980-2016 年共出版 2556 本汉译法学著作。[5] 整体而言，译著数量呈逐渐上升趋势，最低出版量在 1980 年，只有 9 部，最高峰在 2007 年，达到 181 部。

---

[1] 参见丁翼："对我国法学研究最有学术影响的国外学术著作——基于 CSSCI（2000-2007 年度）数据"，载《西南民族大学学报（人文社会科学版）》2009 年第 8 期。

[2] 参见申伟、朱佳林："我国的法学知识引进运动述评（1990~2011）——从翻译域外法学文献的角度看"，载《六盘水师范学院学报》2013 年第 1 期。

[3] 该书是国内唯一的年鉴性编年总目，收录当年中国出版的公开发行和只限国内发行的各种文字的初版和改版图书。该书中收录的书目按中图法分类索引排列，条目包含书名、著者、出版者、关键词、主题词、丛书等信息。法律类书目在 D9 索引号下，译著都标有原著者姓名、国籍和译者姓名，本研究以此为依据，按年份逐个排查 D9 项下出版物。个别年份的《全国总书目》收录的作品不全，数量明显低于相邻年份，信息明显有错误，笔者需要与其他数据库对照并补漏。

[4]《全国新书目》是中国版本图书馆主办的国家级期刊，每下半月出版《数据大全》，全面介绍当月的新书出版信息。

[5] 2556 本译著中有个别不能确认版本或其他出版信息，未收录在附录一中，因此附录一所列译著数少于 2556。本篇所有译著、译者统计以总数 2556 本为依据，请读者知悉。

译著出版量上升幅度在不同时期有缓有急，根据译著数量变化，可以把这37年划分为四个阶段：

第一个阶段是80年代。这十年间译著数量总体量最低，但稳中有增，后期增长快，除80年代中期有短暂的小幅回落，从1980年的9部增长到了1989年的52部，80年代末一年的出版量达到了80年代初一年的5倍多。

第二个阶段是90年代。这期间的特征是数量保持平稳，年均30余部，最后两年数量翻倍。1990年译著数量33部，1999年达到了57部。

第三个阶段是00年代。这十年间译著数量基数大，中后期数量成倍增长，达到这37年来最高点，是这四阶段中总量和增长幅度最为突出的时期。2000年译著为63部，2004、2005、2006各年基本是2000年的2倍，2007年几乎达到3倍，为181部。2008—2010年数量有所回落，但也达到了2000年的2倍多。

第四个阶段是2010—2016年。较历史高点的00年代，2010年以后的译著数量有所回落，且数量上下起伏。2010年仍有144部，2011年和2013年降到了106部和87部，直至2016年也只维持在127部。

由此，80年代是改革开放以来法学著作翻译出版的启动期，90年代是稳定增长期，00年代是法学译介的井喷时期，2010年后又进入稳定期。法学汉译数量在改革开放后20年左右达到了最高峰，此后译介活动逐步趋稳放缓。苏力教授在2004年《也许正在发生：转型中国的法学》一书中预言，法学著作的翻译在最多20年后甚至十几年就会逐渐衰落。[1] 图1中的数据印证了这一说法。

中国法学译著出版繁荣是特定历史时段中出现的特殊现象。主要原因是中国当代社会制度变迁，需要外国经验，而有阅读外文著作的语言障碍，译著就是有效的借鉴渠道。但由于法律是具有高度地方性的实践性活动，法学著作也具有地方性，法律又是一种相对保守的社会实践，因此一旦中国的法治稳定下来，法学和法律实践的传统基本形成，对学术翻译的需求就会减弱。同时，对外开放深入和外语教育加强，越来越多的学者可以直接阅读外国文献。此外，学科专业化增强可能使译著的预期读者数量减少，学科相关知识快速变化导致翻译不够及时，都可能削减了法学译介的需求。

---

[1] 参见苏力：《也许正在发生：转型中国的法学》，法律出版社2004年版，第114页。

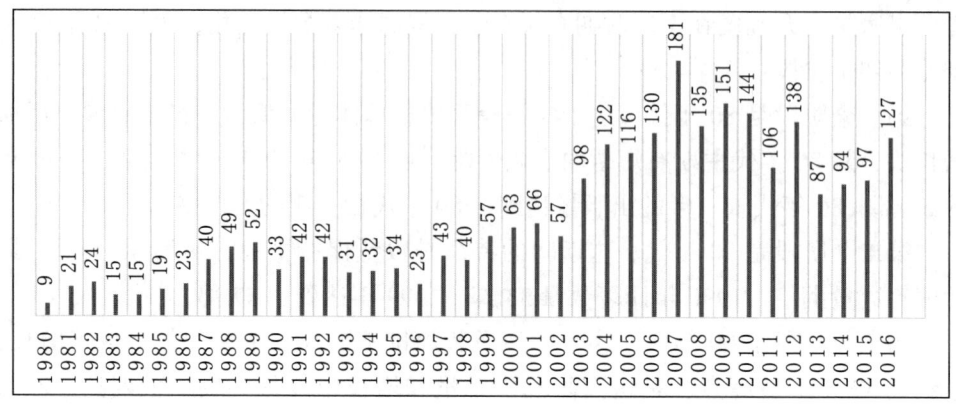

图1　各年法学汉译著作数量

三、译著学科

（一）译著学科归类

按照译著内容所属的法学范畴，把全部译著分为52类。这52类中有一些可以合并，例如罗马法可以合并到古代法中，民事诉讼法可以合并到诉讼法中。考虑到这些细分类别的法律范畴清晰并且占有一定数量，单列出来为后续研究提供方便，因此单列分类。

当译著可以归为多个法学领域时，以译著最突出的学科特征进行归类。例如《刑法的根基与哲学》一书探讨了刑法的基本问题[1]：人类社会为什么要有刑罚，国家行使这一权力的根源等，同时这些问题也深入到刑法理论层面，考虑到该著作是刑法理论，而不是法的一般理论，还是归类为刑法。[2]

由于法律学科越发展越精细，一些译著可以归属于很多传统法律范畴，如涉及旅游的法律，既有民商事法律内容，也有行政管理方面的内容；涉科技的法律既有知识产权，也有民、刑、合同等范畴的内容，这类新兴领域且综合多科法律问题的译著在此研究中单独归类。

本研究的主要译著分类如下：

法理学类主要包括法理学、法哲学、法律伦理、法逻辑学、法学方法、法

---

[1] 参见［日］西原春夫：《刑法的根基与哲学》，顾肖荣等译，法律出版社2004年版。
[2] 张文显教授认为，除法理学范畴外，其他每个法学部门的范畴都只是对法律现象的某个侧面、部分、过程、具体领域的认识，仅在各自所研究的具体领域内有普遍意义。参见张文显：《法学基本范畴研究》，中国政法大学出版社1993年版，第8页。

经济学的译著。

刑法类主要包括刑法、刑侦、犯罪学、犯罪心理学、刑事司法、青少年犯罪、刑事辩护、比较刑法、外国刑法等内容的译著。

民商法类主要包括民法、婚姻法、继承法、收养法、保险法、物权法、财产法、商法、破产法、海商法、外国商法、信托法等内容的译著。

国际法类包括国际私法、国际经济法、海洋法、航空法、欧盟法、欧共体法、人权、农业、危险物品管理、文化遗产、政府采购、战争等内容的译著。

宪法类包括各国宪法、民主、法治、人权、宪法判例、宪法历史、宪法学原理等内容的译著。

司法类包括各国司法制度、司法心理学、矫正制度、法庭辩论、监狱制度、律师与律师事务所、审判与辩护、法院、司法改革、司法错误的纠正、法官等内容的译著。

法律史类包括法系、刑法史、各国法律史、国际法史、法院史、宪政史、不同时代的法史、法律思想史等内容的译著。

知识产权类包括各国专利、商标、著作权法、软件保护、专有技术合同、专利律师资格、信息技术法、知识产权侵权、知识产权全球化、媒体知识产权、计算机相关专利法等内容的译著。

行政法类包括各国行政法、反腐败法、行政法原理、公务员法等内容的译著。

全部译著学科分类、数量及比例详情见表1。

表1 各学科译著四时段数量及比例

部门法	数量	占总数比	80年代学科占比	数量	90年代学科占比	数量	00年代学科占比	数量	2010-2016年学科占比	数量
法理	396	15.49%	4.29%	17	11.62%	46	48.23%	191	35.86%	142
刑法	304	11.89%	10.53%	32	17.76%	54	46.05%	140	25.66%	78
民商法	218	8.53%	5.96%	13	21.10%	46	43.58%	95	29.36%	64
国际法	194	7.59%	23.20%	45	24.23%	47	31.44%	61	21.13%	41
经济法	175	6.85%	17.71%	31	21.71%	38	38.29%	67	22.29%	39
宪法	165	6.46%	7.27%	12	7.27%	12	44.85%	74	40.61%	67

续表

部门法	数量	占总数比	80年代学科占比	数量	90年代学科占比	数量	00年代学科占比	数量	2010-2016年学科占比	数量
司法	139	5.44%	12.95%	18	12.23%	17	43.17%	60	31.65%	44
法律史	111	4.34%	8.11%	9	8.11%	9	36.94%	41	46.85%	52
知产	98	3.83%	1.00%	1	13.27%	13	39.80%	39	35.71%	35
行政法	73	2.86%	9.59%	7	15.07%	11	47.95%	35	26.03%	19
公司法[1]	54	2.11%		8		9		28		9
民诉	47	1.84%		7		5		28		7
合同法	45	1.76%		7		7		25		6
侵权法	42	1.64%		0		0		15		27
环境法	34	1.33%		3		7		9		15
比较法	33	1.29%		3		5		17		8
证据法	33	1.29%		1		0		15		17
卫生法	30	1.17%		1		2		20		7
通俗、少儿	29	1.13%		9		2		6		19
诉讼法（除民诉）	29	1.13%		3		7		12		7
法律职业	27	1.06%		2		0		9		16
法医	26	1.02%		10		1		4		11
劳动法	22	0.86%		3		4		8		7
法律文化	22	0.86%		0		2		10		10
法社会学	21	0.82%		2		0		14		5
法律语言	18	0.70%		2		0		8		8
外国法综合	17	0.67%		0		2		10		10
国际贸易法	16	0.63%		2		5		4		5
罗马法	17	0.67%		1		1		6		9

---

[1] 公司法以下的部门法占比较小，且文章后面讨论并未涉及，计算各年代比例意义不大，故对各年代的学科占比进行了省略，只涉及前十个部门法。

续表

部门法	数量	占总数比	80年代学科占比 数量	90年代学科占比 数量	00年代学科占比 数量	2010-2016年学科占比 数量
社会法	14	0.55%	1	4	8	1
教育法	11	0.43%	3	3	4	1
农业法	10	0.39%	1	1	7	1
新闻法	10	0.39%	0	2	6	2
仲裁	9	0.35%	1	0	4	4
工具书	8	0.31%	0	6	1	1
古代法	8	0.31%	2	6	0	0
检察、公诉	6	0.23%	1	3	1	1
海关法	6	0.23%	0	1	3	2
法学教育	6	0.23%	0	0	2	4
动物保护法	6	0.23%	0	0	4	2
网络法	5	0.20%	0	0	4	1
青少年法	4	0.16%	1	1	1	1
旅游法	4	0.16%	1	0	3	0
体育法	3	0.12%	0	0	3	0
财政法	2	0.08%	1	0	1	0
建筑法	2	0.08%	1	1	0	0
森林法	2	0.08%	0	2	0	0
文物保护法	2	0.08%	0	0	1	1
科技法	1	0.04%	1	0	0	0
军事法	1	0.04%	0	0	1	0
邮政通信法	1	0.04%	0	0	1	0

（二）各学科译著不同时期数量变化

译著数量排名前10的学科，约占了译著总数的73%，数量上具有一定代表性，从中可以提示译著数量与学科发展之间的关系。根据译著数量不同时间的变化趋势，可以将这些学科分为四类情况：

第一类情况的特征是数量起点低，增长早、势头持续而且后期爆发式增长，只有法理学属此类。法理学译著在所有学科中最多，共396部，占总数的15.49%。80年代，法理学译著并不是最多的，排在刑法、国际法和经济法之后，但法理学译著各时期持续增长，势头最迅猛。所有法理学译著中，80年代出版了17部；90年代出版46部，增长约2倍；00年代出版191部，是80年代的10倍之多；2010-2016年共出版142部，年均20部，保持与00年代同等水平。法理学译著增长的数量和速度超过任何一个法学学科，值得法律史翻译研究关注。是因为法理学本身的晦暗不清，还是法理学发展历史上的"断裂"，[1] 是学者们对法律理性追求的动力，或是中国法理学根基薄弱，亟需吸收域外成果？个中原因有待进一步探索。

第二种情况为增长发生晚。这类译著数量在80年代和90年代几乎没有变化，进入21世纪后呈3-7倍增长，幅度低于法理学类，与整体译著数量变化趋势一致，包括刑法、司法、法律史、知识产权、行政法和宪法学科。

第二种情况又可以再细分为三亚类：一是刑法类，数量起点较高，变化缓。刑法类出版总量第二，共304部，占全部法学译著的11.89%。刑法类80年代出版32部；90年代54部，比80年代增长了2/3；00年代出版140部，为80年代的4倍多，2010-2016年出版78部，年平均数约与00年代相当。这或许和我国重刑轻民的法律文化传统有关，也和改革开放初期追求打击犯罪的效果、后期观念转变有关。

第二亚类数量起点低，增长缓，包括司法、法律史、知识产权和行政法类的译著，它们的译著总量分别排在第七、八、九、十位。司法、法律史和行政法类译著80年代保持10部左右，90年代几乎没有增长，00年代各增长3-4倍，10年代与00年代基本持平。

第三亚类指宪法类译著，起点数量低，增长时间晚，但增长明显且快速。宪法译著总量排名第六，共165部，占全部译著的6.46%。80年代出版12部，90年代未增加，是较少的现象。但00年代和2010-2016年两段时期都增到80

---

[1] "断裂"指1950年代的院系调整、"司法改革运动"及"肃清反人民的旧法观点"、清除旧法人员等活动，民国时期的法理学传统彻底解体；到了"文化大革命"大学法科不复存在，旧时代的法理学专业人员也销声匿迹，甚至连图书馆保存的法理学专业书籍、资料亦散失殆尽。参见舒国滢："在历史丛林里穿行的中国法理学"，载《朝阳法律评论》编委会编：《孙国华教授纪念文集》，浙江人民出版社2018年版，第143页。

年代的6倍左右。改革开放初期宪法译著少,和宪法适用性弱、不受重视相关。随着观念转变,2004年人权入宪,国家决心建设法治政府,2014年设立宪法日,宪法研究转为学界和社会关注的热点。

第三种情况特点是增长早,增幅较平均。民商法属此类。民商法类译著总量排名第三,共218部,占全部译著的8.53%。80年代出版13部,数量和比例都处于较低水平,但90年代增幅就较大,出版约是80年代的4倍,相比其他类别比较突出。00年代95部,是80年代的7倍多。

第四种情况特点是数量不增长或少增长,国际法和经济法译著属此类。国际法译著共194部,占全部法学译著的7.59%。与其他部门法不同,国际法四个阶段译著数量没有成倍增长,每个阶段保持在50部上下,这对于90年代和00年代的普遍数量增长是个反例。经济法译著共175部,占全部法学译著的6.85%,每段期间约有40部译著出版,前两阶段较少,后两阶段稍多,出版增长量也和大趋势不符。

四、原著国别

全部译著的原著国别按照原作者国籍进行统计,原著国别的统计过程中的一些特殊情况如下:(1)没有标明原著者,但著作内容明确是关于某个国家的,原著国别归为该国家。如《美国公司法概论》[1]没有原著者,为中国学者编译出版,但根据书名和内容,可确定是美国法,因此把该著作国别归为美国。(2)没有明确的原著者,原著内容涉及多国法律,该类著作被归为"编译"。《世界各国刑事诉讼法》[2]《国外农业、食品技术法规和标准目录总览》[3]等均属此类。(3)原著是国际公约、国际组织文件则被归为"国际公约、组织"一类,但联合国及其下属组织的文件数量较多,被单归为"联合国"类。

统计结果显示,37年间的2556本译著来自68个国家、地区或国际组织。各国家地区的来源数量相差甚远。[4]

原著来源较少的国家或地区的情况如下:

---

[1] 石少侠等编译:《美国公司法概论》,延边大学出版社1994年版。

[2] 《世界各国刑事诉讼法》编辑委员会编译:《世界各国刑事诉讼法》,中国检察出版社2016年版。

[3] 江苏省标准化研究院、江苏省WTO/TBT通报咨询中心编译:《国外农业、食品技术法规和标准目录总览》,中国标准出版社2007年版。

[4] 有70部译著因缺少相关信息,无法确定来源国家。

只有1部汉译法学著作出版的有24个国家：埃塞俄比亚、老挝、以色列、朝鲜等。

有2部汉译法学著作出版的有8个国家：爱尔兰、捷克、新加坡等。

有3部汉译法学出版的有6个国家：丹麦、蒙古国、南非、比利时、民主德国、苏丹。

有4部汉译法学出版的有3个国家：波兰、葡萄牙、新西兰。

如图2所示，原著来源超过5部的分类有27个。

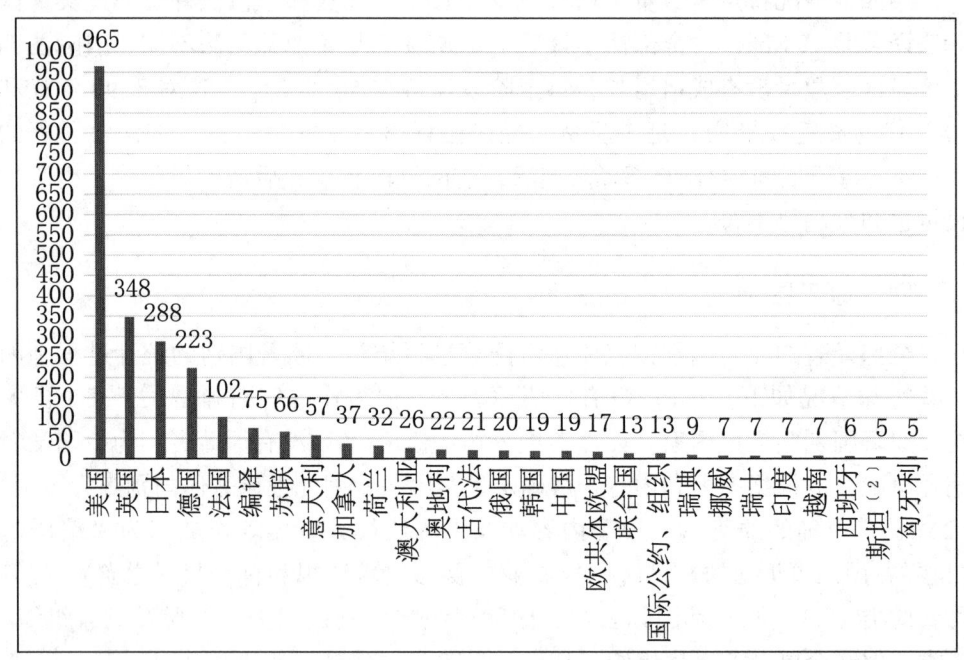

图2　5部及以上原著来源分类

原著来源数量排名前5的国家分别为美、英、日、德、法，共有1926部，[2]约占全部译著的75%，其中美国有965部，约占全部译著的37.8%。由此可以看出，原著来源国家非常集中，基本为西方发达国家，而且美国集中的特征突出。

---

〔1〕 此统计结果与申伟、朱佳林统计的1990-2011年译著的情况相似："国内学界显然对美、德、英、日、法、意6国（特别是美国和德国）作家的作品更为青睐"。但申伟、朱桂林认为，刑法学方面，我们倾向于倚重德国作家的知识和理论，而本研究统计显示刑法学译介最多的还是美国，德国的刑法学著作汉译只有美国的约1/4。

〔2〕 指塔吉克斯坦、土库曼斯坦。

结合译著来源国家和法学学科，可以看出法学各学科受哪些国家或地区的法律文化影响更多。表 2 统计出这 5 个国家的译著所属法学学科的情况。

表 2 美、英、日、德、法来源译著所属法学学科

学科	数量	美		英		日		德		法	
法理	396	152	38%	71	18%	15	4%	66	17%	21	5%
刑法	304	98	32%	38	13%	50	16%	23	8%	15	5%
民商	218	46	21%	17	8%	46	21%	38	17%	7	3%
国际法	194	39	20%	27	14%	8	4%	14	7%	8	4%
经济法	175	55	31%	15	9%	27	15%	7	4%	5	3%
宪法	165	92	56%	24	15%	6	4%	5	3%	2	1%
司法	139	87	63%	9	6%	9	6%	2	1%	2	1%
法律史	111	52	47%	17	15%	13	12%	7	6%	2	2%
知识产权	98	36	37%	6	6%	18	18%	10	10%		
行政法	73	13	18%	9	12%	19	26%	9	12%	2	3%

结合译著的国别与学科，可以看出以下几个学科的国家来源比较集中：

第一，司法类译著主要来源为美国（63%）。美国以英国普通法为基础，又具备自己的特点。法官需要遵循先例，同时又可以推翻先例，法官适用法律，还在创造法律。美国司法的特点，如司法能动性[1]、实用主义[2]，通过经典译著介绍进来。波斯纳的《法官如何思考》[3]、霍维茨的《沃伦法院对正义的追求》[4]以及桑斯坦的《就事论事——美国最高法院的司法最低限度主义》[5]、

---

[1] 布莱克法律词典对"judicial activism"的解释：司法能动主义是一种司法哲学，是当今美国较为流行的一种司法哲学。法官通过自己对公共政策的理解引导审判。
[2] 即强调"后果考量"，法官并非局限于成文法的规定，而是以判决可能导致的后果作为判决的依据。实用主义通过权衡群体利益和不同因素在判决形成过程中的作用，在一定程度上弥补了对规则形式的过度依赖的缺陷，增强了判决的可接受性。
[3] [美]理查德·波斯纳：《法官如何思考》，苏力译，北京大学出版社 2009 年版。
[4] [美]莫顿·J.霍维茨：《沃伦法院对正义的追求》，信春鹰、张志铭译，中国政法大学出版社 2003 年版。
[5] [美]凯斯·R.桑斯坦：《就事论事——美国最高法院的司法最低限度主义》，泮伟江、周武译，北京大学出版社 2007 年版。

爱波斯坦的《法官如何行为：理性选择的理论和经验研究》[1]等著作展现了美国联邦法官的司法哲学和审判逻辑。除此之外，普通法系庭审中的对抗制、律师制度、律师职责、道德、辩护艺术、陪审团制度、司法心理等题材的译著充分体现了美国司法制度，为国内学者展现了司法新视角。

第二，宪法类译著来源主要为美国（56%）和英国（15%）。美国宪法是近代较早的成文宪法，立宪之后200多年为美国发展提供了制度性保障。三权分立、司法审查、权利保护等制度设计使美国宪法具有独特的吸引力。美国不但在国际上宣传和推广美式民主和人权保障，还资助他国的官员、学者和学生赴美学习与交流，美国宪法的价值理念被许多国家所接受。美国宪法自制定之初就对其他国家产生影响，第二次世界大战后特别是冷战结束初尤为明显。[2]美国宪法汉译著作涵盖了美国宪法史、宪法的解释、司法审查、宪法修正案、民权等各个方面内容。[3] 1987年美国宪法制定200周年，中国学界举行过三次专门纪念美国宪法200周年的研讨会，并与美国学界建立起密切联系，与此同时，也有几部译著问世，如《美国宪法的制定》以及美国宪法的中译本的复译和再版。80年代中国学者需要的是美国人的宪法经验和立宪智慧，希望从中寻求有益于中国改革和国家建设的经验。但80年代的这一波高潮后，美国宪法在中国翻译与传播陷入了近十年的沉寂。[4]自1987年的《美国宪法的制定》出版后，至1997年，只有三部有关美国宪法的译著出版：华夏出版社的《美国宪法释义》、中国政法大学出版社的《美国宪法解释与判例》和中国社会科学出版社的《美国宪法概论》。但自1997年开始，又有一轮美国宪法译介高潮。从1997到2006年，共有25部有关美国宪法的译著出版，2010年至2016年的7年间，

---

[1] [美]李·爱波斯坦等：《法官如何行为：理性选择的理论和经验研究》，黄韬译，法律出版社2017年版。

[2] 参见周婧："美国宪法全球传播论析"，载《世界经济与政治》2016年第7期。

[3] 如[美]马克斯·法仑德：《美国宪法的制订》，董成美译，中国人民大学出版社1987年版；[美]卡尔威因·帕尔德森：《美国宪法释义》，徐卫东、吴新平译，华夏出版社1989年版；[美]詹姆斯·安修：《美国宪法解释与判例》，黎建飞译，中国政法大学出版社1994年版；[美]亚里山大·汉密尔顿、詹姆斯·麦迪逊、约翰·杰伊：《联邦论》，尹宣译，译林出版社2010年版；[美]约翰·哈特·伊利：《民主与不信任——关于司法审查的理论》，朱中一、顾运译，法律出版社2003年版；[美]丹尼尔·J.凯普罗：《美国联邦宪法第四修正案：非法证据排除规则》，吴宏耀等译，中国人民公安大学出版社2010年版；[美]安东尼·刘易斯：《言论的边界：美国宪法第一修正案简史》，徐爽译，法律出版社2010年版；[美]安东尼·刘易斯：《批评官员的尺度——〈纽约时报〉诉警察局长沙利文案》，何帆译，北京大学出版社2011年版。

[4] 参见胡晓进："1987年前后美国宪法在中国的翻译与传播"，载《史学月刊》2018年第12期。

就有 40 部出版。从译著的数量上看，学习借鉴的势头比 80 年代还要迅猛。

英国宪法不成文，但在历史的演变中展现勃勃生机，宪政实效甚至胜过众多国家的成文宪法。[1] 英国至今没有制定出一部称之为"宪法"的文本，可能制约了英国宪政思想的域外影响，但一些经典的英国宪政著作的译介，仍给国内学界带来了独特视野。中国学界对英国宪法的关注进入到 21 世纪才开始，2001 年前，只有 2 部源于英国作者的宪法著作，2001-2016 年共有 22 部出版，其中既有宪政经典之作，也有英宪新近发展的著作。白芝浩的《英国宪法》带来了"政治宪法"所开创的独特宪政审视路径，[2] 对中国学者应该有相当的吸引力和启示作用：宪法往往不是立法行动的结果，而是司法行动的结果。[3] 戴雪在《英宪精义》中把宪政思想细化为宪法观、议会观、法治观，使得原本内容庞杂、混乱的英国宪法显得轮廓清晰。[4] 2013 年国内出版了波格丹诺的《新英国宪法》，论述了刚刚启程的英宪改革。[5] 对英国宪法的学习和研究，比起美国宪法，至少从资料数量上少很多。

第三，法律史类译著主要来源为美国（47%）和英国（15%）。我国外国法律史学科起步比较晚，译著是学科早期建设的主要参考。西方法律的历史渊源、发展规律、特点是研究西方法律必要的知识和历史借鉴。[6] 英美法律史的译介随发展不断细化和深化，涵盖普通法的形成、盎格鲁-撒克逊时代刑事法律研究、英国遵循先例原则的发展、陪审团制度等。进入 21 世纪，选题进一步扩大，涉及美国宪政，美国反垄断法，美国联邦宪法的特点、制度、原则，美国统一商法典，美国环境法史，司法审查的历史渊源和理论基础等，其中尤以宪政史为突出。[7] 改革开放给我们研究外国法律史创造了条件，尽管法律史译著

---

[1] 参见李树忠："保守与鼎新——评《新英国宪法》"，载《中国法律评论》2014 年第 2 期。
[2] [英] 沃尔特·白芝浩：《英国宪法》，夏彦才译，商务印书馆 2005 年版。
[3] 参见夏彦才："白芝浩和他的《英国宪法》——白芝浩《英国宪法》译后"，载《武汉理工大学学报》2006 年第 4 期。
[4] [英] 戴雪：《英宪精义》，雷宾南译，中国法制出版社 2001 年版。
[5] [英] 韦农·波格丹诺：《新英国宪法》，李松锋译，法律出版社 2014 年版。
[6] 参见教育部人文社会科学重点研究基地——法学基地（9+1）合编：《中国法学三十年（1978-2008）》，中国人民大学出版社 2008 年版。
[7] 例如 [美] 斯科特·戈登：《控制国家：西方宪政的历史》，应奇等译，江苏人民出版社 2001 年版；[美] 约翰·V. 奥尔特：《正当法律程序简史》，杨明成、陈霜玲译，商务印书馆 2006 年版；[美] 安东尼·刘易斯：《言论的边界：美国宪法第一修正案简史》，徐爽译，法律出版社 2010 年版；[美] 道格拉斯·史密斯：《民主之门：最高法院如何将"一人一票"制带到美国》，胡晓进、李丹译，上海社会科学院出版社 2017 年版。

不断出版，但对美、英、日以外国家的关注不足。

第四，法理类译著来源主要为美国（38%）、英国（18%）和德国（17%）。20世纪美国的法理学和法哲学提出了四个主题：法律和道德的关系，法律规则和法律概念的性质，制定司法判决的性质，法律与社会科学的关系，这些主题此后一直支配着美国的法理学和法哲学，[1] 美国法理学译著也涵盖了这些主题。[2] 此外，法律与经济的关系，实证主义和功利主义也是颇受关注的译著。[3] 而美国学者博登海默著、邓正来译的《法理学：法律哲学与法律方法》是中国核心期刊法学论文引用最多的国外法学著作。[4] 英国法学家的法理学著作也经常出现在法理学学习的必读书目中。[5]

德国来源的译著整体数量并不突出，但法理学占了一席之地（17%），这值得关注。究其原因，还是德国古典理性主义哲学有着形式与气质的魅力，尤其是它的实体内容与中国儒家哲学有着惊人的暗合。[6] 同时，德国古典理性主义哲学有着"科学的科学之名"，"中国学人治西方哲学，一般更喜欢德国哲学，而常常轻视或忽略英美经验论，总觉得它们'不够味'"。[7] 德国法哲学中文

---

[1] 参见［美］马丁·P·戈尔丁："二十世纪美国的法理学和法哲学——主要论题与进展"，顾速译，载《南京大学法律评论》1995年第1期。

[2] 例如［美］富勒：《法律的道德性》，郑戈译，商务印书馆2005年版；［美］乔尔·范伯格：《刑法的道德界限（第一卷）对他人的损害》，方泉译，商务印书馆2013年版；［美］霍菲尔德：《基本法律概念》，张书友编译，中国法制出版社2009年版；［美］罗纳德·德沃金《原则问题》，张国清译，江苏人民出版社2008年版；［美］昂格尔：《现代社会中的法律》，吴玉章、周汉华译，中国政法大学出版社1994年版；［美］布赖恩·Z.塔玛纳哈：《一般法理学：以法律与社会的关系为视角》，郑海平译，中国政法大学出版社2012年版。

[3] 例如［美］理查德·A.波斯纳：《法律的经济分析》，蒋兆康译，中国大百科全书出版社1997年版；［德］马克斯·韦伯：《论经济与社会中的法律》，张乃根译，中国大百科全书出版社1998年版；［美］布莱恩·比克斯：《法律实证主义：思想与文本》，陈锐编译，清华大学出版社2008年版。

[4] 参见丁翼："对我国法学研究最有学术影响的国外学术著作——基于CSSCI（2000-2007年度）数据"，载《西南民族大学学报（人文社会科学版）》2009年第8期。

[5] 例如［英］约翰·奥斯丁：《法学演讲录》，支振锋、徐宗立译，中国社会科学出版社2008年版；［英］杰里米·边沁：《论一般法律》，毛国权译，上海三联书店2008年版；［英］洛克：《自然法论文集》，李季璇译，商务印书馆2014年版；［美］H.L.A.哈特、［美］托尼·奥诺尔：《法律中的因果关系》，张绍谦、孙战国译，中国政法大学出版社2005年版。

[6] 参见涂少彬："德国古典理性主义哲学对中国法理学话语的影响与反思"，载《法学论坛》2009年第6期。

[7] 参见余丽嫦：《培根及其哲学》，人民出版社1987年版，序。

译介基本涵盖了德国发展的各个时期[1]重要的著作。[2]

第五,知识产权法译著来源主要为美国(37%)和日本(18%)。自20世纪以来,美国工商业、科技发展成为商业秘密法律保护的动力,美国也成为对知识产权保护最充分的国家。美国对华知识产权政策随着国际形势和中国经济实力的变化而不断发生转变。美国因素这个外力的作用和我国内在需求交相作用,共同推动了中国现代知识产权法制的进程。[3]各个时期的知识产权译著也反映了这一发展趋势。80年代的美国知识产权译著中只有一部,即罗森堡的《专利法基础》,80年代再版了两次,[4]即使到了90年代,也只有四部知识产权基础知识的译著。进入21世纪,美国的知识产权著作译介源源不断,内容丰富而且不断深入。[5]日本知识产权法译著中专利法最多。

第六,经济法译著来源主要为美国(31%)和日本(15%)。译著内容反映出中国学者较为关心美国税制、证券、银行法、美国经济发展的作用、美国法院在不同历史时期的反托拉斯案件的重要判例。[6]日本经济法译介主要集中在经济法概论、税法、反垄断法、证券法、破产法、劳动法等主题。[7]

---

[1] 参见舒国滢:"战后德国法哲学的发展路向",载《比较法研究》1995年第4期。

[2] 自然法学复兴与法哲学重建时期有拉德布鲁赫的《法学导论》、学科渗透与法哲学发展时期考夫曼的《后现代法哲学:告别演讲》和《法律获取的程序》、德国法哲学繁荣期有阿列克西的《法理性商谈》《法概念与法效力》等。

[3] 参见胡充寒:"冲突与合作:美国因素与中国现代知识产权法制进程",载《科技与法律(中英文)》2012年第4期。

[4] [美]P.D.罗森堡:《专利法基础》,郑成思译,对外贸易出版社1982、1985、1988年版。

[5] 例如[美]苏珊·K.赛尔:《私权、公法——知识产权的全球化》,董刚、周超译,中国人民大学出版社2008年版;[美]理查德·瑞兹盖提斯:《企业知识产权估价与定价》,金珺等译,知识产权出版社2008年版;[美]约翰·冈茨、杰克·罗切斯特:《数字时代,盗版无罪?》,周晓琪译,法律出版社2008年版;[美]威廉·M.兰德斯、理查德·A.波斯纳:《知识产权法的经济结构》,金海军译,北京大学出版社2016年版。

[6] 例如[美]托马斯·李·哈森:《证券法》,张学安译,中国政法大学出版社2003年版;[美]莱瑞·D.索德奎斯特:《美国证券法解读》,胡轩之、张云辉译,法律出版社2004年版;[美]理查德·A.波斯纳:《反托拉斯法》,孙秋宁译,中国政法大学出版社2003年版;[美]彼得·穆雷尔主编:《法律的价值:转轨经济中的评价》,韩光明译,法律出版社2006年版;[美]维克多·瑟仁伊:《比较税法》,丁一译,北京大学出版社2006年版;[美]戴维·格伯尔:《全球竞争:法律、市场和全球化》,陈若鸿译,中国法制出版社2012年版。

[7] 例如[日]金泽良雄:《经济法概论》,满达人译,甘肃人民出版社1985年版;[日]北野弘久:《税法学原论》,吉田庆子译,中国检察出版社2001年版;[日]金子宏:《日本税法原理》,刘多田等译,中国财政经济出版社1989年版;[日]铃木满:《日本反垄断法解说》,武晋伟、王玉辉译,河南大学出版社2004年版;[日]根岸哲、舟田正之:《日本禁止垄断法概论》,王为农、陈杰译,中国法制出版社2007年版。

第七，行政法与民商法。行政法类译著来源，日本居首位（26%），美国次之（18%）。现代意义的中国行政法始于清末民国时期，当时基本是对日本行政法的研究和学习，个别美国、法国和德国的译著也是转译自日本。中国行政法学在它的婴幼年时期对日本法的继受，塑造了大陆法的基本骨架。80年代开始，西方行政法学译介才陆续出现。[1]

日本与美国民商法类译著来源均为21%，同行政法一样，清末民初，民商法类译著以日本为主。改革开放后，美、德、英等国的民商法都有译介和评述，仍以美国为盛。

从日本原著来源突出的行政法和民商法，可以看出我国学科早期引介的域外知识和文化会在这一领域保持较强的影响。

综上，原著来源国别呈现明显的美国集中趋势，尤其在司法、宪法、法律史、法理、知识产权、经济法领域。在刑法、国际法领域，美国译著来源虽不如上述领域集中，但也占据来源比例的前列。改革开放后，中国的社会科学受到美国规范影响深刻，理论法学美国化明显。[2] 虽然日本民商法、行政法、经济法和知识产权法领域译介数量比较突出，德国的民商法来源也比较高，仍无法和美国压倒性的数量抗衡。

五、法学译丛

1980-2016年的法学译著中，共有477个译丛，1251部作品以译丛或系列书目的形式出版。

各丛书系列中，最为瞩目的是中国政法大学的"美国法律文库"，共出版58部作品，[3] 数目远超其他译丛。有286个译丛只出版了一部法学译著。原因一是有的丛书不以法学为主题，而是金融、哲学、伦理、文化、教育、信息与传播、宗教、现代化、经济等主题的丛书，法学只是与主题相关的一个方面。原因二是有的译丛名称相同，但出版社不同，无法查证二者的关系，故归为不同的译丛，如有两本译著标注了"日本法丛书"，但分别由法律出版社和中国政法大学出版社出版，所以归为两个丛书。表3为出版10部以上的22个译丛。

---

[1] 参见何海波："中国行政法学的外国法渊源"，载《比较法研究》2007年第6期。

[2] 参见凌斌："中国法学30年——主导作品与主导作者"，载《法学》2009年第6期。

[3] 中国政法大学出版社主持的迄今为止最大的一个翻译项目"美国法律文库"丛书已出版近百种。参见伍旭升主编：《中国书业年度报告2016~2017》，商务印书馆2018年版，第336页。

表 3 出版 10 部以上的译丛

出版系列	出版社	数量（部）
美国法律文库	中国政法大学出版社	58
当代德国法学名著丛书	法律出版社	30
法学译丛	中国人民大学出版社	22
外国法律文库	中国大百科全书出版社	19[1]
博观译丛	法律出版社	19
世界法学译丛	北京大学出版社	18
法学学术经典译丛	法律出版社	17
上海三联法学文库	上海三联书店	16
公法名著译丛	商务印书馆	16
德国法学教科书译丛	法律出版社	16
美国法学精选丛书	中国社会科学出版社	14
汉译世界学术名著丛书	商务印书馆	14
中国近代法学译丛	中国政法大学出版社	13
西方法哲学文库	中国法制出版社	13
国外法学知识译丛	知识出版社	12
社会思想译丛	北京大学出版社	11
威科法律译丛	商务印书馆	10
世界法学精要：翻译版	北京大学出版社	10
法学译丛	商务印书馆	10
法学研究生教学书系	法律出版社	10
当代法学名著译丛	中国政法大学出版社	10

（一）译丛的缘起

译著出版是源语和目标语国家文化在法学领域里的集中交流，如果得到双

---

〔1〕 江平先生在采访中提到"外国法律文库"总计出版了 28 本译著。参见刘仁文：《想到就说——刘仁文法学随笔选萃》，中国人民公安大学出版社 2005 年版，第 280 页。但本书研究依据的《全国总书目》等数据库并未显示所有出版书目。

方政府或其他机构的支持,选书、翻译和出版便顺畅许多。规模大的译丛一般由政府高层或跨文化机构主办并推动,能得到充足的资金和政策支持。有较高层次的组织规划,各西方法律制度的真正本质特征得以显现,我们对国外法律制度的理解就不会停留在概念化的认识。法学译丛为学界系统了解外国法学、博采众长、学贯中西提供了便利条件。

众多法学译丛中,"美国法律文库"目前出版法学译著最多。这得益于1997年江泽民访美期间与时任美国总统克林顿达成的"中美元首法治计划"(Presidential Rule of Law Initiative)。作为这一计划的项目之一,"美国法律文库"得到政府和学界的高度重视。为顺利开展出版工作,项目1998年召开了中美法学院院长联席会议,中国政府组织法学教育考察团访美,美国使馆召开几次会议商讨出版计划,这些活动均为文库选题和翻译出版做了充足准备。[1]

再如法律出版社的"当代德国法学名著丛书",出版30部,数量位列第二,得到德意志学术交流中心的支持。中国大百科全书出版社的"外国法律文库",出版19部,数量位居第四,得到美国福特基金会资助。中国社会科学出版社与中国国际经济技术交流中心利用联合国开发计划署的"中国现代海关制度"项目资金,共同组织编译了"外国海关法规译丛",出版了5部外国海关法译著。

有些出版社有出版译著的传统。商务印书馆历来重视翻译世界各国学术名著;[2]译林出版社是以世界文学作为主要出书方向的综合性出版社,出版社的"牛津通识读本""西方政治思想译丛""法政科学译丛"等人文政治,民主宪政选题,包含了不少法学译著。[3]

法学家个人对原作者或原著的推崇,推动译丛出版。"波斯纳文丛"出版的直接动因是苏力教授对波斯纳才华的钦佩、成就的赞赏:

"理查德·波斯纳自1981年以来一直是美国第七巡回区上诉法院法官,自1993年以来一直担任首席法官。他是著述最丰的联邦法官,前无古人。任职上

---

[1] 参见《美国法律文库》会务组编:《法学翻译与中国法的现代化——"美国法律文库暨法学翻译与法律变迁"研讨会纪实》,中国政法大学出版社2005年版,第2~9页。

[2] 例如[德]黑格尔:《法哲学原理》,范扬、张企泰译,商务印书馆2009年版;[美]罗斯科·庞德:《法律史解释》,邓正来译,商务印书馆2016年版(该书共有至少三个版本);[美]汉密尔顿等:《联邦党人文集》,程逢如等译,商务印书馆2015年版(该书有至少三个版本)。

[3] 例如[美]R.M.昂格尔:《现代社会中的法律》,吴玉章、周汉华译,译林出版社2001年版,属"人文与社会译丛";[法]泰奥多·德萨米:《公有法典》,黄建华、姜亚洲译,译林出版社2011年版,属"汉译经典"译丛。

诉法院、却仍属最多产的法学家之列，同样前无古人。如果引证率可以测度影响力，那么当仁不让，波斯纳是在世的最有影响的法学家，他的30本书、330篇论文以及1680篇司法意见都是引证最多的；同时也属于受批判最多之列"。[1]

学者对译丛作品不断深入理解和积淀，甚至作为译者参与翻译活动，是策划译丛的基础。苏力教授从1993年开始陆续翻译波斯纳的著作：《法理学问题》《超越法律》《性与理性》《正义/司法的经济学》《道德和法律理论的疑问》等，积淀到了一定程度，便形成了丛书出版的基础。

（二）译丛的特征

1. 译丛来源国家或地区

译丛选题反映了学界和出版界的风向。译丛名称中的选词，比如原著来源国和所选学科，体现了目标语法律文化的关注点，同时也说明了哪些法律文化具有影响力。全部477个译丛中，译丛名称中明确原著来源国家或地区的如下：

表4　译丛名称中的原著来源

译丛原著来源	数量	译丛原著来源	数量
西方	25	德国	4
日本	16	罗马	4
美国	15	联合国	2
法国	5	英国	1
欧洲/欧盟	5	意大利	1

25个译丛名称包含"西方"二字，这是法学译丛偏爱的原著来源。一般而言，西方指欧盟和北美国家、澳大利亚和新西兰，这些国家文化源于古希腊和罗马文化，而且为发达资本主义国家。

译丛名称涉及的来源最多的是日本（16个），依降序排列为日、美、法、欧洲/欧盟、德、罗马、联合国、英、意。译丛的原著来源与全部译著来源国家的统计结果趋势一致。改革开放以来的法学译丛也以美国、日本和欧洲为主要引进对象。

---

[1] [美]理查德·A. 波斯纳：《法理学问题》，苏力译，中国政法大学出版社2002年版，总译序Ⅳ。

2. 译丛法学领域

排除综合类的法学译丛，如"法学译丛""美国法律文库"，译丛名称中使用频率最高的学科名词与社会学相关（12次）。总体来看，法律社会学类译著出版呈现多点分布样态，涉及出版社多，译丛多，与其他学科共同出现概率大。"社会学"出现的高频次清晰体现了人文社科出版界广泛关注社会学和法学的结合，而且体现了法社会学的多侧面：思想、人文、经济、政治等。

综合类法学译丛也出版法社会学译著，但与专门的法社会类译丛的出发点不一样。译丛名称带有"社会"一词的，选题从"社会"出发，通过包括法学在内的不同视角表现社会。由于社会学与很多学科可以结合，法学作品只是这些译丛的选择之一。这类译丛单独看，法学译著的数量并不突出，如北京大学出版社的"社会思想译丛"（法学译著11部），清华大学出版社的"法律与社会丛书"（法学译著9部），上海交通大学出版社的"法社会学文库：研究前沿系列"（法学译著1部），把这些译丛中的法与社会学的译著统计起来，也有30余部，总数量比较可观了。

位列第二高频的学科是律师学（9次）。如中国政法大学出版社的"国外律师制度丛书"，中国人民公安大学出版社的"美国律师执业技巧与管理丛书"。我国1979年恢复重建律师制度，40多年来，律师职业定位和律师事务所的组织形式不断改进。研究者不断学习借鉴域外经验，提升了制度研究的深度、广度和系统性。法律职业领域的译著丛书，是法律类出版社的独占领域，法律出版社就有三个译丛与律师职业有关。

译丛名称中的学科依次往下排序为：国际法（8次），知识产权（7次），刑法（7次），司法（6次），民诉（5次），民法（5次），商法（5次），法理（4次），公法（4次），宪法（3次），公司法（3次），环境法（3次），刑诉（2次），证据法（2次），经济法（2次）。

3. 译丛变化趋势

中国译介西方法学，经历了清末变法力求自强的不得已为之到新中国成立后为现代化建设、建立法治国家而探究适合体制发展的法律制度，再到追寻法律的本质与规律，安顿全体人类理想几个阶段。时间越晚近，功利性越弱，越显现追求真理的初衷。本研究近40年的时间跨度，译丛选题也呈现同样的由"需求"逐渐转为"追求"的变化。

80年代至90年代初，改革开放伊始，法学类译丛较少，出版目的多为弥补知识短板,以制度介绍、司法技能为主。80年代初,由上海社科院法学所组织,知识出版社出版的"国外法学知识译丛",是至今为数不多的以编译形式出版的丛书,包括了《法学总论》《各国法律概况》《法学流派与法学家》《民法》《刑法》《诉讼法》等书。以《民法》一书为例,编者选英、美、法、日和苏联等国大百科全书中有关民法和婚姻法的条目译成中文,[1]编纂成册。当时,由于我国法学界存在严重书荒现象,出版高水平的专著和大部头的文库需要较长时间,出版社以小组形式编译外国作品,可以在短期内出版,有助于读者及时了解国外的法学情况。这套丛书可谓是当时百废待兴、千业重建、知识普及的大背景的写照。

学者们认识到法制建设必须依靠学术力量,大力采撷世界上先进的研究成果是必然途径之一。进入90年代,译丛选题适应改革新时期的需求,视野不断拓展,吸收新知识的同时增加了反思内容,译著选题逐渐丰富,也从容了许多。吉林人民出版社的"日本文化与现代化丛书"介绍日本明治维新后通过实践,在西方思想和日本文化传统之间确立了自己的现代化模式。中日两国社会制度不同,实现现代化目标各异,但日本建立的"对立·融合文化模式"充分发挥了创造性和主体性,有值得借鉴的地方。[2]中国政法大学出版社的"当代法学名著译丛",结合学术价值和现实需要,兼顾已有的译著,拣选发达国家1970年以后具有广泛影响的理论、政法制度和法庭技术著作翻译出版,[3]成为影响力较大的法学译丛。

同时,国外的基金会或组织机构赞助他们的法学著作翻译成中文,希望自己国家法律制度和法律文化被中国读者了解。90年代中末期开始策划的"美国法律文库"得到了美国福特基金会等学术组织的支持。项目运行期间正值美国政府换届,美国国会从两届政府分别获得了10万美元和2.5万美元的支持,而说服两届政府的两党通过预算同做一件事是非常困难的,[4]这一点也体现出美国向中国输出法律文化的强烈愿望。90年代末的"早稻田大学日本法学丛书"是早稻田大学比较法研究所通过的出版计划,丛书选译重要法学领域有代表性

---

[1] 参见周枬主编:《民法》,知识出版社1981年版。
[2] 参见[日]川岛武宜:《日本人的法意识》,胡毓文、黄风英译,吉林人民出版社1991年版。
[3] 参见[美]波斯纳:《法理学问题》,苏力译,中国政法大学出版社1994年版,总序。
[4] 参见《美国法律文库》会务组编:《法学翻译与中国法的现代化——"美国法律文库暨法学翻译与法律变迁"研讨会纪实》,中国政法大学出版社2005年版,第12~14页。

的法学家的著作向中国译介，面向中国传播日本法律文化的意图明确。

进入到21世纪，尤其2010年以后，法学译丛选题不断精细化、专门化，不再追求庞大、经典和全面。选题不仅以学科，还以学科下的主题作为依据，如警学、刑事司法、刑事法典、证据法、知识产权、环境法、逻辑、比较法、侵权法、卫生法、辩护、自然法、海洋法、劳动关系、法哲学、金融法、反腐败法、律师实训、法律史、马克思主义法学、罗马法、仲裁法、公司金融、税法、食品标签法规、化妆品法规等等。

还有以学者为译丛选题，如"李双元法学文丛"中李双元教授的译著，美国宪法学家阿克曼作为原著者的"阿克曼文集"，苏力教授主持的"波斯纳文丛"等。

此外，还有以国家、国家的某学科为选题，如商务印书馆的"意大利当代法学译丛"，法律出版社的"日本法学教科书译丛"，中国政法大学出版社的"日本国际法著作汉译丛书""日本公法译丛""当代日本刑事法译丛"，法律出版社的"俄罗斯当代著名法学家名著译丛"，知识产权出版社的"德意志古典法学丛编"等。

21世纪以来译丛的另一个特点是关注新兴和交叉学科，如法律与金融、法律与宗教、法与经济学、侵权法与保险、经济与社会科学、法与社会等。上海三联书店的"法政文丛"涵盖法律与政治的主题；译林出版社的"法政科学丛书"探索各国民主宪政的制度模式在实践中的利弊得失，供我们思考借鉴。法律出版社的"法律语言学译丛"系统展现了国际学者对语言与法律关系的最新成果。

改革开放前期译著重理论重学术，随着改革开放深入，译丛选题逐渐展现人文关怀。上海三联书店的"上海三联法学文库"从多视角观察法学和法治得以孕育和成长的社会文化环境，在法学科学性和专业化之外，强调了法学与社会生活、与人心息息相关的本质。

21世纪的法学译丛，学者们针对我国法学领域的发展现状和法制建设需求，系统地引进外国著作，编织更有序有逻辑的法学知识系统。译丛选题的时间不再限于"当代""现代"，选书既有世界古代法典，也有民国译著再版。原著来源更全面，不仅包括西方发达国家的著作，也翻译菲律宾、马耳他、新加坡、澳大利亚等国的法律。法律出版社的"世界著名法典汉译丛书"选择汉译《汉穆拉比法典》《十二铜表法》《萨利克法典》等，每部都体现了社会发展轨迹，是人类文明的写照。上海社会科学院出版社的"民国西学要籍汉译文献"刊印民国期间翻译的社科和人文著作，起到了接续当时学统的作用。

21世纪的译丛选题紧密跟随我国法制改革的脚步，根据改革需要及时提供国外研究资料。中国社会科学出版社2000年左右的"外国海关法规译丛"，配合《中华人民共和国海关法》的第一次修改工作，出版了5本译著，不仅为海关立法活动提供参考，也是学者研究的重要依据。中国政法大学出版社的"民事诉讼法学精粹译丛"出版时正值《中华人民共和国民事诉讼法》修订，民事诉讼法研究的需求骤然增加。译丛选译了美、德、英、法、日、俄的民事程序制度著作，而且选译国内译著没有覆盖的领域，有很强的针对性。再如"中国政法大学国际法文库"，改革开放以来，中国国力增长，国际局势演变，中国直面的国际法律问题增多而且日益复杂化，选题便是对国际局势的回应。

六、结语

梳理近40年的外国法学著作汉译，可以看到改革开放以来法学翻译的发展和演变轨迹，法学翻译与法制建设的关系，并为今后的法学翻译获取经验。

近40年的法学译著，1980年代数量最少，一直攀升至2010年代达到高峰，之后数量趋于平稳。法学译著的总量随着我国改革开放的进度而变化，经历了启动、加速、高速和平稳的过程。

法理、刑法、民商法、国际法、经济法、宪法、司法、法律史、知识产权法、行政法学科译介数量最多。吸收、借鉴译介知识的法学领域，是我们需要的。不同学科的译介活动有自己的节奏，与经济发展和法制改革不无关系。

近40年的绝大部分法学译介来源于美、英、日、德、法几个国家，而且除行政法外，其他各法学领域的译著来自美国的比例最高。如果我们对外国法律持续继受，对某个国家法律文化特别的依赖，就会削弱我们国际法律交流的话语权，同时忽略法律与中国社会的内在联系，容易造成传统与现代文化的断裂。〔1〕

值得注意的是，译介活动除了国内改革和研究的需求的内因推动，大规模有影响力的译丛几乎都有国外机构甚至国家层面的资金和政策支持，这是促使

---

〔1〕 参见张生："新中国法律史学研究70年：传统法律的传承与发展"，载《四川大学学报（哲学社会科学版）》2019年第5期。

译介活动发生的外因。中国改革开放，登上世界舞台，西方发达国家不能无视这样一个泱泱大国可能带来的影响力，我们一定要对外传播自己的法律文化，扩大自己法律制度的影响力。由此反思，中国法律文化的发展和传播也要靠对外翻译来助力。

纵观近40年的汉译法学著作，我们的选题从80年代的部门法的"概述""概况"开始，逐渐系统化、精细化，越到后期越从容和理性。但这只是我们追赶现代文明的第一步，接下来译介和继受的内容还需要与传统文化融合内化，需要我们批判阅读，结合中国传统文化研究创新。

第二章
外译中法学著作译者考察

中国改革开放后的法学译介数量逐年攀升，90年代后期，法学界和翻译界开始关注法学翻译的问题。法学界在此领域的研究占比小，主要聚焦于翻译活动与法制发展进程的关系，[1]研究成果在分时期、分法学领域的译著梳理，[2]西方法律思想在中国传播，[3]法学译著影响力的统计分析，[4]从制度经济的角度考察当代中国法学著作的翻译等方面。[5]翻译界的研究占比大，关注点侧重翻译文本、翻译策略和原则、法律翻译的语法语篇方法、翻译质量、翻译中的法律文化、法律翻译伦理等。

法律翻译推动中外法律文化交流，译者处在中国法制建设特定的历史时空，参与塑造时代的法制特色，其翻译决策也受到时代的影响，译者对法学发展和法制建设的作用毋庸置疑。译者一直是翻译研究的关注领域。目前国内译者研究主要在文学和典籍的译者身上，且对译者的研究一般在文本研究之后。当文本研究不断深入，需要拓展到文化的宏观层面，把人和社会纳入研究中，作为研究对象的译者才会凸显。法律翻译研究晚近才开始，法学著作的译者身份、译者对法律翻译的态度、在法律文化发展中的作用等均未被关注，法学译者研

---

[1] 参见刘毅："法学翻译与法律现代化"，载《北京理工大学学报（社会科学版）》2012年第5期。

[2] 参见刘毅："国家与宪法：民国法学译著片论"，载《华东政法大学学报》2015年第3期。

[3] 参见刘小平："法学中西之间：西方法学在中国法学理论体系建构中的贡献和定位"，载《法制与社会发展》2012年第6期。

[4] 参见申伟、朱佳林："我国的法学知识引进运动述评（1990~2011）——从翻译域外法学文献的角度看"，载《六盘水师范学院学报》2013年第1期。参见丁翼："对我国法学研究最有学术影响的国外学术著作——基于CSSCI（2000-2007年度）数据"，载《西南民族大学学报（人文社会科学版）》2009年第8期。

[5] 参见苏力："当代中国的法学著作翻译——从制度或经济学的角度考察"，载《清华法学》2004年第1期。

究有待系统挖掘。

基于此，就本书的研究范围，本书把1980-2016年出版的外译中法学著作的译者作为研究对象，依据数据，从宏观勾勒这部分译者的群像，并回答以下问题：（1）谁是译者，身份如何；（2）译者翻译动机；（3）如何译，即翻译过程中译者对原文的选择、赞助人的作用、翻译原则和困难；（4）译者对法律翻译本质的看法。

本书通过典型译者译著中的副文本，即前言、后序、题目、献词等，分析译者的翻译目的、对原文的选择、对读者和阅读效果的预设、对译文价值的期待、面对的翻译难题以及对法学翻译的理解。

法学译著的副文本主要有两大内容，一是介绍评论原文，解读原文，属于导读性的；二是对翻译工作的解释，一般包括翻译的缘起、困难、采用的原则方法和翻译过程的感想等。副文本起着推介文本，拉近译著和读者之间的关系的作用，是了解译者翻译思想的重要途径。法学译著中的副文本篇幅大相径庭，有的副文本是论文，洋洋洒洒探讨著作中的学术问题；有的是散文，抒发译者对学科、学问、翻译、学界的感慨；有的寥寥数语，致谢或表达对译著的期许；有的译著甚至没有副文本，译者除了署名，就隐身起来。译者把一部外国法学著作带到中文语境，译者的学问、对待翻译的态度不仅体现在译文中，也渗透在他的副文本中。

一、谁是译者

（一）译者人数

1980-2016年汉译法学著作中参与翻译的署名译者2338人，[1]机构15个。[2]研究共收集到1189个译者信息，收集的途径包括译著所载译者信息，互联网等。收集过程注意到译者重名问题，尽量做到多渠道信息相互印证，例如译者所在工作单位的官网信息和译著所载译者信息相符，译者学术领域与译著内容相符，译者年龄与出版年代相符等。

统计显示，法学著作译者分散，翻译活动也不集中，只有极少数译者产量

---

[1] 译者人数统计只包括译著版权页的署名译者。有些著作译者众多，但译者名只在前言中列出，本研究未收录。

[2] 机构是指研究所、教研室、研究院等科研单位。这类译著的译者没有自然人署名，只有单位名称。

多。表5统计了翻译不同数量法学译著译者人数。署名译者中，有2065位译者只翻译过1部法学著作，占译者比例88%，273位译者在37年间翻译过2部以上法学著作，占所有译者的12%。翻译6部以上法学著作的译者仅有20余人。由此可见，绝大多数译者只参与过1次著作翻译，而且属偶然参加翻译活动。几乎所有译者做翻译是"副业"，长期从事法学译介的译者寥寥无几。

表5 翻译不同数量法学译著的译者人数

译著数	1部	2或3部	4或5部	6-10部	11部以上
译者数	2065人	210人	40人	21人	2人

（二）译者分类

根据译者的学科背景，可以将译者分为三类：法学家译者、语言学家译者和交叉学科译者。

法学家译者占95%，包括高校法律院系、社科院法学所等机构的教师和科研人员、法学院学生、公检法机关的专业人员、律师，也包括受过高等法学教育但教学科研工作在其他专业，如心理学、历史研究的高校教师。其中职业为教师和科研人员的法律专业人士占绝大多数，并呈现出以下特征：教授、副教授为主；80年代中后期，具有博士学位的译者比例明显增高，而且大部分都有国外留学访学经历，留学访学的经历与原著作者的国别、语言都紧密相关。法学研究生在教授或导师带领下参与翻译。

法学家译者翻译的著作几乎都和自己的研究领域相关。国际法专家王铁崖的译著都是国际法内容；吴宗宪教授主要从事犯罪学、刑事司法方面的研究，翻译的数部译著都属于该领域；中国人民大学法学院杨建顺教授曾留学日本，研究领域为行政法学、行政诉讼法学，6部译著均为日文行政法著作。

法学家译者占据绝对高比例这一现象与翻译研究者们的统计结果一致：翻译的主体从来就不限于翻译学界。哲学、经济学、政治学、历史学、法学、文艺学、伦理学、语言学、文学等学科40多年来最重要的译著，很少出自翻译学界之手，有影响的法学翻译者一定是对法学专业理解得深入同时又能驾驭得了中外文的人。[1]

---

[1] 参见许钧主编：《改革开放以来中国翻译研究概论（1978-2018）》，湖北教育出版社2018年版，第202页。

统计在册的译者中，有49位是语言专业背景，从事的是语言类的工作，如高校外语教师、出版机构编审或职业翻译。对外经济贸易大学的杜景林教授，专业为德语，在高校讲授"外贸德语""德国商法"等以德国为主题的课程；中国政法大学的黄道秀教授主讲"法律俄语"等课程；著名翻译家竺家荣，专攻日本近现代文学，翻译了日文著作《性骚扰应对》，内容为性骚扰的言行表现、防范性对策；成都理工大学外国语学院郑欢教授编译了《雄辩之美：法律、良知与辩才的角力》，内容为美国法律史上著名的案件；华东师范大学法语系教授袁筱一，从事法语语言文学和翻译理论研究，翻译了《人类死刑大观》，主要内容为人类历史上几十类死刑行刑方式、行刑事件和细节；沙丽金教授主讲"法律英语"等课程，译有《文字之诉——语言与民事案件》的法律语言专业著作。

与法学家译者不同，译著高产的语言学家译者涉猎的法学领域广泛。黄道秀教授的俄汉法学著作翻译，涵盖了俄罗斯民法、刑法、民事诉讼法、仲裁法、刑事诉讼法、行政法、行政诉讼法、国际法、司法改革等重要法学领域。罗结珍是北京第二外国语学院法语教授，出版的法汉译著涉及公司法、商法、民事诉讼法、刑法、刑事诉讼法、债法、劳动法等。

小语种专业的语言学家译者值得关注。由于掌握小语种的法学家人数较少，而小语种人才掌握法律知识的更少，小语种语言学家的法学翻译活动往往比较集中、更瞩目，更能获得国内外赞助，成为国内外认可的法律交流使者。中国政法大学的黄道秀教授研究和翻译俄罗斯法律近四十年，完成一千多万字译作，被誉为"中俄法学交流第一人"，俄罗斯前总统梅德韦杰夫授予黄道秀教授"友谊勋章"就是典型例子。

译著高产的语言学家译者另一个特征是在国外修读过法律。黄道秀教授20世纪80年代曾在苏联喀山大学进修法律；罗结珍教授80年代受派前往法国高等经济商业学校学习，主修民商法与旅游法。国外进修法学的经历为语言专业学者奠定了法学翻译的知识基础。

语言背景译者的译著中，非抽象、非理论、偏通俗的著作比例较高。题材以大案奇案、法律文化、法律史、法律语言为主，如张中载、陈德彰译《天网恢恢——国际警察组织对形形色色罪犯的搏斗》，龚毓秀、徐真华译《法国司法黑案》，吴模信译《巴黎高等法院史》，等等，语言学家译者几乎没有翻译法哲学或某一法学领域专门问题的著作。

第三类译者是法学、语言学以外的其他专业学科译者,以高校和科研机构教学研究人员为主,数量比语言学家译者更少。这些学科与法律相交叉,学科范围广,人文社科、理工农医都有。交叉学科译者例如金融专业的姚念慈翻译了《银行商业信用证的法律》,医学专业的侯一平译有《法医 DNA 分型:STR 遗传标记的生物学、方法学及遗传学》,植物动物学专业的向其柏译有《国际栽培植物命名法规》,航海专业的张永坚译有《船长在取证中的作用》,地质学专业的金振奎译有《源自地球的证据:法庭地质学与犯罪侦查》,教育学专业的江雪梅译有《教育法学》,新闻学专业的张金玺译有《传播法:自由、限制与现代媒介》。

这三类译者之外,还有署名为机构的集体译者。这些机构可分为以下几类:第一类是中央政府各部门,例如原农业部畜牧兽医局组织翻译了《国际动物卫生法典》,水利部国际经济技术合作交流中心组织翻译了《国际涉水条法选编》,中国海事局编译了《1982〈联合国海洋公约〉技术手册》。第二类是高校和研究院所,如上海社科院法学所翻译了《各国宪政制度和民商法要览:非洲分册》,中国人民大学法律系民法教研室翻译了《经济法理论问题》。第三类是专业组织或机构。中国船舶检验局是国家的船舶技术监督机构,组织翻译了《1973 年国际防止船舶造成污染公约及其 1978 年议定书》等三部国际公约。中国国际贸易促进委员会法律事务部翻译了《英国经济贸易法制》。

机构组织翻译的法学译著,与该机构的社会功能和专业领域紧密相关,以实用为主,满足工作、学习、宣传和教育的需求,内容主要为各种规则、规章、手册、指南、标准的汇编和选编。原农业部农产品质量安全监管司翻译的是农产品质量相关的法律,重庆市急救医疗中心翻译的是有关损伤定级的标准,中国政法大学刑事法律研究中心翻译的是英国的刑事诉讼法,反映了各个专业领域里涉及法律的一面。

机构作为译者的译著,出版时间较为集中。本研究收集到 38 个机构译者的译著,18 部出版时间集中在 1981 年和 1982 年,几乎均为上海社会科学院法学研究所、中国社会科学院法学研究所、中国人民大学苏联东欧研究所编译或翻译;7 部在 80 年代后半段出版;其余分布在其他时间出版。以科研机构署名出版译著,可以集中多名译者力量,出版效率高、速度快,在改革开放初期满足读者迫切的知识需求。随着译著出版增多,译者署名和身份意识增强,90 年代后这类现象锐减。进入 90 年代,机构为译者的译著虽减少,但仍持续存在,以中央各部委和专业机构署名的译著为主,出版时间也较为分散。

(三) 有代表性译者

本研究在千余名译者中选择译著数量多,具有学科代表性的译者,分别从翻译目的、翻译过程和对翻译的认识三方面分析法学著作汉译者的共性和个性。

表6 高产译者及其研究方向

译者	译著数量	专业/职业	译者	译著数量	专业/职业
黄风	13	罗马法	吴宗宪	7	犯罪学
罗结珍	14	法语	费安玲	6	罗马法
王进喜	10	律师	魏磊杰	6	民商法
邓正来	9	法理	毕小青	6	国际法
徐久生	8	刑法	杜景林	6	德语、德国法
郭建安	7	刑法	高鸿钧	6	法理
毕洪海	7	宪法、行政法	何帆	6	司法
黄道秀	7	俄语	林正	6	司法
黄胜强	7	经济法	刘仁文	6	刑法
刘庸安	7	编审	魏启学	6	知产

本研究选择观察的法学家译者:黄风、王进喜、邓正来、徐久生、高鸿钧,五位均为高校法学教授。语言学家译者:罗结珍、黄道秀、杜景林,三位为高校外语专业教授。刘庸安为编辑。此外,舒国滢、贺卫方、苏力等法学家有独到译论,本书也会参考。

二、翻译目的

(一) 法学家译者

法学专业译者翻译总的目的来说是"拿来主义",但又可以分为两大类:一是介绍先进的理论和立法成果,为研究和实践提供参考资料,推进法制发展。理论论著、百科全书、职业训练、教科书、立法文本等译著的副文本几乎都提到"借鉴"和"参考"的目的。高鸿钧在《法律移植与法律文化》译者前言中提到"把西方当代关于法律移植与法律文化的最新成果介绍给读者"。[1]王进喜在《澳大利亚联邦证据法》的译序中提到,[2]原著很重要,国内相应的研究不充分,希望译本为深入研究提供参考资料,以此为基础看到更多比较法研究成果。徐久生在《德国监狱制度——实践中的刑罚执行》译序中提到"为了给国内学者和司法实践部门的同志学习,研究德国的监狱制度,也为给中德监狱制度比较研究提供第一手资料,编译此书"。[3]梁治平在邓正来译《宪政民主对外事务》的序中提到:吾人研究宪政理论,旨在推进中国之宪政大业。[4]

法学著作翻译的另一个目的是理论提升、学习新知识,把翻译当作学习方法、阅读方法,帮助译者厘清思想脉络。此类翻译活动,翻译本身不是最终目的,翻译提供灵感和思路,刺激译者不断思索,为下一步研究做准备。这类译著以法理学为主。

舒国滢教授提出过"翻译法学"的概念,即靠翻译完成中国法学知识建构,不能靠古代留下的技术,因为中国法学界语言技术、逻辑、法学原理的研究,没有精准掌握现代法学知识,会成为将来发展的负担。[5]

邓正来先生是法理学著作的多产译者,主要翻译哈耶克、庞德的著作,把这种翻译叫作"研究性翻译"。邓先生在不同译著的译序中明确了翻译目的,如"追究社会学法理学对于19世纪诸法理学派的知识增量";[6]"通过这样的努力为中国法学的重建做一些知识上的基础工作,因为当时的中国法学在现代法制建设的要求或驱动过程中正陷于历史性的困境之中……通过这部法律哲学著作的翻译/思考实践而对自己在法律方面的疑惑做一些知识上的清理工作";[7]"对

---

[1] [意]D.奈尔肯、[英]J.菲斯特:《法律移植与法律文化》,高鸿钧等译,清华大学出版社2006年版,前言第5页。

[2] 参见澳大利亚司法部编:《澳大利亚联邦证据法》,王进喜译,中国法制出版社2013年版,第25页。

[3] 徐久生、田越光编著:《德国监狱制度——实践中的刑罚执行》,中国人民公安大学出版社1993年版,编译说明。

[4] 参见[美]路易斯·亨金:《宪政·民主·对外事务》,邓正来译,生活·读书·新知三联书店1996年版,总序。

[5] 舒国滢教授2018年11月16日十中国英汉语比较研究会法律语言学专业委员会年会暨第十届法律语言学研讨会上的发言。

[6] [美]罗斯科·庞德:《法理学第一卷》,邓正来译,中国政法大学出版社2004年版,代译序。

[7] [美]E.博登海默:《法理学:法律哲学与法律方法》,邓正来译,中国政法大学出版社2004年版,重译本序。

他（哈耶克）主张的方法论个人主义总的相关问题做出若干评论"；[1]中国社会科学欲取得真正发展，就必须对西方社会发展起来的社会科学知识进行翻译和研究，因为唯有这样的努力，我们才能了解社会科学知识在人类社会发展过程中所存在的各种问题以及相应的理论发展。我们如果不做这样的努力，那么我们就有可能重复前人知识工作而不自知，而这实际上是在无视前辈先哲为人类作出的知识贡献。[2]"研究性翻译"的最终目的是建构中国自己的学术传统或法律哲学。不是为了翻译而翻译。[3]邓正来先生从翻译出发，由译而论，著成《哈耶克社会理论》《哈耶克法律哲学》，堪称"西学东渐"的研究典范。[4]

（二）语言学家译者

语言学家译者很少写译序，很少谈自己的翻译目的，即使简单的学习借鉴之类的言词也很难看到，也很难看到语言学家译者讨论所译学科相关问题，或解释翻译的缘起。与法学家译者相比，语言学家译者隐藏在翻译活动幕后。由此可以推测语言学家译者在法学著作翻译活动中处于较被动地位，而非启动或参与启动翻译活动的人。

语言学家译者的译著中，丛书总序中偶有译丛负责人谈翻译目的。黄道秀教授是《俄罗斯联邦民事诉讼法典》的译者，[5]但译序是樊崇义教授作为丛书负责人写的，樊教授认为翻译法典曾一度具有很强目的性，为我国立法提供借鉴，功利性强，只限于借鉴少数欧美国家，而法典翻译应首先是一种文化间的交流，而后才是对其精华的借鉴。罗结珍教授译《世界法的三个挑战》，在总序中转述了原著作者愿本丛书进一步激发中国法和法国法的比较研究。

（三）交叉学科译者

交叉学科译者的译著性质多为操作指南，技术指南、参考资料、法律指导，并与业务实践紧密结合，翻译是为了指导实践，目的直接、明确。译者汪霄在《工程合同与法律环境》译者序中提到，"本书系统阐述了美国工程建设实施过

---

[1] [英] F. A. 冯·哈耶克：《个人主义与经济秩序》，邓正来译，生活·读书·新知三联书店2003年版，代译序第2页。

[2] 参见邓正来编译：《西方法律哲学文选》，法律出版社2008年版。

[3] 参见邓正来编译：《西方法律哲学文选》，法律出版社2008年版。

[4] 参见邓正来主编：《中国深度研究：中国社会科学辑刊 春季卷》，复旦大学出版社2010年版，第119页。

[5] 《俄罗斯联邦民事诉讼法典》，黄道秀译，中国人民公安大学出版社2003年版。

程中的合同法律环境……对于我国建设领域的专业人员和研究人员具有重要的参考作用"。

三、如何译

(一) 对原文的选择

翻译是一个选择的过程，译者的选择始于译什么。一个学科译介的选题，在一定程度上塑造该学科知识和文化构成，并引导、补充学科主流话语。译者与原著者之间的关系，也因翻译产生相互影响。如果译者在目标语文化中享有丰富文化资本，是学科的领军人物，又作为译者推广国外著作，译著会因译者的身份受到更多关注，在目标语文化中占有一席之地。如果原著在域外影响深远，译者或因译著受到关注，译者的存在感得到提升，体现了译者在文化交流中的作用。译者常常在翻译之时或之后，成为对原著理解最深刻的人，对译者之后的学术兴趣产生一定影响。

法律著作翻译中，法学家译者对翻译选题较主动。法学家译者常常是丛书编辑、学科专家，了解学科问题和新近发展，他们常围绕自己研究领域，根据国内研究需要和国外学术发展动向来选题。王进喜在《论律师的流动管理》译序中提到，作为译者和丛书编辑，拣选了于我国当前律师业发展具有重要意义的选题，构成"美国律师执业技巧与管理丛书"。邓正来组稿论文集《国家与市民社会：一种社会理论的研究路径》时，为了推动中国有关市民社会问题的思考，并为此领域研究提供一些必要的文献，与美国当代著名社会学家Jeffrey C. Alexander 教授几经商讨论文选题，最终收录论文17篇，分在3个主题之下。

法学家译者会主动选择同一法学领域的法律法规集结成册，方便国内读者参考。王进喜在《美国律师协会职业行为示范规则》中收录并编译了两部法规：《职业行为示范规则》和《司法行为示范守则》，为研究职业行为规范提供了便利。

对原作者的推崇是法学译者主动选择译什么的原因之一。舒国滢教授在《法律论证理论——作为法律证立理论的理性论辩理论》的译后记中毫不掩饰对原作者罗伯特·阿列克西的崇敬，"他那建筑学般的精微分析与论辩本身透现出法美学和拉德布鲁赫学问一样的美丽及前两者所缺乏的分析哲学与现代逻辑证明形式，都令我颇感惊异和兴奋，其实，这正是我本人长期以来在学问方向选择上有所欠缺的东西"。[1] 在《古斯塔夫·拉德布鲁赫传——法律思想家、哲学家和社会民主主义者》一书的译后记中,舒教授提到"不仅是为了他的法学理论,而更主要的是为了拉德布鲁赫这个人"。[2]

多数非法学家译者没有提及翻译选题的缘由。个别非法学译者对原著及原作者有较长时间的研究,会谈及选择原文的缘起。刘庸安翻译或参与翻译丹宁勋爵的 11 部著作,[3] 在《法律的界碑》的译序中提到是龚祥瑞教授最先的引导,才有翻译丹宁勋爵著作的成果。

(二) 对原文的评价

译者对原文的评价,一方面反映译者对原文的态度,以及这种态度影响译者如何处理翻译问题,另一方面也说明了译者与原著在学科方面的关系。

法学译者对原著的评价毋庸置疑都是赞誉。译者对法典、法律法规类原著评价一般从理论和实践的意义、借鉴价值方面评价。法学理论类著作,译者从理论高度、知识的广度、全新视角等方面评价。在《法律与革命——西方法律传统的形成》中,译者高鸿钧教授提到原著是一部法律史著作,原作者对西方法律传统的重要形成因素的挖掘和分析都达到了前所未有的高度:"一位美国法学家的著作一而再,再而三被译成中文,除了庞德和本书作者伯尔曼外,一时还想不到其他例。"[4] 法学译者对实用技巧类原著的一般从文风和借鉴意义角度评价。王进喜译《现代诉辩策略与技巧》,评价原文简洁流畅;评价《英国证据法实务指南》对证据法进行了清晰和具有可视性的说明。

非法学译者只有个别有对原文评价,而且多从文风和原文的价值方面评论。刘庸安在《法律的正当程序》译序里提到丹宁的书浸透着他丰富的法律实践经验、广博的历史知识,原著语言简练而流畅;讲述一个个案件就像讲述一个个故事,文字精当,举例贴切,并杂以诙谐、幽默、讥诮,使人读起来饶有兴味。

---

[1] [德] 罗伯特·阿列克西:《法律论证理论——作为法律证立理论的理性论辩理论》,舒国滢译,商务印书馆 2019 年版,第 459 页。

[2] [德] 阿图尔·考夫曼:《古斯塔夫·拉德布鲁赫传——法律思想家、哲学家和社会民主主义者》,舒国滢译,法律出版社 2003 年版,第 258 页。

[3] 此处 11 部的数字与表 6 中刘庸安译著 7 部不符,原因是译著的来源数据固定,但可能有遗漏,而个案调查中可能会显示被遗漏的译著。为保证译著数据的完整和统一,作者没有改变表 6 和附录 1 的译著总表的数据。

[4] [美] 哈罗德·J. 伯尔曼:《法律与革命——西方法律传统的形成》,贺卫方等译,中国大百科全书出版社 1993 年版,第 815 页。

杜景林在《德国民法典》译序中评价原著体系完整、概念科学、字义准确，对20世纪各国制定的民法典有重大影响。

译者对原文的评价之于翻译的关系，本书做了一个大胆的推测，有待后续研究验证。基于德国功能主义翻译观，翻译策略取决于文本的三种功能：传递信息、感染读者或是表达自我。一般一部著作某一文本功能比较突出，如偏通俗、易理解的著作具有较强的传递信息或感染功能，翻译策略会比较注重读者感受。而理论和抽象论述的著作，文本偏重作者表达观点和传递信息，策略会倾向保留原著的文本特点。本书的推测为：法学著作的汉译，译者如果对原著的理论高度赞赏，崇拜原作者的学识、人品、能力等，是否大概率会采取贴近原文的翻译策略？因为对原著者的崇敬和对原文的欣赏，翻译过程可能会最大程度保留原文语言风格。而从语言、文风等方面评价原文的译者，因为语言的特色在翻译中会流失，译者是否大概率会采用靠近目标语的翻译策略，让译文读者也感受到幽默、流畅等特征？这个推测需要把各类型多部译著作为研究对象，在较大范围内得出相对可靠的结论。

（三）赞助人

赞助人是"委托翻译、出版译作或负责译作发行的人或机构"。[1]个人、机构作为赞助人，一般以提供资金，委托发起翻译项目的形式赞助翻译活动。赞助人为译者提供稿费、薪酬，通过自身影响力来提高作者或作品的声名与地位，也对译作的意识形态和译作价值把关。

法学家译者的赞助人呈多样化，这和每个译者的学习、工作背景相关。有的译者从多渠道多路径获得支持，包括外国高校、科研院所、基金会、国内外出版机构。

黄风教授诸多罗马法相关译著多由意大利大学或科研机构资助，如《法学阶梯》是中国政法大学罗马法研究中心和意大利罗马法传播研究组的合作计划之一，又得到罗马第二大学协助，意大利国家科研委员会赞助。黄教授有关意大利法律的译著有的是出版社为赞助人，如《意大利反腐败法》，方正出版社的陈学军提出翻译这部法规，鼓励译者翻译。有的则是研究课题的成果，并受外国基金会资助，如《意大利刑事诉讼法典》是陈光中主持的课题"刑事诉讼

---

[1] André Lefevere, *Translation, Rewriting and the Manipulation of Literary Fame*, Rouledge Press, 1992, p. 55.

制度改革研究"的成果之一,受美国福特基金会、加拿大国际开发署和德国艾伯特基金会的支持。

有些译者的赞助人渠道较为单一,为国内各大纵向研究项目、课题和基金,体现出国内科研工作了解外国法学发展的动力。王进喜教授译著的赞助人基本为国内科研基金。如《澳大利亚联邦证据法》是教育部长江学者与创新团队发展计划"证据科学研究与应用"的项目成果,王教授其他译著的赞助人还包括北京市哲学社科规划项目、中华全国律师协会重点研究课题、中国法学会委托项目、"2011计划"司法文明协同创新中心等。

此外,常见的赞助人包括出版社、政府部门或机构,可以看出政府和出版机构对于法律文化交流的积极态度。邓正来先生重译《法理学 法律哲学与法律方法》是应出版社之邀;邓先生译《市场社会主义》,版权由香港社会科学服务中心董事长徐泽荣先生资助购买,并经徐先生的安排由中国问题研究所负责组织及审校。徐久生教授译《德国监狱制度——实践中的刑罚执行》受到司法部预防犯罪与劳动改造研究所领导的大力支持。

出版社和译者互相借力,并借助原作者的声望和原作的影响力,提升译著的影响。首都经济贸易大学1997年启动了"诺贝尔经济学奖获奖者学术精品自选集"的出版工作,邀请邓正来先生选编、翻译哈耶克的论著,编译为《哈耶克论文集》。2014年出版社又重新编排该书,译序中提到旧版中,"邓先生撰写了长篇评注,系统阐释了哈耶克的主要思想。可以说,这是一部译、著并重的学术精品。书籍出版后,在学术界产生了广泛深刻的影响,此书也成为我们这一系列图书中最具影响力,学术水准和学界关注度最高的作品之一"。[1]

(四) 翻译问题及处理

法学家译者普遍反映译书工作量大,翻译学术著作耗时耗力。一个大部头的著作通常由几个译者共同完成,经历几次译、审、校。为保证翻译质量,翻译出版方还会聘请该法学领域的中外专家进行审校。语言是翻译绕不过的问题。一些原著涉及多种语言,译者在翻译过程或审校时请团队之外的"外援"帮忙。翻译《德国刑法教科书》时,徐久生请拉丁语教师雷立柏帮助拉丁文汉译,但雷立柏不懂刑法学,涉及这些问题,译文只能大体上意思正确。审校时

---

[1] [英]冯·哈耶克:《邓正来选译哈耶克论文集》,邓正来译,首都经济贸易大学出版社2014年版,出版说明第1页。

译者也会考虑读者感受，徐久生译《德国刑法教科书》时请硕士生从读者角度阅读初稿，并提出修改建议。

有些原著年代久远，涉猎领域广泛，加大了翻译难度。《德国刑法教科书》是一部具有刑法史料价值的名著，初版至今已有200年，当时的德文与现代德文有较大差异，文字晦涩难懂，阅读理解相对困难。黄风译《犯罪人论》的原文中运用大量人类学、解剖学、医学、精神病学等术语，而且用了具有年代特征的术语，此外还用了暗语、诗歌民谣等，加大了翻译的难度。

法学译者们采用的翻译策略、翻译技术具有一些共性：一是译名几乎都采用通行的、约定俗成的译法。邓正来译《宪政民主对外事务》、王进喜译《英国证据法实务指南》的译序中都提到此原则。大部分书名也采用这样的原则。黄风译《犯罪人论》，书名直译是"与人类学、法学和监狱学有关的犯罪人"，但仍采用了约定俗成的书名。

译者们在译本中针对原文改动比较多的是注释体例，以方便中文读者参考。高鸿钧译《法律移植与法律文化》提到译文改变注释体例，二级和三级标题添加了顺序号，对个别费解的术语和事件附加了译者注。黄风译《罗马法概论》，把层次划分的编码形式改为编、章、节的形式。

跨法律体系的术语翻译，概念容易混淆。有些译者为解决术语翻译问题，偏爱在译文后附术语表、译名表。王进喜教授每一本译著都附有译名表或术语表。黄风在《罗马法史》译文后附拉丁文-意大利文-汉语对照的索引。舒国滢教授在《法律论证理论：作为法律证立理论的理性论辩理论》提到翻译时资料准备和专门词汇的参酌时间较长，译《古斯塔夫·拉德布鲁赫传——法律思想家、哲学家和社会民主主义者》时，译名在编委会内部至今争议颇大。

法学家译者有时为突出译著主题，适应中文语境的传播，会与原作者商定译著名或改名。高鸿钧教授在征得原文作者同意后，把原书名 *Adapting Legal Cultures* 改为《法律移植与法律文化》。

非法学家译者与法学家译者的翻译过程有一些共性。一是经历几次译、审、校，外国专家帮助咨询等过程。二是解释译文相对原文变动的原因，如说明法典翻译译文改变体例的原因；说明选译部分原文的原因等。杜景林教授译《德国民法典》，根据我国《立法法》，把法律的编、章、节、目、条、款、句在译文做出了适应性的调整，以前通常为学者所称的项，现在则应当被称作为款。三是普遍关注法律术语的翻译。罗结珍教授在《法国公司法典》的译者说明里用较长篇幅解释汉译"公司""合伙"的含义；在《法国商法 第1卷》解释了"商法"在法国商法中的含义；在《法国刑事诉讼法》译序中解析了"徒刑""拘押"等概念。罗教授在几乎所有译著中附录了术语索引或缩略语表。刘庸安在《法律的界碑》译校后记也说明译者根据《牛津法律指南》和《牛津法律词典》等资料对法律专有名词和历史人物作了注释。

语言学家译者翻译的困难主要有三点。一是面对外国法律体系与中国的差异，不能把握概念和结构体系。杜景林教授译《德国支付不能法》，感到德国法的体系细致精微，思辨抽象，用语极为精当准确，而中文语言中没有对应的体系，翻译过程尤为困难。杜教授对"支付不能"一词翻译的说明就可见一斑。

二是同样面临术语翻译困难。罗结珍译《法国新民事诉讼法典》提到中法两国法律术语有较大差别，难以把握精细的立法技术。[1] 罗教授认为，法学翻译不仅仅是把有关概念按照惯常涵义加以翻译，而更多的涉及大量概念的转换。

三是国外法律不断发展变化，译者缺乏最新参考资料，也缺乏与外国专家的沟通途径。黄道秀教授译《俄罗斯联邦民法典》时提到，俄罗斯政治经济制度的变革使它的民事法律发生大的变化，吸收了大陆法乃至英美法系的许多制度，是之前苏联民法中根本没有的。由于资料缺乏，对俄罗斯立法情况及实践了解甚少，翻译过程中也没有机会与俄罗斯的民法学家交流，因此倍感困难。[2] 与法学家译者相比，语言学家译者对中外法律制度差异带来的翻译问题更加敏感。

（五）原著为中心，忠实为策略

法学著作的译者很少在副文本中谈及译论。几乎只有法理学著作译者谈及法学翻译实质，而且对翻译的理解具有很高的一致性。

法学家译者抱着忠于原作者、尊重原文的态度，采用贴近原文的翻译策略。出版的法理学译著中，原作多为西方法哲学经典，原著者均为著名法学家，译者面对大师往往怀有谦逊和崇敬之情，因此翻译过程中把原作者和原著放在中心位置，持译著低于原著的心态。法学家译者们相信，原作文本中客观蕴含着固定不变的意义，需要通过一定途径发掘、理解和体会后获得，并在目标语中尽力重现。

---

[1] 参见《法国新民事诉讼法典》，罗结珍译，中国法制出版社1999年版。
[2] 参见《俄罗斯联邦民法典》，黄道秀等译，中国大百科全书出版社1999年版。

高鸿钧教授在《法律与革命——西方法律传统的形成》译后记中提到，现代阐释学的一个趋势是不断地削弱作者本身在作品意义上的权威性。虽然翻译在一定程度上也是一种阐释——用一种语言表述"本文"的意义，但是现代的翻译规范，尤其是社会科学作品的翻译规范，越来越强调译本应忠实于作者以及原著。译者只能恪守"我注六经"的本分，亦步亦趋地跟着作者走。[1] 舒国滢教授在《古斯塔夫·拉德布鲁赫传——法律思想家、哲学家和社会民主主义者》译后记中指出，翻译是译者"通过阅读和理解不断贴近原作文义的过程"。[2] 黄风教授译《犯罪人论》时提到，直译仍是译者所崇尚的。[3]

与法学家译者一样，非法学家译者也抱着译文不能超越原文，只能无限接近原文的想法。杜景林教授在《德国民法典》的译序中提到一个翻译德国法的问题，说明了法律原文在法律翻译中的神圣地位，但又考虑到译文的可读性，不得不做出妥协："在德国法的条文中，每一个句子的开始都有一个左下标，除可以方便快速阅读和查找之外，这主要方便法律条文的适用。法律条文中的句子数目，已经同条文内容本身一样，具有了不可更易的'法定'特征，既不能被增加，也不能被减少，最为理想的译文就是和原文一模一样，句子成分不变，位置也不变。然而从目标语的角度却是一种困难，译者只能在必须变动的情形才有所改变，否则便是对高度技术化的《德国民法典》的损伤，而这种损伤最后必然又会造成理解和认识上的损伤。"[4]

（六）法学著作翻译的本质

翻译策略体现了译者普遍认为的法学原著和译著的关系。译者只做必要的格式改动，尽力呈现原著面貌，把原著往目标语读者面前推。虽然有些译者在副文本中讨论译著相关法学问题，译者不隐身，但目的是介绍或引入书中议题，起到辅助阅读作用，使翻译文本更易接受。译者整体上把译文看作是原著的另一种语言的呈现。

有意思的是，有原作者把译者往读者面前推，把翻译看作是一种创作，对自己作品的译本在目标语读者群抱有新的期待。《法律论证理论——作为法律证

---

[1] 参见［美］哈罗德·J. 伯尔曼：《法律与革命——西方法律传统的形成》，贺卫方等译，中国大百科全书出版社1993年版。

[2] ［德］阿图尔·考夫曼：《古斯塔夫·拉德布鲁赫传——法律思想家、哲学家和社会民主主义者》，舒国滢译，法律出版社2004年版，第262页。

[3] 参见［意］切萨雷·龙勃罗梭：《犯罪人论》，黄风译，北京大学出版社2011年版。

[4]《德国民法典》，杜景林、卢谌译，中国政法大学出版社1999年版，第5页。

立理论的理性论辩理论》的原作者阿列克西在序言里透露出对翻译本身的重视，期望译本不仅穿上"新装"而且应被注入"新生"。[1]

一些法学家译者认为翻译活动是学习知识的方法。邓正来先生把翻译看作是"研究性的翻译"，通过耗时耗力的翻译工作，梳理法理学发展的路径，探究法理学发展过程中的各派别的演进，实质是积累、爬梳知识，并在其基础上形成研究者的观点。舒国滢教授提出的"翻译法学"，通过译介外国法学，积累中国法学知识，丰富法律语言，是中国当代法学发展、法制建设的必要途径。苏力教授也有类似的观点，认为年轻学者翻译法学著作对学者本身和中国法学的发展都有裨益。许多年轻学者都是通过翻译外国的重要法学著作提升、补充自己，翻译的最大受益者是译者本人。应当鼓励年轻的法律学者加入翻译行列，然后离开，再进入法学创造活动，翻译因此可以视为中国法学人才培养的一个重要机制。在中国目前的历史转型时期，以及法学学术传统不足、积淀不够这一大背景下，译介外国法律学术著作是一个特定的甚至必须经历的一个阶段。[2]

吕世伦教授在谈到外国法学著作汉译时也认为汉译带来了最新的西方各种法观念，为研究西方法律思想及其历史准备了丰富的资料，更重要的是，翻译本身就是一种研究。翻译任何一本著作都必须研究作者的其他著作和整个思想体系，以及它所产生的社会背景，所以译者绝对不仅仅是一个介绍人或中间人，应该同时是研究者。或者说他需要在研究中翻译，翻译也使他成为研究者。[3]

四、结语

法学著作外译中的工作，95%以上都是法学专业译者完成的。法学家们积极与国内外科研、出版机构合作，介绍国外经典和新近法学著作，满足国内对法学知识的需求，同时也满足了外国宣传法律文化的愿望。法学家译者们发挥所长，在选书、编译工作中发挥较大主动性。他们的个人喜好、知识结构、对学科发展的认识、对原著和原作者的理解都影响着译著选材。当然，在译什么的问题上，出版社和科研机构也发挥着很大作用。

法学家译者们的翻译策略比较一致，忠实于原作者，呈现原文原意是译者

---

[1] 参见[德]罗伯特·阿列克西：《法律论证理论——作为法律证立理论的理性论辩理论》，舒国滢译，商务印书馆2019年版。

[2] 参见苏力：《也许正在发生：转型中国的法学》，法律出版社2004年版，第113页。

[3] 参见吕世伦主编：《西方法律思想史论》，西安交通大学出版社2016年版，第225页。

们追求的效果。尽管困难很多，但译者们抱着尽力的态度，争取最大程度在中文语境中再现原著。译者们在翻译活动中并无创造和创新的想法，即使对原文的改动，如序号、注释体例，也要告知读者，译者们在文体、语言风格上也尽力与原文保持一致。这一原则用于翻译学术著作，更被用于法律法规翻译。译者推崇原著和原作者，运用直译的方法把外国的法律概念、制度、思想介绍进来，丰富了中国法制建设需要的法学知识。

法学家译者对待翻译，体现明确的"拿来主义"的思想。这些译者既参加翻译活动，同时研究法学课题，教授法律课程，很多人也是立法专家，他们选择并翻译著作，影响了中国法律学人的思想，为中国法制建设提供了丰富的知识资源。法学家译者积极地把译著与中国法律话语联系起来，在法律文化传递中起到重要的作用。

语言学家译者风格略有不同，相较于法学家译者的积极显身，语言学家译者相当低调，隐藏在幕后。语言学家译者在翻译法学著作的过程中，鲜有选书、编译工作，而更多关注文风、术语等问题，法律文化交流的参与度较低，在翻译活动中较为被动。

最后，译者们也提到外译中法学著作存在的问题。法学著作翻译数量逐年增多，内容越来越广，但翻译质量参差不齐，译作囫囵吞枣的现象令人担忧。翻译的目的是文化交流，法学著作译介的最终目的还是学习外国先进的制度和思想，为我合理借鉴。译者不应只是文字转换者，还应该是学者，因此除翻译外，译者也应担当起客观分析作品，帮助消化译作的责任。译者有关翻译活动的文字或对翻译活动的研讨均起到了这个作用。例如高鸿钧教授翻译了《法律与革命——西方法律传统的形成》，但也客观评价该书的负面影响。[1]译著是联结原作与译文读者的桥梁，而译序、译者后记等文字，法学翻译活动的研讨等就是桥梁的辅助结构，帮助沟通交流顺利进行。缺了这部分，译者在翻译活动中作出的选择容易和译作割裂开来，降低了译作的影响力。改革开放以来，越来越多的译者参与法律译介，翻译量在不断增长，但有些译者对译著的思考是滞后的。目前，在满足了翻译量的需求的基础上，期待译者进入法学翻译的追求质的阶段。

---

［1］博珩翻译沙龙第一期简报，记录了《法律与革命——西方法律传统的形成》中译十五周年纪念的翻译沙龙活动，参加者为三位法学家译者和翻译爱好者。载 http://blog.sina.com.cn/bohengdiling，最后访问日期：2020年9月2日。

第三章
美国法经济学在中国的译介

前两章概述了改革开放后30余年间的外译中法学著作和译者总体情况。本章缩小范围，选取法经济学作为对象，详述这一领域中的译著与译者。之所以选取法经济学，是因为梳理译著相对方便。无论国内国外，法经济学是新近发展起来的交叉学科，学者和学派相对集中，著作以美国学者为多。相比起其他学科，例如法理学的学派众多，历史长，著作来源国家多，法经济学的译著来源比较集中，历史也较短，梳理难度较小。

另外，从法学译介和国内法学发展来看，很少有一个法学领域像法经济学一样成功引介并在国内成熟发展。90年代以后，美国法经济学研究日趋成熟，源出美国的"法经济学运动"已然传播到世界许多国家和地区，形成一股学术潮流，催生了大批译介美国法经济学的学术著作和本土研究成果。在几十年时间里，法经济学超越了不同法系传统和国家意识形态的差异，成为全球化时代法学国际化的标志之一。各国法经济学者也开始对本土法律问题进行经济分析。[1]当域外的其他法学流派和人物还处在一般性译介过程中的时候，法经济学在我国似乎已经度过了最初的翻译、介绍阶段，而进入了本土发展阶段。[2]

作为法经济学的门外汉，挑选并整理学科的译著对作者来说无疑是一个挑战，这需要至少了解这一学科的框架、边界、基本理论和重要的学者。这是法经济学研究者熟悉的领域，但这对于法学研究来说太过于边缘，并非学科内的难点、热点，离现行法距离甚远。而对于翻译研究者来说，法学翻译从来不是核心领域，法律/法学翻译多被认为是应用翻译，关注法律翻译与人和社会的关

---

[1] 参见吕世伦主编：《西方法律思潮源流论》，西安交通大学出版社2016年版，第437页。

[2] 参见赵晓力："法律经济学在中国"，载苏力、陈春声主编：《中国人文社会科学三十年》，生活·读书·新知三联书店2009年版，第188页。

系不够。

梳理一个学科译著的意义就在于发现译著和学科、研究者甚至更广泛的法制和文化的关系。译者呈现给目标语读者译文，这一过程不只是文字的转换，也创造了文化产品。在文化交流过程中，翻译目的是什么，哪些著作有复译，为什么复译？在新的语境中，翻译带来知识迁移和传播，谁决定何种知识得以传播？被传播的知识如何建立文明的形象、增强管理效力、提升治理秩序，或如何迎合国内理论需求、解决国内法律实践问题？回答这些问题的基础是摸清这一学科有哪些译著，何时译介、谁是译者等信息。

翻译史的初期工作就是从梳理翻译事件和翻译思想开始，逐渐向着深入挖掘翻译史实、深刻理解翻译语境，从而更加客观地阐释翻译现象的跨学科和跨文化视野方向拓展。[1]本章做的就是这样一个初步的工作，捋清一个法学领域中译著的谁、什么、怎样的问题，这相当于大数据收集、整理和初步总结。

一、法经济学

法经济学是法学与经济学结合，用经济学的理论和方法分析、解决法律问题的跨学科领域，是法学新兴的交叉研究领域。法经济学一方面可以描绘法律对人们行为的影响和后果，另一方面可以判断人们对法律规则的认可程度。[2]法经济学已经成为一个重要的法学研究的进路，是讨论许多具体的部门法问题甚至法学理论问题不可缺少的工具之一。[3]中国的法经济学发展，最初靠引介、翻译和研究西方学说，而后在此基础上逐渐展开自己的研究。一个学科领域的著作从无到有，从基础到深入，译介国外著作的活动见证了它的发展。

美国被普遍认为是现代法经济学研究的起源地和引领者。美国法经济学初创于1960年代，科斯、卡拉布雷西和阿尔钦分别发表了《社会成本问题》《关于风险分配与侵权法的一些思考》和《财产经济学》三篇论文，成为法经济学诞生的标志。[4]1970年代美国法经济学逐步发展，到70年代后期开始成为美

---

〔1〕 参见黄勤：《文学翻译研究：介评、阐释与赏析》，武汉大学出版社2019年版，第62页。

〔2〕 参见［美］斯蒂文·萨维尔：《法律的经济分析》，柯华庆译，中国政法大学出版社2009年版，第1页。

〔3〕 参见［美］唐纳德·A.威特曼：《法律经济学文献精选》，苏力等译，法律出版社2006年版，第1-3页。

〔4〕 参见吴锦宇："略述'法和经济学运动'在中国大陆的发展（1983-2003）"，载黄少安主编：《制度经济学研究第2辑》，经济科学出版社2003年版，第170页。

国一些主要法学院的显学。1980年代发展达到高峰时期，[1]学科深入到法学各主要领域和法律实务当中。法经济学研究趋向于数学化、形式化、公式化，基于大量的统计数据分析的实证研究开始盛行。进入20世纪90年代以后，法经济学研究进入了一个比较平和的发展时期，没有出现新一代的"领军人物"，也没有出现具有明显"突破性"的新论著，所做的工作大多是对已有论题的深入挖掘。[2]

中国于1980年代后期，新制度经济学兴起后，法经济学才引起学术界的重视。学界普遍认为80年代的几篇译介的论文和张嵎青翻译的英国学者J. M. 奥利弗的入门级著作《法律和经济》是法经济学进入中国的开端。[3] 1988年，第一次学科相关的"法学和经济学"研讨会于北京召开。

从90年代末开始，学界大量翻译西方，主要是美国的法经济学著作。一些高校在经济或法学院系开设"法与经济学"课程。进入21世纪，国内法经济学研究不断深入，相关研究机构建立起来，如西北政法学院的"法律经济学研究中心""北京大学法律经济学研究中心"、浙江大学的"法和经济学研究中心"，中山大学、山东大学等陆续成立相应研究机构。[4]

1980年代国内开始关注法经济学，1990年代初开始译介著作，期间正值美国法经济学发展高峰时期，国内与美国这一波学科发展相差约30年。近30年翻译美国法经济学著作的活动为中国带来了研究法律、解释法律问题的新方法，为中国学者独立进行法学实证研究奠定了基础。在这个领域里也聚集了兼任译者的法学家，正是他们的翻译工作，缩小了中西之间的法经济学研究的差距。

二、法经济学译著

本章统计法经济学译著的方法与第一章相同，即中图分类号D9项下的法律类译著。法经济学著作的界定标准，一是原著作者是法经济学领域研究者，二是原著是法经济学内容。这个标准的优势是清晰，较好操作，能反映法学著作

---

〔1〕参见豆景俊、张建涛："我国法经济学研究的现状及展望"，载《广东商学院学报》2007年第3期。

〔2〕参见杨帆主编：《世界与中国》，中国经济出版社2009年版，第203页。

〔3〕参见熊春泉、聂佳龙：《法律经济学》，中国政法大学出版社2017年版，第41页。

〔4〕参见李树：《法经济学论纲——基于经济学帝国主义的解析》，中国三峡出版社2006年版，第199~200页。

的翻译活动；缺点是把归为经济类的法经济学译著排除在外，因为法经济学借鉴经济学的理论方法，也有把经济学，尤其新制度经济学的相关著作也算在法经济学一类。

1980年–2016年期间，美国法经济学译著出版共计45部。

如图3所示，1989年之前，没有相关译著。1990年后，法经济学译著才陆续出版。根据每年出版数量，可以将美国法经济学著作的译介分为三个时期：学说引入（1990-1999年），每年平均0.5部。译介繁茂（2000-2010年），每年平均2.8部，及译介平稳期（2011-2016年），每年平均1.5部。

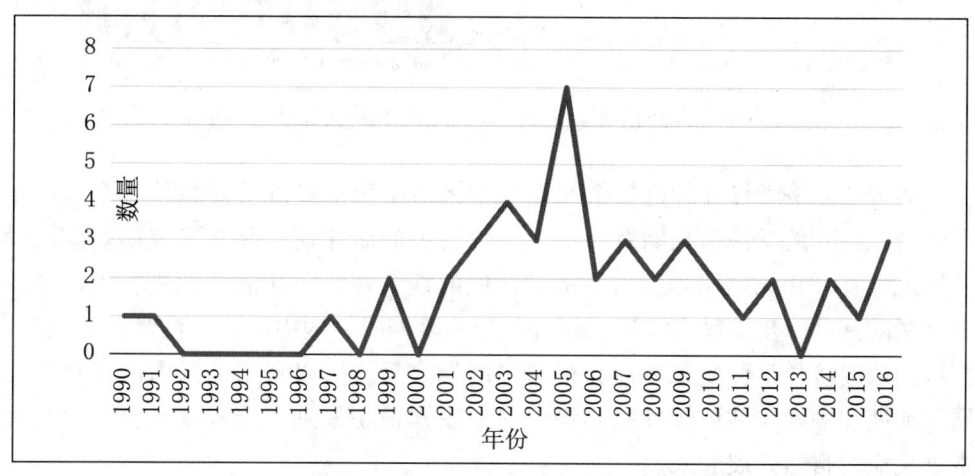

图3　美国法经济学译著每年数量

有学者把中国法经济学发展进程也划为三个阶段：

第一阶段的法经济学萌芽期（20世纪80年代末到90年代中期），由于引进新制度经济学、新政治经济学，法经济学研究兴起。

第二阶段的成长期（20世纪90年代后期到21世纪初），大量译介法经济学经典著作，国内学者开始追踪研究前沿，并开展本土研究。

第三阶段的繁荣期（21世纪初至今），国内的法经济学研究不断深入，对中国法律问题的应用分析增多，独创性增强。[1]

图4对中国期刊法经济学论文的统计佐证了学科的三阶段发展。

---

〔1〕 参见李珂、叶竹梅编著：《法经济学基础理论研究》，中国政法大学出版社2013年版，第24~26页。

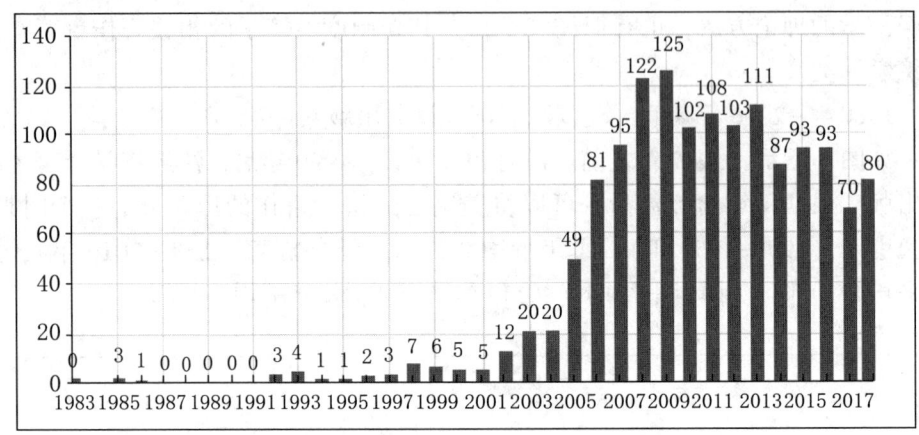

图4　1983年-2018年核心与CSSCI期刊法经济学文章数量[1]

美国法经济学译介的这三个时期与学者对中国法经济学发展的三个阶段十分吻合：译介的学说引入期对应法经济学发展的萌芽期；译介繁茂期对应法学发展成长；译介成熟期对应法经济学发展的繁荣期。译介活动在先，国内学科发展紧随其后，步调稍有滞后。译介处于高峰期时，国内的法经济学开始成长，而国内法经济学学科繁荣在译介最繁茂时期之后。可以看出，国内法经济学发展在初期和中期非常依赖外来知识引进。当知识积累到一定程度，自主研究和本土化应用自然开展起来。

（一）学说引入期（1990-1998年）

虽然中国翻译外国法经济学著作始于90年代，但在此之前，有一部著作的汉译尤其引人关注。《美国宪法的经济观》原著首版于1913年，汉译早在1938年出版，改革开放后又多次再版，是本研究中再版次数最多的，并且有其他译者复译。[2]《美国宪法的经济观》严格说不是一部典型的法经济学著作，而是一部经济、历史、法律三领域交汇的跨界著作。因为美国宪法是此书的研究对象，美国宪法的制定被认为是一次里程碑式的立法活动，其成果又是一部政治

---

[1] 参见魏建、宁静波："法经济学在中国：引入与本土化"，载《中国经济问题》2019年第4期。

[2] An Economic Interpretation of The Constitution of The United States 于1938年首次汉译出版，题名为《美国宪法的经济观》，何希齐译，商务印书馆出版；该书1984年再版，并根据原书1947年版修订，于2010年和2017年再版。2016年夏润复译，题名译为《美国宪法的经济解释》，2017年江苏凤凰科学技术出版社出版。

文献，更是美国的根本法，因此本书的中图分类为法律著作。该书作者查尔斯·A. 比尔德是著名的历史学家，是美国史学的经济学派创始人之一。该书从经济利益角度分析美国宪法的制定动机、宪法条款的妥协、宪法在各州批准的过程等，用经济分析方法，深入到宪法背后的开国元勋们的经济利益，而非就事论事地讨论历史、解释宪法。书中的经济分析方法对美国历史研究影响巨大，建立了一种重要的研究范式。〔1〕

1984 年《美国宪法的经济观》译本再版，但未引起当时我国法学界的关注。我国 80 年代的法学是一个初步奠基的时期，缺乏对其他人文和社会科学成果与方法的吸纳，〔2〕经济分析法于当时太过超前。此外，该书的研究对象是美国宪法，而非具有普遍意义的基本理论，内容太过美国因而削弱了它的影响力。

进入到 90 年代，中国学界才真正开始译介法经济学领域的著作。这一时期只有两部，但都是法经济学入门的经典教科书：考特和尤伦的《法和经济学》、波斯纳的《法律的经济分析》。

《法和经济学》原著 1988 年出版，是美国法学院普遍使用的教科书，该书于 1991 年、2002 年、2010 年三次被不同的中国译者翻译出版。〔3〕该书非常注重法经济学基础理论和分析范式的阐释，在对部门法进行经济学分析之前，详尽介绍了法经济学的发展历史、法经济学的经济学基础（理性选择理论）、法经济学的基础理论（科斯定理、交易费用理论、法律市场理论）、法经济学的分析范式（谈判分析、博弈分析、行为法经济学）、分析方法（个人主义分析方法、最优化与激励分析、规范与实证分析、微观与宏观分析）。〔4〕

《法律的经济分析》是波斯纳的传世之作，可以说是迄今为止最优秀的法律经济学教科书。1997 年大百科全书出版社的"外国法律文库"出版了蒋兆康的译本。张乃根于 80 年代中期也翻译过这部书，但未曾出版，颇为遗憾。

原著《法律的经济分析》第一版出版于 1973 年，波斯纳对该书进行了数次

---

〔1〕 参见［美］查尔斯·A. 比尔德：《美国宪法的经济观》，何希齐译，商务印书馆 1984 年版，第 8 页。

〔2〕 参见何勤华主编：《孤寂的辉煌——外法史学人随笔》，商务印书馆 2017 年版，第 373 页。

〔3〕［美］罗伯特·考特、托马斯·尤伦：《法和经济学》，张军等译，上海三联书店、上海人民出版社 1994 年版；［美］罗伯特·D. 考特、托马斯·S. 尤伦：《法和经济学》，施少华等译，上海财经大学出版社 2002 年版；［美］罗伯特·考特、托马斯·尤伦：《法和经济学》，史晋川等译，格致出版社 2010 年版。

〔4〕 参见马丽娜主编：《高等教育改革理论与实践探索》，中国经济出版社 2013 年版，第 181 页。

修订和扩充，1992年出版了第4版。该书可为教材，也具专著性质，标志着法律经济学作为一个独立的法学流派产生和成熟。书中内容触及普通法每个领域，将相关的经济学方法详尽地编织成研究法律制度和规则的体系。书中运用经济理论分析立法和司法的决定过程，即用最小的代价达到预期目标，得出的是一种理性选择。这种围绕经济学的效率的分析促成了一个全新的学术领域，将法律经济学展示于法律界，对法学研究方法提出挑战，改变着许多法律人的行动哲学。[1] 但强调效率就不自觉地将效率代替了正义，波斯纳也因此受到批评。

《法和经济学》中译本在原著出版3年后就出版了，而《法律的经济分析》中文版和原著第一版时间相差24年，这两本译著与原著出版时间相差一长一短，形成鲜明反差，但都是在90年代中国引入法经济学的开端时期，可见传播和发展一个学科，经典教科书起到非常重要的作用，时机也是一个重要因素。

《法和经济学》的体例与波斯纳的《法律的经济分析》相似，不过内容较为精简。波斯纳是法学家，《法律的经济分析》中数学浅显，但问题分析中涉及大量法律细节；考特和尤伦是经济学家，《法和经济学》的微观经济学的内容较深，但具体部门法涉及较少。

两部译著在中国的传播和影响都很大，从苏力教授的统计可以窥见一斑，1998-2002年期间，他引最多的学术性译著，《法和经济学》排名第10（134篇），波斯纳的《法律的经济分析》排名第5（162篇）。[2] 另据赵晓力副教授的统计，这两本译著在2000-2006年的引用率一直稳步增长，《法律的经济分析》平均年引用次数为61.7，《法和经济学》为42.3次，二者引用率的差距随时间逐渐变小。[3] 中国知网的被引文献检索波斯纳的《法律的经济分析》13 878次，《法和经济学》6340次。[4]

（二）译介繁茂期（1999-2010年）

进入1999年，法经济学译著数量突然增长，1999年至2010年间，共出版约30部，年出版约3部，出版数量占了全部数量的65%。除数量显著增长外，译著视野逐渐展开，从教科书和基础理论，拓展到法经济学在侵权、宪法、证

---

[1] 参见[美]理查德·A.波斯纳:《法律的经济分析》,蒋兆康译,中国大百科全书出版社1997年版,第9页。

[2] 参见苏力:《也许正在发生：转型中国的法学》,法律出版社2004年版,第66页。

[3] 参见赵晓力:"法律经济学在中国",载苏力、陈春声主编:《中国人文社会科学三十年》,生活·读书·新知三联书店2009年版,第193~194页。

[4] 2022年2月10日检索。

据法等领域的应用，再到对这一学科的回顾与反思，以及和其他法学方法的结合，涵盖了该领域的美国主流著作。

原著与首次汉译出版时间差各著作相差较大，既有紧随原著极短时间差的情况，如道格拉斯·拜耳等人所著《法律的博弈分析》、兰德斯和波斯纳的《知识产权法的经济结构》，译著与原著出版时间相差1-2年，又有布坎南的《成本与选择》中译本与原著出版时间相差40年，波斯纳的《反托拉斯法》相差27年。译介的繁茂期，出版的选择既有历经时间考验的经典著作，也有新近出版的前沿著述，是这一时期学科译介的特点。

这一时期的译著涵盖了绝大多数法经济学流派的著作。

芝加哥学派被认为是法经济学的主流学派，一定程度上代表了美国法经济学发展的历史。波斯纳是法经济学的领航者，也是芝加哥派的代表人物。在这一期间，波斯纳作品汉译就有13部，其中8部有关法经济学。[1]波斯纳的著作绝大部分由中国政法大学出版社的"波斯纳文丛"、北京大学出版社的"法与经济学译丛"和"法律今典译丛"翻译出版。

波斯纳认为很多法学问题仅靠道德说教无法解决，需要通过科学方法找到出路。[2]在《证据法的经济分析》一书中，波斯纳用成本—收益分析的框架探讨了证据的关联性、陪审团的效率、律师对当事人的保密特权等证据法制度，展示了制度与理论中精妙的逻辑。波斯纳与经济学家兰德斯共同撰写了《侵权法的经济结构》《知识产权法的经济结构》，从经济学角度能更加深入探讨法律问题。《知识产权法的经济结构》也用成本—收益分析知识产权法律制度，主张制定法律制度要参考社会运行效率，遵循节约交易成本和交换实现个人利益最大化原则。《侵权法的经济结构》中，作者建立了"责任竞合"经济模型，运用到生命损害赔偿的评估方法、伤害事故的损害赔偿的认定等问题上。

译介繁茂期波斯纳其他译著在中国的接受程度与他的《法律的经济分析》相差较大。据赵晓力副教授的统计，波斯纳其他译著2002-2006年的平均年引用次数远不及《法律的经济分析》。2001年翻译出版的《证据法的经济分析》年均引用4.8次，2002年的《正义/司法的经济学》5.6次，2003年的《反托

---

[1]《证据法的经济分析》《联邦法院：挑战和改革》《反托拉斯法》《英国和美国的法律及法学理论》《法律理论的前沿》《侵权法的经济结构》《法律、实用主义与民主》《知识产权法的经济结构》。

[2] 参见［美］理查德·A. 波斯纳：《证据法的经济分析》，徐昕、徐昀译，中国法制出版社2001年版，序言第2页。

拉斯法》5.5次,2005年的《侵权法的经济结构》1次,2005年的《知识产权法的经济结构》8.5次。[1]这几本部译著引用率低的原因,一是有可能部门法可借鉴性较弱,二是译著出版年代较为新近,需要时间沉淀与传播。

耶鲁学派的代表卡拉布雷西是最早认识到经济原则能够适用于反垄断领域之外的一切法律问题的重要学者。[2]他的侵权法专著《事故的成本:法律与经济的分析》出版于1970年,中文版由毕竞悦等人翻译,2008年出版,时间与原著相差38年。该书提出了企业责任理论的全面防卫观点,认为意外事故法的主要功能是降低事故成本和事故避免成本的总量。中国知网被引文献检索的总被引次数为6。可见,部门法译著的影响不及综合性的教科书。

斯蒂文·萨维尔是法律经济学领域可以和科斯、波斯纳、卡拉布雷西并称的学者,哈佛大学法学院教授,2014年获得美国法经济学学会的科斯奖章。他的《法律的经济分析》(Economic Analysis of Law)2004年出版,也是一部教科书。2009年,中译本由中国政法大学出版社出版,柯华庆教授翻译。这部译著出版时间只与原著相差5年,出版速度加快。该书的特点是语言平实简洁,经济学分析方法简单易懂,对没有经济学基础的法科学生来说接受比较容易。与其他法经济学教科书相比,译者柯华庆教授评价,"了解法律经济学必备入门教材之一……是一本'深入浅出、逻辑严密、体系完整'特别适合本科生教学用的入门教材。"[3]也有评价说该书重点集中,但对法经济学的基础理论和方法没有重视,在导论中对经济学方法加以简单介绍,就开始了部门法的经济分析。[4]

萨维尔认为以福利而不是公平为原则指导社会决策会带来更好的结果。"明确地选择社会福利最大化作为法律追求的目标,对于纠正波斯纳给法律经济学的发展带来的负面效应非常必要"。[5]中国知网的被引文献检索中总被引次数

---

[1] 参见赵晓力:"法律经济学在中国",载苏力、陈春声主编:《中国人文社会科学三十年》,三联书店2009年版,第194页。

[2] 参见冯玉军:《法律与经济推理:寻求中国问题的解决》,经济科学出版社2008年版,第60页。

[3] 参见[美]斯蒂文·萨维尔:《法律的经济分析》,柯华庆译,中国政法大学出版社2009年版,代译序第5页、第176页。

[4] 参见马丽娜主编:《高等教育改革理论与实践探索》,中国经济出版社2013年版,第180页。

[5] 参见[美]斯蒂文·萨维尔:《法律的经济分析》,柯华庆译,中国政法大学出版社2009年版,第176~178页。

220次，远低于波斯纳的《法律的经济分析》和考特、尤伦的《法和经济学》，但比这两部教科书的引介时间也晚了十几年。[1]

萨维尔的《事故法的经济分析》（1987）于2004年翻译出版，总被引243次；萨维尔和卡普洛合著的《公平与福利》（2001）于2007年翻译出版，总被引166次。比较被引次数发现了一个值得关注的现象，即萨维尔和波斯纳的不同：波斯纳的教科书《法律的经济分析》在中国引证率高，而部门法的经济分析著作引证率低，萨维尔的教科书和其他著作引证情况却相差不大。

经济学家分析法律的著作也被引介进来。弗吉尼亚学派的布坎南因创立了公共选择理论，获得了1986年度诺贝尔经济学奖。公共选择理论把分析扩展到市场之外的政治理论，把人的经济决策和政治决策纳入一个模拟社会行为的模式，如公共物品的需求、供给和产量、资源配置等过程，通过集体行动和政治过程来决定公共物品的需求、供给和产量，是对资源配置的非市场选择。布坎南把经济学、政治学、宪法学结合起来，把经济学的方法运用于政治问题的分析，拓展了一个引起广泛关注的宪法经济学领域。[2]

布坎南的两部著作《宪法秩序的经济学与伦理学》和《成本与选择》分别于2008和2009年译成中文出版，前者与原著出版时间差为17年，后者为40年。两书中文版出版时间相邻，由不同译者翻译，不同出版社出版，不同译丛收录，可见布坎南当时的受关注程度。《宪法秩序的经济学与伦理学》总被引81次，《成本与选择》总被引3次。

著名经济学家，制度分析学派的爱伦·施密德的《财产、权力和公共选择——对法和经济学的进一步思考》中译本首版于1999年，与原著出版相差21年。与波斯纳效率和市场本位的观点不同，施密德主张在给定的物品特征和人的特征结合下，人们会选择不同的权力结构，从而影响机会和财富的分配。[3] 总被引46次。

多年来，理性选择模型主导了法律经济学的发展。然而，晚近大量可信的实验证据开始支持相反的观点，认为人的行为方式不全都是理性的。20世纪90年代和21世纪初迎来了行为法律经济学的崛起。行为经济学结合经济学和心理

---

[1] 2022年2月10日检索。

[2] 参见白永秀、任保平主编：《影响世界的20位西方经济学家思想述评》，中国经济出版社2011年版，第357页。

[3] 参见胡乐明、刘刚：《新制度经济学》，中国经济出版社2009年版，第277页。

学的相关研究，从心理学、实证观察以及行为实验对传统经济学中有关"理性人"的基本假定予以修正。[1] 行为法律经济学关注真实的人和假设的人行为不一致，主张将个人所处的环境、背景与法律运作的效果联系起来加以分析和考察，反对将个人理性抽象化和绝对化，从而避免可能发生的片面性和绝对化倾向。[2] 行为法律经济学着重对个人决策中的各种"偏见"进行分类、描述和解释。行为主义法经济学派的凯斯·桑斯坦的《行为法律经济学》中译本出版于2006年，时间与原著相差6年。总被引261次，译著的受关注程度颇高。

这一期间，法经济学译著的内容除各个法学领域运用法经济学方法分析法律问题外，梳理和反思法经济学与其他法学方法结合进行的内容逐渐显现：乌戈·马太著、沈宗灵译的《比较法律经济学》，总被引363次，展示了把经济学概念如何运用到比较法研究中，包括法律史和法律渊源，民法法系和普通法系的区别以及从一个国家到另一个国家所发生的法律变迁的原因等。尼古拉斯·麦考罗和斯蒂文·曼德姆著、朱慧等人2005年翻译出版的《经济学与法律——从波斯纳到后现代主义》，总被引13次，回顾了法经济学的主要学术思想：芝加哥学派、公共选择理论、制度主义和新制度主义法经济学派、现代公民共和主义和批判法学研究等。唐纳德·A. 威特曼编、苏力译《法律经济学文献精选》收录了经济学理论应用的诸多方面的新发展，如知识产权、公司、金融、合同、财产、家庭法和刑法。

（三）译介平稳期（2011年始）

经济学评价法律的确定的方法确有其贡献和价值，但80年代初，法经济学受到了不同角度的批评。经济学强调的效率和利益最大化与法律所强调的公平与正义不能一致，利益最大化的标准显现了经济学方法的缺陷。90年代美国法经济学发展减缓。进入到2010年代，中国翻译美国法经济学著作活动经历了近十年的翻译繁盛期，也趋于平缓。2011年至2016年，译自美国的法经济学著作约有十部，每年平均数量约到繁茂期的二分之一。原著与中文译著首次出版相差3-10年。平稳期的法经济学译介内容不再停留在学科概述、经济学方法的基本运用，或是教科书，而是向纵深发展，即对学科的展望、对这一领域主题的深挖和与其他学科之间的渗透。

---

[1] 参见冯玉军：《法律与经济推理：寻求中国问题的解决》，经济科学出版社2008年版，第77页。

[2] 参见李珂、叶竹梅编著：《法经济学基础理论研究》，中国政法大学出版社2013年版，第38页。

卡拉布雷西 2016 年的《法和经济学的未来》值得一提。该书中文版 2019 年出版，总被引 16 次，年均被引约 6 次。该书从法律决策和经济学理论相互促进展望了学科的发展空间更加多元的视角，评估了行为主义经济学带来的学科新的发展前景。卡拉布雷西在书中贯穿了法学应是一种面向事实的经验学科，人类处理经济事务和人际交往的经验可以丰富经济学的素材，以获得法学与经济学双向互惠沟通的主要模式。

库特与谢弗于 2012 年所著《所罗门之结：法律能为战胜贫穷做什么？》2014 年翻译出版，年均被引约 6 次。与以往的法经济学著作用经济分析法律不同，作者论述了通过法律手段解决财富问题，提出了商事法律如何促成财富最大化，同时也说明了无效的私法及商事法为什么是贫困的根源。作者关注支持创新的法律制度，通过创新建立法律的宏观架构和微观架构，形成创造财富而非攫取财富的效果。

尼古拉斯·吉奥加卡波罗斯的《法律经济学的原理与方法：规范推理的基础工具》2005 年出版，2014 年中译本出版，时间相差 9 年，中译本年均被引约 6 次。该书分为原理和方法两大部分，描述了模型构建、衍生工具、微分方程等数学技术，并展示了这些方法在法经济学领域如何结合道德哲学、政治理论、平等主义等原理，改良了传统法律经济学所倚重的效用至上的倾向。

纵观翻译和出版美国法经济学著作活动，中国与美国法经济学最初约有 30 多年距离，但到后期汉译出版速度加快，译著与原著出版的时间明显缩短，学科发展差距逐渐缩小。译著选题与学科发展基本保持相同轨迹。学科发展初期以教科书和综述类为主，中期和后期引进了多流派、多视角和深层次的研究的著作。

三、译者、学者与法经济学发展

（一）初步探索期

1980 年代，中国法经济学的研究还处在沉寂时期，虽然出版的译著廖若晨星，但已有研究者开始了初步探索。根据熊春泉和聂佳龙统计的 80 年代法经济学翻译成果和原创成果，[1] 这一时期的法经济学译者和研究者并不交叉，译者

---

[1] 两个统计表格：起步阶段（80 年代）国内学者了解法经济学渠道表（论文和著作的翻译统计）和介绍法经济学的成果表（论文和著作）。熊春泉、聂佳龙：《法律经济学》，中国政法大学出版社 2017 年版，第 42~46 页。

个人的研究兴趣和法经济学翻译也未显现明显交叉,这和法经济学刚进入萌芽阶段有关。

80年代法经济学的译者背景各异,有法学领域学者,如法理、外法史领域的齐海滨,也有经济学领域的学者,如张振骅、历以平,还有翻译家张崟青、吴良健等。值得注意的是,彼时还有译者不署名,或用笔名的情形,如翻译波斯纳论文《刑法的经济学理论》的莱夫,翻译布坎南著作《自由、市场和国家》的桑伍,均为笔名。据熊、聂的统计,9部译著中,能查到确切译者信息的5人,法律学者只有一位,经济学者有两位。80年代引介法经济学知识,经济学人比法学人更加活跃。

如果根据本研究收集法经济学译著的标准,1980年代只有何希齐翻译的《美国宪法的经济观》,但该书首次翻译出版是在30年代,80年代的是再版了。

据上述熊、聂的统计,法经济学的早期研究者和法经济学翻译活动的关联较弱:在1980年代发表法经济学论文和出版中文著作的8位学者中,不乏法学大家,如顾培东、种明钊、信春鹰、张文显。这些最早的法经济学研究者,一部分后来就把法经济学作为自己的主要研究领域,种明钊被誉为"法经济学"的先驱者,张乃根出版了《经济学分析法学》。8位中的6位后来又出版过法学译著,内容以法理学居多,如信春鹰翻译德沃金的《认真对待权利》、戴维·凯瑞斯《法律中的政治——一个进步性批评》、张文显翻译哈特的《法律的概念》、张乃根翻译马克斯·韦伯的《论经济与社会中的法律》等。这8位早期法经济学研究者后来的法经济学译著只有一部,即盛洪在1990年翻译的科斯的《企业、市场与法律》,而盛洪是一位经济学家。

(二)学说引入期

1990年代,国内法经济学译介活动开始增多。根据熊春泉的统计,在这一期间,有16篇/部法经济学论文和著作在国内翻译出版。[1]根据本书统计,上述作品的译者以经济学领域研究者为主:盛洪、历以平、唐寿宁、李胜兰、刘守英、费方域等,译者中,法学研究者只有蒋兆康。

1990-1997年,蒋兆康一人就翻译了维尔杰诺弗斯基的《法律经济学的历史沿革》、弗里德曼的《什么是法律经济学》、波斯纳的《普通法、法律史和法哲学:一种经济分析》三篇论文和波斯纳的著作《法律的经济分析》。这三篇

---

[1] 参见熊春泉、聂佳龙:《法律经济学》,中国政法大学出版社2017年版,第46~48页。

论文和一部著作的原著者均为法经济学领域的重要人物，而波斯纳的《法律的经济分析》是法经济学教科书中的教科书，可谓法经济学的扛鼎之作，作为译者的蒋兆康开拓这一领域的贡献可谓瞩目。蒋兆康在《法律的经济分析》正文前写了洋洋洒洒一篇译序，介绍了原著者波斯纳，法经济学科，梳理了法经济学发展的时期和特征，并介绍了法经济学的基本思想、理论原则和在此基础上发展出的不同流派，以及经济学的基本方法。赵晓力所做的统计中（2000—2006年），一些引用《法律的经济分析》的作者明确指出所引的是"中文版译者序言"。[1] 蒋兆康是法学界较早关注法经济学，并集中翻译法经济学著述的译者，对国内早期介绍法经济学和推动学科发展的作用是瞩目的。

熊春泉的统计中包括了苏力翻译波斯纳的两部著作《性与理性》和《超越法律》。波斯纳是法经济学领域大家，但根据本书的统计标准，这两部著作没能归为法经济学著作。这两部著作确实与法律有关，《性与理性》从内容上靠近婚姻、家庭、性、同性恋和生物学。《超越法律》按波斯纳自己的说法，是他的"法理学三部曲"之一，[2] 反映波斯纳从实用主义、经济学、自由主义角度对法律的认识，著作归属法理学更为恰当。

根据本研究统计的此期间的译者，1/3来自法学领域，之后都没有成为法经济学研究的主力；2/3来自经济学领域，但经济学领域的译者们研究旨趣不在法学，所以法经济学的译介和研究的关系这一期间也很松散。

从研究者角度看，这一时期出版法经济学著作的16位研究者们，[3] 法学和经济学领域的研究者几乎各占一半，经过80年代著作和译作的唤醒，更多法学研究者加入法经济学研究的队伍：张中秋、刘茂林、陈正云、邹学平、刘大洪、周林彬等都有法经济学著作出版。经济学领域的学者持续对法经济学保持热情，盛洪、张宇燕、黄少安、易宪容、张德霖、孙林等出版了相关内容的著述。只有经济学领域的盛洪出版过一部经济学译著《分工与交易》，说明国内法经济学发展早期的学者们不是从翻译该学科著作起步的。

（三）译介繁茂期及平稳期

1999年后，法经济学研究上了新台阶。至2014年，全国高校和科研院所先

---

〔1〕 参见赵晓力："法律经济学在中国"，载苏力、陈春声主编：《中国人文社会科学三十年》，生活·读书·新知三联书店2009年版，第194页。

〔2〕 参见苏力："《波斯纳文丛》总译序"，载《环球法律评论》2001年第4期。

〔3〕 参见熊春泉、聂佳龙：《法律经济学》，中国政法大学出版社2017年版，第49页。

后设立了法经济学研究中心 16 个，2003 年-2017 年间举办了 11 个法经济学研讨会，其中 2 个会议每年定期召开。[1] 在中国知网搜索"法律经济"和"法经济"，共有 5360 篇论文发表，627 篇学位论文以此为主题。

法经济学译者学科构成比例有所变化。以本研究收集的法经济学译著为依据，1999 年后的 33 位译者中，8 位来自经济学领域，19 位来自法学领域，还有 6 位有法学和经济学的双重背景。法学领域的译者明显增多，超过经济学译者成为法经济学译著的主力。

法学领域的译者中，有一些把法经济学作为研究方向，粗略统计，比例未超过 50%：冯玉军 2007 年翻译了《公平与福利》，柯华庆 2009 年翻译了萨维尔的《法律的经济分析》，二人 2013 年主编出版了《法经济学》；张巍 2013 年出版了《民营与国有经济法律保护差异性的经济学分析》，2014 年翻译了《所罗门之结：法律能为战胜贫困做些什么》；凌斌在 2003-2005 年参与翻译 3 部法经济学著作后，陆续发表了至少 6 篇法经济学相关论文；罗培新 2005 年参加翻译了《公司法的经济结构》，2008 年出版著作《公司法的法律经济学研究》，2013 年发表论文《公司法的法律经济学进路：正当性及其限度》。当然，也有法律学者潜心研究法经济学，未有翻译法经济学译著。如周林彬教授出版过约十部法经济相关的著作，席涛教授出版至少三部法经济学相关著作，也没有翻译法经济学著作。

经济学家译者中，史晋川 2010 年重译了考特和尤伦的《法和经济学》，2014 年出版了《法律经济学趣谈》；宁静波 2013 年参加翻译萨维尔的《法律经济分析的基础理论》，2020 年出版了《法经济学在中国的本土化及应用》。当然，也有经济学研究者翻译了法经济学的著作，但后续没有在该领域深耕，反之亦然。

法经济学发展的前期和中期，译者的翻译和研究活动没有必然联系。到了中后期，部分译者和研究者的身份重合起来。翻译活动促成研究兴趣形成，起码帮助研究者积累了法经济学知识，反之，研究法经济学也增强了学者翻译法经济著作的兴趣。

值得注意的是，较为集中地翻译法经济学著作的译者均为法学家，而没有经济学家。这和法经济学的学科交叉方式有关。法经济学以经济学的方法作为

---

[1] 参见熊春泉、聂佳龙：《法律经济学》，中国政法大学出版社 2017 年版，第 62~63 页。

分析工具，如价格理论、福利经济学理论、公共选择理论等，最终要解决法律形成、法律运作以及法律制度中的问题，若深入到传统法学领域，还需具有法学功底的法学家。正如法经济学的发展历史，经济学家科斯被誉为法经济学的创始人，虽然还有布坎南等经济学家被认为是法经济学的领军人物，但把法经济学渗入到传统法学领域的是法学家波斯纳。

（四）译著对国内教材的影响

国内译介的法经济学教科书，在体例和内容上对国内法经济学的教材产生了很大影响。国内目前的法经济学教材有十余种，体例与波斯纳的《法律的经济分析》、考特和尤伦的《法和经济学》以及萨维尔的《法律的经济分析》各有相似。

萨维尔的《法律的经济分析》深入浅出、逻辑严密，重点也比较集中，但法经济学的基础理论和方法介绍较少，在导论中对经济学方法加以简单介绍之后，就是部门法的经济分析。史晋川教授主编的《法经济学》，[1] 卢现祥和刘大洪主编的《法经济学》，[2] 谢地、吕岩峰和杜莉主编的《法经济学》[3] 与萨维尔的《法律的经济分析》类似，在对法经济学的产生与发展、学科性质与研究方法作了概述之后，分别从财产法、合同法、侵权法、公司法、管制法、刑法、程序法等领域进行经济分析。

考特和尤伦的《法和经济学》比较重视知识结构，书中首先介绍微观经济理论、法律制度和法经济学基础理论，最后进行部门法的经济分析。魏建和周林彬主编的《法经济学》、[4] 冯玉军主编的《法经济学》[5] 在这一点上与考特和尤伦的《法和经济学》类似。

四、法经济学译者

（一）译者和出版社

在收集到信息的 39 个法经济学译者中，95% 为法学或经济学领域学者、教授、研究员，5% 为律师、财经译者（这一位财经译者是理工和管理双专业背景的专职译者，颇为少见）。学者和研究者是引介法经济学著作的绝对主力。

---

[1] 史晋川主编：《法经济学》，北京大学出版社 2007 年版。
[2] 卢现祥、刘大洪主编：《法经济学》，北京大学出版社 2007 年版。
[3] 谢地等主编：《法经济学》，科学出版社 2009 年版。
[4] 魏建、周林彬主编：《法经济学》，中国人民大学出版社 2008 年版。
[5] 冯玉军主编：《法经济学》，中国人民大学出版社 2013 年版。

根据译者的供职单位和研究成果进行专业分类，约有40%的译者是经济学家，如《法和经济学》译者张军，《法和经济学》第三版译者、张军教授的博士生施少华、姜建强，《财产、权力和公共选择——对法经济学的进一步思考》的译者黄祖辉等。60%的译者是法学家，如《比较法律经济学》的译者沈宗灵、《公司法的经济结构》的译者罗培新、《知识产权法的经济结构》的译者金海军、《法律经济学文献精选》等三部法经济学著作的译者苏力等。法学家译者人数上多于经济学家。译者的研究背景充分反映了法经济学交叉学科的特性。

翻译多部法经济学著作的译者极少，人均法经济学译著数接近1。除苏力、凌斌、涂永前外，其他译者均只有1部法经济学译著。翻译只是大部分学者们的"临时"或"兼职"活动，翻译的内容是自己的研究兴趣或与研究兴趣相关的领域。

法经济学译著的出版社较集中，四家出版社的译著占了约70%的数量。北京大学出版社12部，法律出版社9部，中国政法大学出版社9部，格致出版社/上海三联书店/上海人民出版社5部。

法经济学著作多以丛书形式出版。北京大学出版社的"法与经济学译丛"，所选题目都为"某法律领域的经济分析"或"某法律领域的经济结构"，如《知识产权法的经济结构》《侵权法的经济结构》等。法律出版社的"法律经济学丛书"侧重学科基础、方法和理论，丛书选题包括学科发展回顾、经济理论与法律规则等，例如《经济学与法律——从波斯纳到后现代主义》《法律经济学文献精选》等。中国政法大学出版社出版的"波斯纳文丛""美国法律文库"，前者是法经济学代表学者波斯纳的作品，后者是法律学科各领域的经典著作，包括法经济学的重要学者如卡拉布雷西、萨维尔等的著作。法经济学译介整体上是有组织的，学科知识传播是有计划的，并非靠学者个人力量推动。

（二）译者的副文本

译者的序跋是译著的副文本，是译者在外部环境及自身视域作用下，为满足译入语文化需要，在翻译文本之外的主观能动性的体现。序跋是译者"显身"的场所之一。对目标语读者而言，内容丰富的译者序跋就是原著的导读、解读、读后感或阅读提纲，是有温度的阅读引导和协助。研究序跋，可以了解译者作为翻译活动的主体，如何解读原著、如何看待翻译活动，以及译者关注的与译著内容相关的问题。译者序跋是解读翻译活动最直接的途径。

本研究观察的45部法经济学译著中，译者们并非籍籍无名，也不是隐身译者,而是非常积极的学科知识的引介者。法经济学译者撰写序跋的比例远远高于本书全部法学译著的平均值。在这 45 部法经济学译著中,有译者序跋的(包括译者序、代译序、译后记等)共计 30 部,共占全部法经济著作的 67%,而据本书抽样统计,全部法学译著中有译者序跋的不到 1/3。

译者序跋的字数在一定程度上说明译者与目标读者沟通的意愿和投入的精力、时间。法经济学译著中的序跋,长篇(10 页或以上)约占所有序跋的一半,还有 30 页甚至 40 页的长篇。郑戈在《法和经济学的未来》中的代译序有 43 页,冯玉军在《公平与福利》中的译序有 30 页,柯华庆在萨维尔的《法律的经济分析》中的译序有 36 页。

法经济学译者序跋常见内容包括介绍原著版本、主题、内容、结构,原著作者的经历、思想、意图、研究方法,译者和原著、原作者的关系,翻译活动的缘起,翻译的方法、原则或困难,评价作品的价值和意义。在此基础上,有些译者论述法经济学的焦点问题,如方法论、实证研究、跨学科研究、原著者的思想体系,有些译者还结合中国法制建设和司法改革,讨论著作汉译的借鉴意义等。在中国法律的讨论中,译者往往借机表达对学科的认识或某种强烈的态度,体现了自觉的文化意识、独特的人文品格。

法经济学译者序跋体现如下特点。

1. 关注研究方法

约有 70% 的译者序跋中提到法经济学的历史渊源、不同发展时期的特征、创新的研究方法、法学和经济学的互动关系。法经济学的研究进路是法经济学研究者们普遍关心的焦点。

法经济学这一理性方法的引入,唤起了学者们的自觉意识。黄韬认为,中国法学研究由于"入世过深"而冲淡了学术研究的味道,而实证研究是让法学研究有机会做得像学术研究,而不是政策(对策)研究。[1] 涂永前提到,译著中大多数文章采用了实证方法研究某项课题,这一点恰恰是我们目前国内人文社会科学研究所欠缺的。如果我们有心把该书中的这些实验在中国进行克隆实验,我想其结果容易值得我们关注和期待。[2] 沈明在译者序中写道,《法律与社

---

[1] 参见[美]李·爱泼斯坦等:《法官如何行为:理性选择的理论和经验研究》,黄韬译,法律出版社 2017 年版,第 472 页。

[2] 参见[美]凯斯·R. 桑斯坦:《行为法律经济学》,涂永前等译,北京大学出版社 2006 年版,第 534 页。

会规范》的原作者运用的主要理论工具是博弈论，这实际上就是法学的数学化，在法律经济学已经发展为常规学科之后，这样的学科发展趋势是水到渠成的……在以法律解释学为学术主流的中国法学中，这方面的研究注定是薄弱的。[1]

2. 学科名词与边界

法经济学学科的名称，学界有不少讨论，从译著的题名的多样性就可见一斑。波斯纳的《法律的经济分析》（Economic Analysis of Law），考特、尤伦的《法和经济学》（Law & Economics），麦乐怡的《法与经济学》（Law and Economics），萨维尔的《法律的经济分析》（Economic Analysis of Law）。"法律"和"经济"二词相连的方式蕴含着研究对象、研究方法和理论的差异。译者们对法经济学概念和学科边界比较关注。考特、尤伦的《法和经济学》1991年的中译本中，张军在译序中区分了"法和经济学"与"经济法"的概念。因为这是一部法经济学较早的汉译著作，译者还是有必要澄清可能存在的概念上的误解。史晋川在考特和尤伦的《法和经济学》第六版书的译序中论述了法和经济学在经济学理论谱系中的位置：处在自由市场经济理论体系发展演变范围，同时也对经济学理论的进步及"经济学帝国主义"的扩张做出了巨大的贡献。[2] 史晋川在《经济学与法律——从波斯纳到后现代主义》的题为"法经济学评述"的代中译本序中，提到"法和经济学"可能是一个比较中性的学科称谓。[3] 郑戈在卡拉布雷西的《法和经济学的未来》一书的代译序中分析并重述了法律和经济二者的关系："在法律的经济分析中，经济学占据主导地位，法律是分析和批判的对象；而在法和经济学中，二者之间的关系是双向互动的。经济学理论可以被用来检验法律，但这种检验时而会导致经济学理论内部的改变，而不是法律的改变或描述法律现实的方法的改变。"[4]

3. 经济学家和法学家的序跋

经济学家和法学家的译者序跋内容和风格有明显分别。

---

[1] 参见［美］埃里克·A. 波斯纳：《法律与社会规范》，沈明译，中国政法大学出版社2004年版，译者序第1~15页。

[2] 参见［美］罗伯特·考特、托马斯·尤伦：《法和经济学》，史晋川等译，格致出版社2012年版，译者序。

[3] 参见［美］尼古拉斯·麦考罗、斯蒂文·G. 曼德姆：《经济学与法律——从波斯纳到后现代主义》，朱慧等译，法律出版社2005年版，第1页。

[4] 参见［美］圭多·卡拉布雷西：《法和经济学的未来》，郑戈译，中国政法大学出版社2019年版，代译序第23页。

经济学家在经济学框架里看待法经济学。黄祖辉在《财产、权力和公共选择——对法和经济学的进一步思考》的"译者的话"中主要谈及经济学的发展方向,制度经济学以及研究制度与绩效关系的 SSP 范式。盛洪和陈郁在《企业、市场与法律》的"译者的话"中,主要讨论了科斯的贡献,新制度经济学及将经济学方法应用于制度研究的关键概念"交易费用"。

法学家序跋的角度非常分散,所谈既有方法论、经济理论、某个具体的法律问题、原作者的思想、原著内容提纲,也有中国法律或法学的问题。徐昕在《证据法的经济分析》的译序中从效率维度讨论了证据的准确性和成本的关系,证据的搜寻、采纳和排除,并对比了纠问和对抗制的审判方式对于搜寻的效率。张建伟和罗培新在《公司法的经济结构》的译序中认为书中内容推崇典型的芝加哥学派的自由主义的契约自治,而我国公司法明显具有管制和刚性特征,并谈及阅读本书后对中国公司法问题的解释等。黄韬在《法官如何行为:理性选择的理论和经验研究》的译后记则从中国的司法改革出发,倡导用科学方法进行实证研究为改革谋出路。苏力在《法律、实用主义与民主》译序中分别从中国民主与法治的问题,美国民主与司法的问题讨论如何客观看待民主。

正像黄韬说的一样,对于法律问题,法学研究者自然有先天优势,他们对什么是重要问题,什么是值得研究的问题更敏锐,而经济学研究者在研究方法和技术上有优势,[1]正因为此,法学家的序跋内容更多样,也更习惯从法律问题谈开去。

4. 法经济学译者论翻译

透过这 30 篇法经济学译者序跋,可以看出译者们并不关心具体的词句翻译或是翻译原则和理论。只有三位在序跋里讨论过具体的翻译问题,集中在术语和词的译法。金海军在《知识产权法的经济结构》译后记分析了 intellectual property, intellectual property right, intellectual property law 三个词中,"property"的汉译如何选词并和其他词搭配;copyright 翻成著作权还是版权的推敲,及一些人名翻译的考证。[2]涂永前在《行为法经济学》的译后记详细论述了该书题

---

[1] 参见[美]李·爱泼斯坦等:《法官如何行为:理性选择的理论和经验研究》,黄韬译,法律出版社 2017 年版,第 474 页。

[2] 参见[美]兰德斯、波斯纳:《知识产权法的经济结构》,金海军译,北京大学出版社 2005 年版,第 576-577 页。

目 Behavioral Law and Economics 中的 behavioral 不应翻译为"行为主义",要避免"主义"的乱用。[1]苏力在《法律理论的前沿》的代译序中解释了书名 Frontiers of Legal Theory 中 frontiers 是复数,theory 是单数,书名用词的单复数与书中内容的关联:作者希望把多个学科的前沿发现整合起来,并在此基础上建立统一的法律理论,进而发展为一种统一的科学。[2]如要"前沿"在中文题目中表达明确的复数含义,例如加上"诸多"或"一些",会显得题目冗赘,但在译者序中点明其中的联系,是对读者有益的引导。

金海军和涂永前都提到法学著作翻译的普遍问题:译名翻译不严谨,同一本书术语翻译不统一,一个作者的多部著作中的同一个概念被多个译者翻译得五花八门,缺乏考据、推敲。翻译的急功近利,缺乏考证,造成了许多本可以避免的问题,如将法学家"卡拉布雷西"当成了经济学家"加尔布雷斯",将大陆法系的"物权"当成了英美法系的"财产权",将美国最著名的法学家、联邦最高法院大法官"霍姆斯"(Holmes)翻译成了"福尔摩斯",在书的同一页两次出现的 Journal of Law and Economics 翻译成《法和经济学期刊》和《法和经济学杂志》两份不同学术刊物。[3]金海军称这种翻译现象是"急切急躁之情"导致。

涉及翻译原则和原理的,只有金海军寥寥数语,认为译者必须忠实于原文,并认为80年代的编译属于取巧做法。

5. 非译者的译者序

一般情况下,译序或译后记由译者撰写。本研究中,30篇法经济学译者序跋有7篇为译者之外的人士撰写,约占全部序跋的1/4,值得关注。

表7 译者不是序者

著作、原作者	译者	序者
《法和经济学》 罗伯特·考特、托马斯·尤伦	施少华 等	张军

---

[1] 参见[美]桑斯坦主编:《行为法律经济学》,涂永前等译,北京大学出版社2006年版,第531-534页。
[2] 参见[美]理查德·A.波斯纳:《法律理论的前沿》,武欣、凌斌译,中国政法大学出版社2003年版,代译序。
[3] 参见吴锦宇:"略述'法和经济学运动'在中国大陆的发展(1983-2003)",载黄少安主编:《制度经济学研究第二辑》,经济科学出版社2003年版,第180页。

续表

著作、原作者	译者	序者
《财产与自由》 布坎南	韩旭	汪丁丁
《经济学与法律——从波斯纳到后现代主义》 尼古拉斯·麦考罗	朱慧等	史晋川（代中译本序），吴晓露等（译后记，很短）
《反托拉斯法》 波斯纳	孙秋宁	苏力
《法律、实用主义与民主》 波斯纳	凌斌	苏力
《联邦法院：挑战与改革》 波斯纳	邓海平	苏力
《法律理论的前沿》 波斯纳	武欣、凌斌	苏力

上述 7 篇序跋的译者和序者，除韩旭和汪丁丁之外（汪丁丁为北京大学经济学教授，韩旭为人民大学法学博士），都有同校同专业的可能的师承关系。[1] 史晋川、吴晓露分别为浙江大学经济学院教授和博士生；张军为复旦大学经济学院教授，施少华和姜建强是张军教授的博士生；苏力为北京大学法学院教授，孙秋宁为北京大学法学学士、法学硕士，凌斌为北京大学博士并在北京大学法学院任教，邓海平为北京大学法学院硕士，武欣为北京大学法学院本科毕业生。译者为学生，而序者为导师，从导师和学生的关系：权威—学习者、引导者—被引导者、强势—弱势，可以判断导师邀请学生或给学生分配翻译任务。

张军教授在译序中提到，《法和经济学》原著第三版出版后，出版社希望中译本由张军教授主持翻译，但由于工作原因无法抽身，张教授便将主要的翻译工作委托给博士研究生姜建强和施少华等人，并由张教授审校全书。《经济学与法律——从波斯纳到后现代主义》的翻译也有类似的情形：2004 年，法律出版社对外合作分社的社长朱宁女士和编辑高山先生与浙江大学法与经济学研究所史晋川教授商议了译著的出版事宜，该书由吴晓露、潘晓松和朱慧翻译，史晋川审校。苏力教授写译序的这四部书具有共性：都是"波斯纳文丛"中的

---

[1] 根据网络、译著等所载译者、序者的工作单位、毕业院校等信息推断，如有错误，敬请指正。

书，而苏力教授就是译丛的策划和主持者。该丛书的译著，都有两篇译序，两篇均由苏力教授执笔，一是"《波斯纳文丛》总译序"，二是针对每一部书的"代译序"。每一篇"代译序"都论述书中相关学术问题，是抒发学术意志的长文，都以"力量"为题：《反托拉斯法》中的代译序——《知识在法律中的力量》，《法律、实用主义与民主》的代译序——《民主与法治的张力》，《法律理论的前沿》的代译序——《追求理论的力量》，充分体现了译丛主持者的主动性。

导师、教授、学术权威者为自己不是译者的译著写译序是给译者的"背书"，是对读者的引导、著作的解读、自己观点的表达，是对出版社信任的回馈，是对译著的宣传和肯定。为自己不是译者的译著做译序和实际翻译工作之间的关系可以在一定程度上类比为导师和学生之间的关系。翻译工作耗时、冗长、基础，译序点睛、提神、引领。

五、复译

本研究观察的 45 部法经济学译著中，三部有不同译者的复译。

表 8　三部由不同译者复译的法经济学著作

原　著	译本 1	译本 2	译本 3
Economic Analysis of Law by Richard A. Posner	张乃根译，未出版	《法律的经济分析》，蒋兆康译，中国大百科全书出版社 1997 年版，外国法律文库，根据第四版译。2012 年译者据第七版更新译本	
An Economic Interpretation of the Constitution of the United States by Charles A. Beard	《美国宪法的经济观》，何希齐译，商务印书馆 1984 年版，根据 1947 年版译	《美国宪法的经济解释》，夏润译，江苏凤凰科学技术出版社 2017 年版，没有提及根据哪个版本翻译，但译著体例与 1947 年版基本相同	

续表

原 著	译本 1	译本 2	译本 3
Law and Economics Robert D. Cooter/Thomas Ulen	《法和经济学》张军等译，上海三联书店 1991 年版，当代经济学系列丛书，根据 1988 年版译	《法和经济学》，施少华、姜建强译，上海财经大学出版社 2002 年版，新世纪高校经济学教材译丛，根据第三版译	《法和经济学》史晋川、董雪兵 等译，上海三联书店 2012 年版，当代经济学系列丛书，根据第六版译

首先，三部有复译的著作都是经典中的经典。《法和经济学》和《法律的经济分析》前面已有论述，均为法经济学的标杆著作，教科书中的教科书。An Economic Interpretation of the Constitution of the United States 虽是历史学家撰写，但用了经济学方法分析美国宪法，开创了新的研究范式。三部书的原著者均是学科奠基人和引领者。

其次，原著出新版本和复译没有必然联系。

表 9 波斯纳《法律的经济分析》原著和译著版本及时间

原著年代及版本	中文译本及年代
1973 第一版	
1977 第二版	
1986 第三版	
1992 第四版	1997 中文第一版，据第四版翻译
1998 第五版	
2003 第六版	
2007 第七版	2012 中文第二版，据第七版翻译
2010 第八版	
2014 第九版	

波斯纳的 Economic Analysis of Law 2014 年更新到了第九版，中文译本只出了两版。中文译本中，张乃根译本未出版，据第几版翻译无从得知。1997 年中国大百科全书出版社出版的蒋兆康译《法律的经济分析》是据原书第四版翻

译；2012年法律出版社的版本据原书第七版翻译，还是蒋兆康为译者。2012年的版本由另一出版社发起，理应根据当时最新版本更新和修订译文，是偶然间的复译更新，而不是主动追随原著的复译更新。

An Economic Interpretation of the Constitution of the United States 的原作者是美国著名历史学家 Charles A. Beard（1874-1948）。1949年、1984年和1989年商务印书馆出版了原著1947年版的中译本，译者为何希齐。2017年江苏凤凰科学技术出版社出版了由夏润翻译的另一个中译本《美国宪法的经济解释》。2017年版不属于出版社的丛书系列，译者没有译序或译后记，复译的缘起与目的也无从得知，复译大概率是偶然的翻译行为。

Law and Economics 共有三个译本，均由不同译者翻译。原著出新版本和复译之间显示出一定的关联。1991年和2010年的两个译本由同一出版社出版，都属于"当代经济学系列丛书"。虽然译者不同，从译者序跋可以得知，出版社是翻译出版的启动者，由出版社邀请译者翻译。1991年到2021年间该书原著版本不断更新，第三版时，该书已经有70%的内容有修改。所以到2012年的第六版时，同一出版社发起的复译一定和专著版本更新有关。这可以说是典型的出版社追踪原著新版而复译的情形。

此外，2002年版的《法和经济学》，由上海财经大学出版社出版，选为"新世纪高校经济学教材丛书"中的一部，据当时最新第三版翻译，而没用已有的旧译。1991年和2002年两版本的出版社不同，因此2002年版是偶然间的原著新版复译，而不是主动追随原著新版的复译。

据前述仅有的几例复译，我们可以看出，复译大多数是偶然的翻译行为，而非系统的、有组织的译本更新的翻译活动。复译多是不同出版社根据丛书收录需要，据最新版原著翻译，较少情况是同一出版社为新版原著更新译本，或是译者的个人行为。从上述3例法经济学复译可以看出，复译与否，与译著在目标语读者中的接纳程度，是否为经典教科书联系紧密。波斯纳的《法律的经济分析》和考特、尤伦的《法和经济学》，两书作者同为著名法经济学者，著作都为经典教科书。前者的复译是同一出版社同一译者的版本更新，而后者的复译涉及面更广，两次复译为不同出版社和不同译者。相较之下，《法和经济学》似乎更受出版社青睐。学界对两部著作的评价也印证了复译次数多寡和涉及面宽窄的原因："波斯纳的《法律的经济分析》注重研究内容的广泛性与全面性，几乎包括了法经济学的所有研究领域……但是，作为教材，波斯纳的著作存在篇幅太大、逻辑松散、对某一问题的阐述不够全面系统等缺陷……考特和尤伦的《法和经济学》关注读者的知识结构,注重为读者学习法经济学扫清障碍。另外,重点突出是该教材的最大特点……更适合研究生层次的学生学习。"[1]据此,原著者的学科地位和名望是复译的前提,而读者群的反馈,读者的接受度是复译次数和复译活动涉及面的决定条件。

---

[1] 参见马丽娜主编:《高等教育改革理论与实践探索》,中国经济出版社2013年版,第180页。

中编
微观观察

第一章

法律文化自觉中译者的坚持与妥协
——《法理学问题》复译对比分析

　　复译指在已有目标语译本的情况下重新翻译,包括译者修改自己的译本,也包括其他译者重新翻译。典籍和文学作品的复译问题讨论比较多,是翻译研究者关注的对象。典籍往往需要随着时空变化进行切合时代的解读,产生符合时代需要的译本;文学作品则因为不同语言和背景的译者采用不同的翻译策略,产出风格迥异的译本。但法学专著的翻译,由于专业性强,读者群有限,复译现象不如典籍和文学作品常见,没有被翻译研究者关注。法学经典著作的不同译者的复译现象还是有的,不同译者的复译占多数,同一译者的复译现象比较少见,而同一译者不是因原著版本更新的复译更为突出,案例更加典型。

　　一部法律著作的同一译者的初译、复译在一定程度上反映译者传播原著的不同态度。例如保留原著语言风格可能出于译者对作者的崇拜,出于启迪民智的目的或丰富目标语文化和语言文字的目的。再如改变原文的句式、语法、语篇结构,来顺应目标语读者的阅读习惯,以读者的阅读感受来指导翻译;或者删减原著篇幅、添加译者解读的内容,甚至为了某种目的编译原著。

　　中国法学家们承担了绝大部分法律学术著作汉译的工作,是法律文化交流的主要参与者,法学家的身份当然决定了他们是中国法律文化的主要建构者。中国法学对西方的法律知识一直在进行创造性吸收、转换,让吸收转换的外来语融入既有的汉语法律词库中,成为国人自己的知识,[1]所以法学家兼译者对翻译的态度,一定程度上影响了中国法律文化的形成和发展。

---

　　[1] 参见舒国滢:"中国法学之问题——中国法律知识谱系的梳理",载《清华法学》2018年第3期。

费孝通先生曾提出"文化自觉"概念，[1] 认为文化交往中要对自身文化有自知之明，还要加强文化转型的自主能力，不复旧，也不全盘西化。本书通过《法理学问题》新旧译本的比较，分析译者初译、复译时对翻译的态度的变化，以及译者的翻译与法律文化之间的关系。

一、原著、作者、译者及两个译本

原著《法理学问题》是一部基于美国法律实践，系统阐释具有美国法律传统的法理学著作。书中讨论了本体论、认识论、法律解释等问题，此外对正义、文学、女权等社会问题进行法律探讨。《法理学问题》打破了以概念和政治制度为中心的法理学传统，体现以司法和法官为核心的精神，对美国法理学传统的确立有特殊意义，可以说是波斯纳的代表作之一。

原书作者理查德·A. 波斯纳是美国联邦上诉法院法官，也是颇具影响力的法学家。他把经济学的成本—收益方法广泛运用于法律问题，是公认的法经济学运动的创始人。[2] 此外，波斯纳才华横溢、著作颇丰，他的30本书，330篇论文和1680篇判决书的数量可以用"前无古人"来形容。[3]

苏力教授初译的《法理学问题》出版于1994年（以下称"初译"），属于"当代法学名著译丛"；复译2002年出版（以下称"复译"），是"波斯纳文丛"出版的第一本译著。两版本均由中国政法大学出版社出版。

译者苏力，北京大学法学院教授，曾于1985-1992年留学美国，研究领域为法学理论、法律经济学、法律社会学、司法制度，[4] 出版著作十余部，译著十余部，主持翻译"波斯纳文丛"。1992年回国后十余年，苏力教授的学术工作主要就是翻译，译介学术著作也大大推进了他的个人学术发展。苏力教授的译著选题主要是法理学，除波斯纳作品外，还翻译了布莱克的《法律的运作行为》，维尔的《宪政与分权》，卡多佐的《司法过程的性质》等。

初译《法理学问题》，译者应贺卫方和张志铭邀请，可以说译者的翻译活

---

[1] 参见费孝通：《费孝通论文化与文化自觉》，群言出版社2007年版，第403页。
[2] 参见[美] 理查德·A. 波斯纳：《法理学问题》，苏力译，中国政法大学出版社2002年版，总译序。
[3] 参见[美] 理查德·A. 波斯纳：《法理学问题》，苏力译，中国政法大学出版社2002年版，总译序。
[4] https://www.chinathinktanks.org.cn/expert/detail/id/1722，最后访问日期：2021年10月9日。

第一章 法律文化自觉中译者的坚持与妥协——《法理学问题》复译对比分析

动是被动的。译者当时对波斯纳并无深刻理解,接到翻译任务后,才比较细致地阅读原著。彼时制度经济学颇受关注,而波斯纳又是法律经济学的领军人物,因为翻译,译者逐渐喜欢上波斯纳,又因此形成了自己的学术兴趣。[1]

复译的原因,一般认为有以下几种:已有译本不完整或为转译本;已有译本语言陈旧、失误较多、理解有待加深;已有译本为合译,表达风格不统一,或为满足特殊目的、使用特殊传播方式而复译。谈到本书复译的原因,苏力坦言,一是因为初译有些错失,需要订正,二是多年在国外且初译时候又刚刚回国,中文表达较为生疏;三是翻译策略上坚持了欧化,译文尽量保留了原文的语言特征,不符合中文阅读习惯,因此决心复译。[2] 由此可见,《法理学问题》复译的主要原因是译者对初译版本的不满意,对译文修正、润色和加工的初衷是复译的根本动力,可以说译者是主动复译的。

苏力在一本 2004 年出版,书评兼译后记的集子,《波斯纳及其他——译书之后》的序言里清晰总结了自己的翻译法学著作的策略。

"甚至我喜欢一些西化的表达方式,例如倒装句、颠倒词序作为修辞、着重号的特别适用方式…… 我认为这可以丰富现代中文的修辞,使中文获得新的更强劲的现代表现力。但我更追求人们能读懂,使我的努力能够真正融入中国当代汉语中去,而不是让读者看着头大,感到自己白活了。"[3]

从译者 2002 年在复译译序中阐明复译原因到 2004 年反思翻译策略,可以看出 1994 年初译时,译者选择了异化、欧化、硬译,而 2004 年复译时策略有所改变,考虑了读者反应、译作的接受和传播。本书后面的两译本对比分析支持了这个说法。此外,译本分析也展示了译者可能没有意识到的、潜意识中的策略选择。

译本对比的方法如下:平行阅读原文和两个译本,将两个译本与原文对比,分析译文发生哪些翻译位移,采用何种翻译策略和方法,再比较两个译本在读者接受、准确传递原文信息方面的效果如何。之后把两译本差异按词、句归类。词包括两译本相异的名词、动词和词组;句子主要选择句式、句子结构和语态、语气、指代方面相异的译文,之后平均从各章选出有代表性的样例共计 155 处,

---

〔1〕 参见苏力:《波斯纳及其他——译书之后》,法律出版社 2004 年版,第 198-199 页。
〔2〕 参见 [美] 理查德·A. 波斯纳:《法理学问题》,苏力译,中国政法大学出版社 2002 年版,总译序。
〔3〕 参见苏力:《波斯纳及其他——译书之后》,法律出版社 2004 年版,第 2 页。

其中词 100 处，句子 55 处。

从篇章层面比较，两版本均照原文章节段落安排，没有删减添加，译文均标有原文相应页码，方便读者对照原文，除初译几处合并段落，复译照原文恢复外，没有改动。语句层面，两个版本均按照原文语句顺序，没有增加或删改句子。可以说两个译本的篇章段落都坚持了紧随原文的原则，变动几乎都在句子内。

二、复译更贴近原文含义，直译策略明显

两个译本的选词变化约占总差异的 2/3。从词的层面比较，复译与原文的含义更接近，比初译传递原文信息更加准确。

（一）改错

复译修改了初译的一些明显错误，提高了译文的质量。这些错误中，有些属于词义理解偏差，有些属于文字错误。

例 1.

原文：…the overtly political branches of government—the legislature and the executive…

初译：政府的外在政治部门

复译：明显具有政治性的

两个版本的差异在于 overtly 一词。Overtly 一般理解为"公开、公然、直接、明显地"，表达的是态度和方式，是公开而不是秘密、悄悄的。初译的"外在的"，意为事物自身以外的，客观存在的，或显露在外的，是"内在的"反义词，常和"因素""条件"搭配。"外在"与"政治部门"搭配就有些不知所云了。复译的"明显"就是清楚地显现出来，让人容易看出来或感觉到。"外在"和"明显"的含义有逻辑相关的部分，如果外在的事物很容易被观察捕捉到，则就是"明显"的。由此，初译搭配也有问题，选词的逻辑太过跳跃，复译确切地传递了原文的意思。

例 2.

原文：net output

初译：尽产出

复译：净产出

Net output 与"净产出"或"净产值"是较为固定的中英文互译，复译译文修正为目标语常用的对等术语。中文里没有"尽产出"一词，"尽"应该是笔误。

例 3.

原文：tenure

初译：学术职位

复译：稳定的学术职位

Tenure 现多译为"终身教职""终身职位"，初译缺少"终身"的含义，与原文相差较大。复译用了"稳定的"，和"终身"的效果接近些。

例 4.

原文：voting with one's feet is also possible at the national level

初译：所在地投票

复译：用脚投票

Voting with one's feet 在英文中是一个固定表达，意为离开某地或某个组织以表达不满。这一说法是 1956 年美国经济学家查尔斯·蒂伯特（Charles Tiebout）在一个经济模型中提出来的。这一模型也被称为"用脚投票"（Voting by foot），是指在一定条件下，居民可以根据各地方政府提供的公共产品和税负的组合，来自由选择最能满足自己偏好的地方定居。居民们可以从不满意的地区迁出，迁入可以满足其偏好的地区居住，也就是"用脚投票"。[1]

中文的"用脚投票"多用在财经语境，是一种比喻的说法，指资本、人才、技术等资源会自动流向公共服务更优越的地区。[2]"用脚投票"语境逐渐拓展，泛指各种因为不满而离开的情形。

据以上分析，初译的"所在地投票"实属误译，通过字典查证就可以避免，复译进行了修正。

例 5.

原文：Although moral and political philosophy figure as well in my analysis, the emphasis on the analytical approach places the question of law's objectivity at center stage.

初译：尽管我的分析中也涉及道德哲学和政治哲学的人物，但我分析处理的着重点以法律的主体性为中心。

复译：尽管我的分析中也会流露出道德哲学和政治哲学，但这种分析进路

---

[1] See Charles M. Tiebout, "A Pure Theory of Local Expenditure", *The Journal of Political Economy*, Vol. 64, No. 5, 1956, p. 416.

[2] 参见严行方：《看懂财经新闻》，厦门大学出版社 2013 年版，第 339 页。

的重点是以法律的客观性为中心。

初译的错误在 figure 的词义理解。语法分析有助于发现和改正词义错误：如果按照初译的理解，figure 是名词"人物"的意思，那么道德和政治的"人物"应该不止一位，figure 应该是复数的，因此认为 figure 是名词是不对的。Figure 可以做动词用，意为计算、出现、估计，在本句中就作不及物动词用，意为"出现"。

（二）斟酌选词

复译选词最大的变化是更谨慎。选词不仅遵循原文的构词形式，词义的内涵和外延更贴近原文，修正了初译扩大、缩小或转换词义的问题。原文一词多义时，脱离上下文翻译会导致译文偏离原文含义，这类翻译积累起来，译文就会有随意、随性的弊端。复译选词贴近原文使译文的语序、语法更贴近原文，强化了初译就秉持的遵循原文的宏观原则。

例 6.

原文：practical reasoning

初译：实践理性

复译：实践推理

"Reasoning"为推理、论证、推论。理性或感性是一种意识方式或能力。理性表现的方式就是用逻辑推理，用论据来判断、评估或下结论。推理是用已知前提推出某种结论，是以事物之间的联系为基础。推理是理性表现的方式，理性的概念可以包括推理的概念。初译扩大了原文的概念，同时也把方式方法转换成了更宏观的行为能力和认知方式。复译翻译了字面意思，与原文词义一致。

例 7.

原文：Blackstone tried to give the common law a <u>transcendental aura</u>.

初译：超越性

复译：超验的色彩

本例是非常典型的复译靠近原文语言形式的例子。原文为二字词组，transcendental 修饰中心词 aura。Aura 有光环、气氛、预兆、气味、气质等意思，描述的是感觉，颇具主观感知的效果。

"开放性""指令性"这种"某某性"的词指一种性质，是思想、感情等方面的能力、作用，是较客观的特征描写，这一点初译与原文 aura 蕴含的主观感觉相悖。

第一章 法律文化自觉中译者的坚持与妥协——《法理学问题》复译对比分析

Aura 也有气味、味道的意思,是一种隐喻用法,如果不用隐喻,译文可以换成"特征",复译把 aura 译为"色彩",也是一种隐喻。这一点复译在语言形式和含义上都和原文更相近。

当原文在目标语知识体系没有相应的概念或表达时,译文跟随原文的构词法,并用字面翻译的方法,会减少译文与原文含义上的偏差。当然,这样的做法有时会导致译文的搭配问题,译者此时便会斟酌是否要用贴近原文的选词。

另外,transcendental 一词有"超越的"含义,不过多用在数学概念上,如 transcendental number 是"超越数",transcendental function 是"超越函数"。除去数学概念中的用法,transcendental 多用在哲学语境,指超出一切可能经验之上,同"内在的"相对,非人的认识能力所达到的,如上帝、不朽的灵魂等。〔1〕但这并不是说初译的"超越"二字是错误的,确有哲学家牟宗三先生将其译为"超越",〔2〕也有译者在翻译哲学著作中为统一译名,把"超越的"均改为"超验的"〔3〕这一当下通行的叫法。

例 8.

原文:<u>Bentham's onslaught</u>, however, together with the steady diminution in religious belief among the educated classes, had left the intellectual foundations of the orthodox view in disarray.

初译:边沁的巨大努力

复译:边沁的猛烈抨击

本例主要涉及 onslaught 的翻译。Onslaught 意为突击、猛攻、袭击。原文此处谈到自然法、普通法存在的弊端,边沁的功利主义法律思想,以及他极力推崇的法典化。本句紧接上述内容,表达了边沁的思想打击了普通法的基础。本句的主语由 together with 连接起来的两部分名词词组构成,这两部分提到的内容共同导致了"正统法律观念基础乱了阵脚",其一是边沁对普通法的批判,其二是受教育阶层宗教信仰不断弱化。初译把 onslaught 译为"巨大努力",模糊了"抨击、批评"的含义。根据原文,边沁巨大努力既包括法典化的伟大构想、制定法典的实践,也包括对普通法的批评。就 onslaught 的字面意思,再结

---

〔1〕参见余源培等编著:《哲学辞典》,上海辞书出版社 2009 年版,第 151 页。
〔2〕参见邓晓芒:《康德哲学诸问题》,文津出版社 2019 年版,第 14 页。
〔3〕参见 [英] 康蒲·斯密:《康德〈纯粹理性批判〉解义》,韦卓民译,华中师范大学出版社 2000 年版。

合上下文，复译的"猛烈抨击"更接近原文。

例 9.

原文：Bertrand Russell

初译：B. 罗素

复译：伯特兰 罗素

即使原文的姓和名都是全称，初译人名翻译的统一做法是只翻译姓氏，名用英文首字母缩写。复译统一改为姓和名全部译成中文，名用全称。这个改变使译文从形式上与原文保持一致。

例 10.

原文：good faith

初译：诚意

复译：诚信

"诚意"是真诚的态度。"诚信"是道德上的诚实守信，是经济活动中的规则，也是法律原则。此句前文提到几个民法的概念和原则，如"不正当竞争手段""法律平等保护"，good faith 也是其一，所以"诚信"更恰当。

例 11.

原文：Are minority rights welfare maximizing— when the minority in question is a small one?

初译：少数民族

复译：少数族裔

在中文语境中，民族是文化、语言、历史与其他人群在客观上有所区分的一群人，多用在非移民国家。族裔一般指宗族的后代，多用在移民国家的语境。原文的 minority 更侧重血统，指美国这个移民国家占比少数的群体。复译体会出中西文化的差异，更清晰反映了原文的意思。

例 12.

原文：the platoon commander

初译：中尉

复译：排长

原文中的 platoon 是"团、组、小队"，commander 是指挥官、长官、司令。如跟从原文的选词和组词结构，可以翻译成"团长"、"组长"或"小队长"。初译的"中尉"属于军衔，而不是团长、排长的军队职务。中尉有可能是排长,也有可能不是,还有可能没有职务。因此,复译的"排长"从语言结构和含义上都与原文相符。

(三) 直译

在复译改变选词的样例中,有30%同初译一样,仍采用直译、异化的方法,这些例子正体现了源语和目标语的差异带来的翻译难点。这些例子中,复译的细微改变没让译文更通顺,两译本均带明显翻译腔,而若译文不在句的层面调整语序或结构,很难减弱翻译腔。直译、异化的策略从翻译功能主义角度,可以推出译者强调原著的表情功能,即原文表达的情感、态度与美学形式,表明了译者处理语言文化差异时,在尽量不影响阅读的情况下,努力保留原文,维持原文思维,表现并突出原文,与原文作者保持同一视角,并透过原著认同原著者的态度。

例13.

原文:…the pedagogic approach just described is not oriented to asking and answering the kind of questions with which I began…

初译:并不追求提出和回答……

复译:并不导向提出和回答……

Is oriented to 意为"面向、导向",后面常接名词,例如,

The former are oriented to specialized resources while the latter focus on outputs.

Management involvement in internal operations and problems must be oriented to the environment, its opportunities and demands.[1]

按照中文习惯,"追求"作为动词,后面一般连接名词,如"追求幸福、理想"。"导向"多用作名词,例如,"以目标为导向,以问题为导向"。所以直译的"追求"和"导向"不能与"提出和回答问题"很好搭配。如果译为"并不需要提问和回答"或"并不旨在提问和回答",译文更通顺。在两个译本中,复译坚定地在译文中保留了oriented的结构和词义,说明译者保留原文特征的想法强烈。

例14.

原文:The rule of law is a genuine, indeed an invaluable, public good.

---

[1] 例句选自 https://www.ldoceonline.com/dictionary/be-oriented-to-towards-around-something-somebody,最后访问日期:2022年4月29日。

初译：公众物品

复译：公众善品

Good 做名词时，意为道德上正确的行为、态度或力量。原文是指法治是真正无价的人类善举、公益力量。原文中的 rule of law 一般译为法治，而法治在中文语境被认为是人类文明的成果，现代社会的基本框架。中文和英文文化都承认法治的价值。但中文常见的宣传、赞扬法治是从治国理政的角度，例如：法治是治国理政的基本方式，依法治国是社会主义民主政治的基本要求。它通过法制建设来维护和保障公民的根本利益，是实现自由、平等、公平、正义的制度保证。任何组织和政党都没有超越宪法和法律的特权，决不允许以言代法、以权压法、徇私枉法。[1]

中文语境中的法治是治理、管理、治国的方法，而原文表达的法治是一种聚集起来的力量，一种认同感。译者并没有转到中文话语体系，使用中文惯用的组合，如"法治是人类社会进入现代文明的重要标志，是人类政治文明的重要成果，法治主旋律"等，仍坚守原文的表达方式，虽让目标语读者多费些心思，但呈现了与目标语文化不同的对法治的认识。

初译把 good 译为"物品"，疑似把 good 与 goods 混淆了。复译改"物"为"善"，与正义、道德、善良更接近，是改进的译法。

例 15.

原文：to search for essences rather than to embrace the experiential flux

初译：拥抱流动的经验

复译：拥抱经验的涌流

本句谈到，法律哲学上有一种回顾式的倾向，即探索法律的精髓，找出法律确定的意义，这与前瞻式的倾向，即接纳我们感受到的法律不确定的状态是不同的。

本例中两译本的选词导致译文比较拗口。Embrace 除了"拥抱"之外，还有"接纳新想法""包含、包括"的意思。Flux 也可以是"不确定的状态"或"变化"，常用的搭配为 in a state of flux 或 in flux，原文的用法较少见。译者需要根据上下文，选取这几个词最合适的含义。

---

[1] 参见成云雷：《党员干部修养手册 核心价值观篇》，山东人民出版社 2019 年版，第 120 页。

三、复译向可接受性妥协

句子层面,初译倾向于字对字、按照原文的语序翻译。复译的句子较原文变化大,译者灵活运用调整语序、语气或语态,增译、断句等多种方法翻译。

例 16.

原文:…that many rules of law must be inferred from—they are not stated clearly, or usably, in—judicial decisions…

初译:许多法律规则必须从司法判决中引申出来,而不是在司法判决中明确表述的或者是可以直接运用的

复译:司法判决中表述的许多法律规则并不明确,不可以直接运用,必须从司法判决中推导出来

初译翻译紧跟原文语序,结果在前,原因在后,甚至原文中的连接词 or 一并照直翻译。复译语序颠倒过来,把"不明确"和"不能直接运用"的原因写在前面,"必须推导"放在后面,更符合中文"原因—结果"的表述逻辑。

例 17.

原文:When a customary norm is violated

初译:当一个习惯性规范被违反

复译:如果违反了某个习惯性规范

初译跟随原文用被动语态,复译改为主动语态,更符合中文读者阅读习惯。

例 18.

原文:The focus of Anglo-American legal theory has been on the individuals who resolve disputes over the application of legal norms and who often in the course of doing so modify, refine, or elaborate those norms—the judges.

初译:英美法理论的关注点一直放在运用法律规范解决纠纷并在解决过程中经常修改、精制或阐述这些规范的个人,即法官身上。

复译:英美法律理论的焦点却一直集中在法官个人身上,他们运用法律规范解决纠纷,并在这一过程中经常修改、推敲或阐述这些规范。

初译忠实地遵循原文语序,而复译则把 who 引导的从句内容后移,系动词 been 和表语 the judges 靠近,减轻了阅读障碍,符合中文阅读习惯。

例 19.

原文:…and it is equally natural for judges, at least the strong-minded ones, to want to prevent interference that puts them in the sway of the powerful…

初译：想防止这种使他们受权势支配的干涉

复译：想防止干涉，不想自己为权势所左右

复译通过断开从句，前半句正着说，后半句反着说，从两面强调观点，表述更为清晰，语句更通顺。

除句子外，以下几例词的翻译说明复译不拘泥于原文形式，更靠近目标语文化，译文向可接受性妥协。

例20.

原文：Plain-Meaning

初译：平意

复译：字面含义

初译采用了字对字的方法，"平"对"plain"，"意"对"meaning"。"平意"在汉语中的含义为"意气平和，平心静气"，本无"普通、一般含义"之解。初译照顾了语言形式，意义却和原文有较大差异。复译用了意译，是中文中常见、常用的词汇。

例21.

原文：How to decide statutory and constitutional cases

初译：如何决定成文法和宪法案件

复译：如何判决制定法和宪法案件

原文是书中第三编第10章的标题。第三编内容有关法律解释，第8章和第9章分别为"普通法与成文法""成文法解释中的客观性"，第10章有关案件审理、判断中法律解释的问题。

中文法律语境中，法院对案件的裁断，一般用动词"判决"，如"北京知识产权法院经审理认为，……事实认定并无不当……故判决驳回某公司的诉讼请求"，或"法院判决该借款合同无效"。法院对案件的处理是一个做决定的过程，但这是一类特殊的决定过程，属司法程序，有专门术语指代这类特殊的决定行为。初译用的"决定"，是未加语境限定的，是"判决"的上义词。复译的"判决"则是目标语的法律用语，与"案件"搭配更恰当，是更贴近目标语法律文化的选择。

例22.

原文：The natural law that water boils at 212° Fahrenheit

初译：华氏212度

复译：摄氏100度

此例是度量衡翻译转换问题。初译沿用原文的华氏，复译改成了摄氏。两个版本描述的是同一个事实，但复译的转换使译文靠近目标语文化，使译文理解起来更直接、更容易。

例23.

原文：…taking the structure of the legal system and the principal rules of law for granted, and treating cases decided in different eras as if all had been decided yesterday (rather than treating old cases as historical curiosities).

初译：历史的结晶

复译：古董

初译的结构与原文结构相同，仍为形容词加名词。Curiosities 字面意思为"好奇、珍品、古董、奇珍异品"，初译中的"结晶"一般指珍贵的成果，由于"结晶"附加凝聚、升华等前置过程，在一定程度上转换了 curiosities 的含义。

复译把原文二字"历史上的"+"奇珍异品"译为一个词"古董"。"古董"本有久远、古旧的意思，如果把"古董"加上"历史的"，便会显得臃赘，删减是从目标语的习惯考虑做出的调整。此外，原文 rather than 前后表述的内容应为相反：前面是昨日新鲜的，后面是久远古旧的。复译比初译突出了新鲜和陈旧的比较，也更加直观易懂。

四、讨论

除去法律术语，复译对描述性语言改动的思路比较清晰，简言之，就是让原文显现，让译文好看。

第一，对字、词的处理，两译本均秉持忠实于原文原则；复译修改了初译错误，修正了初译扩充、转换词义的现象，含义更加贴近原文，更能传递原文意蕴。中英文有语言差异，翻译需要有较大变动时，复译仍坚持跟随原文的选词和结构。这体现出复译尊重原文、体现原文、传递原文的意愿。译者不仅尽量体现原文的文字特征，同时也尽量保留原文的文化因素，把读者带入原文作者的语境中。

第二，复译的词的变化中约有15%用了意译或归化策略，而初译则是直译或翻译字面的方法；复译的句子较原文有灵活的结构、语序、选词、语态等变化,而初译则紧随原文语言形式。这体现出译者复译时把读者的阅读感受和接受效果作为翻译选择的因素之一,在尽量保证信息传递无误的前提下,降低读者的阅读障碍的态度变化。《法理学问题》讨论的是理论问题,内容抽象、推理严谨,内容丰富,阅读它的中译本,读者要吸收新的思想、跟随逻辑推进,译者把不熟悉的表达转换成读者熟悉的语言,读者就能把注意力放在理论本身。如果说初版时译者想让读者知道还有人这么讲法理学,那么复议时译者更想让读者读懂波斯纳说了什么。

显现原文和让译文好看这两点是矛盾的。原汁原味地显现原文,译文就会拗口,而变通的意译就会失去原著的风格和法律文化。复译在这二者之间进行了度的调整,这背后有译者自身成长、中国法理学发展、中外法律文化交流的影响。

译者80年代留美,近十年的国外学习生活经历,语言和思维受英语影响,是早期的初译带有欧化风的原因之一。复译仍很大程度保留直译方法,归因于译者对波斯纳的喜爱,用直译才能有效传达他论证清晰,逻辑严谨、坦诚、冷静且热情、博学而犀利的文风。

更为重要的是,作为法学家,苏力认为中国的法理学传统相当薄弱、陈旧。中国法理学起步之时,对法的本质的讨论主要围绕法的阶级性和社会性展开。1992年后,法理学围绕社会主义市场经济探讨法制观念、法律精神,建构法律体系。中国法理学发展至今仍缺乏对自身理论及学科体系化的关注,虽时代性鲜明,但学术性较弱。[1]法学家们均认识到中国法理学现状。法理学如果一直坚持着某个时期和文化的法理学语言、概念、命题和方法,就会缺乏社会科学知识和方法的支撑,无法回答当代中国出现的许多新的关于法律的根本问题。[2]在译序或书序里,苏力不止一次提到借鉴西方前沿知识,开拓学术视野,更好发现和研究中国社会和法制问题。

《法理学问题》的翻译是曾经留美的中国译者与中国法律思想互动的媒介。作为译者,苏力喜欢而且有目的地运用西化的表达方式,认为"这可以丰富现代中文的修辞,是中文获得新的更强劲的现代表现力"。[3]《法理学问题》的

---

[1] 参见钱继磊:"改革开放四十年中国法理学回顾与反思",载《上海交通大学学报(哲学社会科学版)》2019年第1期。

[2] 参见张文显等:"中国法理学二十年",载《法制与社会发展》1998年第5期。

[3] 苏力:《波斯纳及其他——译书之后》,法律出版社2004年版,第2页。

第一章 法律文化自觉中译者的坚持与妥协——《法理学问题》复译对比分析

直译,便是表达法学知识、思维和文化上的差异,达到开阔视野,丰富法律知识的目的。[1] 即使直译效果受到微词,对学科发展的清醒认识使得译者坚守这一态度,"你也不能说……爱好西式的表达方式就是装孙子。"[2]

这与鲁迅先生的硬译有些神似。鲁迅翻译中所持的生硬的直译,照搬源语特有而汉语没有的表达方法,希望通过译文与原文的形合,保留原文的逻辑论述,使汉语现代化,并借助西学,开启民智,救国危亡。[3] 不同之处在于,苏力聚焦的是法理学,而鲁迅关注国与民。

《法理学问题》复译也有向目标语的妥协。妥协主要体现在句子翻译得较灵活,减轻因语序造成的读者接受信息的负担,提升译文可读性,增强交流效果。妥协的前提是不改变原文的逻辑、思维方式和知识。译者的意译、归化方法用得很谨慎,而非普遍使用,如在举例或谈及常识问题,为适应读者习惯而意译。复译时译者意识到,我国当时法理学只谈大词、概念、大道理的文风下,[4] 欧化的语言加上全新的思辨方法会影响译作的传播,译者表现原作的同时,也需要引导读者靠近作者。翻译策略向目标语适度妥协,可以拉近读者与译著的距离,更好实现译本价值。

1994 年的初译至 2002 年的复译期间,国内约有 90 余部法理学汉译著作出版,平均每年出版数是 80 年代末和 90 年代初的 3 至 4 倍。美国的博登海默、霍贝尔、昂格尔、德沃金、庞德、卡多佐,意大利的斯奇巴尼,英国的丹宁,日本的千时正士、穗积陈重,德国的韦伯,德国的萨维尼等法学家的诸多法理学著作译介到中国,外国法理新知识大量涌进。在诸多法理学学说中,如何接续《法理学问题》的生命力和影响,是译者必须面对的问题。苏力在 2004 年出版的《波斯纳及其他——译书之后》中指出,"我采取了一种相对来说更为灵活的翻译,目的在于尽可能从容地传达我所理解的作者的含义;而没有采取自己早先追求的'硬译'风格。这种追求,首先是考虑到波斯纳本人的写作风格和追求,法理学不应当是一小部分专长于此的法律学者的独家领地。因此,如果仅仅在文字上对应,就可能有损作者更多的追求……这种努力其实是一种更

---

[1] 苏力:《波斯纳及其他——译书之后》,法律出版社 2004 年版,第 201 页。
[2] 苏力:《波斯纳及其他——译书之后》,法律出版社 2004 年版,扉页。
[3] 参见刘孔喜、许明武:"翻译中的文化自觉与文化自信之思——以中西两场翻译论战为例",载《西安外国语大学学报》2018 年第 3 期。
[4] 参见张文显等:"中国法理学二十年",载《法制与社会发展》1998 年第 5 期。

高的追求"。[1]

这种更高的追求,就是减少读者吸收法律知识的困难,减少著作在与目标语法律文化融合时的抵触。如果初译的功能偏重表现原著,复译的功能则向说明和感染方向移动,要让更多人理解并接受《法理学问题》的学说,传播译著的思想变得更为重要。

复译时,译者归国已有七八年。1994-2002年期间,据不完全统计,苏力独著或与他人合著6部中文著作;英译汉的独译、合译、译校、重译著作11部;据知网统计,译者1994-2002年发表在中文期刊的文章37篇。在《法理学问题》初译和复译的8年间,苏力笔耕不辍,既有英译汉,也有中文写作,浸润在中文语境中,译者的欧化语言偏好也淡化了。

五、结语

《法理学问题》的翻译体现了法学家译者的翻译行为和法学之间的互动。译者从初译时坚定的原汁原味地引介,到复译时理性审视目标语文化的接受,过程中伴随着从源语到目标语生活环境的转变,由普通法到大陆法的法律环境的转换,由思辨、逻辑推理的思维方式转换到中国法理学紧密结合改革开放和法治实践需要、学术和政治存在紧张关系或内在张力的环境。[2] 译者在对中外法律文化不断的认识中调整着翻译策略。

初译之时,中国刚刚突破单一客观性公理桎梏,法理学才开始融入法学、回归法理,源语和目标语的学科环境差异巨大。彼时译者留美归来,初译的直接、生硬的方法透着引介新知识、改善学术环境的急迫心情。

复译时已进入21世纪,中国法理学有了长足发展,但仍面对着自身现实和西方法理学水土不服的问题。此时译者在国内执教多年,中文学术研究成果丰厚,可谓对中外法理学知己知彼。译者自身的成长成就了复译温和的融合方式。较为灵活地处理译文语言,稍在语言形式上妥协,是译者更为成熟的翻译选择。

---

[1] 苏力:《波斯纳及其他——译书之后》,法律出版社2004年版,第51页。
[2] 参见季卫东等:"中国需要什么样的法理学",载《中国法律评论》2016年第3期。

第二章
《法理学问题》复译
——法律术语翻译对比

《法理学问题》讨论的是法律的本质,即法律哲学问题,作者旁征博引各学派观点,通过推理、举例、逻辑分析进行论述,并不针对某个法律规定、个别案件或某个法学领域的问题,因此行文中的法律术语并不密集,但涉及的面很广,既有法律传统、法律基本原则相关的,也有各个部门法的术语。

因法律术语具有系统性、专业性、含义唯一又简洁的特点,理解法律术语的概念要参照它们的法律制度。《法理学问题》原文基于美国法律实践,所以英文法律术语以美国法律体系中的定义来解释。

对术语的中文翻译,既要考虑如何表达美国法律制度,因为这是术语概念的渊源,又要考虑中文是否已有对等术语还是需要创新翻译,以及译文和中文法律体系中的其他术语的关系如何。

本书从《法理学问题》各章共选取100个法律术语进行两译本对比。约有一半术语复译保持不变。另一半术语翻译有改变。本书对不变和变化的术语分别分类,旨在找出复译变与不变的趋势,从而挖掘译者复译时对法律术语的理解、解读和表达中的态度变化。

一、复译不变

复译中约50%的法律术语翻译保持不变。举例如下:

编号	原文	两版本相同的译文
1	strict liability and negligence	严格责任和过失责任

续表

编号	原文	两版本相同的译文
2	due care	适当注意
3	discretion	裁量权
4	estoppel	禁止反悔
5	normative rules	规范性规则
6	res judicata	同案不再审
7	right of privacy	隐私权
8	dicta	司法声明
9	legislative intent	立法意图
10	counterclaim	反诉
11	estates in land	地产
12	powers of attorney	律师权限
13	habeas corpus	人身保护令
14	the recording of titles	所有权登记
15	summary judgment	简易判决
16	burden of proof	举证责任
17	concepts of standing to sue	起诉资格
18	cross-examination	反诘
19	the exclusionary rule	证据排除规则
20	the principle of judicial self-restraint	司法自我约束原则

例 1-20 中，第一，有的原文术语在中国法律制度中有相应的概念，原文术语的构词和词义与中文法律术语相似，译法相对固定，没有其他翻译选择，例如 right of privacy 隐私权，legislative intent 立法意图，counterclaim 反诉等。复译没有改变是情理之中。

第二，原文中也有一些术语，我国有类似制度，没有对应的概念，但经过多年对外法律交流，一些英文术语形成了惯常译法，如 estoppel 也有译成"禁止反言"；res judicata 也有译成"既判力"、"已决案件"或"一事不再理"；cross-examination 也有译成"交叉询问"，以对应 direct examination "直接询问"。译者在两版本中均未采纳上述方案,但两版本的译法也能表达原文的基本含义。

第三类翻译不变的术语是我国没有对应法律制度,但英文术语的构词法与中文吻合,用字面翻译,译文可以做到语法通顺,语义清晰,术语背后的法律制度对法律专业人士来说很容易理解。例如 the exclusionary rule 译为"证据排除规则",the principle of judicial self-restraint 译为"司法自我约束原则"。

第四类翻译不变的术语也是我国没有对应法律制度,但英文的字面意思不能体现其在制度中的概念和作用,而且由于法律制度相差较大,无论中文按字面怎样选词和搭配,都无法达意。如 dicta,在美国法律体系中,dicta 常与 holding 相对,指法官判决书中并非针对案件本身做的论述,而是独立于案件,但与案件有些关联的意见,并且对案件结果不产生后果的论述。《法理学问题》两版本都译为"司法声明",这是译者的创新。中文语境中并没有"司法+声明"的固定搭配,但可见"司法部声明……",或"司法局声明……",指司法部门作出的对某件事的回应,"声明"作动词用,而译文中的"声明"是名词。作为译文的"司法声明"在目标语中会词不达意,甚至导致误解。目标语没有相应的法律制度,也没有意思相近的词汇,这是法律术语翻译最困难的一种情况。译者只能做创新的翻译,这往往需要译者加注释说明,避免读者陷入困惑。

上述四种情况看,第一和第三类术语翻译,译文从语义和法律概念上基本没有改变的空间。第二和第四类术语翻译,在有其他翻译选择,或译文含义不清的情况下复译也没有改变。所以该不变的保持不变,能变的也没有变,没有发现译文术语翻译不变的规律。

那么复译术语都有哪些改变,改变的趋势是什么,复译术语变和不变的关系又怎样呢?

本书对《法理学问题》复译术语翻译变化进行分类。分类标准并非按照靠近源语或目标语的归化、异化,或直译、意译的方法,而是按照译文与原文术语对等的情况分类。对等术语是指在目标语中已经存在的,与原文的法律功能相同或基本相近的目标语中的术语。法律功能上的对等主要考虑术语所属的部门法、与其他法律概念的关系、法律后果等要素。复译的变化可分为六类:改为对等、对等换用、不用对等而创新、不用对等而推敲字面意思、近义术语换用、没有对等情况下的翻译变化。

二、改为对等

编号	原文	初译	复译
21	pretrial discovery	审判前的调查	审前证据开示
22	stare decisis	遵循前例	遵循先例
23	legal precedent	法律前例	法律先例
24	the privilege against compulsory self-incrimination	反对强迫自罪的权利	不得强迫自证其罪权

例 21 的 pretrial discovery 一般翻译成"证据开示",指英美法中民事诉讼和一些刑事诉讼开庭前,当事人双方交换证据和证人信息的正式程序,目的是防止一方设下证据埋伏使另一方庭审时毫无准备。我国有类似的证据交换制度,是从西方引入的,至 2001 年,最高人民法院公布的《关于民事诉讼证据的若干规定》才初步确立了证据交换制度。但由于国情差异,我国的证据交换制度具有明显不同。如我国的证据交换在审理民事案件证据较多且案件疑难复杂之时,在人民法院主持下进行。英美法的证据开示,是诉讼一方从另一方获得与案件有关的事实和信息的"发现或获知"的审前程序。Discovery 一词就是了解原先不知道的,揭露和展示原先隐藏起来的东西的意思。[1]

两版本翻译的不同在于 discovery 一词。初译 discovery 译为"调查",这对于英美法证据开示过程中所做的工作而言,过于宽泛模糊,还会引导读者联想案件的调查取证。复译采取了中文常用且对等的"证据开示",不会误导读者。Pretrial discovery 也有译为"证据披露"或"证据展示",是解释性的翻译,强调的是概念的实质。

例 22 的 stare decisis 和例 23 的 legal precedent 都是英美法中的基本概念,Stare decisis 是拉丁文 *stare decisis et non quieta movere* 的缩略语,是普通法最重要的一个原则,指依据过去的判例,或者说一个直接相关的先前案例,必须在日后的案件中得到遵循,一般译为"遵循先例"。Legal precedent 是"遵循先例"中的"先例",是先前法院的判决。原文中 stare decisis 和 legal precedent 先后紧接着出现,初译和复译都保持了与前文一致。

---

[1] 参见宋强:《我国刑事证据规则体系构建研究》,法律出版社 2007 年版,第 282 页。张保生主编:《证据法学》,中国政法大学出版社 2014 年版,第 146 页。

初译的"遵循前例"和通行的"遵循先例"只有一字之差，而且"前"和"先"意思相近，复译改成"先"是为什么？在"读秀"数据库中的"知识"一栏搜索"遵循前例"，偶见"遵循前例"用在法律语境中，含义同"遵循先例"，但更多的是在非专门语境的用法，例如"喜欢遵循前例处理事情，缺乏创新和冒险精神"；[1]"授职加恩，各赐金花一对，仍遵循前例，当下传出懿旨，命膳部大排红文筵宴"。[2]因此，"遵循先例"在中文里多用来指英美法的基本原则，而"遵循前例"在 stare decisis 介绍进来之前就存在，使用的语境更广泛，不是特别指代 stare decisis。

例 24 中的 the privilege against compulsory self-incrimination 是美国刑事程序中保护被告人的原则，源自美国宪法第五修正案，"No one…shall be compelled in any criminal case to be a witness against himself…"。Self-incrimination 是这个词的核心词，一般译为"自证其罪""自认犯罪"，或从这项权利的实质内容出发，译为"沉默权"。[3]初译中的"自罪"是译者的创新，虽然"自己"和"犯罪"这两个要素有了，但新辟途径对读者来说多了一个理解的负担，复译回归大众译法，用已有的专门术语也是自然的。

例 21-24 可以看出，译者初译处理法律术语偏爱自创新词，处理较为随意，体现译者的特异性；复译改为通用的译法，收敛个性。

三、两个对等换用

编号	原文	初译	复译
25	statute law	成文法	制定法
26	consideration	对价	约因

例 25 的 statute law 初译为"成文法"，复译为"制定法"，两种译法都是指国家机关依照一定的程序制定和颁布的条文形式的规范性法律文件，两词常相互代替使用。[4]二者区别在于表述的侧重点，"成文法"偏重成文法条的呈现

---

[1] 张璐：《微表情心理学》，九州出版社 2019 年版，第 166 页。
[2] （清）李汝珍：《镜花缘》，四川科学技术出版社 2018 年版，第 189 页。
[3] 陈玲：《美国刑事诉讼法》，上海社会科学院出版社 2016 年版，第 4 页。
[4] 参见［英］戴维·M. 沃克：《牛津法律大辞典》，北京社会与科技发展研究所译，光明日报出版社 1988 年版，第 950 页。何勤华主编：《法律文明史 大陆法系 下卷》，商务印书馆 2015 年版，第 788 页。参见刘本旺主编：《参政议政用语集》，群言出版社 2015 年版，第 229 页。

结果，"制定法"偏重立法机关制定法律的立法方式和过程。

例26的consideration是英美合同法的重要概念，指合同里的诱因，缔结合同的原因、动机、代价或强迫性的影响力。[1] Consideration 源自英美法的观点是普遍接受的。"与大陆法系国家的合同法相比，对价（consideration）最能体现英美合同法的特色。在大陆法系国家的合同法当中，合同的成立是不需要对价要求的……英美法的这一概念几乎就是司法创造和发展起来的，不同于大陆法中的相关概念是立法的产物。"[2] 初译用了"对价"，这也是较为普遍的译法。[3]

虽然"对价"一词用得较为普遍，有人认为consideration也可译成约因，或者是"代价"，例如，"在英美法系中，拥有判断'何种允诺应当被执行'功能的是约因（consideration），或称约因原则（the doctrine of consideration）。约因原则是英国法独具特色的历史产物，其起源可追溯至中世纪的诉讼形式。一直到19世纪才形成一套完整的理论……至今仍是英美合同法中的核心原则。"[4] 复译的"约因"也不是孤立的译法。

但另一类说法认为"约因"是大陆法系概念，是cause的对应术语。"大陆法国家通常将法律行为分为有因行为和无因行为。债权契约通常都是有因行为……契约中的原因即约因（cause），是罗马法的概念，法国民法典继续使用了这一概念。"[5]《元照英美法词典》在consideration 词条下，特意用一段话区别"对价"（consideration）和"约因"（cause）："有必要对对价与法国合同法中的约因（cause）之联系与区别作一说明……英美法国家认为，合同就是交易，交易带有经济性，合同的效力来自对方对经济利益的互易，因此体现这种经济利益互易的对价便是合同不可或缺的要素；而大陆法国家却认为，合同具有法定约束力的原因是道义上的，而非经济上的，约因正是用来从道义上衡量合同效力的标准。"[6]

Consideration 一词翻译为"对价"还是"约因"，学界也有讨论，有认为

---

[1] 参见薛波主编：《元照英美法词典》，法律出版社2003年版，第289页。

[2] 李培锋：《英美法要论》，上海人民出版社2013年版，第148页。

[3] 参见王瑞芳、郑创豪："论英美合同法上的对价制度"，载《法制与社会》2009年第20期。

[4] 何佳馨、李明倩：《法律文明史 第16卷 法的国际化与本土化》，商务印书馆2018年版，第504页。

[5] 陈慧芳、陈笑影编著：《国际商法》，上海大学出版社2014年版，第124页。

[6] 薛波主编：《元照英美法词典》，法律出版社2003年版，第289页。

"对价"无法充分表达 consideration 的本义,〔1〕甚至还有把 consideration 译为"对价约因"。〔2〕由此,对法律术语的溯源、对概念的理解不同,可能导致译者在两种译法中间摇摆。

四、弃用对等,创新术语

编号	原文	初译	复译
27	judicial discretion	司法裁量权	司法决断权
28	liquidated damages	清算性损害赔偿	清偿性赔损

例 27 的 judicial discretion,《元照英美法词典》的定义是"法庭或者法官可以基于案件具体情况,根据公正、衡平的精神以及法律原则进行判断、做出判决的权力"。现一般译为"司法(的)自由裁量权","司法裁量权"或"自由裁量权"。中国法律制度的司法自由裁量权指法官或者审判组织根据自己的认识、经验、态度、价值观及对法律规范的理解而选择司法行为和对案件作出裁判的权力。〔3〕原文和初译的法律功能是对等的。复译的"决断",意为做最终决定的权力,虽与"自由裁量权"的概念范围有交集,都有"判断"的含义,但强调的是权力的终局性或最高级,而"自由裁量"强调的是在一定范围内的权力自由度。

在中国知网上搜索关键词"决断权",出现比较多的搭配为"管理决断权"。输入"司法决断权",并未出现一条结果。〔4〕可见"司法决断权"并不是中文法律术语。此外,除该词的初译外,原作其他地方出现"discretion"单个名词时,两译本中都会译为"裁量权",可见,译者知晓目标语中有"裁量权"而不用,自创新译,原因并未可知。

例 28,英美法的 liquidated damages 与中文的"违约赔偿(金)"法律概念、法律功能相近。Liquidated damages 是"合同违约时赔偿的一种方式",〔5〕

---

〔1〕 参见陈融:《解读约因:英美合同之效力基石》,法律出版社 2010 版,第 4~5 页。
〔2〕 参见[英]H. C. 格特立奇、M. 梅格拉:《银行商业信用证的法律》,姚念慈等译,上海翻译出版公司 1991 年版,第 26 页。
〔3〕 参见江必新:"论司法自由裁量权",载《法律适用》2006 年第 11 期。
〔4〕 https://kns.cnki.net/kns8/defaultresult/index,最后访问日期:2021 年 9 月 10 日。
〔5〕 https://faircontracts.org/contract-provisions/liquidated-damages-clause/,最后访问日期:2021 年 9 月 17 日。

《元照英美法词典》译为"约定违约金""预订违约赔偿金",[1]指当事人双方在订立合同时,可以预先估计一方当事人违约可能造成的损失,在合同中规定违约方应支付的赔偿金的确定数额。一旦合同当事人就违约金的数额达成协议,则无论其是高于还是低于违约造成的实际损害,这一固定数额都是损害赔偿金的标准。该词常出现在合同中,作为合同一节或一条的标题。当合同的实际损失难以或不可能估算时,当事人通过这一合同条款获赔。[2]

中国法律制度中的"违约赔偿金",指违反合同的一方应向对方支付的损失赔偿金,在一方违约并造成实际损失以后确定。支付赔偿金须证明损失的存在和确定损失额。违约赔偿金数额与违反合同造成的损失相当。在法律规定或双方约定有违约金时,违约方向对方交付的违约赔偿金只是补足违约金不足的部分。[3]

根据上述定义,liquidated damages 为合同法术语,合同订立时由合同双方约定,当合同违约时产生相应的法律后果,这些要素与中国法律体系中的"违约金""违约赔偿金"有相似之处,译者可以用"违约"和"赔偿金"两个关键词,在其基础上修饰限定进行改造,但复译均没有利用。

在知网搜索两版本译文"清算性损害赔偿"和"清偿性赔损",只出现"清算中人身损害赔偿"或"清算人损害赔偿责任";而"清偿性赔损"则没有任何类似搭配,并不是中文法律语境中的术语。在读秀数据库的"知识"栏中搜索两译文,除《法理学问题》一书,还另有四次出现"清算性损害赔偿",均为国内出版英语教材或词典,[4]但没有"清偿性赔损"的任何相关内容。因此两版本的译文均不是目标语中的既有的法律术语。

初译的"清算性损害赔偿",与近似对等术语"违约赔偿金"在"赔偿"一词上有交集。复译则放弃借用目标语已有的术语,完全自创了"清偿性赔损"。复译的"赔损"未见在法律语境使用,常用的搭配如"保险赔损率""总成本包括利息支出和赔损支出"等金融术语,或"检修人违规操作,供电局依法赔损"等语境。

例27、28与例21-26复译的策略改变是相反的。例21-26改用对等、目标

---

[1] 薛波主编:《元照英美法词典》,法律出版社2003年版,第853页。
[2] https://www.law.cornell.edu/wex/liquidated_damages,最后访问日期:2021年9月19日。
[3] 参见邹瑜、顾明主编:《法学大辞典》,中国政法大学出版社1991年版,第700页。
[4] 程逸群主编:《英汉-汉英双向法律词典》,中国政法大学出版社1999年版,第267页。

语惯用的术语，而例27、28却是改为自创新词。

五、均不用对等，推敲字面意思

编号	原文	初译	复译
29	judicial opinion	司法决定意见/司法决定	司法意见/司法决定
30	default rule	缺席规则	缺省规则
31	legalists	法治论者	法条论

例29的judicial opinion，有时省略为opinion，〔1〕又叫作legal opinion，legal decision，是法官所做的书面意见，要说明案情，解释如何推理，如何解决法律争议和处理案件。〔2〕

中文语境的"判决书"是指人民法院对刑事、民事案件进行审理后，依法以国家审判机关的名义对案件实体问题和程序问题作出具体法律效力的判定，并按照判定的内容、依照法定格式所制作的法律文书，称为判决书。〔3〕

由此，judicial opinion与判决书均为法院作出，处理的问题是法律上的争议，结果是作出具有法律效力的决定，二者的定义和法律功能一致，是对等的法律术语。

中文语境中，"司法意见"一般为最高人民法院和各高级人民法院颁布的司法指导性意见，包括一些原则和政策。如"6·5"世界环境日，中国最高人民法院在这一天发布一份保护中华民族"母亲河"的司法意见，并重申："坚持最严法治观，促进黄河流域生态环境质量整体改善"。〔4〕再如，"目前，北京、浙江、上海等地区的高级人民法院均通过颁布司法意见，统一司法裁判规则，降低法律的不确定性。各地区高级人民法院颁布的司法意见列表中，就包括如《河北省高级人民法院关于我省劳动争议案件若干疑难问题处理的参考意

---

〔1〕 https://www.law.cornell.edu/wex/opinion，最后访问日期：2021年9月14日。

〔2〕 http://euro.ecom.cmu.edu/program/law/08-732/Courts/howtoreadv2.pdf，最后访问日期：2021年9月24日。

〔3〕 参见程宁宁、邢舟主编：《应用文写作》，北京邮电大学出版社2017年版，第108页。

〔4〕 https://baijiahao.baidu.com/s?id=1668641020826412939&wfr=spider&for=pc，最后访问日期：2021年9月24日。

见》等。"[1]

但一些译著中，能看到不少"司法意见"，据译文上下文，原文应为"judicial opinion"，其实就是判决书或法院判决。例如，"法官们同样能够且必须选择自己的行动路线，他们不是一台简单的自动售货机……在司法意见的表面之下，潜藏了怎样一些因素……"[2]再如，"从文学角度审视司法意见，这种做法没有什么可以让人感到奇怪。"[3]可见，中国法律体系中的"司法意见"的用法，受到 judicial opinion 的影响，含义被扩大，似要包含"判决书"的概念。如果读者知晓有 judicial opinion 的干扰，自会分辨"司法意见"何时是最高人民法院的司法指导，何时是判决书，如果读者不知道个中缘由，难免会产生误解。

中文语境中的"司法决定"范围比"判决"范围宽泛。前者指法院在案件审理后或审理过程中，就案件的实体问题或程序问题以及有关特定事项所做出的处理决定。判决是法院司法决定中最重要的一种，除此之外，司法决定还包括裁定、决定。[4]例如，人民法院的止付通知就是具有强制力的司法决定。[5]

对 judicial opinion 的翻译，两译本前后都不统一，这说明译者没有把 judicial opinion 当作一个法律术语对待，而是一个普通含义的词的组合。从原文至少两处 judicial opinion 的翻译看，两个版本都用直译，保留 judicial，译为"司法"；opinion 在两译本里有三种译法，初译为"决定意见"或"决定"，复译中是"意见"或"决定"。中文法律语境并无"司法决定意见"一说，是译者的创新搭配；"司法意见"和"判决（书）"并无关联；"司法决定"比"判决（书）"范围大。因此字面翻译有时受原文词汇语义禁锢，再怎么努力也和目标语的功能对等术语有差距。

例 30 的 default rule 与中国法律体系中的"任意性规范"是对等术语。

英美法中的 default rule 与 mandatory rule 相对应，前者指可以被合同、信

---

[1] 李胜兰等：《中国法律制度与经济增长的实证研究》，中山大学出版社 2016 年版，第 185 页。
[2] [美] 博西格诺等：《法律之门》，邓子滨译，华夏出版社 2007 年版，第 41 页。
[3] [美] 理查德·A. 波斯纳：《法律与文学》，李国庆译，中国政法大学出版社 2002 年版，第 337 页。
[4] 参见沈福俊、叶青编著：《中国诉讼法学》，华东理工大学出版社 2007 年版，第 224 页。
[5] 参见国家司法考试名师辅导专家组编：《国家司法考试综合教程》，朝华出版社 2011 年版，第 950 页。

托、遗嘱等约定推翻的法律规则，如合同中有关价格、质量保证的规定；Mandatory rule 指合同必须遵守的条款，不得通过约定排除适用，本质上是对当事人意思自治的限制，如合同法的缔约自由的原则。[1] 中国法律体系中，"任意性规范"又称"允许性规范"，与"强制性规范"相对，是允许人们在法定范围内就一定事项达成协议，自行确定其权利和义务的法律规范。[2] Default rule 与"任意性规范"指的是同一个概念。

Default 有"违约、弃权、默认、缺席"等意思，"缺省/缺席规则"是字对字的直译。法律翻译实践中，default rule 直译成"缺省/缺席规则"较常见，虽有些生硬，带有翻译腔，但不会引起歧义。还有学者译成"默认/默示规则"[3]，也有学者在讨论英美法相关内容时用"默认规则"[4] 来指 default rule，但这译法比起"缺省规则"要少见。初译和复译都用的是字面翻译方法。

例 31 的 legalists 所在的原文段落讲到，若要司法独立，就需要用专门技能和专家来代替政治合法性，为实现司法功能而设置法律和政治这一外部矛盾，反映法理层面长久存在的一对概念：legalists 和 skeptics，也是对法律条文信任与否的一对矛盾。

原文中另一处用到 legalist 一词，更明确地解释了其含义："一个更为全面的二分法就是一个连续轴，轴的一端是最极端的法条主义所持的正义，另一端是最极端的自由裁量和个人化的正义。"[5] Legalist 就是严格遵守法律，尤其是对法律条文而非法律精神的遵守。[6] 该词的形容词 legalistic 在其他汉译法学著作中译为"形式主义"或"条文主义"，[7] 或"法条化的"。[8]

中文法律语境中，法律条文主义认为，法律在本质上就是规则，对案件的

---

[1] https://en-academic.com/dic.nsf/enwiki/178909，最后访问日期：2021 年 11 月 7 日。
[2] 参见江平主编：《中国司法大辞典》，吉林人民出版社 1991 年版，第 5 页。参见曾庆敏主编：《精编法学辞典》，上海辞书出版社 2000 年版，第 350 页。
[3] 参见桑本谦："缺省规则与法律背后的合约"，载《现代法学》2020 年第 5 期。
[4] 参见李婧：《行为法经济学在金融消费者权益保护规则制定中的应用》，中国政法大学出版社 2018 年版，第 171 页。
[5] Richard Posner, *The Problems of Jurisprudence*, Harvard University Press, 1993, p. 404，笔者译。
[6] https://www.wordreference.com/definition/Legalist，最后访问日期：2021 年 11 月 7 日。
[7] 参见［美］桑贾伊·苏拉马尼亚姆：《葡萄牙帝国在亚洲 1500—1700》，巫怀宇译，广西师范大学出版社 2018 年版，第 299 页。
[8] 参见褚国建：《通过商谈的法律正当化：哈贝马斯法律理论的初步研究》，浙江工商大学出版 2018 年版，第 85 页。

处理是由法律条文对证据的逻辑运用决定的。"依据条文与证据之间的逻辑推演，案件的结果可以得以稳定地预期。法律条文不但预先界定了案件的性质，也决定着案件如何处理的程序。更进一步说，条文可以直接决定案件的判决，相似的案件理应得到相似的结果。"[1] 也有"法律形式主义"一说：法律形式主义以规则为中心，认为对于具体案件来说规则是完美的、完全的封闭体系，法官的工作是根据事实配型找出的规则，运用逻辑推理做出判决，他们没有创造的权力和空间。规则和案件存在方式是一一对应的，因此法律具有完全的确定性。[2]

根据以上查证，legalist 和"法条主义者""条文主义者""法律形式主义者"概念相近。对 legalist 的汉译，英汉字典、有道词典、新英汉词典均有守法主义者、形式主义者、条文主义者的说法，译者都没有采纳，而是另做新译。初译的"法治论者"，按照"……者"的构词法，"法治论者"为持有法治论的人、认可法治的人，与"法条主义者"并不相关。复译"法条论"与"法条主义者""条文主义者"有相同"词根"，法条论是法条主义者所持的观点和理论，因此复译和原文含义有交叉部分。

由以上三例来看，法学家译者在知晓或应当知晓目标语存在对等术语而不用，这种异化翻译表达了译者让译文独立于目标语法律文化的意识。

六、术语的近义转换

这一类变化指初译和复译为词义相近或相交叉的目标语中的法律术语。法律术语是在法律语境中含义特定的词语，但法律术语并非孤立，术语之间存在严密的逻辑关系，形成法律体系；从词汇语义角度，法律术语之间也有同义、近义、上下义关系。

复译的选词偏向概况性更强、更宏观的术语。

编号	原文	初译	复译
32	claims consciousness	诉讼意识	权利意识

---

[1] 徐晓主编：《法律思维与法学理论》，吉林人民出版社 2006 年版，第 438 页。

[2] 参见胡铭、王震："法官裁判思维中的法律形式主义与法律现实主义"，载《浙江学刊》2015 年第 4 期。张娟：《弗兰克与卢埃林法律思想比较研究》，吉林人民出版社 2017 年版，第 81 页。

续表

编号	原文	初译	复译
33	He was stating the case for the uncompromising form of legal positivism that teaches that (political) might makes (legal) right…	他宣布的是一种不折不扣的法律实证主义，这种主义告诉人们（政治上的）强权就是（法律上的）真理……	他说出了一个有利于极端的实证法学的情况，这个情况告诉人们：（政治上的）强权就是（法律上的）真理……

例 32 中的"权利意识"是人们对于权利的认识及所持的态度，表现为人们如何实现权利，以何种方式救济权利。权利意识包括四个方面内容：了解权利、行使权利、权利受到损害时寻求法律救济以及权利是附带义务的。[1] 权利意识与公民意识紧密相连，是公民意识的核心内涵。[2]

诉讼意识根植于法律文化，是人们对通过诉讼寻求救济的认知和态度。早期罗马法乃至英国法的发展都是诉讼中心主义，诉讼文化较为发达，人们普遍具有诉讼意识。[3] 中国因受传统观念影响，人们对待诉讼则是"厌讼""畏讼"心理。宋明时期以后，商品经济有所发展，人们的诉讼意识也在强化。"据《清代吏治丛谈》记载：不仅经济发达的江浙地方'民好讼''讼益繁'，而且经济欠发达的山东章邱县也'民好讼，月收讼牒至两千余纸'，甚至连穷乡僻壤的湖南宁远地区竟'积逋而健讼'。"[4]

权利意识是诉讼意识的前提，并包含诉讼意识。诉讼为权利受损时寻求法律救助的方式，诉讼意识是权利意识的表现形式。[5] 具有权利意识的当事者并不必然选择诉讼，为实现权利，还有其他方法和手段，因此权利意识的外延比诉讼意识宽泛。

Claims 作为名词，可以是"付钱的要求""赔偿的要求""赔偿的金额"

---

[1] 参见梁成意：《中国公民基本权利》，中国政法大学出版社 2016 年版，第 49~52 页。

[2] 参见李齐全等：《大学生权利法律保护研究》，时代出版传媒股份有限公司、安徽人民出版社 2010 年版，第 153 页。

[3] 参见张能全：《社会转型中的刑事司法改革与制度创新研究》，中国政法大学出版社 2017 年版，第 48 页。

[4] 参见李志明：《传统中国家族组织的公法职能——以明清两代为中心的考察》，中国政法大学出版社 2016 年版，第 211 页。

[5] 参见张能全：《社会转型中的刑事司法改革与制度创新研究》，中国政法大学出版社 2017 年版，第 61 页。

"对……的所有权""有权……因为那是该得的"。[1] 总之，claim 是对钱、所有权的主张，而 claim 的这部分词义把权利意识和诉讼意识杂糅在一起，不区分，而中文里没有某一个字或词与之对应。

从原文分析，前两段谈及司法独立使法官职业化，并发展出一些技术性的概念和方法，促使律师职业化。法律职业的劳动分工一定程度上使法律在社会中扮演的角色日益突出。这个过程分为三阶段，一是有法而不能执行，二是有法但执行不便且代价高，三是法律职业分工为实现法律权利提供便利。这些便利主要是制度设计，如集团诉讼，要求败诉的被告支付原告律师费等。原文提到，在这第三阶段，也还伴随着 claims consciousness 的增长。由此看，原著者此处讨论的是诉讼方法便利、案件数量增多，与之相辅相成的便是"诉讼意识"增长，因此，"诉讼意识"和上下文语境更贴近，复译的"权利意识"在一定程度上模糊或泛化了原文。

例 33 中的两种译法，"法律实证主义"和"实证法学"的实质是一致的，甚至法律实证主义又可以称实证法学，是指法律和道德、公正无关，法律是实然的法律哲学学说。法律实证主义和实证法学的区别就在于它们字面意思的区别，即"……主义"和"……法学"的区别。"……主义"指某种思想、系统理论或主张。"……法学"是以某种方法、理论来解释法律现象的学派或学科。在中国知网和读秀数据库搜索"实证法学"，相搭配的词或词组多为"实证法学研究""实证方法"，可见，实证法学是以法律实证主义这一思想哲学为核心，发展形成的法学研究领域。

如果回译，"法律实证主义"一般译为 legal positivism。"实证法学"有的译为 a positive theory of law[2]，有的译为 positive jurisprudence[3]。"法律实证主义"从构词、词义以及法律含义与 legal positivism 都对等。复译改成"实证法学"，选词有变化；从"主义"到"法学"，译者无形中扩展了原文外延。

七、没有对等

目标语没有对等术语的情况下，两版本的策略相同，尽量采用字面翻译，

---

[1] https://www.ldoceonline.com/dictionary/claim，最后访问日期：2021年9月13日。
[2] 参见熊秉元：《完美的正义：熊秉元谈法律经济学》，东方出版社 2019 年版，第 233 页。
[3] 中国社会科学院法学研究所法律辞典编委会编：《法律辞典》，法律出版社 2004 年版，第 1274 页。

保留原文文字特征，尽量靠近原文术语的语序、选词。即使译文中的术语不能表明其含义，译者也不多做处理。

编号	原文	初译	复译
34	the doctrine of unconstitutional conditions	违宪条件的原则	违宪附带条件的原则
35	holding	司法决定	司法裁决

例 34 的 the doctrine of unconstitutional conditions 是美国宪法的一条原则，它禁止政府惩罚行使权利的个人。该原则规定，政府不能对放弃政府福利又行使该权利的个人附加条件。换言之，政府不能强迫个人在两种宪法保护的权利中选择其一。[1] 该原则常涉及政府雇佣合同或政府出让合同，其中有明示或默示条款限制缔约方的言论自由，缔约方可以依据其违宪而争取使限制言论自由的条款无效。该原则在美国宪法适用的过程中建立，是美国宪法特有的原则。

翻译时遇到目标语没有的概念，译者一般的处理方法包括翻译字面意思、解释性翻译，或自创术语并加脚注解释。本例中，两个版本均为字面翻译，译者仅按照中文习惯调整语序。原文中的实意词 doctrine，unconstitutional 和 conditions 两版本译文都以"原则"、"违宪"和"条件"逐一对应，复译增加了"附带"一词，但也未能提供任何有关该原则的信息。

例 35 涉及美国法院判决书中的概念。法官在判决书中的论述有 holding 和 dicta 的区分（例 8 讨论的 dicta）。这一区别源于普通法推崇的对抗制诉讼程序以及由此产生的观念——法官仅有权裁判案例中那些必须由其裁判的事项。法官对双方当事人争辩的事宜形成的判决就成为先例，且是"有约束性"的判例，[2] 相应的，holding 指法官把法律规定或法律原则适用到案件事实中的论述，由此得出法律争议问题的答案。但法官不同于立法者，他们没有权力对不由其审理的案件制定规则，dicta 就是法官写在判决书里的与争议问题无关的附带意见。如果法官不论述附带意见，判决书中的论证也是成立的。因此，holding 可以理解成"判决意见"。

---

[1] https://www.mtsu.edu/first-amendment/article/1026/unconstitutional-conditions-doctrine，最后访问日期：2021 年 9 月 19 日；https://definitions.uslegal.com/u/unconstitutional-conditions-doctrine/，最后访问日期：2021 年 9 月 19 日。

[2] 参见 [美] 艾伦·法恩思沃斯：《美国法律体系》，上海人民出版社 2018 年版，第 47 页。

中国法律渊源主要为制定法和立法、司法机关的法律解释，判例只有借鉴作用，因此不存在判例的效力问题，也没有 holding 的相应概念。

初译的"司法决定"是中文语境中存在的术语，是人民法院在案件审理后或在审理过程中，根据事实和法律，就案件实体问题或程序问题以及有关特定事项所作出的处理决定，包括人民法院的判决、裁定、决定。[1] 译者对"司法决定"一词颇为偏爱，在翻译 judicial opinion 时（例29），初译和复译都译为"司法决定"。在使用"司法决定"这个词时，译者一定忽视了它在法律语境中的特殊含义，而只把它看作"法院作出的（司法）+判断的结果（决定）"这个词组组合。

复译的"司法裁决"是中文语境中存在的术语，指解决法律问题或法律争议的一种途径，即到人民法院提起诉讼。例如，医患事故的解决途径有自行协商、医患纠纷人民调解委员会调解、行政调解、司法裁决。再如，从目前上市公司非流通股股权转让看，主要有协议转让、行政划拨和司法裁决等方式。因此"司法裁决"所指的是司法途径是方式、方法。

当目标语中没有对等概念，术语翻译似乎更简单，字面翻译是用的最多的方法。34 和 35 两例是非常纯粹的目标语没有对应概念，字面翻译不能体现术语核心内容的例子。这种情况下，译者加注或许能解决这个难题。

值得注意的是，译者处理 holding 和 dicta 这一对概念时并不一致。复译 dicta 未改，而 holding 有所变化。

八、其他——复译对改错

编号	原文	初译	复译
36	Contents 11. Corrective, Retributive, Procedural, and Distributive Justice Corrective Justice and the Rule of Law… Formal Justice…	目录 第十一章 校正正义、报应正义、程序正义和分配正义 校正正义和法治…… 形式正义……	目录 第十一章 校正正义、报应正义、形式正义和分配正义 校正正义和法治…… 形式正义……

---

[1] 参见沈福俊、叶青编著：《中国诉讼法学》，华东理工大学出版社 2007 年版，第 219~224 页。

续表

编号	原文	初译	复译
37	When a man starts an <u>opposition</u> place of business, not for the sake of profit to himself, but regardless of loss to himself, and for the sole purpose of driving his competitor out of business, Tuttle v. Buck 107 Minn, at 151, 119 N. W. at 948…	开办一个<u>对立</u>的商号	在<u>对门</u>开办了商号

例 36 是目录第 11 章的标题。目录中的 Procedural Justice 复译为"形式正义",但在第 11 章正文页眉上译为"程序正义",前后术语翻译不一致,复译的"formal justice"也译为"程序正义",这就表明目录中的"形式正义"是误译了。

另外,"程序正义"和"形式正义"是不同概念,不宜混用。罗尔斯对正义的分类就包括形式正义、实质正义(formality justice or formal justice)和程序正义(procedural justice)。[1]

例 37 的主要问题是 opposition 的含义。从字面分析,opposition 意为反对、反抗、对立、处于竞争地位,但 opposition 没有"对面"的意思。opposition place of business 应是生意处于竞争关系、竞争地位的一家店。其次,原文中没有提及在"对面"开立商号,再查 Tuttle v. Buck 判决书原文也没有提到"对门"的商号,因此可以推出复译的"对门"是误译。

九、小结

《法理学问题》的法律术语翻译,复译未体现统一的翻译原则,也未体现变与不变的规律,复译保留和改变的类别呈现多样性,每个类别数量都不突出,例如用直译方法保留原文语言形式,或有对等术语尽用对等术语等。由于没有趋势性的不变或改变,复译处理术语是随机的、任意的。译者作为法学家,对术语定义是敏感的,而且具有一定话语权,因而对术语翻译更应审慎,并统一策略。

本章法律术语复译改变的分类以对等术语为据。目标语中的对等术语或近

---

[1] 参见 [美] 约翰·罗尔斯:《正义论》,何怀宏等译,中国社会科学出版社 1988 年版,第 80~83 页。汪沛、武阳:《程序正义均衡论》,武汉大学出版社 2017 年版,第 4 页。

似对等术语语言简洁、含义特定，对目标语读者来说是直接和方便获取信息的方式，弃之不用、另辟蹊径的翻译有可能引起读者的费解或误解。因此复译改为对等是最容易理解的。两个对等的换用，是译者认识和理解的左右摇摆，或是因为译者随语言环境变化、知识的改变，法律语言发展而产生的阶段性认识。复译换为概念相近的术语则显现出一个不很明显的趋势，即复译偏爱概念较为宽泛的术语。

初译和复译均不用对等，或复译改对等为自创新译，这两个类别在整本著作中所占比例较小，但颇难解释。可能译者认为中文已有的术语与原文术语存在差异，容易引起误读；或是译者的个人语言偏好，表达自己独特的认识。这类改变我们或许可以叫作"不走寻常路"或"彰显个性"，但法律体系下的翻译交流，如果不用法律语言，翻译就会带来不必要的阅读负担。

复译还显现出术语翻译的另一个问题，即法律文化专有项的翻译。当目标语没有对等术语，字面翻译又不能传递任何信息时，译者最为难。因为目标语中没有相应的概念，随意用目标语的术语会带来误解的麻烦，解释性翻译缺少术语的简练特征，或者译者的解释可能有偏颇之嫌。

通过《法理学问题》法律术语初译、复译的对比，本书提炼出一些思考：术语翻译一部分是语言问题——词汇、语义、选词和搭配。而语言问题背后则有更深层次的法律问题：一是有些法律术语的概念在学术或实践上存在歧义或争议，理解不同，翻译时自会显现出来；二是只在法律学术和理论中使用的术语，很多为从国外引进概念，使用时间短、使用者范围小，有较固定的内涵，外延不固定，译者便会在几个近义词中徘徊；三是法律体系有差异的情况下，术语的语言形式和法律功能翻译时通常只能取其一。

下编
法律翻译研究方法

第一章
再论 Susan Šarčević 法律翻译观

一、引言

Susan Šarčević是法律翻译研究的领军人物,致力于研究法律术语翻译,欧盟、多语及超国家(supranational)环境下的法律翻译。她在代表作 *New Approach to Legal Translation*[1] 中搭建了比较完整的法律翻译理论,她主张的功能主义、法律翻译是法律机制下的交流、译者是法律共同起草者、术语翻译方法等理论,自提出后不断深化、丰富,但从未被超越。Susan Šarčević的理论不完全依附于翻译,也不委身于法律学科,而是根据法律翻译的特性建立的。[2] 法律翻译之所以特殊,在于法律文本具有规范性,法律体系之间存在差异,法律语言具有模糊性,且法律文本存在如何解释的问题。Susan Šarčević正是抓住了这些特征,挖掘法学和翻译的共性,开拓出具有跨学科特征的研究范式。

虽然20年前 *New Approach to Legal Translation* 就出版了,随后也译成中文版《法律翻译新探》,[3] Susan Šarčević的法律翻译理论对中国学者影响逐渐扩大,成为法律翻译博硕论文必引文献,但国内对Susan Šarčević法律翻译的跨学科的特性研究较少。中国学者屈文生综述过Susan Šarčević的法律翻译观,[4] 认为其法律翻译思想和研究方法角度新颖,但该文章没有进一步与传统的翻译理论进行比较,说明其创新所在。赵军峰对Susan Šarčević进行过专访,探讨了法律翻

---

[1] Susan Šarčević, *New Approach to Legal Translation*, Kluwer Law International, 1997.
[2] See Anne Lise Kjær, "New challenges to the theory of legal translation: Transnational legal communication and the autonomization of international law", *The Translator*, Vol. 20, No. 3, 2014, pp. 430-436.
[3] [美]苏珊·沙切维奇:《法律翻译新探》,赵军峰译,高等教育出版社2017年版。
[4] 参见屈文生:"论Susan Šarčević的法律翻译观",载《外语研究》2009年第3期。

译功能观。专访中，Šarčević提到德国的功能主义"是我的出发点，但仅仅是切入点而已，因为做这样的跨学科研究您需要许多法学方面的知识……在比较法研究方面，功能主义长期以来一直是主要的研究方法。因此，我的研究方法试图将把两者结合起来"。[1]遗憾的是，访谈没有接着跨学科的"结合"展开，而继续用翻译功能主义和目的论讨论法律翻译是一种交际行为。

中国自20世纪80年代以来，法律翻译快速增量，法律翻译研究初始。国内法律翻译研究基本依托翻译理论，尤其是功能主义和目的论，探讨翻译的原则、标准；学者们也用语言符号学、语义分析法辨析术语在源语和目标语法律制度中的含义；也有学者认识到了源语和目标语法律体系的差异，从比较法角度分析翻译正误。但国内的法律翻译理论一直囿于各学科界限，未见突破性的理论借鉴与融合。这也许和中国法律翻译实践和研究起步较晚、研究者多为翻译和语言学家、对比较法方法较为陌生有关。另外，中国法律法规英译没有作准版本，译文与原文地位不同，也是翻译和法学方法跨越和融合较难迈步的一大原因。

中国法律制度建设，在学习借鉴西方现代法律科学的过程中，前提便是域外法律和法学著作的汉译。由于多数译者是法学家，研究法律翻译就脱离不开法学家视角和法学方法，融入法学方法的法律翻译研究可以在文本之外的法律制度、文化、概念等方面更有针对性地深入分析。

Šarčević的基于欧盟多语法律环境的理论与中外法律翻译环境确有差异，但其中融通相关学科的途径和方法极具价值。本书以学者们先前对Šarčević理论的介绍和探讨为基础，着重分析其理论中翻译和法学的结合点，从跨学科的角度论述其理论的创新性、存在的问题及对中国法律翻译研究的启示。

二、跨学科的理论创举

（一）法律翻译功能主义

法律翻译功能主义是Šarčević最受关注的理论之一，这是她和律师、译者长期合作的经验总结，也是不断穿梭于比较法和翻译领域得来的理论提升。Šarčević的法律翻译功能主义是比较法和翻译学不同理论的结合，一是奈达的功能对等（functional equivalent），另一个是德国的翻译功能主义（functional theo-

---

[1] 参见赵军峰：“法律翻译功能观解读——沙切维奇教授访谈录”，载《中国翻译》2015年第2期。

ries），以下分别予以分析。

先来看比较法及其主要方法"法律功能"。比较法比较的是不同法律体系的法律制度，主要目的是通过比较其他国家和地区的制度，借鉴处理法律问题的方法。[1]它假设"每个社会面对基本同样的问题，虽然解决方法各异，但结果往往相同"[2]；它由相同法律结果，也就是相同法律功能，倒推出各国相关法律制度，满足人们对知识的渴望和通过借鉴而完善本国法律制度的需求。各个法律制度处理同样的法律问题，具有同样的法律功能，才有可比性。例如，各国法律中，满足何种条件就构成侵犯著作权罪？各国规定的侵害行为、侵害对象、主观故意等条件不一，甚至构成犯罪的各个要素也不一样；各国不一的规定却指向了同一个侵犯著作权犯罪的结果，这些法律制度的法律功能是一样的，它们相应的语言表述获得的法律效果也是一样的。

Šarčević认为法律翻译必须考虑法律功能，而且要优于其他语言要素考虑。因为译本是在一定的法律体系中具有法律效力，[3]并会引起某种法律后果的文本，理解法律文本一定要在它所处的法律体系（语境）中进行。很多法律翻译研究者，法学家也都持类似观点。萨科认为由于法律移植和继受，两个国家的法典使用同一个词，意义可能不同；同一国家的不同法典使用的同一个词，也可能意义不同。[4]术语和它的概念之间的关系在不同语言中、不同法律制度中是不同的。法律术语的含义要参考它的渊源、法系，甚至读者所处的法律背景。即使近几年学者们谈到法律翻译不再聚焦法律功能，而是扩大到考察法律制度、知识结构、概念体系甚至到法律文化、法律从业者使用的概念、概念在国家知识体系中的含义等，[5]其基础也是从多层次、多角度对法律功能和法律概念进行比较。[6]

---

[1] See Konrad Zweigert, Hein Koetz, *An Introduction to Comparative Law*, Oxford University Press, 1992, p. 2.

[2] See Konrad Zweigert, Hein Koetz, *Introduction to Comparative Law*, Oxford University Press, 1992, p. 31.

[3] 这里的法律翻译指规范性法律文本的翻译，如法律条文、合同、条约等，不包括学术文章等非规范性法律文本。

[4] 参见［意］罗道尔夫·萨科：《比较法导论》，费安玲等译，商务印书馆2014年版，第38~41页。

[5] See Jan Engberg, "Developing an integrative approach for accessing comparative legal knowledge for translation", *Journal of Language and Law*, Vol. 68, 2017, pp. 5–18.

[6] See Jan Engberg, "Comparative law for translation: The key to successful mediation between legal systems", In Anabel Borja Albi and F. Prieto Ramos eds. *Legal Translation in Context*, Peter Lang, 2013, pp. 9–25.

法律翻译能够借鉴比较法，是因为与比较法具有三点共性：

第一，二者都涉及两个不同法律体系，都需面对源语和目标语法律体系的差异。

第二，法律功能对比较法和法律翻译来说，都是第三比较体（tertium comparationis），借助于这个媒介，就可以比较两个法律制度或两种语言中的表述。正如比较梨和苹果，需在某个维度上进行，甜度、口感、重量可以作为第三比较体，使我们了解二者在某个维度的相似程度。法学家谈及比较法和翻译家谈及原文和译文的比较，都提到了"第三比较体"。

比较法学家茨威格特认为各个法律体系只要有类似功能并执行类似任务的法律制度，就可以进行有意义的比较，而"功能"就是"比较的第三体"，是一切比较法的基础。[1]

研究翻译需要比较原文和译文。翻译家图里介绍描写翻译的具体方法时谈到，通过"第三比较体"比较原文和译文，就可以发现译文于"第三比较体"的位移（shifts），[2] 通过"第三比较体"衡量原文和译文间的翻译偏离现象，厘定译文和原文之间的总体关系。[3] 从翻译角度看，法律翻译的"第三比较体"可以借用法律功能，衡量原文与译文在实现法律功能和法律效果上的相同和相异之处。

第三，比较法和法律翻译都在不同法律体系中寻找共性。比较法寻找的是另一法律体系中解决相同法律问题的法律制度；法律翻译寻找的是与原文具有相同法律效果的目标语的表述。

基于以上特性，法律翻译可以看作类比：两个法律体系中具有相同或相似法律功能的法律制度，在法律功能上是对等的，就能推论出它们的表述在法律翻译中是可用的。Šarčević主张的术语翻译方法是类比的典型。她认为法律术语翻译先要寻找"在目标法律体系中存在的术语，所代表的法律功能与原文术语相同"，并称之为"功能对等术语（functional equivalent）"，[4] 这与奈达的"功能对等（functional equivalent）"名称一致，可以说是在奈达对等理论基础

---

［1］ 参见［意］罗道尔夫·萨科：《比较法导论》，费安玲等译，商务印书馆2014年版，第42页。

［2］ See Gideion Toury, *In Search of a Theory of Translation*, The Porter Institute for Poetics and Semiotics, 1980, p. 116.

［3］ See Gideion Toury, *In Search of a Theory of Translation*, The Porter Institute for Poetics and Semiotics, 1980, p. 56.

［4］ Susan Šarčević, *New Approach to Legal Translation*, Kluwer Law International, 1997, p. 236.

上赋予了对等"法律功能"的新含义。奈达的"功能对等"是指目标语读者和所接受信息的关系应当与源语读者和所接受的信息的关系基本一致,是"源语信息最贴切、最自然的对等"。[1] Šarčević的"功能对等"是指源语和目标语中的术语具有相同的法律功能,在各自的法律制度中有相同的概念和作用的术语,可以说是两个法律体系在某一概念上最贴切最自然的对等。

由于法律制度之间存在差异,译者要确定目标语的法律体系是什么,再寻找合适的对等术语。寻找的过程也是考虑以下问题的过程:原文涉及什么法律领域,另一个法律制度如何处理这个问题。如果目标语中的术语和原文处于同一法律领域,适用的法律效果相似,法律功能相同,目标语术语便可用作译文。但法律体系千差万别,目标语术语的法律功能有可能和原文部分吻合,或只有很少部分吻合,译者必须判断"功能对等"的术语是否引发歧义,带来何种后果,能否留用。

判断术语"功能对等"的程度,需要分析术语的概念。[2] 术语的概念需要从以下几个方面分析:

概念的法律适用范围:即法律事实,包括时间、地点、人物、情形等。如果目标语术语概念明显比原文适用范围大或小,或明显不在原文的常用语境中,它将会误导读者。

所属法学领域:同一法律主题下的系列法律规则,如合同法、公司法、程序法或破产法等。不同法律体系对法学领域的划分并不一致。

适用效果:适用法律概念的后果,如超过诉讼时效导致原告无权诉讼。

司法程序对概念的解读和适用:法官是适用法律的主体。法官解读法律的方法和程序决定术语在实践中的概念。

上述四个方面决定了一个术语法律功能。译者据此可以判断目标语中"功能对等"术语和原文的概念差距。一般而言,如果源语和目标语术语概念相同或非常相似,"功能对等"术语是可以接受的;但如果仅有少部分特征相同,整体概念差距过大,"功能对等"术语无法被接受,译者则需采取字面翻译、创造新词、借用外来语等方法替代。

---

[1] Eugene A. Nida, *Toward a Science of Translating*, E. J. Brill, 1964, p. 166.

[2] See Susan Šarčević, "Bilingual and multilingual legal dictionaries: New standards for the future", *Meta: Translators' Journal*, Vol. 36, No. 4, 1991, pp. 615-626. See Susan Šarčević, *New Approach to Legal Translation*, Kluwer Law International, 1997, p. 239.

Šarčević的法律翻译功能主义另一方面是把法律要素融入德国功能主义的目的论中。

德国功能主义翻译理论认为翻译策略与文本功能相关，且翻译是有明确目的的行为，采用何种翻译策略由文本在目标文化中所要实现的功能决定。信息型文本，着重表现事物和事实本身，翻译时宜采用简朴明了，能清晰传递事实的方法。表情型文本，表达的是情感和态度，侧重文本的形式，翻译方法一般为仿效原文的语言特点，保留原文语言形式。感染型文本，功能主要是感染并说服文本接受者，希望引起预期的回应，翻译用较多的编译等方法。[1]弗米尔把功能主义进一步推进，提出目的论，即译文怎么翻译应由其目的决定，具体的翻译策略取决于每一个翻译任务。

Šarčević认同法律法规等具有规范性的文本主要功能是呼唤和感染，但质疑翻译功能主义对法律翻译的普遍适用性。[2]法律文本除了具有上述的信息、表情和感染功能外，还有法律效力，如法律法规对公民的规范作用，合同、公约对缔约人权利义务的约束，违反规定或约定需要承担相应的法律后果。这一功能是法律文本特有的，这一功能又影响了翻译策略。

法律文本所处的法律体系决定了其法律效力，文本的法律功能需要置身于法律体系下解读。双语或多语法律环境，两种（多种）语言的法律文本在同一法律体系中地位平等，效力相同，译文也是法律，就可以通过法律的规范功能定义译文中的表述，或原文译文相互定义，相互解释，翻译就可以使用创造新词、借用等方法。法律翻译也有可能涉及两个法律体系，即源语和目标语分属两个法律体系。这种情况下，译文的不做准地位、原文译文跨法系和目标读者不确定就使法律翻译更加复杂，翻译策略难以有原则性的概括。

如果涉外合同、国际公约、专利等法律文件依约定或法律规定，适用源语国家法律，源语国家的法律就决定了译文的含义，即法律适用决定了法律文本中术语的概念，[3]从语言学的角度讲，决定了术语的所指。如果适用源语国家法律，译文中的术语不能依据目标语国家法律解释。如该术语概念在源语和目

---

[1] See Katharina Reiss, "Text types, translation types and translation assessment", in A. Chesterman eds., *Readings in Translation Theory*, Finn Lectura, 1989, pp. 105-115.

[2] See Susan Šarčević, *New Approach to Legal Translation*, Kluwer Law International, 1997, pp. 18-19.

[3] 法律适用即适用哪个国家的法律。分处不同国家的当事人之间订立的合同或法律文件，由于各国政治、经济、法律制度不同，就产生了法律冲突和法律适用问题。

标语中有差异，译者应选取适当的翻译策略，避免产生歧义。这便是翻译功能理论没能考虑到的情况。

虽然质疑翻译功能论中文本功能对翻译策略指导的普适性，Šarčević的法律翻译观深受翻译目的论的影响。翻译目的论综合了交际理论、信息论、行为论等，提出翻译是一种有目的、有意识的跨文化交际行为。目的论认为译文要符合翻译活动预订的目的，译者翻译时需要谨记原文的目的和译文的功能，要注重读者的反应，并要具备为达到翻译目的而调整翻译策略的能动性。

Šarčević把欧盟环境下法律翻译（规范性文件）的实际情况揉进翻译目的论中，重新定义了法律翻译的终极目的。为有效进行多语环境的法律交流，Šarčević主张法律翻译的终极目标是追求与原文相同的立法意图。提出这一主张的思路，就是由期待的结果倒推出翻译该怎么做，借鉴了比较法的由相同的结果推出方法的思路，同时这也是翻译目的论中的目的决定翻译方法的思路。

首先，法律翻译的目的不宜定为制作相同含义的译文。欧盟各语言版本的法律文件具有平等地位，效力相同，但各语言之间的概念体系存在差异，译文不可能完全重现原文含义，因此制作相同含义的译文基本不可能实现。

其次，译者不仅需要理解原文的字、词、句，还要知道译文在目标语法律体系中适用的后果，因此译者要尽力制作在解释和适用上都与原文一样的译文。现实中，多语平行法律文本适用到各成员国时，各国法官仍要依据各国法律解释欧盟法，因此解释和适用也很难保持一致，以此为翻译目的也不太现实。

最后，译文的含义相同、效果相同、功能相同、解释相同都受到与立法目的相同的统辖。如何达到立法目的就决定了如何翻译。

（二）法律翻译是法律机制下的交流

Šarčević认为法律翻译研究关注语言本身，忽视了翻译过程和受众，[1]她的另一个理论焦点，法律翻译是法律机制下的交流（an act of communication within the mechanism of the law），便超越语言、文本，把法律翻译放在法律制定、解读、实施的动态过程中，从更加宏观的法律视角理解法律翻译的本质。

翻译是一种交流，是信息互换的活动。其中的参与者包括信息发出者和接受者，其活动包括信息发出、解读与接受等。法律机制是指法律各方面的参与

---

[1] See Susan Šarčević, *New Approach to Legal Translation*, Kluwer Law International, 1997, pp. 55–87.

者、活动和事物的联系，法律对社会关系的调整以及法律的动态运行过程，主要包括立法和执法机制。Šarčević把法律翻译的交流过程放在法律机制中，每一个交流的元素都赋予了法律特征。

从法律文本制作者角度来看，合同、协议等法律文件起草人，签字者一般被认为是文件制作者，文件代表了他们个人或他们代表的单位的意思表示。立法文本的制作者情况要复杂一些。立法者一般指国会或代表大会，其中包括专家团队起草者、人民代表、议员或政府管理者、政策制定者。

翻译过程中，如果是合同、协议等文本，译者想求证原文术语的使用、条款的含义、订立的目的等问题，与文本签字者或文本责任者讨论即可。译者对原文理解的反馈也可以帮助原文作者提升原文质量，提高交流效率。译者同时可以和译文接受者交流，获得读者反馈，再调整译文，进一步提高交流效率。这种情况下，译者和原文作者、译文读者的沟通是双向的。

立法文本则不同，立法是集体意思表示，立法者构成复杂。若是翻译在立法程序完成后进行，译者与立法者则处于不同时空，译者只能从文本出发，从文义理解原文。尽管译者可以从立法解释、司法解释或司法判决中寻求理解的依据，译者和立法者几乎没有机会沟通。又因为立法文本接受者的不确定性，译者和译文接受者的沟通更是不存在。立法文本的传统翻译实践中，译者与原文作者、译文读者几乎没有交流。

传统观点认为译者是介于原文作者和译文读者之间的媒介，译文自然也是在原文完成之后制作。这种译者地位的定义隔离开译者和原文制作者，译者只能被动接受，只负责复制和重构原文。译者翻译的时间、地点和环境一定有别于原文作者，从解释学的角度看，翻译活动开展时的情况变化使译者无法完全还原原文作者撰文时的意图，[1] 译者与原作者时空差距越大，译者还原原文的能力越弱。译者只能从原文本揣摩原文作者的意图，从交流角度看，这是单向的信息传递，信息从原文作者到原文，传递到译者，译者产出译文，再到译文读者接受的过程，没有信息的反馈。

为了减少译者曲解和过分解读，译者应当进入到法律机制内部，参与立法过程。译者便有机会听取议员的解释、辩论，甚至向议员提出问题，了解法律起草时的细节、政策和动机。由此法律翻译过程不再是单向的信息传递，译者

---

[1] See Hans-Georg. Gadamer, *Truth and Method*, Continuum Press, 1975, p. 280.

可以和信息发出者做双向交流。译者参与了法律机制运作，和立法者处于同一时空，在其他立法者协作下制作译文，与他们形成了合作关系，这在本质上改变了法律翻译的属性。这一做法使译者提高工作效率，增进对法律文本的理解，也帮助立法者斟酌法律草案文字，准确表达立法意图。加拿大、瑞士等双/多语国家实践中就采用双/多语合作立法、交替立法、平行起草等方法让译者参与立法。[1]

这样的做法有阐释学的基础。翻译活动的第一步是理解原文。按乔治斯坦纳阐释学的观点，翻译中的意义产生的第一步是起始时的信任，即相信原文中有可以理解的东西，相信文字符号代表的东西。[2]译者的翻译始于理解原文的字、词、句，如果立法文本的语言简洁、清晰，那么翻译字面最自然和常用的意思是妥帖的方法，没必要过多地解读。但法律规范具有非常高的概括性，语言概括性越高，适应面就越宽，但其不周延性和模糊性就可能越突出。[3]原文中可理解的东西不清晰时，用字面、常用意思来理解会带来前后文不一致或荒谬的效果，因此译者需要在译文中做一些修正，这就涉及解读。

法律指引、评价、预测人们的行为，具有强制性。解读法律文本，[4]重点在于司法适用与适用效果。Šarčević认为译者应采取与法律专业人士一样的解读法律的方法。例如，美国最高法院的大法官们在对法律语言的解释中，一般先采取文义解释，遵从词汇语法规范，再通过法律起草时的报告等文件探求国会立法时该法律语言的普通含义。法官还会考察上下文以及其他相关法条，并进行公共政策考量。律师们要赢得诉讼，就要用同样的方法理解法律文本。译文要获得与原文一样的立法目的，译者也需要遵循每个法律体系独有的解释法律的原则、方法和程序解读原文。

法律解释学（legal hermeneutics）归纳、创造各种解释方法，引导正确适用法律；同时也规范法律解释者与成文法、法律事实的关系。[5]运用法律解释的方法，如文义解释、体系解释、合宪性解释、目的解释、社会学解释等，理解原文，便是在法律机制下理解法律文本。译者与法官、律师一样，运用相同方

---

[1] See Susan Šarčević, *New Approach to Legal Translation*, Kluwer Law International, 1997, pp. 74-93.

[2] See George Steiner, *After babel: aspects of language and translation*, Oxford University Press, 1975, pp. 312-313.

[3] 参见陈金钊："法律解释学简论"，载《法学论坛》2000年第1期。

[4] 这里指规范性法律文本，如法律条文、合同、条约等，不包括学术文章等非规范性法律文本。

[5] 参见陈金钊："法律解释学简论"，载《法学论坛》2000年第1期。

法解读法律文本，是译文取得与原文相同法律效果的前提，译文中的法律概念才能体现原文真实的含义。

译者运用法律解释方法解释原文，会有过于主观、越界任意解读的嫌疑。理解和解读有区别，理解是认知，是无需反思的自动反应；而解读则是因为语义模糊而被迫思考，作为接受者产生的对原文的解释。理解和解读有时很难区分，理解可以即时单独进行，解读则需要思考、理解并阐释。译者职责的界限，一般理解为在译文中表达出原文说了什么，而不是译者认为的原文应该说什么，后者明显是一种译者的解读行为。如果译者很了解立法意图，而且知道原文没能清楚表达该意图，译者是否该在译文中纠正？如译者遇到法律语言的模糊问题，是否在译文中澄清概念？一般认为，在译文中纠正、澄清原文，都属于"译者认为原文该说什么"，而不是表达原文说了什么，是越权行为。法律语言中的模糊现象，有些是故意为之，可能是立法时为了达成共识，或为以后法律解释留有余地，译者若"越界"阐释，则导致与立法目的背离的结果。

这就是一直以来法律译者没有太多余地，基本会选择遵从原文的翻译方法的原因，也是Šarčević主张译者转变身份的原因。对参加立法的译者来说，理解和解读过程提前到与原文制作同步发生，方式上由静态的文本解读变成了参与和沟通，摆脱了因解读带来的种种问题。译者脱离了法律机制，对法律文本的过度解读就有悖翻译伦理，但作为一定程度上的解释者，译者恰当运用法律解释方法，译文的表述会更贴近立法目标。

三、挑战与缺陷

Šarčević的法律翻译理论，源于欧盟法律翻译实践，研究基于多语背景展开，自身具有一定局限性。

一些学者认为其理论中的比较法律功能、比较法律概念和"对等"的部分已经过时。[1] "对比"建立在差异的基础上，是以语言和其所指概念可以完全分开为前提的。"对比"也意味着法律概念有着清晰的边界，可以客观地衡量对等的程度。但在全球立法的背景下，尤其是欧盟，译者面对更大的挑战是语言的聚合、司法解释的动态与自主性，想把国际/超国家法律文本的英语含义放

---

[1] See Anne Lise Kjær, "New challenges to the theory of legal translation: Transnational legal communication and the autonomization of international law", *The Translator*, Vol. 20, No. 3, 2014, pp. 430–436.

在某个国家法律体系中来解释是不可能的，译者也很难预料法官会如何解读该文本，因此"对比"已经不是他们面对的重要问题。

Sin 更加直接批评基于比较而来的"对等"，但不是从多语和超国家角度，而是从符号语言学的角度，以香港双语立法为例展开的。[1] 他认为法律概念是法律体系中特定的，而不是任何语言中特定的，如果两种语言在同一符号（法律）体系中解释，便能建立起对等。源语与目标语的两个符号之间的对等不是固有的，而是人为建立的，[2] 所以法律翻译的目的不是寻找对等，而是建立对等。Sin 认为比较法存在天然缺陷，因为法律语言和普通语言不能区分，法律术语会用在其他领域，而普通词汇用在法律语境的更多，因此寻找对等术语必会徒劳。

Šarčević对此类批评也有回应。[3] 在超国家层面，欧盟法律是一个统一、独立、具有自主概念的体系，法律翻译无需跨法律体系。实际情况绝非如此简单，欧盟法虽由欧盟制定，当适用于各成员国时，各国法官基于自己国家的法律，对欧盟法的解读必有所差异。此外，欧盟法在很多领域都缺乏自主概念，尤其在私法领域，各成员国概念不统一，并且在协调的过程中遇到了强烈的抵抗。[4] 翻译实践中，欧盟法律中的概念还是多从成员国法律角度被解读。这种情况使欧盟法在一个法律体系中翻译成为理想。由此，Šarčević认为欧盟法律翻译必须是一种比较法的行为。学者们也普遍认为法律翻译需要结合法学研究，[5] 学科间结合的范式正在不断更新发展，多数方法都尝试把法学、比较法学融入

---

[1] See Sin King Kui, "A No-Fuss Approach to the Translation of Legal Terminology: Some Examples from Hong Kong's Law Translation Project", *T & I Review*, Vol. 3, No. 3, 2013, pp. 59-83.

[2] See Cheng Le, Sin King Kui and Winnie Cheng, "Legal translation: A sociosemiotic approach", *Semiotica*, Vol. 201, 2014, pp. 17-33.

[3] See Susan Šarčević, "Legal translation and legal certainty/uncertainty: from the DCFR to the CESL proposal", In B. Pasa and L. Morra eds., *Translating the DCFR and Drafting the CESLA: Pragmatic Perspective*, Sellier European Law Publishers, 2014, pp. 47-70.

[4] See Susan Šarčević, "Creating a Pan-European legal language", In M. Gotti and C. Williams eds., *Legal Discourse across Languages and Cultures*, Vol. 117, Peter Lang, 2010, pp. 23-50.

[5] See Harvey, Malcolm Edward, "What's so special about legal translation?", *Meta: Translators' Journal*, Vol. 47, No. 2, 2002, pp. 177-185; Sieglinde E. Pommer, "No creativity in legal translation?", *Babel*, Vol. 54, No. 4, 2008, pp. 355-368; Prieto Ramos F., "Developing legal translation competence: An integrative process-oriented approach", *Comparative Legilinguistics-International Journal for Legal Communication*, No. 5, 2011, pp. 7-21; Jan Engberg, "Comparative law for translation: The key to successful mediation between legal systems", In Anabel Borja Albi and F. Prieto Ramos eds., *Legal Translation in Context*, Peter Lang, 2013, pp. 9-25.

法律翻译，这成为法律翻译研究领域的一大特征，并且法律翻译已经从借鉴比较法阶段发展到了和比较法互惠的阶段。[1]

对于从符号学角度的批评，笔者认为符号学指导的"建立对等"的观点适用于香港双语地区。香港具有独立的法律体系，长期使用中英双语，两种语言的法律文本具有同等地位。这个特殊的法律环境使两种语言（符号）在同一法律体系（符号系统）并行成为可能。一旦跨出了同一法律（符号）体系，这个理论就失去了大部分解释力。欧盟虽是多语地区，但法律翻译现实与香港不同，除欧盟法律外，还涉及各个成员国法律的比较和交汇。再如中国法律的汉译英，法律的英译本不作准，用中国法律定义中国法律的英译缺乏实践效力。此外，符号学对于翻译活动的研究有自身局限，那就是把语言本身作为研究对象，关注语言系统内部的组织层次和结构状况，过分强调语言的独立性和自主性，忽视了语言之外的人和社会。同时，符号学的解释缺乏对原文作者、译文接受者因素，跨法系情形的考虑，理论的活力只局限在他们所处的同一个法律（符号）体系。正如 Garzone 指出，法律翻译研究"多始于某个具体的问题，而法律翻译又是十分广博的领域，以至于提出的各种理论概念只适用于他们自己的圈子"。[2]

Šarčević 理论的局限主要源自多语法律翻译背景。多语法律环境使她的部分观点，如译者的地位、共同立法等很难适用在单语环境。"法律翻译是法律机制下的交流"只针对法律法规翻译，其他法律文本并不一定适用。再有，运用比较法，前提假设是人类面对共同的问题和相似的答案。法律制度与各国政治互相依托，与文化密不可分，即使中国和英语普通法国家法律制度基本面存在共性，由于文化和地域的差异，一些法律问题是法系独特的，法律翻译不得不依赖语言层面的处理方法才能完成。

四、对中国法律翻译研究的意义

就翻译而言，研究者掌握广泛的跨学科知识来建立方法论是长久以来的一个

---

[1] See Prieto Ramos F., "Legal translation studies as interdiscipline: Scope and evolution", *Meta: Translators' Journal*, Vol. 59, No. 2, 2014, pp. 260-277.

[2] Giuliana Garzone, "Legal translation and functionalist approaches: a contradiction in terms?" *Legal Translation: History, Theory/ies, Practice*, ASTTI/ETI, 2000, pp. 395-414.

难题，因为研究者习惯把自己初始并最熟悉的学科方法作为研究核心方法，[1]由于研究方法使用的惯性，突破学科边界乏力。法律翻译涉及的学科中，语言是法律的载体，翻译源自语言学，又独立于语言学，法律、语言和翻译在研究对象和方法上具有天然的契合点。虽然Šarčević的理论囿于欧盟多语法律环境，但毋庸置疑，她提出的观点正是找到了这些契合点，开辟了解决跨学科问题的路径，对中国法律翻译研究，尤其是学科方法的汇通具有重要启示意义。

图1说明了法律翻译所涉各学科领域的理论工具。翻译研究中的翻译过程、产品、方法、策略、技巧、方法论等都是法律翻译理论的基础；法律翻译也可利用翻译与其他学科，如文化交流、心理学、社会学、教学法、历史学等融合的成果。与翻译学科联系最紧密的当属语言学、应用语言学，它们提供了多方位的研究工具：语篇语言学、话语分析、对比语言学、语料库、词汇语义学、句法分析、术语学等。翻译和法学交汇的界面使法律翻译显得独立和特殊，这也是目前法律翻译最需要打破的壁垒。法学丰富了法律翻译的研究和研究对象：用法律解释学的方法解读法律文本，用比较法对比法律概念、法律功能，法律史与翻译史在研究对象上有重合内容，法律翻译国别研究、译者、法制发展与翻译的关系等，都是具有法律特征的翻译研究，三个学科交叉的点以及它们两两重合的点还有待进一步挖掘。

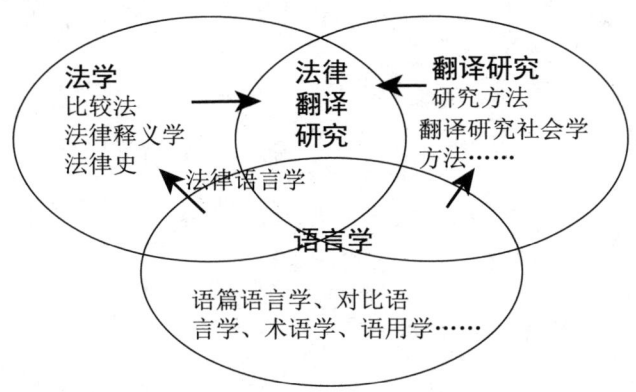

图1 法律翻译研究学科边界[2]

---

〔1〕 See Jeremy Munday, *Introducing Translation Studies*, Routledge, 2001, p. 188.

〔2〕 See Prieto Ramos F., "Legal translation studies as interdiscipline: Scope and evolution", *Meta: Translators' Journal*, Vol. 59, No. 2, 2014, pp. 260-277.

法律翻译实践和研究，其中的源语和目标语文本的关系、源语和目标语法律体系的关系、译文的法律地位、译者的身份、译者的学科背景、翻译目的和研究者的角度等都可以因为"涉法"使问题更加复杂。法律翻译活动虽有共性，但个性特征强，一个法律翻译活动适用的策略或理论不一定适用于另一个，而现有理论，尤其是单一学科理论，普适性弱。适合香港法律翻译的理论不一定适合欧盟，适合欧盟的不一定适合中国内地。国内的法律翻译研究起步较晚，学者们应当认识到研究范式的趋势，结合中国法律翻译活动的特征，创立适合中国的法律翻译的有效方法论。

第二章
法律翻译的法学方法

法律翻译因为"涉法",可以说是一项既特殊又专门的翻译活动。"特殊"是指一些法律翻译的原文和译文都具有规范功能,会形成一定法律后果,因此区别于一般翻译活动。"专门"是因为法律翻译是在法学领域中交流知识,法律文本的制作者、读者和使用者几乎都是法律专业人士,法律语言特征明显,内容专业性强。

"涉法"使法律翻译离不开法学学科和学人。从法律翻译实践看,专职译者几乎不涉猎法律翻译,法律译者往往具有多重身份和复合教育背景。法学著作译者主要为法学家,包括法学教授、博硕士或其他研究者。法律法规的译者多为团队组织:法律数据库、律所、科研院所、全国人大法工委、国务院法制办等因宣传、提供法律服务或研究而组织专门译者团队翻译,团队成员既有法学家,也有语言学家,更多的是具有法律和外语教育背景的复合人才。因此,法律译者不只做翻译工作,他们也是法律工作者,法律语言研究者,甚至是互联网、航海等方面的专家。从法律翻译的目的看,译入是借鉴国外法律,丰富我国现代法律知识,是法制现代化发展的必要途径;中外法律互译是不同国家、不同法律文化间的互动交流,也是国际法律实践的必要工作。法律译本的读者群基本为法学研究者、学习者,或提供法律服务的专业人士。法律翻译从根本上是法律界的工作和文化交流活动,因此法律翻译运用适当的法学方法可以促进交流。

法律翻译在"翻译"的基础上又多了法律文化、法律体系等法学要素。法律具有地域性,法律术语需要在特定的法律体系(语境)中解读,一些法律文本具有规范性,具有指引、评价、预测和强制作用,这使得法律翻译还需考虑译文的法律效力、单语双语法律环境、中外法律制度的差异等,因此研究法律翻译必定要借鉴法学方法。

一、法律翻译运用法学方法现状

中国现代大规模法律翻译活动始于 80 年代，研究始于 90 年代。研究进程尚处于初级阶段，研究方法未突破涉及的各个学科的界限，未建立独立的方法论。

法律翻译研究始于对法律语言特征的描写，如法律术语特征、句法形式、文本结构等。从 90 年代到 21 世纪最初 10 年，法律翻译的研究者基本是语言学者，所用的方法多为语言学的词汇语义、修辞、语法结构等，研究囿于语言本身，不触及法律文化。近十年，语言学者们开始探索运用符号学、语料库等方法于法律翻译。

译学方面，研究者们用翻译理论中的信达雅、忠实、直译意译、归化异化、对等、翻译功能主义等分析翻译的原则、策略，辨析译文的优劣。研究对象总体上还局限于翻译产品，对法律翻译过程、法律翻译史、译者、法律制度和法律文化的研究仍属鲜见。目前的研究注意到了源语与目标语法律制度的差异导致的翻译对等难题，并呼吁法律翻译要进行法律概念的比较和鉴别。

翻译研究的文化层面，呈现文化共性、个性、文化的渗透、冲突、接受或反抗的关系，译学往往借助社会学，关注译者行为及主体间相互协商、斡旋的过程，把翻译活动作为社会的一部分进行描写和重构。当深入到由法律翻译带来的法律移植、继受，与国外、国际制度接轨，国内外概念衔接等法律问题，单独运用译学方法便缺乏针对性，如果不触及法学知识和方法，很难探究法律翻译问题的本质，对法律翻译文化的研究便如隔靴搔痒。相反，法学家往往从法律史角度梳理法律翻译与法律现代化的关系，而不触及文本层面。

中国大量借鉴域外法律经验，比较法研究者对于其中的桥梁——法律翻译，也有涉猎。法学家多运用比较法，研究的目的也是澄清概念，追溯渊源以正确理解法律。傅郁林较早用比较法方法讨论海上货物留置权的翻译，认为我们移植英美法制度时，由于常发生概念的增衍和遗漏，术语翻译应用比较法进行解释或弥补，"应深入分析和认识我国法律制度与所继受的外国立法例之间的渊源关系，把特定概念的内涵及其法律特征还原到所继受的该外国法中，以最大限度地寻求对法律概念作出准确、完整、合乎逻辑的比较法解释"，并把该方法称为"概念还原解释法"。[1]

有法学研究者认识到理解原文是翻译的前提,可以运用法律解释学方法,如文义解释、目的解释、历史解释、系统解释等,解决望文生义和脱离法律语言环境的翻译。[2] 无独有偶,翻译学者宋雷也指出法律解释学对理解法律和正确解读原文有指导意义。[3]

国内研究成果有跨学科方法融通的需求与趋势。张法连和王学棉分别从法律翻译的过程、美国民事诉讼管辖权两个角度分析英美法 personal jurisdiction 的汉译,都认为"属人管辖"或"人事管辖"的译法有不当之处,建议为"州域管辖权"。[4] 虽然前者是从翻译方法出发,目的是解决翻译问题,但文章比较了法律概念,在法律体系中解读概念的含义;后者论证的目的是探究美国民事诉讼管辖制度,但也绕不开概念的比较和翻译,法律翻译和比较法在此处共通。赵军峰和李佳用平行语料库的方法,通过大数据说明"劳动"在不同法系存在概念差异,站在不同法系的角度,翻译就会不同。[5] 该文章基本方法是语言学的,但落脚点却是法律体系的比较。杨署东等把法律解释学方法和奈达的对等理论相结合,分析了法律解释学视阈下译文的含义,从法学角度评估译文质量。[6]

国外法律翻译研究结合法学方法时间较长,研究成果集中在欧盟多语法律环境。Šarčević提出的法律翻译的新方法,实际就是跨翻译、翻译史、比较法、法律解释学的综合方法。[7] Prieto Ramos F. 认为法律翻译是典型的跨学科研究,并分析了法律翻译的研究对象、学科地位、各学派和主要方法。[8] 不同领域的研究者纷纷认识到比较法对法律翻译的重要性。Jan Engberg 提出了基于比

---

[1] 傅郁林:"法律术语的翻译与法律概念的解释——以海上货物留置权的翻译和解释为例",载《北大法律评论》1999 年第 2 卷第 1 辑。

[2] 参见张英、赵以:"论法律解释在法律文本翻译中的运用",载《西南政法大学学报》2015 年第 4 期。

[3] 参见宋雷:"法律翻译理解之哲理——从法律诠释角度透视原文本的理解",载《四川外语学院学报》2006 年第 1 期。

[4] 参见张法连:"英美法律术语汉译策略探究",载《中国翻译》2016 年第 2 期。参见王学棉:"美国民事诉讼管辖权探究——兼论对 Personal Jurisdiction 的翻译",载《比较法研究》2012 年第 5 期。

[5] 参见赵军峰、李佳:"从法系差异看'劳动'相关词语的翻译:以《劳动合同法》四个译本为例",载《中国翻译》2014 年第 4 期。

[6] 参见杨署东等:"基于法解释论的立法文本英译等效探究",载《外国语文》2016 年第 3 期。

[7] See Susan Šarčević, *New Approach to Legal Translation*, Kluwer Law International, 1997.

[8] See Prieto Ramos F., "Legal translation studies as interdiscipline: Scope and evolution", *Meta: Translators' Journal*, Vol. 59, No. 2, 2014, pp. 260-277.

较法的多视角的综合方法,从国家法律文化、法律体系是认知体系、律师间的基于认知的交流三方面讨论法律概念的理解与建构。[1]也有学者主张用解释学和比较法结合的方法,因为法律文本根植于一个国家的部门法,处于某个法律文化之中,译者的行为必然受历史文化的影响。[2]比较法逐渐汇入法律翻译教学研究,[3]译者培养也强调翻译与法学知识交互的综合能力。[4]

二、法学方法的必要性

(一) 法律翻译是法律体系间的交流

法律翻译是一种跨文化交流活动。法律文化可具体为源语和目标语中的法律制度、规范、组织,法律心理、思想、习惯等,是人类智慧、知识和经验的结晶。法律文化在整个社会文化系统中是一个有机系统,既依存于社会文化,又自成体系。一国法律文化的全部法律规范,按照一定的标准和原则划分为不同的法律部门,形成法律体系。由于社会历史条件、物质生产方式、法律实践不同,各个国家和地区的法律体系在法律传统和法律技术上必定具有差异。除双语或多语法律环境,[5]不同语言间的法律翻译是跨越法律体系的。即使同一语言,在不同法律体系中使用,也能体现出法律制度的差异,例如 supreme court 在美国纽约州指初审法院,而在纽约州以外的其他地方,几乎都指"最高法院"。

与此同时,各法律体系又具有相似性:都是国家制定的社会规范,具有规范性、强制性、普遍性、程序性;法律的存在形式、技术、程序有内在的一致性;法律秩序、正义等价值方面具有超历史性;法律体系中的法律部门,是调整同类社会关系的总称,而同一个部门法在各个法律体系中的调整方法和对象基本相同。如各国的刑法,都是调整国家与个人之间有关刑事责任的关系。随着世界各国频繁交往,各国法律之间的趋同倾向更为明显。[6]

---

[1] See Jan Engberg, "Developing an integrative approach for accessing comparative legal knowledge for translation", *Journal of Language and Law*, Vol. 68, 2017, pp. 5-18.

[2] See Stolze Radegundis, "The legal translator's approach to texts", *Humanities*, No. 1, 2013, pp. 56-71.

[3] See Soriano-Barabino Guadalupe, *Comparative Law for Legal Translators*, Peter Lang, 2016, pp. 5-23.

[4] See Prieto Ramos F., "Developing legal translation competence: An integrative process-oriented approach", *Comparative Legilinguistics-International Journal for Legal Communication*, No. 5, 2011, pp. 7-21.

[5] 双语环境如香港,汉英双语法律在同一法律体系内具有同等地位,同等效力。多语法律环境如欧盟,欧盟同一法律多种语言具有同等地位和效力,但在各成员国解释和适用时,又受各成员国法律影响。

[6] 参见高其才:《法理学》,清华大学出版社2015年版,第21页。

各国的法律体系宏观上具有共同性,有对话的基础;法律翻译的过程是两个法律体系交流、碰撞的过程,因此需要利用法学的专门方法。

(二) 法律翻译是法律知识的交流

翻译活动外在显现的是语言转换,而内在活动是译者的认知过程。译者通过对世界的感知、记忆、经验以及对其概念化的认识,[1] 理解原文,在译文中映射转述,并勾画出译者心中原作者所欲描写的现实世界和认知世界。

译者如果只传递文字信息供读者获取,翻译就停留在浅表层次,因为信息只是以文字或影音方式呈现的对接受者产生外在或内在影响的消息。而知识则是人经过脑力加工后形成的宽广深邃的认知,是对事物全面系统的理解。文字本身并不能呈现一个概念的全貌(大百科全书类的文本除外),它们只能体现与文本目的相关的部分概念,因此,基于认知的翻译是更高层次的,是对译者更高的挑战。

法律译者传递给译文读者的不仅是原文信息,而是他们理解、吸收,过滤、加工后,认为最为相关的法律知识。这些知识使读者建立起译者预期的认知结构,[2] 保障读者和法律专家理解一致。有研究表明,特定领域的译者与翻译新手相比能够加工更大的信息组块,具有更强的语篇意识,更能关注译文读者的需求等语篇外因素。[3]

本书上编第二章对法学译者的统计印证了上述观点。另外,本书做了另一项统计:2015-2016 年中国出版约 143 部外译中法律著作,笔者找到 71 个译者信息,其中 67 位具有法律专业背景,其中 92% 是法学教授、博导、博士、研究员,其他是法学院的研究生,这再一次说明法律知识在法律翻译中的重要性。[4]

---

[1] See Bell Roger T., *Translation and Translating: Theory and Practice*, Foreign Language Teaching and Research Press, 2001.

[2] See Jan Engberg, "What does it mean to see legal translation as knowledge communication? Conceptualization and quality standards", *Terminology Science and Research*, Vol. 25, 2015, pp. 1-10.

[3] 参见卢卫中、王福祥:"翻译研究的新范式——认知翻译学研究综述",载《外语教学与研究》2013 年第 4 期。

[4] 译著书目根据《全国总书目》统计,译者信息收集自译著和互联网。不具法学背景的 4 个译者中,一为哲学教授,一为文学教授,他们各翻译了一部法哲学著作;第三位译者为互联网大数据方面的专家,译著为《大数据时代的隐私》;第四位译者为远洋船长,海商专家,译著为《船舶买卖》。这四位译者都是相关专业的专家。

三、两种法学方法

比较法和法律解释方法的研究对象与法律翻译具有共性。把恰当的法学方法纳入到法律翻译研究，可以更好地解释翻译现象。

（一）比较法

比较法是一门以比较作为研究方法和认识视角的法律知识体系，主要研究不同国家或地区之间的法律比较问题。[1]

法律翻译之所以可以运用比较法，是因为二者都跨越两个法律制度，比较两个法律制度的相同相异之处。虽然二者的最终目标不同，法律翻译的目的是找到目标语中恰当的表达，而比较法是了解别国制度，认识并改进自己的，但它们都需要了解一个法律概念在它自己的法律制度中的位置和与其他法律概念的关系，也要了解这个概念与另一个法律制度的相关概念的关系。著名比较法学家萨科认为，"法律翻译工作由以下两方面构成：寻求需要翻译的句子的含义；寻求用翻译的语言表达此含义的恰当的句子。前者由法学家来进行，后者也同样属于法学家的工作。但是，这两项工作作为整体的同时进行却是比较法学者的任务，因为，只有他们才有能力决定两种来自不同法律体系的观念是否相对应，只有他们才有能力决定规范间的差异是否导致了概念上的差别"。[2] 对法律翻译理论，萨科认为，如果它不讨论在多种语言中存在的词汇与概念之间的关系问题，并且不对该种语言中决定此种关系的现象加以识别，那么这种理论就不是有效的理论。因此，法律翻译与比较法有着本质的联系。[3]

比较法主要包括结构比较、功能比较、宏观和微观比较、静态和动态比较。[4]

功能比较是比较法最重要的方法，它对翻译法律概念、定义、术语最有帮助，是译者在法律层面比较源语和目标语的工具。

功能比较假设各国法律秩序对同样的生活问题采取类似的解决办法。[5] 例如解决扶养义务问题，一国有关于扶养请求权的规定，在另一国可能是关于贫

---

[1] 参见李其瑞等：《比较法导论》，中国政法大学出版社2016年版，第16页。
[2] [意] 罗道尔夫·萨科：《比较法导论》，费安玲等译，商务印书馆2014年版，第43页。
[3] [意] 罗道尔夫·萨科：《比较法导论》，费安玲等译，商务印书馆2014年版，第45页。
[4] 参见李其瑞等：《比较法导论》，中国政法大学出版社2016年版，第21页。
[5] 参见 [德] K. 茨威格特、H. 克茨：《比较法总论》，潘汉典等译，法律出版社2003年版，第54页。

困的公共救济制度；再如遗产所属问题，一国有财产分割请求权的规定，另一国可能由继承法规范，而最终这些扶养义务、财产所属的结局往往是相同的。功能比较以问题为中心，只要国家或地区具有相同或类似的问题，就可以比较他们解决问题的方法。法律翻译利用功能比较法，从问题出发，找到目标语中相同或相似功能的法律制度，便可以获得目标语中法律功能对等的制度名称。

Šarčević借用 Nida 的功能对等理论[1]，在其基础上赋予法律功能的内涵，提出了全新含义的法律术语翻译"功能对等（functional equivalent）"的概念。功能对等术语是在目标法体系中存在的术语，其法律功能与源语术语相同。通过功能对等的法律术语，目标语法律体系的读者就会理解源语在其法律语境中的作用。[2]

术语的功能，可分为核心（essential）和次要（accidental）特征。[3] 核心特征指概念至关重要，不可缺少的部分，而次要特征指概念附加、额外却又无法避免的特征。核心和次要特征需要从以下几个方面分析。（1）概念适用事实的范围：具体一类法律事实可以归入相应的抽象法律概念，进而形成具体的法律关系和法律秩序。如果目标语术语明显比源语适用法律事实范围大或小，或明显不在源语术语的常用语境中，它们的功能不属于对等。（2）所属法学领域：同一法律主题下的系列法律规则，如合同法、公司法、程序法或破产法等。需要注意的是，各法律体系对法学领域的划分不完全一致，原文和译文分属不同法学领域不一定导致功能不对等。（3）适用效果：适用法律概念的后果，例如取得或丧失权利，某行为构成犯罪的结果。（4）司法程序对概念的解读和适用：法官是适用法律的主体。法官解读法律的方法、程序决定术语在实践中的概念。

通过术语的核心和次要特征，也可以比较源语和目标语术语的功能对等程度。何种程度对等可以接受，要看术语的核心特征的相似程度。Šarčević把对等分为三个层次，近似对等、部分对等和不对等：[4]

近似对等是 A、B 术语拥有共同的核心特征和绝大部分次要特征（交叉关

---

[1] See Eugene Nida, *Towards a Science of Translating*, E. J. Brill, 1964, p. 159.

[2] See Susan Šarčević, *New Approach to Legal Translation*, Kluwer Law International, 1997, p. 236.

[3] See Dahlberg Ingetraut, "Conceptual definitions for interconcept", *Knowledge Organization*, Vol. 8, No. 1, 1981, pp. 16-22.

[4] See Susan Šarčević, *New Approach to Legal Translation*, Kluwer Law International, 1997, p. 238.

系）；或者 A 包含 B 所有的特征，而 B 拥有和 A 一样的核心特征和大部分次要特征（包含关系）。

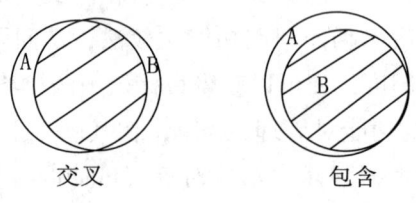

图 2　近似对等

部分对等是 A、B 两术语的大部分核心特征相同，部分次要特征也相同（交叉关系），或者 A 包含 B 的所有特征，但 B 只包含 A 的大部分核心特征和一些次要特征（包含关系）。

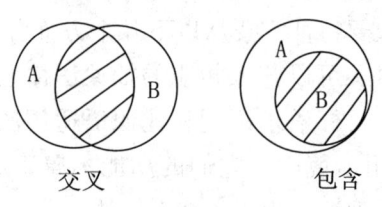

图 3　部分对等

不对等是当 A、B 术语的核心特征只有一小部分或根本没有交叉（交叉关系）；或 A 包含 B 的所有特征，而 B 只包含一小部分或不包含 A 的核心特征（包含关系）；或 A 和 B 没有任何相同特征（排斥关系）。

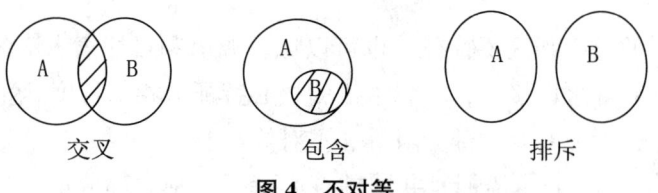

图 4　不对等

以上三种对等关系表明了术语间可能存在的功能差距。一般而言，近似对等是可以接受的翻译。不对等的三种情况中，由于仅有少部分核心特征相同，整体差距过大，无法接受。而部分对等术语需要译者依据个案判断。

如果目标语没有功能对等的术语，Šarčević 建议从语言层面采取中性词、借用外来语、创造新词或字面翻译等方法。换句话说，先用比较法寻找法学上的对等，如果没有对等，或对等程度较低不能接受，则从语言层面处理。

下面以我国刑事诉讼法中"取保候审"和美国刑事诉法的"bail"为例说明功能比较的方法。二者具有相同点：都是刑事诉讼法的概念，形式为提供保证人或交纳保证金，对象都是犯罪嫌疑人，目的都是让犯罪嫌疑人随传随到，给予其一定程度的自由。二者的不同点："取保候审"属于强制措施，虽然程度较轻，但价值取向是限制犯罪嫌疑人自由，体现公权力；"bail"体现的价值是无罪推定，是对民权的保护；二者批准的主体不同，"取保候审"是公、检、法机关均有权决定，而"bail"一般由法官决定；实施的细节不同，"取保候审"的保证金一般为现金，而"bail"也可为不动产。

比较完法律功能，译者便和比较法研究者分道扬镳，下一步要考虑"bail"是否是可行的翻译。例如原文、译文二者的功能差异在是否会引发目标语读者的误读？译文的读者是谁？翻译目的如何？除法律功能外，译者当然还要考虑其他的翻译方法，如字面翻译、语义翻译等，北大法宝、有道等数据库就把"post a bail and await trial with restricted liberty of moving"，"obtain guarantor pending trial"等作为"取保候审"的备选翻译。译者决策时既要考虑法律功能的对等，也要兼顾术语特征、读者体验及翻译目的等要素。

此外，从法律文化角度研究法律翻译可以借鉴动态比较的方法。在法律全球化的趋势下，社会关系、社会制度在时间和空间上重新定序。法律翻译在这一变革当中起到了重要作用，反映了一个国家法律的内在需求、内在供给、外在压力之间的关系。

以中国为例，法律翻译活动根据其活跃程度，可分为若干历史时期，可以考察不同时期法学和法律翻译发展的轨迹，寻找二者的互动关系。如清末立宪修律和现代的改革开放是法律翻译的两个高潮。1895年甲午战败之后，康有为、梁启超、严复等维新派翻译诸多政治经济和法律思想方面的著作，引进西学以求强国。清政府也出使大臣查取各国律例，大量翻译德、日、法、意、奥、美、葡等国法律和法学著作，为中国学者了解西方文化，研究现代法学奠定了基础。中国从20世纪80年代进入了新的历史时期，期问的法律翻译具有显著特征：数量及范围超过了历史任何时期，更多地重视对英美法的吸收借鉴，中国的法律移植和法学翻译受到经济全球化和法律全球化的影响，体现在重视商业贸易规则以及相关的公法领域,法学译著意识形态色彩逐渐淡出。[1]

不同时期译著的类别、主题、国别、数量等与立法、法律制度改革都有千丝万缕的联系。此问题再深究一步,大量翻译西方法律著作是否造成我们对西方学术话语的依赖?受到翻译对象的控制?研究法律翻译与中国法学之间的内在关联,可以深入理解中国法律文化,把握法学成长轨迹,反思中国法学现状和未来。

在同一实践维度上不同国家的法律,通过法律翻译可以体现他们之间的互动关系。例如美国的知识产权立法、司法及其汉译活动对中国知识产权法律修订、生产活动、司法判决和概念解释的影响。

此外,法律翻译也可以进行某个文本不同翻译版本的历时比较,其价值在于把法律翻译拉回到社会和历史环境,研究法律发展机制和翻译的相互作用。通过翻译,他者的制度越过时空成为我的当下,我的当下又影响了另一些他者。[2]历时比较可研究中国法律制度中重要概念的演变,如"权利"和"权力",通过《万国公法》《论法的精神》等经典著作的翻译、复译,随着译者认识的转变,译者时空的变化,其含义在悄悄变化。再如法律移植,被移植的法律制度的相关概念的翻译变化也是历时比较。法律移植带来的是双向变化,一是移植的制度改变本土法律文化,另一方面是外来制度受本土文化影响产生的变异。法律翻译能体现这一过程中的融合、吸收、冲突、排斥等现象。

(二) 法律解释学方法

法律解释就是解释法律,指司法程序中,把法律文本中模糊的部分,尤其是法律条文与事实的逻辑关系,在法律规范内描绘清楚,并针对个案形成裁判规范。[3]法律解释学"在规范与事实之间架起一座桥梁,其所从事的工作是一种语言转换,是一种从法律的概念世界、规范世界到司法生活语言的转换。法官、律师等法律人,要把日常生活事实'翻译'成具有法律意义的事实,法官、律师间要用法言法语交流,探讨规范与事实间的互动关系,为案件合法、公正地解决寻找方案"。[4]

法律翻译和法律解释都需要理解法律文本。法律翻译理解法律文本的目的

---

〔1〕 参见刘毅:"法学翻译与法律现代化",载《北京理工大学学报(社会科学版)》2012年第5期。

〔2〕 参见李晓辉:"全球化时空观与比较法新视野",载《清华法治论衡》2014年第2期。

〔3〕 参见陈金钊等:《法律解释学》,中国政法大学出版社2006年版,第2页。

〔4〕 参见陈金钊:"再论法律解释学",载《法学论坛》2004年第2期。

是用另一种语言表述原文的含义,法律解释是为恰当地适用法律并取得一定法律效果。法律翻译运用法律解释方法的目的是在法律机制下解读原文,使译文保持原文的法律效果。译者可以把法律解释学方法作为译者决策的另一个砝码。

常用的法律解释的方法包括文义解释、体系解释、目的解释、当然解释等。[1]

文义解释,是对文本字面含义的解释,即按照语法结构、语言规则、通常的理解方法的解释。文本常具有多义、内涵和外延不确定、含义不清晰、不完整、甚至互相矛盾的特点,文义解释是最基本、最常用的方法。文义解释常用在辨析法律概念、术语和法律条文的含义。

体系解释是在文义解释出现复数的情况下,借助法律规则的逻辑结构进行的解释。体系解释以"法律不会自相矛盾"为基础,从法律整体的要素和它们之间的联系把握解释的对象。

目的解释,是通过探求法律文本的目的、立法目的的方法来阐释法律的含义。我国许多法律都明确了立法目的,这是目的解释的重要依据。目的解释一般在文义解释无法得出结论的情况下才运用。

法律解释如何影响翻译?下面以王海打假案中何为"消费者"为例说明。[2]《中华人民共和国消费者权益保护法》第2条规定:消费者为生活消费需要购买、使用商品或者接受服务,其权益受本法保护;本法未作规定的,受其他有关法律、法规保护。王海打假,知假买假,是否属于"消费者"呢?按文义解释,从"生活消费"的字面意思推定,知假买假者不以满足生活需要为目的,不属于"消费者";按目的解释,《中华人民共和国消费者权益保护法》在于保护消费者权益,维护市场秩序,遏制销售假冒伪劣产品的行为,"消费者"的概念应包括各种已经购买商品的消费者和潜在的消费者。不同的解释方法可以帮助译者作出翻译选择,如果按照文义解释,"消费者"可以是"consumer"或"customer",是接受服务和使用商品的主体;如果按照目的解释,"buyer"或"purchaser"更恰当,都属于买卖关系中的买入货品的一方,而不论消费问题。

法律解释方法还可以作为评价法律翻译的工具,评估译文的法律效果是否

---

[1] 参见王利明、王叶刚:《法律解释学读本》,江苏人民出版社2016年版,第38~151页。

[2] 王海为职业打假人。王海于1996年买入两部无绳电话,因型号不符合国家标准,要求卖家双倍赔偿,后诉至法院,被告卖家以王海不是"消费者"为由应诉。

和原文相同。下面以《中华人民共和国民法总则》第37条及其英译说明法律解释方法的作用：

第37条 依法负担被监护人抚养费、赡养费、扶养费的父母、子女、配偶等，被人民法院撤销监护人资格后，应当继续履行负担的义务。

Article 37 Parents, children, and spouses who support the wards in the form of child support, support for elderly parents, or spousal support in accordance with the law shall continue to perform such obligations after they are disqualified by the people's courts as guardians. （北大法宝译本）

本条是关于法定扶养义务人继续负担扶养费的规定。从立法目的看，该条保护的是被监护人的合法权益。父母、子女、配偶的监护人资格虽被撤销，还应继续承担扶养等义务。译文表达了此目的。

从文义解释看，原文中的义务是明确的，即"抚养费、赡养费、扶养费"的费用形式，译文用了三个"support"对应。"Child support"在英美法中是给孩子的抚养费，原文和译文是对应的。"Spousal support"一般指离婚时或离婚后夫妻一方向另一方支付的生活费用。根据《中华人民共和国婚姻法》第20条，"扶养费"是婚姻存续期间夫妻的相互扶养照顾义务的形式之一，因此原文和译文含义存在偏差。英美法中子女有赡养父母的责任，但并无明确的"赡养费"概念，因此"support for elderly parents"含义模糊，可以是金钱上的资助，还可以是精神上的鼓励和情感支持、提供最基本的生存条件等，因此与原文含义有偏差。译文对应的"监护人""被人民法院撤销""继续履行义务""父母、子女、配偶"等法律事实表述与原文相符。

从体系解释看，联系《中华人民共和国民法总则》其他条款、《中华人民共和国未成年人保护法》、《中华人民共和国反家庭暴力法》，监护人资格被撤销的主要原因是监护人有严重损害被监护人身心健康的行为，怠于履行监护职责，或有严重侵害被监护人合法权益的其他行为。因此，译文应明确让被撤销监护资格的人承担抚养等费用，避免模棱两可的承担义务方式的表述才更加合理。

再举一例。杨署东等借助奈达的动态对等理论，将法律解释方法运用到对等理论中，提出法律等效参数，将其适用于立法文本翻译，使翻译标准具有操作性。[1] 等效参数包括：立法意图、法律事实、法律语言特征、法律适用效果

---

[1] 参见杨署东等："基于法解释论的立法文本英译等效探究"，载《外国语文》2016年第3期。

等效。该研究以《中华人民共和国宪法》第48条保护妇女权益为例，将原文与两个版本的译文依据等效参数进行比较。先用法律解释方法，如目的解释、体系解释等说明原文各参数指征，如《中华人民共和国宪法》的立法目的为：赋予我国女性与男性在各方面的平等权利，明确保护女性权益。之后，再用字义、除弊规则等解释译文，说明译文各参数指征，如译文中原文立法目的是否实现。最后，根据译文各参数，就可以评价译文的法律等效的效果。

四、结语

本章论述了法学方法对法律翻译的重要性，介绍了适合法律翻译的法学方法。比较法和法律解释学与法律翻译有共同的研究对象，可以和语言学、译学方法相结合，为解释法律翻译问题提供更丰富的工具。例如文义解释和词汇语义学的结合，说明概念在法律语境的含义；将语料库方法的研究结果作为比较法研究的佐证，分析法律概念的渊源和演变的轨迹；比较法的时空变化的方法与翻译史结合，从多角度分析法律翻译和法制发展的关系。法律翻译研究需要打破学科壁垒，融汇各学科的方法，建立适合自己的研究范式，突破法律翻译研究的瓶颈。

附录一
1980-2016法学译著总表[1][2]

序号	出版时间	书名	作者	国别、地区、国际组织	译者	出版社	出版系列
1	1980	苏联检察系统	С.Г.诺维科夫	苏	中国人民大学苏联东欧研究所*	群众出版社	
2	1980	经济法	国立莫斯科大学、斯维尔德洛夫法学院 合编	苏		中国人民大学出版社	
3	1980	苏俄民法典		苏	中国社会科学院法学研究所民法研究室	中国社会科学出版社	
4	1980	美国合同法	约翰·怀亚特、麦迪·怀亚特	美	汪仕贤*等	北京大学出版社	
5	1980	C.I.F与F.O.B合同（上册）	戴维·M.萨逊	英	北京对外贸易学院国际贸易问题研究所*	对外贸易出版社	
6	1980	专利法概论	吉藤幸朔	日	宋永林	科学技术文献出版社	
7	1980	发明与专利	神保弁吉、市桥明	日	魏启学*	中国财政经济出版社	
8	1980	机体分泌物的法医鉴定	Л.О.巴尔西冈茨、Б.Д.列弗钦科夫	苏	冯真华	群众出版社	
9	1980	天网恢恢——国际警察组织对形形色色罪犯的搏斗	彼得·格·李	美	张中载*、陈德彰*	外语教学与研究出版社	

---

〔1〕 作者一栏中的人名，因国别不同，数据来源不同，人名形式不统一；有汉译的均采用汉译，没有汉译的用外文名。译者名后加 * 的，有具体信息，在附录二中列出。

〔2〕 2017年译著也有个别录入，但不在本书研究范围内。

续表

序号	出版时间	书名	作者	国别、地区、国际组织	译者	出版社	出版系列
10	1981	法学总论			潘念之*主编，上海社会科学院法学研究所*编译	知识出版社	国外法学知识译丛
11	1981	司法制度和律师制度			武彪主编，上海社会科学院法学研究所*编译	知识出版社	国外法学知识译丛
12	1981	法学流派与法学家			徐步衡、余振龙*主编，上海社会科学院法学研究所*编译	知识出版社	国外法学知识译丛
13	1981	孟德斯鸠法意	孟德斯鸠	法	严复*	商务印书馆	严译名著丛刊
14	1981	民法			周枬主编，上海社会科学院法学研究所*编译	知识出版社	国外法学知识译丛
15	1981	刑法			曾庆敏主编，上海社会科学院法学研究所*编译	知识出版社	国外法学知识译丛
16	1981	诉讼法			黄道主编，上海社会科学院法学研究所*编译	知识出版社	国外法学知识译丛
17	1981	经济法理论问题	B·B·拉普捷夫		中国人民大学法律系民法教研室	中国人民大学出版社	
18	1981	各国法律概况			丘日庆*主编，上海社会科学院法学研究所*编译	知识出版社	国外法学知识译丛
19	1981	九国宪法选介	木下太郎	日	康树华*	群众出版社	
20	1981	外国警探史话	裴垠·索沃尔德	德	吴敬仁	群众出版社	
21	1981	日本公证人法			鲁齐	法律出版社	
22	1981	日本刑法 日本刑事诉讼法 日本律师法		日	中国社会科学院法学研究所	中国社会科学出版社	
23	1981	捷克斯洛伐克社会主义共和国民法典		捷克	陈汉章*	法律出版社	
24	1981	美国标准公司法		美	沈四宝*	北京大学出版社	
25	1981	国际法	阿·菲德罗斯等	奥	李浩培*	商务印书馆	

续表

序号	出版时间	书名	作者	国别、地区、国际组织	译者	出版社	出版系列
26	1981	现代国际法概论	M. 阿库斯特		汪瑄、朱奇武、余叔通、周仁	中国社会科学出版社	
27	1981	国际公法			周子亚* 主编，上海社会科学院法学研究所* 编译	知识出版社	国外法学知识译丛
28	1981	现代国际海洋法——世界海洋的水域和海底制度	苏联科学院国家和法研究所海洋法研究室	苏	吴云琪、刘楠来、王可菊	天津人民出版社	
29	1981	海底政治	巴里·布赞	加拿大	时富鑫	生活·读书·新知三联书店	
30	1981	1973年国际防止船舶造成污染公约及其1978年议定书			中华人民共和国船舶检验局	人民交通出版社	
31	1982	宪法			浦增元* 主编，上海社会科学院法学研究所* 编译	知识出版社	国外法学知识译丛
32	1982	专利法基础	P.D. 罗森堡	美	郑成思*	对外贸易出版社	
33	1982	经济法			周枏* 主编，上海社会科学院法学研究所* 编译	知识出版社	国外法学知识译丛
34	1982	刑事侦查与司法鉴定			蔡晋* 主编，上海社会科学院法学研究所* 编译	知识出版社	国外法学知识译丛
35	1982	怎样处理医疗纠纷	松仓丰治	日	郑严	法律出版社	
36	1982	钝器伤的法医鉴定	В.И. 阿科波夫	苏	李鹏	群众出版社	
37	1982	外国企业法	中国社会科学院法学研究所* 民法研究室 编			中国社会科学出版社	外国经济立法选编
38	1982	外国少年司法制度与日本保护青少年条例选			北京大学法律系国外法学研究室	北京大学出版社	
39	1982	合同法概论	P·S·阿蒂亚	英	程正康* 等	法律出版社	
40	1982	日本商法典		日	丁耀堂	法律出版社	
41	1982	日本商标法解说	江口俊夫	日	魏启学*	专利文献出版社	
42	1982	苏俄民事诉讼法典		苏	梁启明、邓曙光	法律出版社	

续表

序号	出版时间	书名	作者	国别、地区、国际组织	译者	出版社	出版系列
43	1982	苏联和各加盟共和国立法纲要汇编		苏	中国人民大学苏联东欧研究所*编译	法律出版社	
44	1982	苏维埃集体农庄法	М. И. 科兹里、B. з. 杨楚克	苏	中国人民大学苏联东欧研究所*编译	农业出版社	
45	1982	罗马尼亚经济和社会发展计划法 罗马尼亚社会主义共和国财政法		罗马尼亚	郭庆云	法律出版社	
46	1982	联合公司的法律问题	弗·维·拉普捷夫	苏	董晓阳、李正乐*	北京大学出版社	
47	1982	德意志民主共和国民法典		德	费宗祎	法律出版社	
48	1982	南斯拉夫在国外从事经济活动法		南斯拉夫	夏士华	法律出版社	
49	1982	英国经济贸易法制	M. 克尔等	英	中国国际贸易促进委员会法律事务部	对外贸易出版社	
50	1982	法国民法典		法	马育民	北京大学出版社	
51	1982	国际法	Г·В·伊格纳钦科、Д·Д·奥斯塔频科	苏		法律出版社	
52	1982	国际私法			戚维新主编，上海社会科学院法学研究所*编译	知识出版社	国外法学知识译丛
53	1982	国际经济立法的历史和现状：论文选译			陈安*编译	法律出版社	
54	1982	《华沙-牛津规则》逐条解说	津田昇	日	彭玉书*	对外贸易出版社	
55	1982	专利法基础	P. D. 罗森堡	美	郑成思*	对外贸易出版社	
56	1983	刑事侦察学随笔	拉·别尔金	苏	李瑞勤	群众出版社	
57	1983	刑罚与预防犯罪	约翰尼斯·安德聂斯	挪威	钟大能	法律出版社	

续表

序号	出版时间	书名	作者	国别、地区、国际组织	译者	出版社	出版系列
58	1983	苏维埃行政法	B·M·马诺辛 等	苏	黄道秀*	群众出版社	
59	1983	匈牙利人民共和国民事诉讼	L·涅瓦伊、T·雷瓦伊	匈	刘家辉	法律出版社	
60	1983	美国法律概论	彼得·哈伊	美	沈宗灵*	北京大学出版社	
61	1983	美国民事诉讼	B·K·普钦斯基	苏	江伟、刘家辉	法律出版社	
62	1983	国际法基础	寺泽一、山本草二	日	朱奇武*、刘丁、冷铁铮、于吟梅、吴瑞钧、郑民钦	中国人民大学出版社	
63	1983	研究物证用的照相方法和物理方法	H·M·久斯庚、B·P·基里琴斯基	苏	潘复安 等 编译	群众出版社	
64	1983	英美法源理论	高柳贤三	日	杨磊、黎晓	西南政法学院法制史教研室科研处编译室	
65	1983	法医生涯四十年	K·辛普逊	英	伍新尧*、郭朱明*	上海科学技术出版社	
66	1983	苏联宪法讲话	B·H·库德里亚夫采夫	苏	刘向文*	群众出版社	
67	1983	社会主义法制中的合同补救方法	居拉·约尔斯	匈	王卫国*、刘晓星*、伍再阳、周强*	西南政法学院民法教研室	
68	1983	凶杀案侦查与指挥	纲川政雄	日	张久恩、吴奉生、李相洽等	辽宁省刑事科学技术研究所	
69	1983	海商法浅说				武汉河运专科学校科技情报室整编	
70	1984	通过法律的社会控制	罗斯科·庞德	美	沈宗灵*	商务印书馆	
71	1984	大陆法系——西欧拉丁美洲法律制度介绍	约翰·亨利·梅利曼	美	顾培东*、禄正平*	知识出版社	
72	1984	外国法	早川武夫 等	日	张光博*、金峰玉	吉林人民出版社	
73	1984	专利法50讲	纹谷畅男	日	魏启学*	法律出版社	
74	1984	五十国（地区）专利法一瞥	汉斯·有德	德	朱晋卿*等编译	专利文献出版社	
75	1984	错案	勒内·弗洛里奥	法	赵淑美	法律出版社	

续表

序号	出版时间	书名	作者	国别、地区、国际组织	译者	出版社	出版系列
76	1984	日本国所得税法		日	陈汝议、武梦佐	中国展望出版社	
77	1984	刑事责任与刑罚	Л·В·巴格里-沙赫马托夫	苏	韦政强、关文学、王爱儒	法律出版社	
78	1984	苏联和东欧国家关于家庭副业与个体农民的法规辑译		苏	刘文璞*、杨成秀	农业出版社	
79	1984	法律的正当程序	丹宁勋爵	英	李克强*等	群众出版社	
80	1984	美国公司法选译		美	姜凤纹	中国对外经济贸易出版社	
81	1984	基本合同法	丹尼斯·阿·豪尔	美	张继志、许世芬	群众出版社	
82	1984	日本干部管理法		日	邹钧、李完稷、梁君 编译	法律出版社	
83	1984	国际法导论	J·G·斯塔克	英	赵维田*	法律出版社	
84	1984	国际贸易法	B.利索夫斯基	苏	田世辉 等	中国对外经济贸易出版社	
85	1984	德意志联邦共和国民事诉讼法		德	谢怀栻*等	法律出版社	
86	1985	现代经济法入门	丹宗昭信、厚谷襄儿	日	谢次昌*	群众出版社	
87	1985	经济法概论	金泽良雄	日	满达人*	甘肃人民出版社	
88	1985	打击伦敦黑手党·12个真实的故事	布鲁斯·汉德森、萨默·萨姆林	美	康芙山	学林出版社	
89	1985	国际刑事警察组织破案故事	比·贝勒马尔等	法	咏清、晓湘	学林出版社	夜读丛书
90	1985	国际刑警档案	皮埃尔·贝勒马尔、雅克·安托万	法	滕涛、贾慧明	群众出版社	
91	1985	法医显微病理学诊断	J.A.珀泊、C.H.韦其特	美	吴家驳	人民卫生出版社	
92	1985	中国刑法史研究	西田太一郎	日	段秋关*	北京大学出版社	
93	1985	苏维埃行政法总论	Π·T·瓦西林科夫	苏	姜明安*、武树臣	北京大学出版社	
94	1985	苏联财政法		苏	李建英*编译	中国财政经济出版社	

续表

序号	出版时间	书名	作者	国别、地区、国际组织	译者	出版社	出版系列
95	1985	苏联环境保护法概论	B·B·彼德洛夫 等	苏	黄之英	北京大学出版社	
96	1985	苏联普通教育和职业教育法令汇编		苏	北京师范大学外国教育研究所 编译	北京师范大学出版社	苏联教育法令资料丛书
97	1985	"幽灵"的踪迹——苏联刑事案例选			雷正 编译	时事出版社	
98	1985	商法略说	龙田节	日	谢次昌*	甘肃人民出版社	
99	1985	外层空间的利用与国际法	盖伊斯贝尔塔·C·M·雷伊南	荷	谭世球	上海翻译出版公司	
100	1985	纽伦堡审判 上卷	P.A.施泰尼格尔	民主德国	王昭仁* 等	商务印书馆	
101	1985	国际劳工法概要			刘有锦 编译	劳动人事出版社	
102	1985	国际法院			于华	中国对外翻译出版公司	
103	1985	空间站国际法与政策	迪尔伯特·D·史密斯	美	廉茂林	宇航出版社	
104	1985	苏维埃民事诉讼	阿·阿·多勃洛沃里斯基 等	苏	李衍	法律出版社	
105	1986	法的一般理论：社会和哲学问题	Π·C·雅维茨	苏	朱景文*	辽宁人民出版社	
106	1986	法律和经济	J·M·奥利弗	英	张崙青	武汉大学出版社	
107	1986	国外比较法学论文选辑			王正泉* 等	群众出版社	
108	1986	各国宪政制度和民商法要览 非洲分册			上海社会科学院法学研究所* 编译室编译	法律出版社	
109	1986	各国宪政制度和民商法要览：美洲·大洋洲分册			上海社会科学院法学研究所* 编译室编译	法律出版社	
110	1986	外国深海海底矿物资源勘探和开发法			刘书剑*	法律出版社	
111	1986	司法心理学			徐世京*	上海人民出版社	
112	1986	浅谈电子计算机犯罪	西田修	日	何为	群众出版社	

续表

序号	出版时间	书名	作者	国别、地区、国际组织	译者	出版社	出版系列
113	1986	化学侦破——从福尔摩斯到今日法庭	S·M·格博	美	王本根、李红专	湖南科学技术出版社	
114	1986	香港税务——法令与施行说明	戴维·弗勒克斯	英	杨小佛 等	上海翻译出版公司	香港问题丛书
115	1986	日本外观设计法25讲	纹谷畅男	日	魏启学*	专利文献出版社	
116	1986	日本民法		日	曹为、王书江*	法律出版社	
117	1986	日本刑法总论讲义	福田平、大塚仁	日	李乔、文石、周世铮	辽宁人民出版社	
118	1986	电力事业法令	日本新电气事业讲座编辑委员会	日	任和平 等	水利电力出版社	
119	1986	匈牙利经济法规概要	卡尔曼	匈	朱安康*、孟传德 等	法律出版社	
120	1986	美国环境法简论	R.W.芬德利、D.A.法贝尔	美	程正康* 等	中国环境科学出版社	
121	1986	美国法律制度概论	E·阿伦·法恩兹沃思	美	马清文*	群众出版社	
122	1986	联邦德国经济法规选		德	刘小林	中国展望出版社	
123	1986	汉堡规则的成立及其条款的解释	樱井玲二	日	张既义* 等	对外贸易教育出版社	
124	1986	远东国际军事法庭判决书			张效林	群众出版社	
125	1986	《联合国海洋法公约》评介	联合国新闻部	联合国	高之国*	海洋出版社	
126	1986	简明海商法	R·P·格兰姆	英	李林 等	上海翻译出版公司	
127	1986	苏联民法下册	B·Π·格里巴诺夫、C·M·科尔涅耶夫	苏	中国社会科学院法学研究所*民法经济法研究室	法律出版社	
128	1986	国际私法	Π·A·隆茨、H·И·马蕾舍娃、O·H·萨季科夫	苏	吴云琪、刘楠来、陈绥	法律出版社	
129	1987	商标法50讲	纹谷畅男	日	魏启学*	法律出版社	
130	1987	法律社会学	亨利·莱维·布律尔	法	许钧*	上海人民出版社	法国《我知道》丛书

续表

序号	出版时间	书名	作者	国别、地区、国际组织	译者	出版社	出版系列
131	1987	法律哲学	戈尔丁	美	齐海滨*	生活·读书·新知三联书店	新知文库
132	1987	法理学-法哲学及其方法	E·博登海默	美	邓正来*、姬敬武*	华夏出版社	二十世纪文库
133	1987	比较法概论	勒内·罗迪埃文	法	陈春龙*	法律出版社	
134	1987	成文宪法的比较研究	亨克·范·马尔赛文、格尔·范·德·唐	荷	陈云生*	华夏出版社	二十世纪文库
135	1987	经济法	В·В·拉普捷夫	苏	中国社会科学院法学研究所*民法经济法研究室	群众出版社	
136	1987	犯罪行为的社会心理特征	斯·塔拉鲁欣	苏	公人、志疆	国际文化出版公司	
137	1987	实证派犯罪学	恩里科·菲利	意	郭建安*	中国政法大学出版社	犯罪与改造研究丛书
138	1987	刑侦技术基础	Г.И.格拉莫维奇	苏	严克勤	法律出版社	
139	1987	微量物证在刑事侦查中的应用	田久保·丰	日	申健、郑世贤	吉林人民出版社	
140	1987	犯罪实验室（法医学）	约翰·沃特斯	美	杨永磴	法律出版社	
141	1987	法医学	基思·辛普逊	英	王永年*	法律出版社	
142	1987	日本中小企业法		日	机械工业部科学技术情报研究所综合情报研究室	机械工业出版社	国外经济法规丛书
143	1987	日本外资、外汇、外贸法		日	何恩涛	法律出版社	
144	1987	日本教育法规选编		日	李永连*等	教育科学出版社	
145	1987	苏维埃宪法和苏维埃立法的发展		苏	刘向文*	法律出版社	
146	1987	苏联土地法	В·В·叶罗费耶夫、Н·И·克拉斯诺夫、Н·А·瑟罗多耶夫	苏	梁启明	中国人民大学出版社	

续表

序号	出版时间	书名	作者	国别、地区、国际组织	译者	出版社	出版系列
147	1987	苏联民法上卷	В·Т·斯米尔诺夫 等	苏	黄良平、丁文琪	中国人民大学出版社	
148	1987	苏联仲裁制度	А·Т·邦涅尔、В·Ф·塔拉年科、М·С·法里科维奇	苏	王振茹、陈绥、司马念媛	法律出版社	
149	1987	苏联国民经济管理的行政法原则	Ю·М·科兹洛夫、Б·М·拉扎列夫、А·Е·卢涅夫、М·И·皮斯科京	苏	中毅、林芳	法律出版社	
150	1987	罗马尼亚劳动报酬法		罗马尼亚	郭庆云	法律出版社	
151	1987	保加利亚人民共和国劳动法典		保加利亚	于景斌、谭颂椒*	工人出版社	
152	1987	俄罗斯联邦行政违法行为法典		俄	任允正*、马骧聪	法律出版社	
153	1987	美国小企业法			机械工业部科学技术情报研究所综合情报研究室	机械工业出版社	
154	1987	美国计量技术法规（美国标准局 No.44 手册）		美	袁光富	中国计量出版社	
155	1987	美国宪法的制订	马克斯·法仑德	美	董成美*	中国人民大学出版社	
156	1987	瑞士民法典		瑞士	殷生根*	法律出版社	
157	1987	国际法辞典	克利缅科 等	苏	程晓霞* 等	中国人民大学出版社	
158	1987	1972年国际海上避碰规则			中华人民共和国港务监督局	人民交通出版社	
159	1987	肖克罗斯和博蒙特航空法	彼得·马丁 等修订	英	徐克继 摘译	法律出版社	
160	1987	航空法简介	迪德里克斯-弗斯霍尔	荷	赵维田*	中国对外翻译出版公司	
161	1987	武装冲突法	夏尔·卢梭	法	张凝* 等	中国对外翻译出版公司	国际法译丛

续表

序号	出版时间	书名	作者	国别、地区、国际组织	译者	出版社	出版系列
162	1987	国际私法	M·M·波古斯拉夫斯基	苏	王明毅 等	法律出版社	
163	1987	国际著作权公约	尤·格·马特维耶夫	苏	李奇	南开大学出版社	
164	1988	法律应用逻辑	齐姆宾斯基	波	刘圣恩*等	群众出版社	
165	1988	宪法与政治制度	契尔金	苏	周伟*、刘学信、任高潮	四川大学出版社	
166	1988	当代经济法	金泽良雄	日	刘瑞复	辽宁人民出版社	
167	1988	外国刑法分解汇编（总则部分）			方蕾、书江、文健编译	国际文化出版公司	
168	1988	刑法的基本思想	中山研一	日	姜伟、毕英达	国际文化出版公司	百家学术译丛
169	1988	判决之秘：世界著名诉讼案剖析	弗雷德里克·波特歇	法	耿长春、梁戈、王钢	四川人民出版社	西洋镜译丛
170	1988	各国矫正制度	罗伯特·J.威克斯、H.H.A.库铂	美	郭建安*等	中国政法大学出版社	
171	1988	法庭演讲艺术	尼·谢·阿列克谢耶夫、季·瓦·马卡罗娃	苏	郑振东	南京大学出版社	
172	1988	法庭演说艺术	H.C.阿列克谢耶夫、3.B.玛卡罗娃	苏	徐晓晴*	重庆出版社	
173	1988	女性与犯罪	广濑胜世	日	姜伟*、姜波	国际文化出版公司	犯罪与法律丛书
174	1988	行为·性格·犯罪	德里克·赖特	英	周振林、朱晓平、孔繁玲、梁格非	黑龙江人民出版社	
175	1988	性犯罪研究	伦纳德 D·赛威特兹 等	美	陈泽广*编译	武汉出版社	
176	1988	凶杀案侦查指南	弗农·J·格伯思	美	郑秋兰 等	黑龙江人民出版社	
177	1988	利用经济分析侦破犯罪活动	B·A·杜布罗温、C·Π·戈卢比亚特尼科夫	苏	钟大海	法律出版社	

续表

序号	出版时间	书名	作者	国别、地区、国际组织	译者	出版社	出版系列
178	1988	死者的语言——世界法医案例精选	汉斯·普法伊弗尔	民主德国	张烈材、苏吉儒	重庆出版社	
179	1988	法医尸检手册	京都府警察本部刑事部尸检业务研究会	日	孙言文*	中国人民大学出版社	
180	1988	法医学鉴定在侦查中的应用	В·В·托米林等	苏	冯树樑*、李鹏	中国人民公安大学出版社	
181	1988	英汉施工合同术语辞典	伦纳德·弗莱彻等	英	谢光渤	冶金工业出版社	
182	1988	秦汉法制史论攷	堀毅	日	萧红燕	法律出版社	
183	1988	日本公务员法	鹈饲信成	日	曹海科	重庆大学出版社	
184	1988	日本自然灾害法规选编（一）		日	魏淳 等	地震出版社	
185	1988	日本行政法	南博方	日	杨建顺*、周作彩	中国人民大学出版社	
186	1988	日本建设事业有关法令集	日本建筑技术研究会	日	李政*、崔克平、刘广荣	航空工业出版社	
187	1988	日本教育立法与日本近代教育法制史年表			曹阳*编译	吉林教育出版社	
188	1988	印度刑法典		印度	赵炳寿*、向朝阳、杜利	四川大学出版社	
189	1988	妇女法律入门	佐佐木静子	日	艾琪	群众出版社	
190	1988	软件的法律保护	中山信弘	日	郭建新	大连理工大学出版社	
191	1988	科技六法	科学技术厅	日	《科技六法》翻译组	科学技术文献出版社	科技政策与管理译丛
192	1988	生产单位的法律地位和经济联系	尤·索·齐默尔曼	苏	李月英、祝基成	中国经济出版社	
193	1988	欧洲十二国公司法	梅因哈特	英	李功国、周林彬、陈志刚 等	兰州大学出版社	
194	1988	欧洲九国公司法	P·迈恩哈特	英	赵旭东*、杨仁家、顾永中	中国政法大学出版社	
195	1988	英国《1906年海上保险法》			徐卓英	对外贸易教育出版社	

续表

序号	出版时间	书名	作者	国别、地区、国际组织	译者	出版社	出版系列
196	1988	法国司法黑案	德尼·朗克罗瓦	法	龚毓秀*、徐真华	四川人民出版社	西洋镜译丛
197	1988	经济与法	B·B·拉普捷夫	苏	董晓阳、张达楠*	法律出版社	
198	1988	德意志联邦共和国海上引航法	格拉夫·斯泰因尼柯	德	汤亚光	人民交通出版社	
199	1988	美国民事诉讼程序概论	米尔顿·德·格林	美	上海大学文学院法律系	法律出版社	
200	1988	美国饭店法	杰克·P·杰弗里斯	美	何江 等	旅游教育出版社	
201	1988	美国国际贸易法院		美	刘书剑*、于倮	法律出版社	
202	1988	美国联邦与州法院制度手册	F·J·克莱因	美	刘慈忠	法律出版社	
203	1988	新遗嘱生效后的悲剧——美国侦破案例选			曹正文	中国政法大学出版社	《法制时代》丛书
204	1988	现代国际法	兴戈兰尼	印度	陈宝林 等	重庆出版社	
205	1988	国际公法百科全书 第一专辑 争端的解决	马克斯·普朗克比较公法及国际法研究所	联邦德国	陈致中、李斐南	中山大学出版社	
206	1988	国际法	格里戈里·伊万·童金	苏	邵天任*	法律出版社	
207	1988	东京审判	《朝日新闻》东京审判记者团	日	吉佳	河北人民出版社	
208	1988	纽伦堡审判 下卷	P.A. 施泰尼格尔	民主德国	石奇康 等	商务印书馆	
209	1988	国际合同	汉斯·施密特	美	刘歌*、姜凤纹、白仁杰（Tibor M Baranski Jr）	中国社会科学出版社	
210	1988	国际经济关系的法律调整	В·И·利索符斯基	苏	刘振江*	法律出版社	
211	1988	国际私法	马丁·沃尔夫		李浩培*、汤宗舜*	法律出版社	
212	1988	犯罪学	D·斯坦利·艾兹恩、杜格·A·蒂默	美	谢正权* 等	群众出版社	

续表

序号	出版时间	书名	作者	国别、地区、国际组织	译者	出版社	出版系列
213	1989	比较法导论	勒内·罗迪埃	法	徐百康*	上海译文出版社	
214	1989	中国与西方的法律观念	金勇义	美	陈国平*、韦向阳、李存捧	辽宁人民出版社	中国学汉译名著丛书
215	1989	心理学与法律			郑芸珍、许佩云、陈会昌 等	中国政法大学出版社	法制心理学丛书
216	1989	法学总论——法学阶梯	查士丁尼	罗马	张企泰*	商务印书馆	汉译世界学术名著丛书
217	1989	法律社会学导论	罗杰·科特威尔	英	潘大松、刘丽君、林燕萍、刘海善	华夏出版社	二十世纪文库
218	1989	惩罚与责任	H·C·A·哈特	美	王勇、张志铭、方蕾 等	华夏出版社	二十世纪文库
219	1989	法律史解释	罗斯科·庞德	美	曹玉堂、杨知	华夏出版社	二十世纪文库
220	1989	现代宪法	K·C·惠尔	英	甘藏春*、觉晓	宁夏人民出版社	现代化与政治发展译丛
221	1989	证券管理与证券法：十四国证券及其法律的考察	J.迈克尔·鲁宾逊 著，国际律师协会商法部证券发行和交易委员会 编辑	加	郭锋*、李仁玉、张圣怀 等	群众出版社	
222	1989	专有技术合同：联邦德国·日本·美国	赫伯特·斯顿夫	联邦德国	叶京生*、卢宪成	上海科学技术文献出版社	
223	1989	国际流行十大实用经济合同			田予*等编译	山西人民出版社	
224	1989	刑法社会学	П·И·斯皮里多诺夫	苏	陈明华*、麻继彬、曹介民、杨文溪	群众出版社	
225	1989	形形色色的诈骗	飞田清弘	日	余秀云、蒋晓虎	公安大学出版社	
226	1989	肯尼刑法原理	J·W·塞西尔·特纳	英	王国庆、李启家 等	华夏出版社	二十世纪文库
227	1989	民事辩护指南	日本司法研修所	日	华夏*、张雷	中国政法大学出版社	国外律师制度丛书
228	1989	刑事辩护实务	日本司法研修所	日	王铁城、秀义	中国政法大学出版社	国外律师制度丛书

续表

序号	出版时间	书名	作者	国别、地区、国际组织	译者	出版社	出版系列
229	1989	各国律师制度	日本东京第二律师协会	日	朱育璜*、王舜华	法律出版社	
230	1989	欧·美·日本监狱制度比较	京特·凯泽	德	刘瑞祥、潘佳斌、红云	中国政法大学出版社	罪犯改造学丛书
231	1989	法庭社会心理学	M·J·萨克斯、R·黑斯蒂	美	刘红松*、黄煜烽、谢呈秋	军事科学出版社	
232	1989	律师、公众和职业责任	F·雷蒙德·马克斯 等	美	舒国滢*等	中国政法大学出版社	国外律师制度丛书
233	1989	律师业务手册	日本律师协会调查室	日	吴平*	中国政法大学出版社	国外律师制度丛书
234	1989	律师的辩护艺术	理查德·杜·坎恩	英	陈泉生*、陈先汀	群众出版社	
235	1989	律师独立论——律师独立于当事人	罗伯特·戈登	美	周潞嘉 等	中国政法大学出版社	国外律师制度丛书
236	1989	比较犯罪学	布鲁诺·霍尼斯特	波兰	高明、王政、杨瑞雪、张庆梅	辽宁人民出版社	
237	1989	犯罪学的基本问题	布·霍维斯特	波兰	冯树梁*、刘兆琪、曹妙慧	国际文化出版公司	
238	1989	犯罪学概论			赵可*编译	中国矿业大学出版社	
239	1989	性犯罪及刑事审判体系	霍姆斯	美	张继宗*、刘钢、方芳	群众出版社	
240	1989	犯罪侦查学	И·Ф·潘捷列耶夫、Н·А·谢里万诺夫	苏	李衍	重庆大学出版社	
241	1989	刑事侦察百年奇观	尤金·B·布劳克	美	张鸣 等	群众出版社	
242	1989	实用凶杀侦查	弗农·J·格伯思	美	媚生、兆昉、赵榆	群众出版社	
243	1989	唐令拾遗	仁井田升	日	栗劲*、霍存福、王占通、郭延德编译	长春出版社	
244	1989	日本母子保健法：法令141号		日	陈绮绮	科学普及出版社	
245	1989	日本律师联合会关系法规集	日本律师联合会	日	郑林根	中国政法大学出版社	国外律师制度丛书
246	1989	日本税法原理	金子宏	日	刘多田*、杨建津、郑林根	中国财政经济出版社	

续表

序号	出版时间	书名	作者	国别、地区、国际组织	译者	出版社	出版系列
247	1989	法庭内外的争议	田中二郎 等	日	刘春兰 编译	群众出版社	
248	1989	新加坡公司法新论	沃尔特C·M·伍恩	新加坡	卢炯星	厦门大学出版社	
249	1989	联邦德国股份法		德	韩文 等	科学技术文献出版社	
250	1989	美国律师助理手册	托马斯·W·布伦诺 等	美	陈庚生	中国政法大学出版社	国外律师制度丛书
251	1989	美国律师职业行为标准规则	美国律师协会	美	俞兆平、姜福丛	中国政法大学出版社	国外律师制度丛书
252	1989	美国宪法释义	卡尔威因、帕尔德森	美	徐卫东*、吴新平*	华夏出版社	二十世纪文库
253	1989	国际公法百科全书 第二专辑 国际法院、国际法庭和国际仲裁的案件	马克斯·普朗克比较公法及国际法研究所	联邦德国	陈致中*、李斐南	中山大学出版社	
254	1989	国际公法（和平法）和国际组织术语手册	I. 潘逊	瑞士	马洪力* 等	中国对外翻译出版公司	
255	1989	国际发展法原则：有关国际经济新秩序的国际法原则的逐渐发展	米兰·布拉伊奇	南	陶德海 等	中国对外翻译出版公司	国际法译丛
256	1989	国际法辞典	苏联外交部外交学院	苏	徐光智* 等	新华出版社	
257	1989	国际法原理	汉斯·凯尔森	美	王铁崖*	华夏出版社	二十世纪文库
258	1989	国际海事法律选择（世界著名案例分析）英汉对照	S. 布雷柯斯	挪	侯军*	中国城市经济社会出版社	
259	1989	航空法	B.G. 杰维斯	英	徐立达	新时代出版社	当代保险译丛
260	1989	国际合同指南	大须常利、渊本康方	日	吴俗夫、盛树立	上海科技教育出版社	
261	1989	国际私法总论	亨利·巴蒂福尔、保罗·拉加德	法	陈洪武* 等	中国对外翻译出版公司	国际法译丛

续表

序号	出版时间	书名	作者	国别、地区、国际组织	译者	出版社	出版系列
262	1990	美国法律史	伯纳德·施瓦茨	美	王军*等	中国政法大学出版社	
263	1990	比较法律文化	H. W. 埃尔曼	美	贺卫方*、高鸿钧*	生活·读书·新知三联书店	新知文库
264	1990	现代行政法概论	西冈 等	日	康树华*	甘肃人民出版社	
265	1990	专利法概论	吉藤幸朔	日	宋永林、魏启学*	专利文献出版社	
266	1990	跟单信用证案例研究	简.C.德克尔		俞浩明、姚念慈、姚永昌	上海翻译出版公司	
267	1990	青少年卫生的法律和政策	J. M. Paxman, R. J. Zuckerman		汪培山*等	人民卫生出版社	
268	1990	著作权法50讲	半田正夫、纹谷畅男	日	魏启学*	法律出版社	
269	1990	救救受害者	特里萨·S·弗利、玛里琳·A·戴维斯	美	高琛、黎琳	警官教育出版社	
270	1990	论监狱教育	鲁辛·摩林	加	李引、徐学榘	黑龙江教育出版社	成人教育理论探索丛书
271	1990	犯罪对策学技术概论	Г·И·格拉莫维奇	苏	桐甫	群众出版社	
272	1990	犯罪行为预测——统计方法	托马斯·加博	加	司法部预防犯罪与劳动改造研究所组织	中国人民公安大学出版社	
273	1990	犯罪社会学	恩里科·菲利	意	郭建安*	中国人民公安大学出版社	世界法学汉译名著
274	1990	犯罪学	汉斯·约阿希姆·施奈德	德	吴鑫涛、马君玉	中国人民公安大学出版社	
275	1990	世界著名大侦探	藤原宰太郎	日	夏梓、林雨 编译	北方妇女儿童出版社	
276	1990	请你破案——趣味推理智力自测（2）	藤原宰太郎	日	赵经验、吴焕成	中国人民公安大学出版社	
277	1990	刑事诉讼实用解剖图谱	威廉·依·洛切尔	美	樊延桢、邓乃封	中国医药科技出版社	
278	1990	日本地方税法		日	吴炳昌	经济科学出版社	
279	1990	日本国宪法精解	宫泽俊义、芦部信喜	日	董璠舆	中国民主法制出版社	

续表

序号	出版时间	书名	作者	国别、地区、国际组织	译者	出版社	出版系列
280	1990	日本检察厅法逐条解释	伊藤荣树	日	徐益初*、林青	中国检察出版社	外国检察制度丛书
281	1990	日本检察讲义	法务省刑事局	日	杨磊 等	中国检察出版社	外国检察制度丛书
282	1990	文化教育法：日本文教法规选译		日	满达人*	兰州大学出版社	
283	1990	苏联计量管理法规		苏	罗振之 等	中国计量出版社	
284	1990	苏联东欧国家的检察长监督		苏	梁启明	中国检察出版社	
285	1990	苏联对外经济贸易法规和决议选编		苏	吴学海、李钢	中国对外经济贸易出版社	
286	1990	苏联检察院组织法诠释	Б·Н·巴斯科夫 等	苏	刘家辉 等	中国检察出版社	外国检察制度丛书
287	1990	美国行政法和行政程序	奥内斯特·吉尔霍恩巴瑞	美	崔卓兰* 等	吉林大学出版社	
288	1990	美国统一商法典	美国法学会、统一州法全国委员大会	美	石云山、袁慎谦、孙亚峰	上海翻译出版公司	
289	1990	流通票据及票据法规入门	杜德莱·理查逊	英	李广英、马卫英	复旦大学出版社	
290	1990	国际海事业务指南	亨利·德建哈特	英	范红英 等	海洋出版社	
291	1990	关税及贸易总协定多边贸易体系中的法律及其局限	奥利佛·隆	瑞士	刘星红	中国对外翻译出版公司	
292	1990	法律冲突法	莫里斯	英	李东来 等	中国对外翻译出版公司	国际法译丛
293	1990	外层空间法——当代立法的经验	曼弗莱特·拉克斯	波	郑衍杓、秦镜、许之森	上海社会科学院出版社	
294	1990	国际司法协助条约集			中华人民共和国司法部司法协助局 编译	法律出版社	
295	1991	牛津法律词典	伊丽莎白·A·马丁	英	蒋一平*、赵文伋	上海翻译出版公司	
296	1991	新法律学辞典	我妻荣	日	董璠舆 等	中国政法大学出版社	

续表

序号	出版时间	书名	作者	国别、地区、国际组织	译者	出版社	出版系列
297	1991	社会舆论与法	М·С·奥舍罗夫、П·И·斯皮里多诺夫	苏	王长青、毛树智	新华出版社	
298	1991	法的一般理论（下册）	С·С·阿列克谢耶夫	苏	黄良平、丁文琪	法律出版社	
299	1991	法律与宗教	伯尔曼	美	梁治平*	生活·读书·新知三联书店	新知文库
300	1991	保险法	欧文M·泰勒	美	程会场、周清荣、周秀敏、魏文平	河北人民出版社	
301	1991	海关法学	克劳德若·贝尔、亨利·特雷莫	法	黄胜强*	中国社会科学出版社	
302	1991	银行商业信用证的法律	H·C·格特里奇、M·梅格拉	英	姚念慈*、俞浩明、周祥生、陈则平、姚永昌、沈绍桢、张建华	上海翻译出版公司	
303	1991	产品责任法概述	斯蒂芬森W·海维特	英	陈丽洁	中国标准出版社	
304	1991	国外园林法规的研究			冯采芹 等 编译	中国科学技术出版社	中国风景园林学会系列科技书
305	1991	版权实用指南	William S·Strong	美	李凡、卢丹	辽宁人民出版社	
306	1991	离婚法社会学	利谷信义、江守五夫、稻本洋之助	日	陈明侠*、许继华	北京大学出版社	
307	1991	刑法的根基与哲学	西原春夫	日	顾肖荣* 等	上海三联书店	
308	1991	刑法学词典	木村龟二	日	顾肖荣*、郑树周	上海翻译出版公司	
309	1991	律师事务所管理与竞争	希尔德布兰特 等	美	赵建文*	河南大学出版社	
310	1991	犯罪构成要件理论	小野清一郎	日	王泰	中国人民公安大学出版社	世界法学汉译名著
311	1991	血痕弹道指纹探奇	阿尔弗雷德·阿伦·刘易斯	美	何家弘*	群众出版社	
312	1991	现场尸体勘验	冈田义明	日	郑世贤 编译	吉林人民出版社	
313	1991	矫正导论	克莱门斯·巴特勒斯		孙晓雳	中国人民公安大学出版社	犯罪与矫正丛书

附录一 1980-2016法学译著总表

续表

序号	出版时间	书名	作者	国别、地区、国际组织	译者	出版社	出版系列
314	1991	日本人的法意识	川岛武宜	日	胡毓文、黄凤英	吉林人民出版社	日本文化与现代化丛书
315	1991	日本专利判例精选	鸿常夫 等	日	张遵逵、郝庆芬 等	专利文献出版社	
316	1991	日本民事审判程序	羽鸟高秋、丹·芬尼奥·汉德森		朱兴有*	陕西人民出版社	
317	1991	日本国有财产之法律、制度与现状	大塚芳司	日	黄仲阳	经济科学出版社	
318	1991	人寿保险法与实务	契立斯·马歇尔	英	朱稜、樊玲、杨其乡	中国金融出版社	当代保险译丛
319	1991	西欧国家的律师制度	色何勒-皮埃尔·拉格特、帕特里克·拉登	法、英	陈庚生 等	吉林人民出版社	
320	1991	英国刑法导论	鲁珀特·克罗斯、菲利普·A·琼斯、理查德·卡德	英	赵秉志* 等	中国人民大学出版社	
321	1991	英国总检察长：政治与公共权利的代表	李约翰·J·爱德华兹	英	王耀玲 等	中国检察出版社	外国检察制度丛书
322	1991	法国诉讼制度的理论与实践——刑事预审法庭和检察官	皮埃尔·尚邦	法	陈春龙*、王海燕*	中国检察出版社	外国检察制度丛书
323	1991	法律手段在保证产品质量中的作用	格里巴诺夫	苏	王淑焕	中国计量出版社	
324	1991	皇家检察官	里约翰J·爱德华兹	英	周美德 等	中国检察出版社	外国检察制度丛书
325	1991	德意志联邦共和国刑法典		德	徐久生*	中国政法大学出版社	犯罪与改造研究丛书
326	1991	舌战大师丹诺辩护实录	欧文·斯通	美	陈仓多、陈卫平	法律出版社	
327	1991	产品进入美国市场的法律问题	约翰·理查兹 等	美	侯国云* 等	中国政法大学出版社	
328	1991	美国1990年油污法：中英对照		美	《美国1990年油污法》翻译组	人民交通出版社	

续表

序号	出版时间	书名	作者	国别、地区、国际组织	译者	出版社	出版系列
329	1991	美国反托拉斯法与贸易法规：典型问题与案例分析	马歇尔·C. 霍华德	美	孙南申*	中国社会科学出版社	
330	1991	美国和德国的经济与经济法	爱里克·松尼曼	德	南京大学中德经济法研究所	法律出版社	南京大学中德经济法研究所法学丛书第1辑
331	1991	美国要案检控纪实	詹姆斯·B. 斯图尔特	美	刘雁、龙宗智*	中国检察出版社	
332	1991	美国监狱制度：刑罚与正义	理查德·霍金斯、杰弗里·P. 阿尔珀特	美	孙晓雳、林遐	中国人民公安大学出版社	犯罪与改造研究丛书
333	1991	船舶碰撞事故案例：法庭判决与事故图解	H. M. C. 霍尔德特、F. J. 布泽克	荷	唐本立 等	人民交通出版社	
334	1991	国际刑警组织案例选	皮埃尔·贝勒马尔、雅克·安托尼	法	孙昆山 等	世界知识出版社	
335	1991	国际金融的法律与实践	菲利普·伍德		仇京春	中国经济出版社	
336	1992	法律秩序与社会改革	安·塞德曼、罗伯特 B. 塞德曼		时宜人	中国政法大学出版社	
337	1992	法理学——法律哲学和方法	埃德加·博登海默	美	张智仁	上海人民出版社	西方学术译丛
338	1992	原始人的法	E. 霍贝尔	美	严存生 等	贵州人民出版社	
339	1992	正义和法	桑德罗·斯奇巴尼 选编	意	黄风*	中国政法大学出版社	民法大全选译 I.1
340	1992	汉穆拉比法典			杨炽	高等教育出版社	古史新译第三卷
341	1992	司法管辖权审判诉讼	桑德罗·斯奇巴尼 选编	意	黄风*	中国政法大学出版社	民法大全选译 I.4.A
342	1992	罗马法教科书	彼德罗·彭梵得	意	黄风*	中国政法大学出版社	
343	1992	格尔蒂法典			郝标陶	高等教育出版社	古史新译第二卷

续表

序号	出版时间	书名	作者	国别、地区、国际组织	译者	出版社	出版系列
344	1992	债 私犯之债 阿奎利亚法	桑德罗·斯奇巴尼 选编	意	米健*	中国政法大学出版社	民法大全选译 IV.2.A
345	1992	债 契约之债	桑德罗·斯奇巴尼 选编	意	丁玫*	中国政法大学出版社	民法大全选译 IV.1
346	1992	比较法总论	K·茨威格特、H·克茨	德	潘汉典*、米健、高鸿钧、贺卫方	贵州人民出版社	
347	1992	死刑的文化史	布鲁诺·赖德尔	德	郭二民 编译	生活·读书·新知三联书店	
348	1992	国外建筑师法			智益春、赵明耀 编译	中国建筑工业出版社	
349	1992	竞争法	约翰·亚格纽	英	徐海、盛建明、席文红	南京大学出版社	
350	1992	知识产权100点	小野昌延	日	李可亮、马庆田	专利文献出版社	
351	1992	不作为犯的理论	日高义博	日	王树平	中国人民公安大学出版社	
352	1992	公害犯罪	藤木英雄	日	丛选功*、徐道礼、孟静宜	中国政法大学出版社	
353	1992	犯罪社会心理学	安倍淳吉	日	罗大华* 等	群众出版社	
354	1992	犯罪的动机	B·H·库德里亚夫采夫	苏	刘兆祺	群众出版社	
355	1992	犯罪学导论	哈罗德·J.维特、小杰克·赖特	美	徐淑芳、徐觉非	知识出版社	
356	1992	犯罪学的思考与展望	乔治·比卡	法	王立宪、徐德瑛	中国人民公安大学出版社	
357	1992	老年人被害与预防	E.A.法坦赫、V.F.萨柯	加	青锋、罗回平、王学沛 等	群众出版社	
358	1992	国际范围内的被害人	汉斯·约阿希姆·施奈德	德	许章润 等	中国人民公安大学出版社	
359	1992	外国人在日本的生活与法律指南	日本法律援助协会编写	日	段匡* 编译	上海科学普及出版社	
360	1992	欧共体基础法	欧共休官方出版局编		苏明忠*	国际文化出版公司	
361	1992	货物买卖合同:美国统一商法典 第二篇 精解	约翰·M.斯道克顿	美	徐文学	山西经济出版社	

续表

序号	出版时间	书名	作者	国别、地区、国际组织	译者	出版社	出版系列
362	1992	法人犯罪——美国大公司内幕	马歇尔·克林纳德、彼得·耶格尔	美	何秉松 等	中国广播电视出版社	
363	1992	法律的界碑	丹宁勋爵	英	刘庸安*、张弘	群众出版社	
364	1992	美国矫正体系中的犯罪分类			孙晓雳	中国人民公安大学出版社	犯罪与改造研究丛书
365	1992	越南经济法规选编		越	农立夫	广西人民出版社	
366	1992	当代联邦德国国际法律论文集			论文集编委员会 王彬颖 编译	北京航空航天大学出版社	
367	1992	国际公法百科全书 第三专辑 使用武力、战争、中立、和约	马克斯·普朗克比较公法及国际法研究所 主编	德	中山大学法学研究所国际法研究室	中山大学出版社	
368	1992	国际公法百科全书 第四专辑 使用武力、战争、中立、和约	马克斯·普朗克比较公法及国际法研究所 主编	德	中山大学法学研究所国际法研究室	中山大学出版社	
369	1992	国际法史	Д·费尔德曼、Ю·巴斯金	苏	黄道秀* 等	法律出版社	
370	1992	海上避碰规则指南	A. N. 科克罗夫特、J. N. F. 拉梅杰	英、荷	赵劲松*	大连海运学院出版社	
371	1992	专有技术转让合同	让·曼丽·迪路塞	法	陈宝春、宋益声、蔡雅明、周林军、王守俭	兰州大学出版社	
372	1992	全球空气污染控制的立法与实践	国际空气污染防治协会联盟		侯雪松、赵紫霞、朱钟杰、张新华	中国环境科学出版社	
373	1992	现代提单的法律与实务	Paul Todd	英	郭国汀*、赖民	大连海运学院出版社	
374	1992	国际野生生物法	西蒙·李斯特	英	杨延华、成志勤	中国环境科学出版社	
375	1992	船长在取证中的作用			张永坚*、侯志亭	大连海运学院出版社	
376	1992	国际司法协助法规选			中华人民共和国司法部司法协助局 编译	中国政法大学出版社	

续表

序号	出版时间	书名	作者	国别、地区、国际组织	译者	出版社	出版系列
377	1992	国际人权法	约翰·汉弗莱	加	庞森* 等	世界知识出版社	
378	1993	初民的法律：法的动态比较研究	E. A. 霍贝尔	美	周勇	中国社会科学出版社	
379	1993	立法理论——刑法典原理	吉米·边沁	英	孙力	中国人民公安大学出版社	世界法学汉译名著
380	1993	越南、缅甸、老挝现行法律选编		东南亚	米良*、梁斌	云南人民出版社	
381	1993	刑事证据大全	乔恩·R. 华尔兹	美	何家弘* 等	中国人民公安大学出版社	
382	1993	律师取胜的策略与技巧			黄家乐、李炳成、赵怀斌	中国政法大学出版社	
383	1993	宪法比较研究			宪法比较研究课题组 编译	山东人民出版社	
384	1993	律师生涯	布瑞·赫根	英	江伟钰、宋益声	兰州大学出版社	
385	1993	美国联邦环境保护法规	瓦伦·弗雷德曼	美	曹叠云、杨延华 等	中国环境科学出版社	
386	1993	联邦德国及巴伐利亚州职业教育法律法规选编（一）		德	职业技术教育中心研究所、杭州大学德汉翻译和信息中心 选译	杭州大学出版社	
387	1993	国际民事商事公约与惯例	Karl Joanson 主编		蒋兆康* 等	中国政法大学出版社	
388	1993	国际海事组织1974年国际海上人命安全公约 1991年修正案及国际散装谷物安全装运规则			中华人民共和国船舶检验局	人民交通出版社	
389	1993	论犯罪与刑罚	贝卡里亚	意	黄风*	中国大百科全书出版社	外国法律文库
390	1993	打破僵局 建立共识 解决公共争端	劳伦斯·萨斯金德、杰弗里·克鲁克欣科	美	刘耘 等	花城出版社	
391	1993	韩国对外经济贸易法规 外贸、外资部分		韩	王旭、王永武 编译	辽宁民族出版社	

续表

序号	出版时间	书名	作者	国别、地区、国际组织	译者	出版社	出版系列
392	1993	犯罪的女性			季晓磊*、王科 编译	警官教育出版社	
393	1993	犯罪论的基本问题	大塚仁	日	冯军*	中国政法大学出版社	
394	1993	法律与革命——西方法律传统的形成	哈罗德·J.伯尔曼	美	贺卫方*、张志铭、高鸿钧、夏勇	中国大百科全书出版社	外国法律文库
395	1993	国际贸易法文选	施米托夫	英	赵秀文*编译	中国大百科全书出版社	外国法律文库
396	1993	物与物权	桑德罗·斯奇巴尼	意	范怀俊*	中国政法大学出版社	民法大全选译
397	1993	美国犯罪预防的理论实践与评价	史蒂文·拉布	美	司法部预防犯罪与劳动改造研究所	中国人民公安大学出版社	
398	1993	海上货物索赔	台特雷	加	张永坚、胡正良、傅廷忠 等	大连海运学院出版社	
399	1993	巴黎断头台：一个法国刽子手的家族史	巴巴拉·莱维	法	沈英甲*、吕萍萍	中国广播电视出版社	
400	1993	趣味推理 一分钟破案（3）	浅野八郎	日	赵经验、吴焕成	警官教育出版社	
401	1993	日本民法典		日	陈国柱*	吉林大学出版社	
402	1994	美国法典	美国国会众议院法律修订咨议局	美	《世界各国法律大典》总编译委员会 编译	中国社会科学出版社	世界各国法律大典
403	1994	法律的运作行为	布莱克	美	唐越、苏力*	中国政法大学出版社	当代法学名著译丛
404	1994	现代社会中的法律	昂格尔	美	吴玉章*、周汉华*	中国政法大学出版社	当代法学名著译丛
405	1994	制度法论	麦考密克、魏因贝格尔	奥	周叶谦	中国政法大学出版社	当代法学名著译丛
406	1994	转变中的法律与社会：迈向回应型法	诺内特、塞尔兹尼克	美	张志铭*	中国政法大学出版社	当代法学名著译丛
407	1994	罗马法史	朱塞佩·格罗索	意	黄风*	中国政法大学出版社	
408	1994	会议程序准则：第二版	爱丽丝·司徒吉士	美	沈己尧	法律出版社	

附录一　1980–2016法学译著总表

续表

序号	出版时间	书名	作者	国别、地区、国际组织	译者	出版社	出版系列
409	1994	法和经济学	罗伯特·考特、托马斯·尤伦	美	张军*等	三联书店、上海人民出版社	当代经济学系列丛书
410	1994	刑法哲学	道格拉斯·N.胡萨克	美	谢望原*等	中国人民公安大学出版社	
411	1994	纠纷的解决与审判制度	棚濑孝雄	日	王亚新*	中国政法大学出版社	当代法学名著译丛
412	1994	英汉汉英法医学常用词汇			王雪梅*编译	中国检察出版社	
413	1994	财产权利与制度变迁：产权学派与新制度学派译文集	R. 科斯、A. 阿尔钦、D. 诺斯	美	刘守英 等	三联书店上海分店、上海人民出版社	当代经济学系列丛书、当代经济学译库
414	1994	日本会计法规		日	李玉环	中国财政经济出版社	会计准则丛书
415	1994	日本商法		日	王书江*、殷建平	煤炭工业出版社	
416	1994	欧洲专利律师资格考试资料汇编	欧洲专利局	欧洲	马连元*、张译	专利文献出版社	
417	1994	意大利刑事诉讼法典		意	黄风*	中国政法大学出版社	外国刑事诉讼法典系列
418	1994	美国宪法解释与判例	詹姆斯·安修	美	黎建飞*	中国政法大学出版社	
419	1994	美国公司法概论		美	石少侠* 等 编译	延边大学出版社	
420	1994	国际海洋边界 太平洋中部和东亚	朴椿浩	韩	王丽玉、李红云、张海文	法律出版社	
421	1994	国外贪污贿赂要案纪实			解伟明、雁凌、徐鹤喃 编译	中华工商联合出版社	
422	1994	犯罪者处遇	森下忠	日	白绿铉、吴平、东红花	中国纺织出版社	
423	1994	现代化与法	川岛武宜	日	申政武、王志安、渠涛、李旺	中国政法大学出版社	当代法学名著译丛
424	1994	新社会契约论 关于现代契约关系的探讨	麦克尼尔	美	雷喜宁、潘勤*	中国政法大学出版社	当代法学名著译丛

续表

序号	出版时间	书名	作者	国别、地区、国际组织	译者	出版社	出版系列
425	1994	法理学问题	波斯纳	美	苏力*	中国政法大学出版社	当代法学名著译丛
426	1994	最好的辩护	艾伦·德肖微茨	美	唐交东	法律出版社	
427	1994	关贸总协定与世界贸易组织中的知识产权协议 乌拉圭回合1994年最后文件中英文对照			郑成思*	学习出版社	
428	1994	香港实用民事、经济法律选编			本书编译组	法律出版社	
429	1994	债 契约之债	桑德罗·斯奇巴尼	意	丁玫*	中国政法大学出版社	民法大全选译
430	1994	审判的艺术	James E. Bond	美	郭国汀*	中国政法大学出版社	
431	1994	外国国家赔偿 行政程序 行政诉讼法规汇编			行政立法研究组编译	中国政法大学出版社	
432	1994	辩护的艺术	理查德·卡恩	英	蔡曙光、邹海峇	中国广播电视出版社	
433	1994	日本民事执行法理论与实务研究	竹下守夫	日	刘荣军*、张卫平	重庆大学出版社	
434	1995	艺术法概要	伦纳德·D. 杜博夫	美	周林*、任允正、高宏微	中国社会科学出版社	美国法学精选丛书
435	1995	世界各国著作权和邻接权的基本原则——比较法研究	克洛德·科隆贝	法	高凌瀚	上海外语教育出版社	
436	1995	日本的新闻法律制度	日本新闻协会	日	甄西*	中共中央党校出版社	
437	1995	日本国教育及文化法规要览		日	中华人民共和国国家教育委员会政策法规司	吉林教育出版社	
438	1995	怎样避免在金融交易中陷于被动——金融法活用	LEC·东京法思株式会社	日		复旦大学出版社	企业、市场与法系列-走向规范：市场经济经营管理技法丛书

续表

序号	出版时间	书名	作者	国别、地区、国际组织	译者	出版社	出版系列
439	1995	破产法	伊藤真	日	刘荣军*、鲍荣振*	中国社会科学出版社	
440	1995	日本破产法	石川明	日	何勤华*、周桂秋	上海社会科学院出版社	
441	1995	越南涉外经济法规汇编及主要工商企业名录		越	韩裕家	广西民族出版社	
442	1995	俄罗斯强制认证商品法规及标准汇编 第六册下		俄	中国国家进出口商品检验局 编译	中国轻工业出版社	
443	1995	德国刑事诉讼法典		德	李昌珂*	中国政法大学出版社	外国刑事诉讼法典
444	1995	法国公司法典		法	罗结珍*	国际文化出版公司	
445	1995	法国商法典		法	金邦贵*	国际文化出版公司	
446	1995	美国宪法概论	杰罗姆·巴伦、托马斯·迪恩斯	美	刘瑞祥、潘嘉玢、颜福祥、董承玺、林红	中国社会科学出版社	美国法学精选丛书
447	1995	奥本海国际法 第一卷 第一分册	詹宁斯、瓦茨	英	王铁崖*等	中国大百科全书出版社	外国法律文库
448	1995	国际法词典	克利缅科	苏	刘莎 等	商务印书馆	
449	1995	国际人权法概论	托马斯·伯根索尔	美	潘维煌、顾世荣	中国社会科学出版社	美国法学精选丛书
450	1995	中国涉外经济法制——进展与挑战	皮特曼·B.彭德	加	马勤、马强	社会科学文献出版社	
451	1995	民事诉讼法(新版)	兼子一、竹下守夫	日	白绿铉*	法律出版社	当代日本法学名著
452	1995	保理法律与实务	弗瑞迪·萨林格	英	刘园*、叶志壮	对外经济贸易大学出版社	
453	1995	人工生育及其法律道德问题研究	廖雅慈	中国香港	赵淑慧、何家弘*	中国法制出版社	
454	1995	雇用合同	A.E.奥斯特、L.夏莱特	加	王南	中国对外翻译出版公司	

续表

序号	出版时间	书名	作者	国别、地区、国际组织	译者	出版社	出版系列
455	1995	民法大全选译II 家庭	桑德罗·斯奇巴尼	意	费安玲*	中国政法大学出版社	
456	1995	民法和环境法的诸问题	加藤一郎、王家福	日、中	肖贤富*等	中国人民大学出版社	
457	1995	日本民法总则	四宫和夫	日	唐晖、钱孟珊	五南图书出版公司	
458	1995	国际海上人命安全公约（综合文本1992）	国际海事组织		中华人民共和国船舶检验局 译	人民交通出版社	
459	1995	民法大全选译I.2 人法	桑德罗·斯奇巴尼	意	黄风*	中国政法大学出版社	民法大全选择
460	1995	女性自尊与性攻击	珍妮特·莫罗-科克伦		吴显沪、陈泽加	上海科学普及出版社	
461	1995	日本现代行政法	室井力	日	吴微	中国政法大学出版社	
462	1995	植物检疫条例汇编	联合国粮食及农业组织		郭泽 等	中国农业科技出版社	
463	1995	美日等九国综合防震减灾立法与规划			卢振恒、顾平 等编译	地震出版社	
464	1995	论美苏关系	伊藤真	日	肖贤富*等	中国社会科学出版社	
465	1995	刑事陪审团审判：一项比较法研究	约翰·格拉德沃尔、珍妮丝·格拉德沃尔	美	凌兵、赵宇红	西北大学出版社	
466	1995	美国量刑指南	美国量刑委员会	美	量刑指南北大译组、王世洲*等	北京大学出版社	北京大学刑事法学文库
467	1995	中华帝国的法律	D.布迪、C.莫里斯	美	朱勇*	江苏人民出版社	海外中国研究丛书
468	1996	法律的概念	哈特	英	张文显*等	中国大百科全书出版社	外国法律文库
469	1996	法律的原则——一个规范的分析	迈克尔·D·贝勒斯	美	张文显*等	中国大百科全书出版社	外国法律文库
470	1996	法律帝国	德沃金	美	李常青	中国大百科全书出版社	外国法律文库

附录一　1980—2016法学译著总表

续表

序号	出版时间	书名	作者	国别、地区、国际组织	译者	出版社	出版系列
471	1996	法与国家的一般理论	凯尔森	奥	沈宗灵*	中国大百科全书出版社	外国法律文库
472	1996	法律与资本主义的兴起	泰格、利维	美	纪琨*	学林出版社	现代化冲击下的世界丛书
473	1996	英汉·汉英知识产权保护词典			张广良*编译	法律出版社	
474	1996	经济犯罪和侵犯人身权利犯罪的国际化及其对策	高铭暄、米海依尔·戴尔玛斯-马蒂	中、法	赵秉志*等	中国人民公安大学出版社	中国人民大学国际刑法研究所文库（二）
475	1996	日本民法：亲属法	我妻荣、有泉亨	日	夏玉芝*	工商出版社	
476	1996	越南劳动法典		越	任扶善	中国工人出版社	
477	1996	欧洲联盟法概论	弗兰西斯·斯奈德	英	宋英*编译	北京大学出版社	
478	1996	俄罗斯联邦刑法典		俄	黄道秀*等	中国法制出版社	
479	1996	古拉格群岛	亚历山大·索尔仁尼琴	俄	田大畏*等	群众出版社	
480	1996	德国民商法导论	罗伯特·霍恩、海因·科茨、汉斯·G·莱塞	德	楚建	中国大百科全书出版社	外国法律文库
481	1996	英国海上保险问答	张永坚 编著	英	王秀娟、张永坚*	大连海事大学出版社	
482	1996	法国劳动法典		法	罗结珍*	国际文化出版公司	
483	1996	法国环境法典		法	王娲华	国际文化出版公司	
484	1996	艾滋病与相关法律的改革——澳大利亚政府间艾滋病委员会法律工作组的最终报告		澳	中国预防医学科学院 张海娟、关郁葱	中国社会出版社	
485	1996	行政法和行政程序概要	欧内斯特·盖尔霍恩、罗纳德·M.利文	美	黄列*	中国社会科学出版社	美国法学精选丛书

— 165 —

续表

序号	出版时间	书名	作者	国别、地区、国际组织	译者	出版社	出版系列
486	1996	银行与金融机构法概要	威廉姆·A.拉维特、约瑟夫·麦瑞克·琼斯	美	刘李胜*、安静	中国社会科学出版社	美国法学精选丛书
487	1996	海洋管理与联合国	E.M.鲍基斯	加	孙清 等	海洋出版社	
488	1996	联合国海洋法公约	联合国第三次海洋法会议	联合国		海洋出版社	
489	1996	国际商法	让·沙皮拉、夏尔·勒邦	法	谢军瑞*	商务印书馆	我知道什么？
490	1996	国际商事合同通则	国际统一私法协会		对外经济贸易合作部条约法律司编译	法律出版社	
491	1996	宪政民主对外事务	路易斯·亨金	美	邓正来*	生活·读书·新知三联书店	宪政译丛
492	1997	宪政与民主——理性与社会变迁研究	埃尔斯特、斯莱格斯塔德	美、挪	潘勤*、谢鹏程*	生活·读书·新知三联书店	宪政译丛
493	1997	法律的经济分析	理查德·A.波斯纳	美	蒋兆康	中国大百科全书出版社	外国法律文库
494	1997	法国刑法典 刑事诉讼法典		法	罗结珍*	国际文化出版公司	
495	1997	超验正义——宪政的宗教之维	卡尔·J·弗里德里希	美	周勇、王丽芝	生活·读书·新知三联书店	宪政译丛
496	1997	法学导论	拉德布鲁赫	德	米健*	中国大百科全书出版社	外国法律文库
497	1997	无法无天 辛普森无罪获释原因五探	文森特·布廖西	美	徐珍、阚方宇、杨冀	内蒙古人民出版社	
498	1997	详解商业秘密管理	新企业法务研究会	日	张玉瑞*	金城出版社	
499	1997	事实真相 美国超级橄榄球星 O.J.辛普森杀妻案证人采访实录	马克·埃利奥特	美	夏纪慧	法律出版社	
500	1997	罪与罚 现代美国犯罪面面观	枝川公一	日	宁燕平 等	海南出版社	
501	1997	日本刑事法的形成与特色日本法学家论日本刑事法	西原春夫	日	李海东 等	日本国·成文堂中国·法律出版社联合出版	

续表

序号	出版时间	书名	作者	国别、地区、国际组织	译者	出版社	出版系列
502	1997	宪法的政治理论	肯尼思·W·汤普森	美	张志铭*	生活·读书·新知三联书店	宪政译丛
503	1997	多媒体与著作权	中山信弘	日	张玉瑞*	专利文献出版社	
504	1997	国外公务员从政道德法律法规选编			中国监察学会秘书处、中央纪检监察部外事局、纪检监察研究所编译	中国方正出版社	
505	1997	如何防止计算机犯罪——管理者指南	August Baquai	美	李玲*、韦明芳编译	重庆大学出版社	
506	1997	消费者权益保护	热拉尔·卡	法	姜依群	商务印书馆	
507	1997	法律多元 从日本法律文化迈向一般理论	千时正士	日	强世功*	中国政法大学出版社	法律文化研究中心文丛
508	1997	法律进化论	穗积陈重	日	黄尊三*等	中国政法大学出版社	二十世纪中华法学文丛
509	1997	经济法	阿莱克西·雅克曼、居伊·施朗斯	法	宇泉	商务印书馆	我知道什么？
510	1997	国际法教程	英戈·冯·闵希	德	林荣远*等	世界知识出版社	
511	1997	行政法	威廉·韦德	英	徐炳*等	中国大百科全书出版社	外国法律文库
512	1997	法与宪法	W. Ivor·詹宁斯	英	龚祥瑞*、侯健	生活读书新知三联书店	宪政译丛
513	1997	跨国犯罪与刑法	安德鲁·博萨	法	陈正云*、孙丽波等	中国检察出版社	
514	1997	行为、责任、刑法——机能性描述	格吕恩特·雅科布斯	德	冯军*	中国政法大学出版社	
515	1997	国际法（上卷）	柳炳华	韩	朴国哲、朴永姬	中国政法大学出版社	
516	1997	还你清白 三十四年冤案昭雪记——日本著名律师相马达雄成功辩护案例	堀田宗路	日	张爱平、冯峰	法律出版社	

续表

序号	出版时间	书名	作者	国别、地区、国际组织	译者	出版社	出版系列
517	1997	论共和国 论法律	西塞罗	古罗马	王焕生*	中国政法大学出版社	
518	1997	意大利民法典		意	费安玲*、丁玫*	中国政法大学出版社	
519	1997	大众传播法概要	T.巴顿·卡特、朱丽叶·L.迪、马丁·J.盖尼斯、哈维·祖克曼	美	黄列*	中国社会科学出版社	美国法学精选丛书
520	1997	不公平贸易行为概论	查尔斯·R.麦克马尼斯	美	陈宗胜、王利华、侯利宏	中国社会科学出版社	美国法学精选丛书
521	1997	美国法律概论（第二版）	彼得·哈伊	美	沈宗灵*	北京大学出版社	
522	1997	劳动法概要	道格拉斯·L.莱斯利	美	张强、杨晓光、杨峰、杨贵莲	中国社会科学出版社	美国法学精选丛书
523	1997	环境法概要	罗杰·W.芬德利、丹尼尔·A.法伯	美	杨广俊*、刘予华、刘国明	中国社会科学出版社	美国法学精选丛书
524	1997	美国商务法律入门	斯蒂夫·麦凯	美	张辛欣	时事出版社	
525	1997	印度矿山安全法规		印度	高鸣涵、庞奇志*等	武汉工业大学出版社	
526	1997	为权益而战	彼得·伊龙斯	美	上海市政协编译组	上海译文出版社	
527	1997	国际商务民事法规通则1	美国加州大学、美国斯坦福大学法学院	美	潘国和 等 编译	中央广播电视大学出版社	跨越世纪面向世界500讲
528	1997	国际商务民事法规通则2	美国加州大学、美国斯坦福大学法学院	美	潘国和 等 编译	中央广播电视大学出版社	跨越世纪面向世界500讲
529	1997	拿破仑法典（法国民法典）		法	李浩培、吴传颐、孙鸣岗*	商务印书馆	汉译世界学术名著丛书
530	1997	国际商务民事法规通则3	美国加州大学、美国斯坦福大学法学院	美	潘国和 等 编译	中央广播电视大学出版社	跨越世纪、面向世界500讲
531	1997	国际法 下	柳炳华	韩	朴国哲,朴永姬	中国政法大学出版社	

续表

序号	出版时间	书名	作者	国别、地区、国际组织	译者	出版社	出版系列
532	1997	科宾论合同（一卷版）上册	A.L. 科宾	美	王卫国*等	中国大百科全书出版社	外国法律文库
533	1998	认真对待权利	罗纳德·德沃金	美	信春鹰*、吴玉章*	中国大百科全书出版社	外国法律文库
534	1998	法律与现代社会	P.S. 阿蒂亚	英	范悦 等	辽宁教育出版社	
535	1998	英汉双解法律词典	P.H. 科林	英	陈庆柏、王景仙	世界图书出版公司	
536	1998	法律的故事	约翰·麦·赞恩	美	刘昕、胡凝	江苏人民出版社	野骆驼译丛
537	1998	论经济与社会中的法律	马克斯·韦伯	德	张乃根*	中国大百科全书出版社	外国法律文库
538	1998	表达自由的法律界限		挪	莫纪宏*	中国人民公安大学出版社	
539	1998	契约之债与准契约之债	桑德罗·斯契巴尼	意	丁玫*	中国政法大学出版社	罗马法研究翻译系列
540	1998	债、私犯之债（II）和犯罪	桑德罗·斯奇巴尼	意	徐国栋*	中国政法大学出版社	民法大全选译
541	1998	欧洲法学史导论	叶士朋	葡	吕平义、苏健	中国政法大学出版社	法律文化研究中心文丛
542	1998	公司法律制度	美国加州大学、美国斯坦福大学法学院	美		中央广播电视大学出版社	
543	1998	商法	克洛德·商波	法	刘庆余	商务印书馆	我知道什么？丛书
544	1998	数字化犯罪	尼尔·巴雷特	英	郝海洋	辽宁教育出版社	
545	1998	欧美预防犯罪方略	约翰·格拉海姆、特雷弗·白男德	英	王大伟*	群众出版社	
546	1998	危机预兆：暴力预测及防范指南	加文·德·贝克尔	美	梁永安	光明日报出版社	
547	1998	疑嫌画像：FBI心理分析官对异常杀人者调查手记	罗伯特·K.雷斯勒、汤姆·沙其曼	美	李璞良	法律出版社	

续表

序号	出版时间	书名	作者	国别、地区、国际组织	译者	出版社	出版系列
548	1998	日本刑法典		日	张明楷*	法律出版社	外国法典译丛
549	1998	越南民法典		越	米良	云南大学出版社	东陆法律文库
550	1998	意大利刑法学原理	杜里奥·帕多瓦尼	意	陈忠林*	法律出版社	
551	1998	财产法	F. H. 劳森、B. 拉登	英	施天涛*等	中国大百科全书出版社	外国法律文库
552	1998	英国合同法与案例	A. G. 盖斯特	英	张文镇 等	中国大百科全书出版社	外国法律文库
553	1998	英国的洗钱犯罪：以怀疑为出发点的报案评价	米切尔·里费、米切尔·高德	英	王淼、吴肖天编译	警官教育出版社	
554	1998	法国刑法总论精义	卡斯东·斯特法尼	法	罗结珍*	中国政法大学出版社	
555	1998	美国法律体系：宪法	美国加州大学、美国斯坦福大学法学院	美	编译组	中央广播电视大学出版社	
556	1998	美国统一商法典《信用证》篇		美	王江雨*	中国法制出版社	
557	1998	中美经贸关系中的法律问题及美国贸易法		美	杨国华*编译	经济科学出版社	
558	1998	合同法理论与判例研究	马汶·A. 希尔斯坦	美	杨明成、邓瑞平、唐忠民、郑传坤、李化德	重庆大学出版社	
559	1998	科宾论合同（一卷版）下册	A. L. 科宾	美	王卫国*等	中国大百科全书出版社	外国法律文库
560	1998	消费者保护法概要	戴维·G. 爱泼斯坦、史蒂夫·H. 尼克尔斯	美	陆震纶、郑明哲	中国社会科学出版社	美国法学精选丛书
561	1998	知识产权法概要	阿瑟·R. 米勒、迈克尔·H. 戴维	美	周林*、孙建红、张灏	中国社会科学出版社	美国法学精选丛书
562	1998	白领犯罪：金融业巨额诈骗及权术	基蒂·卡拉维塔	美	李斯	光明日报出版社	五谷田文化译丛

续表

序号	出版时间	书名	作者	国别、地区、国际组织	译者	出版社	出版系列
563	1998	美国律师实务入门：从学生到律师	苏珊·奥尼尔、凯瑟琳·斯巴克曼	美	黄亦川	北京大学出版社	
564	1998	奥本海国际法 第一卷 第二分册	詹宁斯、瓦茨	英	王铁崖*等	中国大百科全书出版社	外国法律文库
565	1998	国际商务民事法规通则	美国加州大学美国斯坦福大学法学院	美	潘国和 等	上海大学出版社、中央广播电视大学出版社	当代世界新知识精选——跨越世纪、面向世界50讲
566	1998	海权对历史的影响（1660-1783）	A. T. 马汉	美	安常容、成忠勤	中国解放军出版社	外国著名军事著作丛书
567	1998	海上避碰规则指南	A. N. 科克罗夫特、J. N. F. 拉梅杰	英、荷	赵劲松*	人民交通出版社	
568	1998	国际商法实务	美国加州大学、美国斯坦福大学法学院	美	编译组	中央广播电视大学出版社	国际商务民事法规通则
569	1998	装卸时间与滞期	JOHN SCHOFIELD	英	张永坚、赵雅、时琳	大连海事大学出版社	
570	1998	国际商事仲裁文集			中国国际商会仲裁研究所 编译	中国对外经济贸易出版社	
571	1998	戴西和莫里斯论冲突法	J. H. C. 莫里斯	英	李双元*等	中国大百科全书出版社	外国法律文库
572	1998	国际知识产权法律制度	美国加州大学、美国斯坦福大学法学院	美	编译组	中央广播电视大学出版社	国际商务民事法规通则
573	1999	法律的博弈分析	道格拉斯·G·拜尔、罗伯特·H·格特纳、兰德尔·C·皮克	美	严旭阳	法律出版社	法律经济学丛书
574	1999	论义务	西塞罗	古罗马	王焕生*	中国政法大学出版社	罗马法研究翻译系列
575	1999	法理学：法律哲学与法律方法	E. 博登海默	美	邓正来*	中国政法大学出版社	

续表

序号	出版时间	书名	作者	国别、地区、国际组织	译者	出版社	出版系列
576	1999	法律冲突与法律规则的地域和时间范围	弗里德里希·卡尔·冯·萨维尼	法	李双元*、张茂、吕国民、郑远民、程卫东	法律出版社	现代罗马法体系（第八卷）
577	1999	法律的未来	丹宁勋爵	英	刘庸安*、张文镇*	法律出版社	
578	1999	法与国家的一般理论	B·B·拉扎列夫	俄	王哲*等	法律出版社	
579	1999	法律的界碑	丹宁勋爵	英	刘庸安*、张弘	法律出版社	
580	1999	法律的训诫	丹宁勋爵	英	杨百揆、刘庸安*、丁健	法律出版社	
581	1999	比较法	大本雅夫	日	范愉*	法律出版社	早稻田大学·日本法学丛书
582	1999	普通法的历史基础	S.F.C.密尔松	英	李显冬*等	中国大百科全书出版社	外国法律文库
583	1999	赛博空间和法律：网上生活的权利和义务	爱德华·A.卡瓦佐、加斐诺·莫林	美	王月瑞*	江西教育出版社	三思文库：赛博文化系列
584	1999	国际合同：如何起草国际销售合同	卡拉·C·希比	美	李力（政法大学）*	经济科学出版社	国际贸易简明教程译丛
585	1999	公司法概要	罗伯特·W·汉密尔顿	美	李存捧*	中国社会科学出版社	美国法学精选丛书
586	1999	合同·担保管理精要	LEC·东京法思株式会社	日		复旦大学出版社	经营管理精要丛书
587	1999	物权的变动与对抗问题	铃木禄弥	日	渠涛*	社会科学文献出版社	日本法学著作译丛
588	1999	物与物权	桑德罗·斯奇巴尼	意	范怀俊*、费安玲	中国政法大学出版社	罗马法民法大全翻译系列
589	1999	债权在近代法中的优越地位	我妻荣	日	王书江*	中国大百科全书出版社	外国法律文库
590	1999	人类死刑大观	马丁·莫内斯蒂埃	法	袁筱一*等	漓江出版社	
591	1999	发展和管理一家成功的律师事务所	米尔顿·W·司威克	加	冯秀梅	法律出版社	
592	1999	交叉询问的艺术	法兰西斯·威尔曼	美	周华、陈意文	红旗出版社	

续表

序号	出版时间	书名	作者	国别、地区、国际组织	译者	出版社	出版系列
593	1999	韩国商法		韩	吴日焕*	中国政法大学出版社	
594	1999	行政法	盐野宏	日	杨建顺*	法律出版社	早稻田大学·日本法学丛书
595	1999	日本证券法律		日	徐庆	法律出版社	外国证券法译丛
596	1999	日本禁止垄断法		日	王长河、周永胜、刘凤景	法律出版社	外国法典译丛
597	1999	环境法	原田尚彦	日	于敏	法律出版社	早稻田大学·日本法学丛书
598	1999	日本民法典		日	王书江*	中国人民公安大学出版社	外国民商法典译丛
599	1999	欧陆法律发达史	孟罗·斯密	美	姚梅镇*	中国政法大学出版社	二十世纪中华法学文丛
600	1999	俄罗斯联邦民法典		俄	黄道秀*等	中国大百科全书出版社	外国法律文库
601	1999	俄罗斯联邦刑事诉讼法典		俄	苏方遒、徐鹤喃、白俊华	中国政法大学出版社	
602	1999	残疾人法：对实践和研究的系统论述	维尔特劳特·图斯特、彼得·特伦克-欣特贝格尔	德	刘翠霄	法律出版社	
603	1999	德国经济行政法	罗尔夫·斯特博	德	苏颖霞*、陈少康*	中国政法大学出版社	
604	1999	德国普通行政法	平特纳	德	朱林	中国政法大学出版社	
605	1999	德国股份公司法		德	贾红梅、郑冲	法律出版社	外国公司法译丛
606	1999	德国民法典		德	郑冲、贾红梅	法律出版社	外国法典译丛
607	1999	德国民法典		德	杜景林*、卢谌	中国政法大学出版社	

续表

序号	出版时间	书名	作者	国别、地区、国际组织	译者	出版社	出版系列
608	1999	瑞士民法典		瑞士	殷生根*、王燕	中国政法大学出版社	
609	1999	瑞士联邦刑法典1996年修订		瑞士	徐久生*	中国法制出版社	
610	1999	英国证券发行与交易法律		英	付建荣	法律出版社	外国证券法译丛
611	1999	法律的正当程序	丹宁勋爵	英	李克强、杨百揆、刘庸安	法律出版社	
612	1999	法国海关法典		法	黄胜强*	中国社会科学出版社	外国海关法规译丛
613	1999	法国证券、期货交易法律		法	李萍、金邦贵*	法律出版社	外国证券法译丛
614	1999	法国公司法规范		法	李萍	法律出版社	外国公司法译丛
615	1999	法国民法典		法	罗结珍*	中国法制出版社	民商法典丛
616	1999	法国知识产权法典（法律部分）		法	黄晖	商务印书馆	
617	1999	法国新民事诉讼法典		法	罗结珍*	中国法制出版社	民商法典译丛
618	1999	法国刑事诉讼法精义	卡斯东·斯特法尼、乔治·勒瓦索、贝尔纳·布洛克	法	罗结珍*	中国政法大学出版社	法国高等学院法律专业教材
619	1999	加拿大重要商业公司法和证券法		加	蔡文海 校译	中国对外经济贸易出版社	
620	1999	加拿大刑事法典		加	卞建林*	中国政法大学出版社	
621	1999	美国宪法判例与解释	詹姆斯·安修	美	黎建飞*	中国政法大学出版社	
622	1999	美国关税法		美	韩立余*	法律出版社	《美国法典》选译
623	1999	美国证券交易法律		美	王宏	法律出版社	外国证券法译丛
624	1999	美国贸易法		美	韩立余*	法律出版社	《美国法典》选译

续表

序号	出版时间	书名	作者	国别、地区、国际组织	译者	出版社	出版系列
625	1999	FIDIC第四版实用法律指南	E.C.考伯特	英	张明峰、彭凤国	航空工业出版社	
626	1999	国际商业交易法概要	拉尔夫·H.福尔瑟姆、迈克尔·华莱士、戈登·约翰·A.斯潘格尔	美	刘李红、田华、马康明 等	中国社会科学出版社	美国法学精选丛书
627	1999	国际税法概要	理查德·L.多恩伯格	美	马康明、李金早 等	中国社会科学出版社	美国法学精选丛书
628	1999	《世界人权宣言》：努力实现的共同标准	格德门德尔·阿尔弗雷德松、阿斯布佐恩·艾德	瑞典、挪	中国人权研究会	四川人民出版社	
629	1999	加拿大刑事法典		加	卞建林* 等	中国政法大学出版社	
630	2000	法律、立法与自由（第二、三卷）	弗里德利希·冯·哈耶克	英	邓正来*	中国大百科全书出版社	外国法律文库
631	2000	后现代法哲学：告别演讲	阿图尔·考夫曼	德	米健*	法律出版社	当代德国法学名著丛书
632	2000	在线游戏规则：网络时代的11个法律问题	大卫·约翰斯顿、森尼·汉达、查尔斯·摩根	加	张明澍*	新华出版社	
633	2000	公法	桑德罗·斯奇巴尼	意	张礼洪*	中国政法大学出版社	民法大全选译
634	2000	汉穆拉比法典		古巴比伦	《世界著名法典汉译丛书》编委会	法律出版社	世界著名法典汉译丛书
635	2000	赫梯法典		赫梯古王国	《世界著名法典汉译丛书》编委会	法律出版社	世界著名法典汉译丛书
636	2000	罗马法概论	巴里·尼古拉斯	英	黄风*	法律出版社	牛津法学教科书译丛

续表

序号	出版时间	书名	作者	国别、地区、国际组织	译者	出版社	出版系列
637	2000	摩奴法典		古印度	《世界著名法典汉译丛书》编委会	法律出版社	世界著名法典汉译丛书
638	2000	萨利克法典		法兰克王国,6世纪	《世界著名法典汉译丛书》编委会	法律出版社	世界著名法典汉译丛书
639	2000	十二铜表法		古罗马	《世界著名法典汉译丛书》编委会	法律出版社	世界著名法典汉译丛书
640	2000	外国法制史研究文选			李启欣*著译	中国法制出版社	
641	2000	宪法的历史：比较宪法学新论	杉原泰雄	日	吕昶、渠涛*	社会科学文献出版社	日本法学著作译丛
642	2000	亚洲公益事业及其法规	托马斯·西尔克	美	中国科学基金研究会主译	科学出版社	
643	2000	国际动物卫生法典	世界动物卫生组织		农业部畜牧兽医局	兵器工业出版社	
644	2000	行政法学总论	哈特穆特·毛雷尔	德	高家伟*	法律出版社	当代德国法学名著丛书
645	2000	著作权与邻接权	德利娅·利普希克	西	联合国教科文组织	中国对外翻译出版公司	
646	2000	担保物权法	近江幸治	日	祝娅、王卫军、房兆融	法律出版社	早稻田大学·日本法学丛书
647	2000	刑事政策的主要体系	米海依尔·戴尔玛斯-马蒂	法	卢建平*	法律出版社	刑事法律科学文库
648	2000	当事人基本程序保障权与未来的民事诉讼	莫诺·卡佩莱蒂等	意	徐昕*（1970）	法律出版社	民事诉讼法学译丛
649	2000	仲裁法和惯例辞典			高菲 编译	中国政法大学出版社	
650	2000	司法制度的历史与未来	小岛武司 等	日	汪祖兴	法律出版社	民事诉讼法学译丛
651	2000	犯罪行为心理学：理论、研究和实践	Ronald Blackbum	英	吴宗宪、刘邦惠*等	中国轻工业出版社	
652	2000	犯罪侦查	韦恩W·贝尼特、凯伦M·希斯	美	但彦铮、徐公社、李金秀、翁里、熊德来	群众出版社	

续表

序号	出版时间	书名	作者	国别、地区、国际组织	译者	出版社	出版系列
653	2000	科学探案	科林·伊万斯	美	吴燕、高树辉、王新淮	海南出版社	
654	2000	西方奇案			何家弘*等 编译	群众出版社	
655	2000	性侵犯的历史	乔治·维加莱洛	法	张森宽*	湖南文艺出版社	
656	2000	亚洲部分国家海关法		亚洲	何晓兵、葛磊、齐忠平	中国社会科学出版社	外国海关法规译丛
657	2000	韩国公司法	李哲松	韩	吴日焕*	中国政法大学出版社	
658	2000	日本破产法	石川明	日	何勤华*、周桂秋	中国法制出版社	外国法学教科书选粹
659	2000	现代日本公司法	末永敏和	日	金洪玉*	人民法院出版社	
660	2000	日本民法典		日	王书江*	中国法制出版社	民商法典译丛
661	2000	日本商法典		日	王书江*、殷建平	中国法制出版社	民商法典译丛
662	2000	刑事政策学	大谷实	日	黎宏*	法律出版社	
663	2000	日本新民事诉讼法		日	白绿铉*编译	中国法制出版社	民商法典译丛
664	2000	日本刑事法的重要问题（第二卷）	西原春夫	日	金光旭、冯军、张凌 等	法律出版社	日本法丛书
665	2000	日本刑事诉讼法		日	宋英辉*	中国政法大学出版社	外国刑事诉讼法典系列
666	2000	刑事诉讼法	田口守一	日	刘迪、张凌、穆津	法律出版社	早稻田大学·日本法学丛书
667	2000	越南程序法汇编		越	米良*	云南大学出版社	东陆法律文库
668	2000	欧盟公司法指令全译		欧盟	刘俊海*	法律出版社	
669	2000	俄罗斯联邦刑法典释义		俄	黄道秀*	中国政法大学出版社	
670	2000	德国股份法·德国有限责任公司法·德国公司改组法·德国参与决定法		德	杜景林*、卢谌	中国政法大学出版社	

续表

序号	出版时间	书名	作者	国别、地区、国际组织	译者	出版社	出版系列
671	2000	德国民法总论	迪特尔·梅迪库斯	德	邵建东*	法律出版社	当代德国法学名著丛书
672	2000	德国刑法典（附德文）		德	徐久生*	中国法制出版社	
673	2000	德国刑法典（附德文）		德	冯军	中国政法大学出版社	
674	2000	德国刑法教科书	弗兰茨·冯·李斯特	德	徐久生*	法律出版社	
675	2000	德国民事诉讼法律与实务	狄特·克罗林庚	德	刘汉富	法律出版社	
676	2000	现代证明责任问题	汉斯·普维庭	德	吴越	法律出版社	民事诉讼法学译丛
677	2000	恐怖的法官：纳粹时期的司法	英戈·穆勒	德	王勇	中国政法大学出版社	司法文丛
678	2000	芬兰刑事司法制度	Matti Joutsen, Raimao Lahti	芬	王大伟*等	中国人民公安大学出版社	
679	2000	犯罪人论	切萨雷·龙勃罗梭	意	黄风*	中国法制出版社	
680	2000	最后的篇章	丹宁勋爵	英	刘庸安*、李燕	法律出版社	
681	2000	英国刑法	J. C. 史密斯、B. 霍根	英	李贵方*	法律出版社	
682	2000	法国商法典		法	金邦贵*	中国法制出版社	民商法典译丛
683	2000	海商法	G. 吉尔摩、C. L. 布莱克	美	杨召南*等	中国大百科全书出版社	外国法律文库
684	2000	美国对外贸易和海关法	布鲁斯·E. 克拉伯	美	蒋兆康*、王洪波、何晓睿、竺琳	法律出版社	
685	2000	美国联邦民事诉讼规则 证据规则		美	白绿铉*、卞建林	中国法制出版社	民商法典译丛
686	2000	微软罪状：美国法院政府诉微软一案事实认定			方兴东 编译	中国友谊出版公司	
687	2000	职责与公义：美国的司法制度与律师职业道德	肯尼斯·基普尼斯	美	徐文俊	东南大学出版社	

续表

序号	出版时间	书名	作者	国别、地区、国际组织	译者	出版社	出版系列
688	2000	雄辩之美：法律、良知与辩才的角力			郑欢、张兰、张东梅*编译	新华出版社	
689	2000	国际环境法	亚历山大·基斯	法	张若思 编译	法律出版社	
690	2000	船舶国籍与方便旗船籍	水上千之	日	全贤淑	大连海事大学出版社	
691	2000	服务与保护：适用于警察和安全部队的人权和人道主义法	C.德·罗威尔	荷	毕小青*	中国社会科学出版社	
692	2000	英国公司法规汇编1530-1989		英	虞正平主编	法律出版社	
693	2001	法律篇	柏拉图	古希腊	张智仁、何勤华*	上海人民出版社	世界法学名著译丛
694	2001	规范·人格体·社会：法哲学前思	京特·雅科布斯	德	冯军	法律出版社	当代德国法学名著
695	2001	论立法与法学的当代使命	弗里德利希·卡尔·冯·萨维尼	德	许章润*	中国法制出版社	西方法哲学文库
696	2001	万民法：公共理性观念新论	约翰·罗尔斯	美	张晓辉、李仁良、邵红丽、李鑫	吉林人民出版社	人文译丛
697	2001	现代社会中的法律	R.M.昂格尔	美	吴玉章、周汉华*	译林出版社	人文和社会译丛
698	2001	婚姻、家庭和遗产继承人	桑德罗·斯奇巴尼	意	费安玲*	中国政法大学出版社	罗马法民法大全翻译系列
699	2001	买卖契约	优士丁尼	古罗马	刘家安*	中国政法大学出版社	罗马法民法大全翻译系列
700	2001	普通法的精神	罗斯科·庞德	美	唐前宏*、廖湘文*、高雪原	法律出版社	
701	2001	论法的精神	孟德斯鸠	法	孙立坚、孙丕强、樊瑞庆	陕西人民出版社	影响世界历史进程的书
702	2001	控制国家：西方宪政的历史	斯科特·戈登	美	应奇*、陈丽微、孟军、李勇	江苏人民出版社	现代政治译丛

续表

序号	出版时间	书名	作者	国别、地区、国际组织	译者	出版社	出版系列
703	2001	宪政的哲学之维	阿兰·S.罗森鲍姆	美	郑戈*、刘茂林*	生活·读书·新知三联书店	宪政译丛
704	2001	欧盟、加拿大、新西兰海关法			黄胜强、符慧、蒋兆康	中国社会科学出版社	外国海关法规译丛
705	2001	银行家法学原理	小詹姆斯·C.肯博伊	美	张必来	中国计划出版社	中国银行家必读教程——美国银行家必读核心教程译丛
706	2001	公司法：理论、结构和运作	布莱恩·R.柴芬斯	加	林华伟、魏旻	法律出版社	牛津法学教科书译丛
707	2001	电子商务法律	安德鲁·斯帕罗	英	林文平、陈耀权*	中国城市出版社	最新电子商务译丛
708	2001	现物出资研究	志村治美	日	于敏	法律出版社	商事法专题研究文库
709	2001	产权的缔约分析	加里·D.利贝卡普	美	陈宇东、耿勤、秦军、王志伟	中国社会科学出版社	哈佛剑桥经济学著作译丛
710	2001	刑法总论	野村稔	日	全理其*、何力	法律出版社	早稻田大学·日本法学丛书
711	2001	已然之罪还是未然之罪——对罪犯量刑中的该当性与危险性	安德鲁·冯·赫希	美	邱兴隆*、胡云腾*	中国检察出版社	
712	2001	肮脏的交易：全球洗钱业不可告人的内幕	彼特·里列	英	董振华 等	新华出版社	
713	2001	性骚扰应对	日本性骚扰问题研究会编	日	竺家荣*	中信出版社	2小时通图解系列
714	2001	诈骗"天才"	皮埃尔·贝勒马尔、让-马克·埃皮努、让·弗朗索瓦·纳米亚斯	法	查川江	中华工商联合出版社	

续表

序号	出版时间	书名	作者	国别、地区、国际组织	译者	出版社	出版系列
715	2001	动机剖析：美国联邦调查局侦破大案秘诀	约翰·道格拉斯、马克·奥尔沙克	美	张向珍、史大晓*	海南出版社	当代西方刑侦经典系列
716	2001	防止小企业内部网络诈骗：审计师与业主须知	杰克·波罗纳、保罗·萧	美	郭懿美*	机械工业出版社	
717	2001	变态杀手：恶性犯罪深层心理探究	约翰·道格拉斯、马克·奥尔沙克	美	岳盼盼、白爱莲	海南出版社	当代西方刑侦经典系列
718	2001	好人·坏人：透视人性的阴暗面	罗伯特·西蒙	美	韩斌、叶隽	新华出版社	
719	2001	对科学证据的认定：科学知识与联邦法院	肯尼斯·R.福斯特、彼得·W.休伯	美	王增森	法律出版社	
720	2001	身体的证据：国际法医探案100例	布瑞恩·英尼斯	英	舒云亮*	辽宁教育出版社	
721	2001	税法学原论	北野弘久	日	吉田庆子 等	中国检察出版社	法学交流文丛
722	2001	证据法的经济分析	理查德·A.波斯纳	美	徐昕（1970）*、徐昀*	中国法制出版社	
723	2001	美国诉微软案 界碑性案件的内幕故事	乔尔·布林克利、史蒂夫·洛尔	美	刘庸安、范一亭、林小荣	北京大学出版社	
724	2001	外国法学名著 法国民事诉讼法要义 上	让·文森、塞尔日·金沙尔	法	罗结珍*	中国法制出版社	
725	2001	世界贸易体制 国际经济关系的法律与政策	约翰·H.杰克逊	美	张乃根*	复旦大学出版社	
726	2001	商务合同手册	理查德·哈罗齐	美	张建、李佳、丁宁、韩文光	企业管理出版社	IDG新经济工商实务傻瓜丛书
727	2001	SCRUTTON 租船合同与提单	Stewart C. Body, Andrew S. Burrows, David Foxton	英	郭国汀	法律出版社	当代国际贸易航运法名著译丛

续表

序号	出版时间	书名	作者	国别、地区、国际组织	译者	出版社	出版系列
728	2001	自由的法 对美国宪法的道德解读	罗纳德·德沃金	美	刘丽君	上海人民出版社	世界法学名著译丛
729	2001	特拉华州普通公司法 美国特拉华州法典		美	左羽	法律出版社	外国公司法译丛
730	2001	英宪精义	戴雪	英	雷宾南*	中国法制出版社	外国法学名著
731	2001	企业所有权论	亨利·汉斯曼	美	于静	中国政法大学出版社	美国法律文库
732	2001	英国民事诉讼规则		英	徐昕（1970）*	中国法制出版社	民商法典译丛
733	2001	美国联邦地区法院民事诉讼流程 中英对照		美	汤维建、徐卉、胡浩成	法律出版社	联邦法院介绍系列
734	2001	加拿大《矫正与有条件释放法》		加	郭建安*	中国政法大学出版社	
735	2001	欧洲合同法	海因·克茨	德	周海忠、李居迁、宫立云	法律出版社	当代德国法学名著
736	2001	英国刑事诉讼法	[英]迈克·麦康维尔、岳礼玲 选编	英	中国政法大学刑事法律研究中心 组织编译	中国政法大学出版社	外国刑事诉讼法典系列
737	2001	德意志联邦共和国民事诉讼法		德	谢怀栻*	中国法制出版社	民商法典译丛
738	2001	生存权论	大须贺明	日	林浩	法律出版社	早稻田大学·日本法学丛书
739	2001	国际商事仲裁新资料选编			宋连斌*、林一飞* 译编	武汉出版社	
740	2001	诉讼制度改革的法理与实证	小岛武司	日	陈刚、郭美松 等	法律出版社	民事诉讼法学译丛
741	2001	德国刑法教科书总论	汉斯·海因里希·耶赛克、托马斯·魏根特	德	徐久生*	中国法制出版社	外国法学名著
742	2001	CIF和FOB合同	David M. Sassoon	英	郭国汀 主译	复旦大学出版社	
743	2001	证券交易法概论	河本一郎、大武泰南	日	侯水平*	法律出版社	早稻田大学·日本法学丛书

续表

序号	出版时间	书名	作者	国别、地区、国际组织	译者	出版社	出版系列
744	2001	物权法	田山辉明	日	陆庆胜	法律出版社	早稻田大学·日本法学丛书
745	2001	世界法的三个挑战	米海依尔·戴尔玛斯-马蒂	法	罗结珍*、郑爱青、赵海峰	法律出版社	法国现代法学名著译丛
746	2001	新民事诉讼法讲义	中村英郎	日	陈刚、林剑锋、郭美松	法律出版社	日本法学丛书
747	2001	无政府状态与世界秩序	熊玠	美	余逊达*、张铁军*	浙江人民出版社	国际关系学当代名著译丛
748	2001	正义的神话	蓋瑞·史宾斯	美	江雅绮	商周出版	人与法律
749	2001	美国关税法		美	黄胜强*、蒋兆康、贾中光	中国社会科学出版社	外国海关法规译丛
750	2001	欧洲比较侵权行为法 下	克雷斯蒂安·冯·巴尔	德	张新宝*	法律出版社	
751	2001	司法极简主义 一次一案的精神与民主政治	Cass R. Sunstein	美	商千仪、高中义	商周出版	人与法律
752	2001	欧共体新方法指令实施指南		欧洲	王鲜华*编译	中国标准出版社	
753	2001	欧共体公共采购法	克斯托夫·波维斯	欧洲	张照东*	中国书籍出版社	大道之行律师理论与实务丛书
754	2001	国际水生动物卫生法典	世界动物卫生组织		国家质量监督检验检疫总局	中国农业出版社	
755	2002	越南社会主义共和国民法典		越	吴尚芝	中国法制出版社	民法典译丛·亚洲系列
756	2002	当代法哲学和法律理论导论	阿图尔·考夫曼、温弗里德·哈斯默尔	德	郑永流	法律出版社	当代德国法学名著
757	2002	法理学问题	理查德·A.波斯纳	美	苏力*	中国政法大学出版社	波斯纳文丛

续表

序号	出版时间	书名	作者	国别、地区、国际组织	译者	出版社	出版系列
758	2002	法律的成长：法律科学的悖论	本杰明·N·卡多佐	美	董炯、彭冰	中国法制出版社	西方法哲学文库
759	2002	法律之门：法律过程导论（第六版）	博西格诺 等	美	邓子滨*	华夏出版社	
760	2002	法哲学	科殷	德	林荣远*	华夏出版社	
761	2002	法律推理引论	艾德华·H.列维	美	庄重	中国政法大学出版社	美国法律文库
762	2002	社会学视野中的司法	唐·布莱克	美	郭星华 等	法律出版社	法律与社会译丛
763	2002	原始社会的犯罪与习俗	马林诺夫斯基	英	原江	云南人民出版社	
764	2002	法律与文学	理查德·A.波斯纳	美	李国庆	中国政法大学出版社	波斯纳文丛
765	2002	法和经济学	罗伯特·D.考特、托马斯·S.尤伦	美	施少华、姜建强	上海财经大学出版社	新世纪高校经济学教材译丛
766	2002	各国法律制度概况	维克托·纳普	捷	高绍先*、夏登峻* 等译	法律出版社	国际比较法百科全书
767	2002	诊所式法律教育	马海发·梅隆	印	彭锡华* 等译	法律出版社	诊所式法律教育丛书
768	2002	英美法原理	阿瑟·库恩	美	陈朝璧 译注	法律出版社	
769	2002	比较法的力量与弱点	伯恩哈德·格罗斯菲尔德	德	孙世彦*、姚建宗*	清华大学出版社	比较法学丛书
770	2002	比较法律文化	H.W.埃尔曼	美	贺卫方*、高鸿钧*	清华大学出版社	比较法学丛书
771	2002	公法与政治理论	洛克林	英	郑戈*	商务印书馆	公法名著译丛
772	2002	克隆人：法律与社会	张乃根、米雷埃·德尔马斯-玛尔蒂	中、法	不详	复旦大学出版社	法学专题系列
773	2002	电子商务法（第四版）	简·考夫蔓·温本杰明·赖特	美	张楚、黄涛、洪永文	北京邮电大学出版社	
774	2002	森林采伐法规	Dykstra, D. P.		白菊平 等	中国农业科学技术出版社	

续表

序号	出版时间	书名	作者	国别、地区、国际组织	译者	出版社	出版系列
775	2002	财产与自由	詹姆斯·布坎南	美	韩旭	中国社会科学出版社	公共译丛
776	2002	数字化资产	莱斯莉·艾伦·哈里斯	美	常晓波、周海鹏	中国大百科全书出版社	
777	2002	罗马公约和音乐制品公约指南（附英文文本）			刘波林	中国人民大学出版社	世界贸易组织与中国知识产权制度的发展研究丛书
778	2002	合同法导论	P.S. 阿狄亚	英	赵旭东*、何帅领*、邓晓霞*	法律出版社	牛津法学教科书译丛
779	2002	保险合同法	MALCOLM A. CLARKE	美	何美欢*、吴志攀*等	北京大学出版社	引进版教材参考书系列
780	2002	伪造与欺诈：伪造证件单据的国际犯罪	皮埃尔·戴尔瓦尔	法	单明伟*	中国大百科全书出版社	国际犯罪学丛书
781	2002	经济刑法	芝原邦尔	日	金光旭	法律出版社	
782	2002	网络犯罪：威胁、风险与反击	达尼埃尔·马丁、弗雷德里克-保罗·马丁	法	卢建平*	中国大百科全书出版社	国际犯罪学丛书
783	2002	证明责任论：以德国民法典和民事诉讼法典为基础撰写	莱奥·罗森贝克	德	庄敬华*	中国法制出版社	外国法学名著
784	2002	犯罪的影子：系列杀人犯心理特征剖析	David Canter	英	吴宗宪*等	北京轻工业出版社	新向导丛书 大众心理系列
785	2002	案发现场的苍蝇	李·戈夫	美	洪漫*、曹丽君、赵菲菲	新华出版社	科学探索系列
786	2002	简明损伤定级标准	美国机动车医学促进会	美	重庆市急救医疗中心	重庆出版社	
787	2002	现代日本的法和秩序	棚濑孝雄	日	易平*	中国政法大学出版社	
788	2002	实践宪法学	三浦隆	日	李力（1964）*、白云海	中国人民公安大学出版社	

续表

序号	出版时间	书名	作者	国别、地区、国际组织	译者	出版社	出版系列
789	2002	刑事政策的基础	博斯霍洛夫	俄	刘向文*	郑州大学出版社	法学文库
790	2002	德国行政法	奥托·迈耶	德	刘飞*	商务印书馆	公法名著译丛
791	2002	德国支付不能法		德	杜景林*、卢谌	法律出版社	外国法典译丛
792	2002	德国债法现代化法		德	邵建东*、孟翰、牛文怡	中国政法大学出版社	
793	2002	物权法	曼弗雷德·沃尔夫	德	吴越、李大雪*	法律出版社	德国法学教科书译丛
794	2002	瑞士债法典		瑞	吴兆祥、石佳友*、孙淑妍	法律出版社	外国法典译丛
795	2002	英国法与法国法：一种实质性比较	勒内·达维	法	潘华仿*、高鸿钧*、贺卫方	清华大学出版社	比较法学丛书
796	2002	OMAY海上保险：法律与保险单	Donald O'may, Juliam Hill	英	郭国汀*等译	法律出版社	当代国际贸易航运法名著译丛
797	2002	法国行政法	古斯塔夫·佩泽尔	法	廖坤明、周洁	国家行政学院出版社	
798	2002	布什诉戈尔			王磊 编著	北京大学出版社	21世纪法学系列教材案例丛书
799	2002	美国大众传媒法：判例评析	唐纳德·M·吉尔摩、杰罗姆·A·巴龙托德·F·西蒙	美	梁宁 等	清华大学出版社	清华传播译丛
800	2002	美国行政法的重构	理查德·B·斯图尔特	美	沈岿*	商务印书馆	公法名著译丛
801	2002	美国慈善法指南	贝奇·布查特·阿德勒	美	NPO信息咨询中心	中国社会科学出版社	
802	2002	美国版权法（附英文文本）		美	孙新强*、于改之*	中国人民大学出版社	世界贸易组织与中国知识产权制度的发展研究丛书

续表

序号	出版时间	书名	作者	国别、地区、国际组织	译者	出版社	出版系列
803	2002	白领犯罪 证券交易中的黑色内幕	苏珊·夏皮罗	美	孙宁	江苏人民出版社	汉译大众精品文库
804	2002	美国民事诉讼的真谛	史蒂文·苏本、玛格瑞特（绮剑）·伍	美	蔡彦敏*、徐卉*	法律出版社	
805	2002	美国刑事法院诉讼程序	爱伦·豪切斯泰勒·斯黛丽、南希·弗兰克	美	陈卫东*、徐美君*	中国人民大学出版社	刑事诉讼法译丛
806	2002	联邦法院：挑战和改革	理查德·A.波斯纳	美	邓海平	中国政法大学出版社	波斯纳文丛
807	2002	舌战羊皮卷	弗朗西斯·韦尔曼	美	林正	新华出版社	
808	2002	超级律师：美国40名顶级律师的成名案例	科林·埃文斯	美	马永波*	北方文艺出版社	
809	2002	迷失的律师：法律职业理想的衰落	安索尼·T.克罗曼	美	田凤常	法律出版社	
810	2002	国际法（2001年第2版）	沃尔夫刚·格拉夫·魏智通	德	吴越*、毛晓飞*	法律出版社	德国法学教科书译丛
811	2002	保护文学和艺术作品伯尔尼公约（1971年巴黎文本）指南（附英文文本）	马苏耶	法	刘波林	中国人民大学出版社	世界贸易组织与中国知识产权制度的发展研究丛书
812	2002	引渡与国际法	李万熙	韩	马相哲	法律出版社	
813	2003	法理学	伯恩·魏德士	德	丁小春、吴越*	法律出版社	德国法学教科书译丛
814	2003	法理学 英汉对照		英	张万洪*、风值水	武汉大学出版社	最新不列颠法律袖珍读本
815	2003	法律导引	维拉曼特	澳	张智仁、周伟文*	上海人民出版社	世界法学名著译丛
816	2003	法律的生长	本杰明·内森·卡多佐	美	刘培峰*、刘骁军	贵州人民出版社	公法译丛

续表

序号	出版时间	书名	作者	国别、地区、国际组织	译者	出版社	出版系列
817	2003	法律上之进化与进步	牧野英一	日	朱广文	中国政法大学出版社	中国近代法律文库
818	2003	现代法学之根本趋势	司丹木拉	德	张季忻	中国政法大学出版社	中国近代法律文库
819	2003	法学方法论	卡尔·拉伦茨	德	陈爱娥*	商务印书馆	
820	2003	法律与宗教	伯尔曼	美	梁治平*	中国政法大学出版社	
821	2003	资本主义的法律基础	约翰·R.康芒斯	美	寿勉成*	商务印书馆	汉译世界学术名著丛书
822	2003	比较法律文化论	D·奈尔肯	意	高鸿钧*、沈明 等	清华大学出版社	比较法学丛书
823	2003	比较法总论	K.茨威格特、H.克茨	德	潘汉典*、米健、高鸿钧、贺卫方	法律出版社	法学研究所精读书系
824	2003	公法与私法	美浓部达吉	日	黄冯明*	中国政法大学出版社	中国近代法律文库
825	2003	法理学：从古希腊到后现代	韦恩·莫里森	英	李桂林、李清伟、侯健、郑云瑞	武汉大学出版社	世界法学精粹文库
826	2003	法律发达史	莫理斯	美	王学文	中国政法大学出版社	中国近代法学译丛
827	2003	论公民	霍布斯	英	应星*、冯克利	贵州人民出版社	公法译丛
828	2003	票据法（第4版）	赛里斯、尼科斯	美	查松*、金蕾	中国人民大学出版社	民商法精要系列
829	2003	反托拉斯法	理查德·A.波斯纳	美	孙秋宁	中国政法大学出版社	波斯纳文丛
830	2003	公司治理与资本市场监管：比较与借鉴	槟田道代、吴志攀 主编	日		北京大学出版社	法学论丛：民商法系列
831	2003	民法与社会主义	岗村司	日	刘仁航、张明慈	中国政法大学出版社	中国近代法学译丛
832	2003	知识产权许可	Jay Dratler, Jr	美	王春燕*	清华大学出版社	
833	2003	婚姻法之近代化	栗生武夫	日	胡长清	中国政法大学出版社	中国近代法律文库

续表

序号	出版时间	书名	作者	国别、地区、国际组织	译者	出版社	出版系列
834	2003	反洗钱金融行动特别工作组《40条建议》			公安部经济犯罪侦查局	群众出版社	
835	2003	计算机取证：应急响应精要	Warren G. Kruse II Jay G. Heiser	美	中国教育和科研计算机网紧急响应组段海新*、刘武、赵东南	人民邮电出版社	
836	2003	民事诉讼法：制度与理论的深层分析	高桥宏志	日	林剑锋*	法律出版社	法学研究生精读书系
837	2003	检察制度	冈田朝太郎、松冈义正（口授）	日	蒋士宜 编译	中国政法大学出版社	中国近代法律文库
838	2003	最佳辩护	盖瑞·史宾赛	美	魏丰 等译	世界知识出版社	
839	2003	指纹断案：现代刑侦科学的兴起	科林·比万	美	素朴	上海译文出版社	灯塔译丛
840	2003	中国家族法原理	滋贺秀三	日	张建国、李力（1955）*	法律出版社	法学研究生精读书系
841	2003	宪法学原理	美浓部达吉	日	欧宗祐、何作霖	中国政法大学出版社	中国近代法律文库
842	2003	器官移植与脑死亡：日本法的特色与背景	中山研一	日	丁相顺*	中国方正出版社	日本法学前沿
843	2003	日本户籍法		日	王新华	中国人民公安大学出版社	
844	2003	日本公司法规范		日	吴建斌*、黄增华*、陈林森	法律出版社	
845	2003	民法原论	富井政章	日	陈海瀛、陈海超	中国政法大学出版社	中国近代法学译丛
846	2003	专利激情在燃烧：一名日本人的自述	池内宽幸	日	丁英烈*、黄剑锋、胡建新	知识产权出版社	知识产权经典译丛
847	2003	日本刑法通义	牧野英一	日	陈承泽	中国政法大学出版社	近代法律文库
848	2003	刑法各论	大谷实	日	黎宏*	法律出版社	日本法学教科书译丛
849	2003	刑法总论	大谷实	日	黎宏*	法律出版社	日本法学教科书译丛

续表

序号	出版时间	书名	作者	国别、地区、国际组织	译者	出版社	出版系列
850	2003	欧洲法	马迪亚斯·赫蒂根	德	张恩民	法律出版社	德国法学教科书译丛
851	2003	德国与欧盟饲料法规	O·Weinnreich, P. Radewahn, B. Krüsken	德	全国饲料工作办公室、全国饲料评审委员会 译	中国农业科学技术出版社	
852	2003	俄罗斯联邦民事诉讼法典		俄	黄道秀*	中国人民公安大学出版社	外国诉讼法翻译系列丛书
853	2003	俄罗斯联邦刑事诉讼法典		俄	黄道秀*	中国政法大学出版社	外国诉讼法翻译系列丛书
854	2003	行政法 第1卷	汉斯·J·沃尔夫、奥托·巴霍夫	德	高家伟*	商务印书馆	公法名著译丛
855	2003	行政法 第2卷	沃尔夫	德	高家伟*	商务印书馆	公法名著译丛
856	2003	德国民法通论	卡尔·拉伦茨	德	王晓晔、邵建东、程建英、徐国建、谢怀栻*	法律出版社	当代德国法学名著
857	2003	德国新债法：条文及官方解释		德	朱岩*编译	法律出版社	
858	2003	法律与历史：论《德国民法典》的形成与变迁	罗尔夫·克尼佩尔	德	朱岩*	法律出版社	当代德国法学名著
859	2003	十九世纪德国民法科学与立法	霍尔斯特·海因里希·雅科布斯	德	王娜	法律出版社	当代德国法学名著
860	2003	民事诉讼法	奥特马·尧厄尼希	德	周翠	法律出版社	德国法学教科书译丛
861	2003	刑事诉讼法（第24版）	克劳思·罗克信	德	吴丽琪	法律出版社	德国法学教科书译丛
862	2003	行政诉讼法（第5版）	弗里德赫尔穆·胡芬	德	莫光华*	法律出版社	德国法学教科书译丛

续表

序号	出版时间	书名	作者	国别、地区、国际组织	译者	出版社	出版系列
863	2003	英国法律体系		英	徐妮娜*	武汉大学出版社	最新不列颠法律袖珍读本
864	2003	宪法：英汉对照			张万洪*、毛卉*	武汉大学出版社	最新不列颠法律袖珍读本
865	2003	社会保障法	罗伯特·伊斯特	英	周长征*等译	中国劳动社会保障出版社	社会保障译丛
866	2003	信托法：英汉对照			文杰	武汉大学出版社	最新不列颠法律袖珍读本
867	2003	商业法：英汉对照			马栩生*	武汉大学出版社	最新不列颠法律袖珍读本
868	2003	英国货物买卖法：判例与评论		英	陈若鸿*编译	法律出版社	
869	2003	劳动法：英汉对照			甘勇	武汉大学出版社	最新不列颠法律袖珍读本
870	2003	合同法：英汉对照			张素华*	武汉大学出版社	最新不列颠法律袖珍读本
871	2003	知识产权法：英汉对照			徐亮	武汉大学出版社	最新不列颠法律袖珍读本
872	2003	商法：英汉对照			余素梅*	武汉大学出版社	最新不列颠法律袖珍读本
873	2003	英国刑事制定法精要（1351—1997）		英	谢望原*编译	中国人民公安大学出版社	中国人民大学国际法研究所文库
874	2003	英国刑事司法程序	麦高伟、杰弗里·威尔逊	英	姚永吉等	法律出版社	
875	2003	所有人的正义：英国司法改革报告中英文对照		英	最高人民检察院法律政策研究室	中国检察出版社	

续表

序号	出版时间	书名	作者	国别、地区、国际组织	译者	出版社	出版系列
876	2003	英国普通法的诞生 第2版	R.C.范·卡内冈	英	李红海*	中国政法大学出版社	
877	2003	为废除死刑而战	罗贝尔·巴丹戴尔	法	罗结珍*、赵海峰*	法律出版社	
878	2003	《拿破仑法典》以来私法的普通变迁	莱昂·狄骥	法	徐砥平*	中国政法大学出版社	中国近代法学译丛
879	2003	法律理论的前沿	理查德·A.波斯纳	美	武欣、凌斌*	中国政法大学出版社	波斯纳文丛
880	2003	宪法的精神：美国联邦最高法院200年经典判例选读	北京大学法学院*司法研究中心	美	邓海平	中国方正出版社	
881	2003	影像中的正义：从电影故事看美国法律文化	保罗·伯格曼、迈克尔·艾斯默	美	朱靖江*	海南出版社	
882	2003	实用美国法律手册：给那些想去美国的人们	鲍里斯·克里斯诺斯	美	娄芳	社会科学院出版社	
883	2003	辩论：美国制宪会议记录	詹姆斯·麦迪逊	美	尹宣*	辽宁教育出版社	
884	2003	妇女对法律的反抗：美国"罗伊"案判决前堕胎法的理论与实践	瑞科雅·索琳歌尔	美	徐平	广西师范大学出版社	法意丛刊
885	2003	我们人民：宪法变革的原动力	布鲁斯·阿克曼	美	孙文恺*	法律出版社	《我们人民》宪政三部曲
886	2003	宪法的决策的过程：案例与材料	保罗·布莱斯特、桑福·列文森、杰克·巴尔金、阿基尔·阿玛	美	张千帆*	中国政法大学出版社	
887	2003	极不公正：联邦最高法院怎样劫持了2000年大选：英汉对照	艾伦·M.德肖维茨	美	廖明 等译	法律出版社	
888	2003	FDA食品法规2001版：美国联邦法规第二十一篇70-74部分、100-199部分	美国国家档案和登录管理局联邦注册处	美	中国轻工业上海设计院	中国轻工业出版社	

续表

序号	出版时间	书名	作者	国别、地区、国际组织	译者	出版社	出版系列
889	2003	网络法——关于因特网的法律	约纳森·罗森诺	美	张皋彤	中国政法大学出版社	美国法律文库
890	2003	美国海关法典		美	蒋兆康*	中国社会科学出版社	外国海关法规译丛
891	2003	饭店法通论（第四版）	Jack P. Jefferies, Banks Brown	美	刘敢生*主译	中国旅游出版社	美国饭店业协会教育学院系列教材
892	2003	商法与法律环境	罗纳德·A.安德森、伊凡·福克斯、戴维·P.通布伊、玛丽安娜·M.詹宁斯	美	韩健	机械工业出版社	
893	2003	汤姆森商法教程（第5版）	罗杰·勒鲁瓦·米勒、盖勒德·A.詹提兹	美	阎中坚、邓思谦等译	中国时代经济出版社	
894	2003	陪审团睡了：美国当地名案审判纪实	多米尼克·邓恩	美	吴文忠	中信出版社	《纽约时报》畅销书
895	2003	刑法	辛格、拉方	美	王秀梅（最高院）*、杜晓君*、周云彩	中国方正出版社	美国法学院经典教材·ASPEN释例系列
896	2003	爱德华兹集	哈里·爱德华兹	美	傅郁林*等译	法律出版社	美国法官裁判文书自选集
897	2003	美国联邦地区法院刑事诉讼流程：英汉对照	美国联邦司法中心	美	徐卉*	法律出版社	联邦法院介绍系列
898	2003	善辩者生存	罗伊·布莱克	美	林正	世界知识出版社	
899	2003	万国公法	惠顿	美	丁韪良*	中国政法大学出版社	中国近代法学译丛
900	2003	国际公法原理	伊恩·布朗利	英	曾令良*、余敏友等译	法律出版社	法学研究生精读书系
901	2003	战争的道德制约：冷战后局部战争的哲学思考	布鲁诺·考彼尔特斯、尼克·福巨、时殷弘 主编	比		法律出版社	欧洲问题研究丛书

续表

序号	出版时间	书名	作者	国别、地区、国际组织	译者	出版社	出版系列
902	2003	WTO争端解决程序	WTO秘书处 编		索必成	法律出版社	
903	2003	国际货运代理法	雅思·拉姆伯格		杨运涛*、丁丁等译	人民交通出版社	国际货运代理与法律系列丛书
904	2003	国际商法（第四版）	理查德·谢弗、贝弗利·厄尔、菲利伯多·阿格斯蒂	美	邹建华*主译	人民邮电出版社	
905	2003	国际商事合同通则（中英文对照）			对外贸易经济合作部条约法律司编译	法律出版社	
906	2003	各国（地区）海商法汇编（中英文对照）			韩立新*、王新芬编译	大连海事大学出版社	
907	2003	国际版权：原则、法律与惯例	保罗·戈尔斯坦	美	王文娟	中国劳动社会保障出版社	
908	2003	国际法律的渊源与内涵——理论体系	巴西奥尼	美	王秀梅	法律出版社	中国人民大学国际法研究所文库
909	2003	刑事诉讼法	伟恩·R·拉费弗、杰罗德·H·伊斯雷尔、南西·J·金	美	卞建林*、沙丽金*等译	中国政法大学出版社	美国法律文库
910	2003	沃伦法院对正义的追求	莫顿·J·霍维茨	美	信春鹰*、张志铭*	中国政法大学出版社	美国法律文库
911	2003	证券法 注译本	Alan R. Palmiter	美	徐颖、周浩、于猛等	中国方正出版社	美国法学院经典教材
912	2003	证券法	托马斯·李·哈森	美	张学安*等	中国政法大学出版社	美国法律文库
913	2003	国际冲突法：普通法、大陆法及海事法	威廉·泰特雷	加	刘兴莉*	法律出版社	
914	2003	刑罚的历史	凯伦·法林顿	英	陈丽红、李臻	希望出版社	彩色人文历史

续表

序号	出版时间	书名	作者	国别、地区、国际组织	译者	出版社	出版系列
915	2003	民主与不信任：关于司法审查的理论	约翰·哈特·伊利	美	朱中一、顾运	法律出版社	
916	2003	新技术时代的知识产权法	罗伯特·P. 墨杰斯 等	美	齐筠* 等	中国政法大学出版社	美国法律文库
917	2003	劳动法基本教程	罗伯特·A. 高尔曼	美	马静* 等	中国政法大学出版社	美国法律文库
918	2003	漂移的证据法	米尔建·R. 达马斯卡	美	李学军 等	中国政法大学出版社	美国法律文库
919	2003	隐私的权利	爱伦·艾德曼、卡洛琳·肯尼迪	美	吴懿婷	当代世界出版社	普罗书坊
920	2003	财产法：案例与材料：第7版	约翰·E. 克里贝特 等	美	齐东祥，陈刚	中国政法大学出版社	美国法律文库
921	2003	美国破产法	大卫·G. 爱泼斯坦 等	美	韩长印* 等	中国政法大学出版社	美国法律文库
922	2003	法学院：19世纪50年代到20世纪80年代的美国法学教育	罗伯特·斯蒂文斯	美	阎亚林、李新成、付欣	中国政法大学出版社	美国法律文库
923	2003	金融监管	哈威尔·E. 杰克逊、小爱德华·L. 西蒙斯	美	吴志攀*	中国政法大学出版社	美国法律文库
924	2004	数字证据与计算机犯罪	Eoghan Casey	美	陈圣琳、汤代禄、韩建俊 等译	电子工业出版社	
925	2004	犯罪学及刑罚学	约翰·列维斯·齐林	美	查良鉴*	中国政法大学出版社	中国近代法学译丛
926	2004	重新审视主权 从古典理论到全球时代	筱田英朗	日	戚渊*	商务印书馆	
927	2004	大陆法系：西欧拉丁美洲法律制度介绍	约翰·亨利·梅利曼	美	顾培东*、禄正平	法律出版社	法学研究生精读系列
928	2004	东西方的法观念比较	大木雅夫	日	华夏*、战宪斌	北京大学出版社	世界法学
929	2004	世界法系概览	约翰·H. 威格摩尔	美	何勤华*、李秀清、郭光东 等译	上海人民出版社	世界法学名著译丛
930	2004	英美法导论	William Burnham	美	林利芝*	中国政法大学出版社	

续表

序号	出版时间	书名	作者	国别、地区、国际组织	译者	出版社	出版系列
931	2004	香港仲裁实用指南	莫石、郑若骅		傅宇、刘京 编译	法律出版社	
932	2004	意大利刑法学原理	杜里奥·帕多瓦尼	意	陈忠林*	中国人民大学出版社	当代外国刑法教科书精品译丛
933	2004	国际法的新趋势	尼古拉斯·波利蒂斯	希	原江	云南人民出版社	
934	2004	国际法	松井芳郎 等	日	辛崇阳*	中国政法大学出版社	日本国际法著作汉译丛书
935	2004	实证派犯罪学	恩里科·菲利	意	郭建安*	中国人民公安大学出版社	刑事法学译丛
936	2004	理论犯罪学：从现代到后现代	韦恩·莫里森	英	刘仁文*	法律出版社	
937	2004	司法和国家权力的多种面孔：比较视野中的法律程序	米尔伊安·R·达玛什卡	美	郑戈*	中国政法大学出版社	司法文丛
938	2004	法律的未来：面临信息技术的挑战	理查德·萨斯堪	英	刘俊海*等	法律出版社	
939	2004	罗马法概论	巴里·尼古拉斯	英	黄风*	法律出版社	法学研究生精读系列
940	2004	德国物权法 上	鲍尔、施蒂尔纳	德	张双根*	法律出版社	当代德国法学名著
941	2004	德国债法总论	迪特尔·梅迪库斯	德	杜景林*、卢谌	法律出版社	当代德国法学名著
942	2004	德国刑事诉讼程序	托马斯·魏根特	德	岳礼玲*、温小洁	中国政法大学出版社	
943	2004	物权法	曼弗雷德·沃尔夫	德	吴越*、李大雪*	法律出版社	德国法学教科书译丛
944	2004	欧洲比较侵权行为法	克雷斯蒂安·冯·巴尔	德	张新宝*	法律出版社	
945	2004	欧洲宪政	约瑟夫·威勒	美	程卫东*等	中国社会科学出版社	欧洲一体化译丛

续表

序号	出版时间	书名	作者	国别、地区、国际组织	译者	出版社	出版系列
946	2004	二十世纪欧洲的法律与竞争	戴维·J. 格伯尔	美	冯克利*、魏志梅*	中国社会科学出版社	西方现代思想丛书
947	2004	工程合同仲裁实务	道格拉斯·斯蒂芬	英	路晓村、穆怀晶	中国建筑工业出版社	工程争端与解决系列丛书
948	2004	合同争端及解决100例	罗格·诺尔斯	英	冯志祥、路晓村	中国建筑工业出版社	工程争端与解决系列丛书
949	2004	工程争端替代解决方法与裁决	彼得·希伯德、保罗·纽曼	英	路晓村、王自青	中国建筑工业出版社	工程争端与解决系列丛书
950	2004	财产的神话：走向平等主义的所有权理论	克里斯特曼	美	张绍宗	广西师范大学出版社	社会与思想丛书
951	2004	知识产权精要	亚历山大·I. 波尔托拉克、保罗·J. 勒纳		于东智、谷立日	中国人民大学出版社	美国EMBA精要系列
952	2004	新社会契约论	麦克尼尔	美	雷喜宁、潘勤*	中国政法大学出版社	当代法学名著译丛
953	2004	日本税法	金子宏	日	战宪斌*等	法律出版社	日本法学教科书译丛
954	2004	公共工程合同新履行保证制度	草苅耕造	日	邓小梅 等	中国建筑工业出版社	
955	2004	刑事政策学	森本益之 等	日	戴波、江溯*、丁婕	中国人民公安大学出版社	刑事法学译丛
956	2004	民法总论	大村敦志	日	江溯*、张立艳	北京大学出版社	法学精品教科书译丛
957	2004	行政法学方法论之变迁	铃木义男 等	日	陈汝德 等	中国政法大学出版社	中国近代法学译丛
958	2004	饭店业国际法律实务	Stephen Barth, J. D.	美	张凌云*	南开大学出版社	21世纪高等院校旅游专业引进教材系列
959	2004	国际经济法的宪法功能与宪法问题	E-U. 彼得斯曼	德	何志鹏*、孙璐*、王彦志	高等教育出版社	

续表

序号	出版时间	书名	作者	国别、地区、国际组织	译者	出版社	出版系列
960	2004	自由与法律	布鲁诺·莱奥尼	意	秋风*	吉林人民出版社	人文译丛
961	2004	法律：一个自创生系统	贡塔·托依布纳	德	张骐*	北京大学出版社	世界法学译丛
962	2004	现代化与法	川岛武宜	日	申政武*等	中国政法大学出版社	当代法学名著译丛
963	2004	法律制度：从社会科学角度观察	劳伦斯·M.弗里德曼	美	李琼英、林欣	中国政法大学出版社	当代法学名著译丛
964	2004	西方社会的法律价值	斯坦、香德	英	王献平	中国法制出版社	西方法哲学文库
965	2004	共产主义的法律理论	凯尔森	奥	王名扬*	中国法制出版社	西方法哲学文库
966	2004	简约法律的力量	理查德·A.爱波斯坦	美	刘星*	中国政法大学出版社	美国法律文库
967	2004	法理学第一卷	罗斯科·庞德	美	邓正来*	中国政法大学出版社	
968	2004	为权利而斗争	鲁道夫·冯·耶林	德	胡宝海	中国法制出版社	法学名篇小丛文
969	2004	法律哲学	考夫曼	德	刘幸义	法律出版社	法学研究生精读书系
970	2004	犯罪社会学	恩里科·菲利	意	郭建安*	中国人民公安大学出版社	刑事法学译丛
971	2004	大律师：国际顶尖律师成功秘诀	ASPATORE BOOKS（公司）	美	李锦南*等	中国水利水电出版社	国际企业精英智慧风暴
972	2004	权利的成本：为什么自由依赖于税	史蒂芬·霍尔姆斯、凯斯·R.桑斯坦	美	毕竞悦*	北京大学出版社	宪政经典
973	2004	立法理论	吉米·边沁	英	李贵方*等	中国人民公安大学出版社	刑事法学译丛
974	2004	法国民法总论	雅克·盖斯旦、吉勒·古博	法	陈鹏 等	法律出版社	法国现代法学名著译丛
975	2004	媒体法	萨利·斯皮尔伯利	英	周文	武汉大学出版社	世界法学精粹文库

续表

序号	出版时间	书名	作者	国别、地区、国际组织	译者	出版社	出版系列
976	2004	英吉利法研究	宫本英雄	日	骆通	中国政法大学出版社	中国近代法学译丛
977	2004	法律与行政	卡罗尔·哈洛、理查德·罗林斯	英	杨伟东*等	商务印书馆	公法名著译丛
978	2004	日本公司法现代化的发展动向	王保树 主编	日	于敏	社会科学文献出版社	公司法改革系列
979	2004	日本反垄断法解说	铃木满	日	武晋伟、王玉辉*	河南大学出版社	
980	2004	韩国食品安全法规与标准译编	姜宗亮 主编	韩	国家质量监督检验检疫总局 编译	中国工商出版社	
981	2004	论犯罪与刑罚	切萨雷·贝卡利亚	意	黄风*	中国方正出版社	西律英华
982	2004	犯罪构成要件理论	小野清一郎	日	王泰	中国人民公安大学出版社	刑事法学译丛
983	2004	刑法哲学	道格拉斯·N.胡萨克	美	谢望原*等	中国人民公安大学出版社	刑事法学译丛
984	2004	刑法的根基与哲学	西原春夫	日	顾肖荣*等	法律出版社	
985	2004	国际刑法入门	森下忠	日	阮齐林*	中国人民公安大学出版社	刑事法学译丛
986	2004	关注美国法律	布鲁纳	美	于兆波*、李莹、李艳荣	吉林人民出版社	
987	2004	应对商业活动中的欺诈	凯利·田·比尔·凯帕	美	爱丁 等	电子工业出版社	
988	2004	民事诉讼法	格兰农	美	孙邦清、李蓉、徐继军*	中国方正出版社	美国法学院经典教材ASPEN释例系列
989	2004	推开美国法律之门：你想知道的美国法律体系的一切	费曼	美	孙新强*	法律出版社	
990	2004	致年轻律师的信	艾伦·德肖微茨	美	王楚明、汤家芳	上海人民出版社	诲人不倦丛书
991	2004	美国侵权法	文森特·R.约翰逊	美	赵秀文*等	中国人民大学出版社	法学译丛

续表

序号	出版时间	书名	作者	国别、地区、国际组织	译者	出版社	出版系列
992	2004	我们人民：宪法的根基	布鲁斯·阿克曼	美	孙力*、张朝霞*	法律出版社	《我们人民》宪政三部曲
993	2004	普通法的本质	迈尔文·艾隆·艾森伯格	美	张曙光*等	法律出版社	
994	2004	美国侵权法	文森特·R.约翰逊	美	赵秀文*等	中国人民大学出版社	法学译丛
995	2004	商法：企业的法律、道德和国际环境	Herbert M. Bohlman, Mary Jane Bundas	美	张丹 等	清华大学出版社	工商管理优秀教材译丛
996	2004	美国联邦食品、药品、化妆品及肉、禽、蛋卫生法规汇编		美	中国国家认证认可监督管理委员会 编译	中国科学技术出版社	
997	2004	刑事证据大全	乔恩·R.华尔兹	美	何家弘*等	中国人民公安大学出版社	
998	2004	法律与社会规范	埃里克·A.波斯纳	美	沈明*	中国政法大学出版社	美国法律文库
999	2004	麦考密克论证据	约翰·W.斯特龙 主编、肯尼斯·S.布荣 等编著	美	汤维建*等	中国政法大学出版社	美国法律文库
1000	2004	司法能动主义——自由的保障还是安全的威胁	克里斯托夫·沃尔夫	美	黄金荣	中国政法大学出版社	美国法律文库
1001	2004	刑法的基本概念	乔治·P.弗莱彻	美	蔡爱惠、陈巧燕、江溯译	中国政法大学出版社	美国法律文库
1002	2004	洛伊斯的故事：一个改变美国性骚扰立法的里程碑案件	克拉拉·宾厄姆、劳拉·利迪·甘斯勒	美	纪建文*	法律出版社	
1003	2004	知识产权：释放知识经济的能量	甘古力	印	宋建华、姜丹明*、张永华*	知识产权出版社	知识产权译丛
1004	2004	美国隐私法：学说、判例与立法	理查德·C.托克音顿、阿丽塔·L.艾伦	美	冯建妹 等编译	中国民主法制出版社	

续表

序号	出版时间	书名	作者	国别、地区、国际组织	译者	出版社	出版系列
1005	2004	信息技术法	戴恩·罗兰德、伊丽莎白·麦克唐纳	英	宋连斌*、林一飞、吕国民	武汉大学出版社	世界法学精粹文库
1006	2004	克隆人：法律与社会 第2卷	米雷埃·德尔马斯-玛尔蒂	法	张乃根*	复旦大学出版社	
1007	2004	欧洲和非洲林业立法趋势	联合国粮食及农业组织		皮介郑*等	中国农业科学技术出版社	联合国粮食及农业组织丛书
1008	2004	事故法的经济分析	斯蒂文·萨维尔	美	翟继光*	北京大学出版社	法与经济学译丛
1009	2004	信托法第4版	D.J.海顿	英	周翼*、王昊	法律出版社	当代英国法学名著系列
1010	2004	法国商法（第1卷）	伊夫·居荣	法	罗结珍*、赵海峰*	法律出版社	法国现代法学名著译丛
1011	2004	国际商务合同	克里斯·索普、约翰·贝利	英	段陆佳 等	华夏出版社	
1012	2004	WTO世界贸易制度和世界贸易法	彼得-托比亚斯·施托尔、弗兰克·朔尔科普夫	德	南京大学中德法学研究所	法律出版社	
1013	2004	司法心理学	赖茨曼	美	吴宗宪*等	中国轻工业出版社	
1014	2004	经济学语境下的法律规则	大卫·D.弗里德曼	美	杨欣欣	法律出版社	法律经济学丛书
1015	2004	法律推理与政治冲突	凯斯·R.孙斯坦	美	金朝武*等	法律出版社	法律研究生精读书系
1016	2004	法律思维导论	卡尔·恩吉施	德	郑永流*	法律出版社	当代德国法学名著
1017	2004	宪政古今	C.H.麦基文	美	翟小波*	贵州人民出版社	公法译丛
1018	2004	美国《统一商法典》及其正式评述第一卷	ALI（美国法学会）、NCCVSL（美国统一州法委员会）	美	孙新强*	中国人民大学出版社	

续表

序号	出版时间	书名	作者	国别、地区、国际组织	译者	出版社	出版系列
1019	2004	你的公司安全吗？	ASPATORE BOOKS（公司）编	美	何佩玲	中国水利水电出版社	国际企业精英智慧风暴
1020	2004	美国证券法解读	莱瑞·D. 索德奎斯特	美	胡轩之、张云辉	法律出版社	
1021	2004	破产	末松义章	日	赵儒煜*、冯建超	科学出版社	图解现代个人理财顾问
1022	2004	竞争与法律：权力机构、企业和消费者所处的地位	保罗·纽尔	比	刘利	法律出版社	
1023	2004	合同法理论	Peter Benson	加	易继明*	北京大学出版社	世界法学译丛
1024	2004	国际货物销售法律与实务	麦克·布瑞奇	英	林一飞*等	法律出版社	
1025	2004	转换时期的民事裁判制度	染野义信	日	林剑锋*	中国政法大学出版社	民事诉讼法学精粹译丛
1026	2004	合同法 注译本	布莱恩·布卢姆	美	张新娟*	中国方正出版社	美国法学院经典教材 ASPEN 释例系列
1027	2004	家庭法	凯特·斯丹德利	美	屈广清*	中国政法大学出版社	美国法律文库
1028	2004	穷人的知识：改善发展中国家的知识产权	J. Michael Finger、Philip Schuler		全先银*	中国财政经济出版社	世界银行贸易与发展丛书
1029	2004	美国法律故事	哈兰德·C. 史通西弗尔、詹姆斯·W. 罗宾逊	美	李启成*、王蓉	海南出版社	
1030	2004	判例所表现的商法法理：日本最高裁判所商法判例要旨：1992~2004		日	马太广*	法律出版社	
1031	2004	美国合同法	E·艾伦·范斯沃思	美	葛云松、丁春艳	中国政法大学出版社	美国法律文库

续表

序号	出版时间	书名	作者	国别、地区、国际组织	译者	出版社	出版系列
1032	2004	商法 第2版	斯蒂芬·加奇	美	屈广清*、陈小云	中国政法大学出版社	美国法律文库
1033	2004	自然法权基础	费希特	德	谢地坤*、程志民*	商务印书馆	汉译世界学术名著丛书
1034	2004	税法的起草与设计	V.图若尼	美	国家税务总局政策法规司	中国税务出版社	
1035	2004	网络广告：互联网上的不正当竞争和商标	马特斯尔斯·W.斯达切尔	美	孙秋宁	中国政法大学出版社	美国法律文库
1036	2005	欧洲法：过去与未来——两千年来的统一性与多样性	R.C.范·卡内冈	比	史大晓*	清华大学出版社	比较法学丛书
1037	2005	法治：决策者概念指南	巴里·海格	美	曼斯菲尔德太平洋事务中心	中国政法大学出版社	法律与经济普及文库
1038	2005	法治	约瑟夫·夏辛、容敏德	德	阿登纳基金会	法律出版社	
1039	2005	公司法和商法的法理基础	乔迪·S.克劳斯、史蒂文·D.沃特 主编	美	金海军*	北京大学出版社	世界法学译丛
1040	2005	犯罪论序说	泷川幸辰	日	王泰	法律出版社	
1041	2005	国际法：政治与价值	路易斯·亨金	美	张乃根*等	中国政法大学出版社	美国法律文库
1042	2005	国际公法规则之冲突：WTO法与其他国际法规则如何联系	约斯特·鲍威林	比	周忠海*等	法律出版社	
1043	2005	国际公法 第3版	托马斯·伯根索尔、肖恩·D.墨菲	美	黎作恒	法律出版社	美国法精要
1044	2005	现代条约法与实践	安托尼·奥斯特	英	江国青*	中国人民大学出版社	法学高阶教学参考书·国际法学精品译丛
1045	2005	论海洋自由或荷兰参与东印度贸易的权利	格劳秀斯	荷	马忠法*	上海人民出版社	世界法学名著译丛

续表

序号	出版时间	书名	作者	国别、地区、国际组织	译者	出版社	出版系列
1046	2005	汉穆拉比法典	爱德华滋	英	沈大銈、曾尔恕*勘校	中国政法大学出版社	中国近代法学译丛
1047	2005	民法法系的演变及形成	艾伦·沃森	美	李静冰*、姚新华*	中国法制出版社	
1048	2005	可操作的权利	辛格	美	邵强进*、林艳	上海人民出版社	
1049	2005	劳动法	W. 杜茨	德	张国文	法律出版社	德国法学教科书译丛
1050	2005	著作权法	M. 雷炳德	德	张恩民	法律出版社	德国法学教科书译丛
1051	2005	德国刑法学总论第1卷：犯罪原理的基础构造	克劳斯·罗克辛	德	王世洲*	法律出版社	
1052	2005	死刑的全球考察	罗吉尔·胡德	英	刘仁文*、周振杰	中国人民公安大学出版社	刑事法学译丛
1053	2005	社会契约论	迈克尔·莱斯诺夫 等	英	刘训练* 等	江苏人民出版社	现代政治译丛第二辑
1054	2005	欧洲法中的纯粹经济损失	毛罗·布萨尼、弗农·瓦伦 J. 帕尔默	意、美	张小义*、钟洪明*	法律出版社	中国·欧盟法律研究系列
1055	2005	欧洲合同法中的诚信原则	莱因哈德·齐默曼、西蒙·惠特克 主编	德、英	丁广宇*、杨才然*、叶桂峰	法律出版社	中国·欧盟法律研究系列
1056	2005	英国宪法	沃尔特·白芝浩	英	夏彦才*	商务印书馆	公法名著译丛
1057	2005	欧洲联盟法典 第3卷	欧共体官方出版局		苏明忠*	国际文化出版公司	
1058	2005	英国宪制	沃尔特·白哲特 原著、保罗·史密斯 编辑	英	李国庆	北京大学出版社	宪政经典
1059	2005	如何证明你在网上的签名	夏井高人	日	吴韧、葛崎伟*	法律出版社	
1060	2005	最高裁物语：日本司法50年	山本佑司	日	孙占坤*、祈玫	北京大学出版社	

续表

序号	出版时间	书名	作者	国别、地区、国际组织	译者	出版社	出版系列
1061	2005	日本刑法各论	西田典之	日	刘明祥*、王昭武*	武汉大学出版社	世界法学精粹文库
1062	2005	韩国刑法总论	李在祥	韩	韩相敦*	中国人民大学出版社	当代外国刑法教科书精品译丛
1063	2005	专利、商标侵权攻防策略	冈田全启	日	詹政敏、杨向东、付文君	知识产权出版社	知识产权译丛
1064	2005	日本刑事诉讼法	松尾浩也	日	丁相顺*	中国人民大学出版社	刑事诉讼法学译丛
1065	2005	罪犯心理咨询	Ruth E, Masters	美	杨波*等	中国轻工业出版社	司法心理学系列
1066	2005	犯罪心理画像：行为证据分析入门	布伦特·E.特维	美	李玫瑾*等	中国人民公安大学出版社	
1067	2005	偏颇的宪法	凯斯·R.桑斯坦	美	宋华琳、毕竞悦	北京大学出版社	
1068	2005	《法理学大纲》与《法律哲学 ABC》	穗积重远、Roland R. Foulke	日、美	李鹤鸣、施宪民译，魏琼 勘校	中国政法大学出版社	中国近代法学译丛
1069	2005	比较法律哲学	密拉格利亚	意	朱敏章 等译，李秀清*勘校	中国政法大学出版社	中国近代法学译丛
1070	2005	法理学	魏德士	德	吴越*、丁晓春*	法律出版社	德国法学教科书译丛
1071	2005	法律的权威：法律与道德论文集	约瑟夫·拉兹	英	朱峰	法律出版社	博观译丛
1072	2005	法律推理与法律理论	尼尔·麦考密克	英	姜峰*	法律出版社	博观译丛
1073	2005	法律现代主义	戴维·鲁本	美	苏亦工*	中国政法大学出版社	美国法律文库
1074	2005	法律意识的实质	伊·亚·伊林	俄	徐晓晴*	清华大学出版社	法律与社会丛书
1075	2005	法哲学	古斯塔夫·拉德布鲁赫	德	王朴*	法律出版社	德国法学教科书译丛
1076	2005	法律科学与法哲学导论	N.霍恩	德	罗莉*	法律出版社	德国法学教科书译丛

续表

序号	出版时间	书名	作者	国别、地区、国际组织	译者	出版社	出版系列
1077	2005	法律与殖民文化：世界历史的法律体系：1400~1900	劳伦·本顿	美	周威、吕亚萍	清华大学出版社	法律与社会丛书
1078	2005	政治的正义性：法和国家的批判哲学之基础	奥特弗利德·赫费	德	庞学铨*、李张林	上海译文出版社	世纪人文系列丛书
1079	2005	法庭对质的艺术	威尔曼	美	林纪熹	辽宁教育出版社	
1080	2005	加纳谈法律文书写作	布莱恩·A. 加纳	美	刘鹏飞、张玉荣	知识产权出版社	
1081	2005	法庭胜诉之策	爱德华·T. 赖特	美	卫跃宁*等	中国人民公安大学出版社	美国律师执业技巧与管理丛书
1082	2005	寻找证人——律师证人准备制胜战略	丹尼尔·艾·斯默	美	国立波*	法律出版社	"律师职业与生活"丛书
1083	2005	走向法庭——律师庭审制胜战略	丹尼尔·艾·斯默	美	国立波*	法律出版社	"律师职业与生活"丛书
1084	2005	留住好律师：律师创建满意职业制胜战略	M. 戴安·沃格特、格里安·瑞卡尔德	美	刘玉	法律出版社	"律师职业与生活"丛书
1085	2005	论律师的流动管理：合伙人退伙和律师事务所解散的法律及道德问题	罗伯特·W. 希尔曼	美	王进喜*、唐俊	中国人民公安大学出版社	美国律师执业技巧与管理丛书
1086	2005	现代诉辩策略与技巧	史蒂文·鲁贝特	美	王进喜*等	中国人民公安大学出版社	美国律师执业技巧与管理丛书
1087	2005	法律的道路及其影响	斯蒂文·J. 伯顿	美	张芝梅*、陈绪刚*	北京大学出版社	世界法学译丛
1088	2005	公司法	丹尼斯·吉南	英	朱羿锟*	法律出版社	英美法教学书系
1089	2005	趋向地方自治的新理念：比较视角下的新近地方政府立法	埃里克·阿姆纳等、斯蒂洛·蒙丁 主编	瑞典	杨立华*等	北京大学出版社	地方政府与地方治理译丛

续表

序号	出版时间	书名	作者	国别、地区、国际组织	译者	出版社	出版系列
1090	2005	犯罪现场调查：刑事侦查学指南	理查德·普拉特	英	毛泽文	中国旅游出版社	
1091	2005	破案术大全	拉切尔·莱特著、罗斯顿·罗伯特森绘	英	阎瘦	北京少年儿童出版社	可怕的科学
1092	2005	国际商事仲裁法律与实践 第四版	艾伦·雷德芬、马丁·亨特 等	英	林一飞*、宋连斌*	北京大学出版社	世界法学精要
1093	2005	PCT法律文件汇编2004	国家知识产权局组织编译 何越峰 主编	中国	国家知识产权局组织	知识产权出版社	
1094	2005	比较法视野中的司法程序	莫诺·卡佩莱蒂	意	徐昕（1970）*、王奕	清华大学出版社	比较法学丛书
1095	2005	程序正义——向个人的分配	迈克尔·D·贝勒斯	美	邓海平	高等教育出版社	法律程序与行政过程译丛
1096	2005	刑法学基础	曾根威彦	日	黎宏*	法律出版社	法学研究生精读书系
1097	2005	在骗子经济中幸存	冈特·奥格尔	德	管新潮*	民主与建设出版社	
1098	2005	风险与理性：安全、法律及环境	凯斯·R.孙斯坦	美	师帅	中国政法大学出版社	美国法律文库
1099	2005	就业和员工权利	帕特利霞·H.威尔汉 等	美	杨恒达*	北京大学出版社	未名译库经济伦理学译丛
1100	2005	美国最高法院（第三版）	麦克洛斯基	美	任东来*、孙雯、胡晓进*	中国政法大学出版社	美国法律文库
1101	2005	美国法的变迁：1780—1860	莫顿·J·霍维茨	美	谢鸿飞*	中国政法大学出版社	美国法律文库
1102	2005	美国模范刑法典及其评注	美国法学会	美	刘仁文*等	法律出版社	
1103	2005	司法审查与宪法	西尔维亚·斯诺维斯	美	谌洪果*	北京大学出版社	
1104	2005	行政国的正当程序	马肖	美	沈岿*	高等教育出版社	法律程序与行政过程译丛

续表

序号	出版时间	书名	作者	国别、地区、国际组织	译者	出版社	出版系列
1105	2005	普通法与自由主义理论：柯克、霍布斯及美国宪政主义之诸源头	小詹姆斯·R.斯托纳	美	姚中秋*	北京大学出版社	
1106	2005	电子商务与互联网法	伊恩·C.巴隆	美	张平	中国方正出版社	
1107	2005	大众传媒法	唐·R.彭伯	美	张金玺*、赵刚	中国人民大学出版社	新闻与传播学译丛 国外经典教材系列
1108	2005	政治体制中的行政法	肯尼思·F.沃伦	美	王丛虎*等	中国人民大学出版社	公共行政与公共管理经典译丛 经典教材系列
1109	2005	不动产	罗杰·H.伯恩哈特、安·M.伯克哈特	美		法律出版社	美国法精要
1110	2005	结婚与离婚的法经济学分析	安东尼·W.丹尼斯、罗伯特·罗森	英	王世贤*	法律出版社	法律经济学丛书
1111	2005	哲学与侵权行为法	格瑞尔德·J.波斯特马	美	陈敏*、云建芳	北京大学出版社	世界法学译丛
1112	2005	契约的再生	内田贵	日	胡宝海	中国法制出版社	法学名篇小文丛
1113	2005	侵权法的经济结构	威廉·M.兰德斯、理查德·A.波斯纳	美	王强*、杨媛	北京大学出版社	法与经济学译丛
1114	2005	宪法学说	卡尔·施米特	德	刘锋*	上海人民出版社	施米特文集 第3卷
1115	2005	西方法谚精选：法、权利和司法			孙笑侠*	法律出版社	
1116	2005	激光指纹术			程京*、易旻*、杨其华*	清华大学出版社	
1117	2005	程序与民主	皮罗·克拉玛德雷	意	翟小波*、刘刚	高等教育出版社	法律程序与行政过程译丛

续表

序号	出版时间	书名	作者	国别、地区、国际组织	译者	出版社	出版系列
1118	2005	打开牢笼:面对动物权利的挑战	汤姆·睿根	美	莽萍*、马天杰*	中国政法大学出版社	护生文丛
1119	2005	动物福音:修关动物的基督信仰	安德鲁·林基	英	李鑑慧	中国政法大学出版社	护生文丛
1120	2005	动物权利导论:孩子与狗之间	G. L. 弗兰西恩	美	张守东*、刘耳	中国政法大学出版社	护生文丛
1121	2005	动物权利论争	汤姆·雷根、卡尔·科亨	美	杨通进*、江娅	中国政法大学出版社	护生文丛
1122	2005	国际与外国遗传资源法选编			秦天宝*	法律出版社	
1123	2005	官僚的正义:以社会保障中对残疾人权利主张的处理为例	杰里·L. 马萧	美	何伟文*、毕竟悦*	北京大学出版社	世界法学译丛
1124	2005	体育纠纷的调解解决:国内与国际的视野	艾恩·S. 布莱克肖	美	郭树理*	中国检察出版社	比较体育法译丛
1125	2005	法律的公共空间:日常生活中的故事	帕特里夏·尤伊克、苏珊·S. 西尔贝	美	陆益龙*	商务印书馆	法学译丛
1126	2005	美国《统一商法典》及其正式评述第二卷	ALI（美国法学会）、NCCUSL（美国统一州法委员会）	美	李昊*等	中国人民大学出版社	
1127	2005	美国证监会审计案例竞选	查尔斯·P. 库利南、盖尔·B. 怀特	美	宋建波*等	中国人民大学出版社	会计经典译丛
1128	2005	美国法官与书记官手册	美国联邦司法中心		程飞 等	法律出版社	法官审判技能培训丛书
1129	2005	美国律师协会职业行为示范规则（2004）			王进喜*	中国人民公安大学出版社	美国律师执行技巧管理丛书
1130	2005	法理学与哲学论文集	H. L. A. 哈特	英	支振锋*	法律出版社	博观译丛
1131	2005	法律的道德性	富勒	美	郑戈*	商务印书馆	汉译世界学术名著丛书

续表

序号	出版时间	书名	作者	国别、地区、国际组织	译者	出版社	出版系列
1132	2005	经济学与法律——从波斯纳到后现代主义	尼古拉斯·麦考罗、斯蒂文·G.曼德姆	美	吴晓露、潘晓松*、朱慧	法律出版社	法律经济学丛书
1133	2005	法律职业就是谈判——律师谈判制胜战略	X. M. 弗拉斯科纳、H. 李·赫瑟林顿	美	高如华	法律出版社	"律师职业与生活"丛书
1134	2005	原则问题	罗纳德·德沃金	美	张国清*	江苏人民出版社	现代思想译丛第四辑
1135	2005	比较法律经济学	乌戈·马太	美	沈宗灵*	北京大学出版社	法学经济学译丛
1136	2005	海商法术语	威廉·泰特雷	加	陈海波*、邬先江*	大连海事大学出版社	
1137	2005	法律、实用主义与民主	理查德·A.波斯纳	美	凌斌*、李国庆	中国政法大学出版社	波斯纳文丛
1138	2005	公司法：权力与责任	罗修章、王鸣峰	马来西亚、中国香港	杨飞*等	法律出版社	
1139	2005	公司法的经济结构	弗兰克·伊斯特布鲁克、丹尼尔·费希尔	美	张建伟、罗培新*	北京大学出版社	法与经济学译丛
1140	2005	中国庭审控辩技巧培训教程：中英文双语	赫伯特·布曼	美	丁相顺*、金云峰	中国方正出版社	
1141	2005	欧盟单一市场法定审计师法律责任体系研究		欧盟	陈颖	中国财政经济出版社	
1142	2005	幽默法典			河西*	华东师范大学出版社	
1143	2005	威尔逊谋杀案			北京大陆桥文化传媒*	金城出版社	
1144	2005	美国2002年农业法专题研究			张汉麟等	经济管理出版社	
1145	2005	首届国际慈善法律比较研讨会论文集			中慈国际交流中心	中国社会出版社	
1146	2005	夺命牙医：FBI悬案揭秘			北京大陆桥文化传媒*编译	中国城市出版社	

续表

序号	出版时间	书名	作者	国别、地区、国际组织	译者	出版社	出版系列
1147	2005	会说话的头骨			北京大陆桥文化传媒*编译	金城出版社	
1148	2005	自然法与自然权利	约翰·菲尼斯	英	董娇娇、杨奕、梁晓晖	中国政法大学出版社	美国法律文库
1149	2005	经济法概论	金泽良雄	日	满达人*	中国法制出版社	外国法学名著
1150	2005	法律简史	约翰·梅西·赞恩	美	孙运中	中国友谊出版公司	简史文丛书系
1151	2005	赞成！欧盟宪法的未来	斯特荣斯-卡恩	法	裴晓亮	中信出版社	
1152	2005	德国民事诉讼法学文萃	米夏埃尔·施蒂尔纳	德	赵秀举*	中国政法大学出版社	民事诉讼法学精粹译丛
1153	2005	德国民事诉讼法基础教程	汉斯—约阿希姆·穆泽拉克	德	周翠	中国政法大学出版社	民事诉讼法学精粹译丛
1154	2005	危机中的民事司法：民事诉讼程序的比较视角	阿德里安·A.S.朱克曼	英	傅郁林*	中国政法大学出版社	民事诉论法学精粹译丛
1155	2005	反洗钱金融行动特别工作组年度报告2003~2004	反洗钱金融行动特别工作组		国家外汇管理局反洗钱课题组	中国方正出版社	
1156	2005	哈佛法律评论 刑法学精粹	格卢克 等	美	刘仁文*等	法律出版社	
1157	2005	法律论证原理：司法裁决之证立理论概览	伊芙琳·T.菲特丽丝	荷	张其山 等	商务印书馆	
1158	2005	从前现代主义到后现代主义的美国法律思想 一次思想航行	斯蒂芬·M.菲尔德曼	美	李国庆	中国政法大学出版社	美国法律文库
1159	2005	法律中的因果关系（第二版）	H.L.A.哈特、托尼·奥诺尔	英	张绍谦*、孙战国	中国政法大学出版社	美国法律文库
1160	2005	合同法与道德	马瑟	美	戴孟勇*、贾林娟	中国政法大学出版社	美国法律文库
1161	2005	死刑论辩	欧内斯特·范·登·哈格、约翰·P.康拉德	美	方鹏*、吕亚萍	中国政法大学出版社	美国法律文库

续表

序号	出版时间	书名	作者	国别、地区、国际组织	译者	出版社	出版系列
1162	2005	理论犯罪学	乔治·B.沃尔德、托马斯·J.伯纳德、杰弗里·B.斯纳普斯	美	方鹏*	中国政法大学出版社	美国法律文库
1163	2005	美国最高法院史	伯纳德·施瓦茨	美	毕洪海*、柯翀、石明磊	中国政法大学出版社	美国法律文库
1164	2005	法院:比较法上和政治学上的分析	马丁·夏皮罗	美	张生*、李彤*	中国政法大学出版社	美国法律文库
1165	2005	合同法的丰富性:当代合同法理论的分析与批判	罗伯特·A.希尔曼	美	郑云瑞*	北京大学出版社	
1166	2005	守法主义:法、道德和政治审判	朱迪丝·N.施克莱	美	彭亚楠*	中国政法大学出版社	美国法律文库
1167	2005	沃伦法院与美国政治	小卢卡斯·A.鲍威	美	欧树军*	中国政法大学出版社	美国法律文库
1168	2006	发展进程中的国家与法律:第三世界问题的解决和制度变革	安·塞德曼、罗伯特·塞德曼	美	冯玉军*、俞飞	法律出版社	法律与发展译丛
1169	2006	英美法(新版)	望月礼二郎	日	郭建*、王仲涛	商务印书馆	
1170	2006	一位哲学家与英格兰普通法学者的对话	托马斯·霍布斯	英	毛晓秋	上海人民出版社	世纪人文系列丛书
1171	2006	法律的概念(第二版)	H.L.A.哈特	英	许家馨、李冠宜	法律出版社	博观译丛
1172	2006	论法律	西塞罗	古罗马	王焕生*	上海人民出版社	
1173	2006	法律的理念	丹尼斯·罗伊德	英	张茂柏	新星出版社	
1174	2006	选择的共和国:法律、权威与文化	弗里德曼	美	高鸿钧*等	清华大学出版社	法律与社会丛书
1175	2006	正当法律程序简史	约翰·V.奥尔特	美	杨明成*、陈霜玲	商务印书馆	法学译丛
1176	2006	近代私法史:以德意志的发展为观察重点	弗朗茨·维亚克尔	德	陈爱娥*、黄建辉	上海三联书店	上海三联法学文库
1177	2006	全球性解决方案:新法律正统性的产生、输出与输入	伊夫斯·德扎雷、布莱恩特·加思	美	陆幸福*、王煜宇、赵明	法律出版社	法律与发展译丛

续表

序号	出版时间	书名	作者	国别、地区、国际组织	译者	出版社	出版系列
1178	2006	法律谈判之道	戴安娜·特赖布	英	高如华	法律出版社	"职业之道·法律职业技巧快速指南"丛书
1179	2006	法律经济学文献精选	唐纳德·A.威特曼	美	苏力*等	法律出版社	法律经济学丛书
1180	2006	法律移植与法律文化	D.奈尔肯、J.菲斯特	意、英	高鸿钧*等	清华大学出版社	法律与社会丛书
1181	2006	第三世界的法律与发展	P.艾伯·邦茨-辛普森	美	洪范翻译小组	法律出版社	法律与发展译丛
1182	2006	陪审制度与辩诉交易——一部真实的历史	麦高伟、切斯特·米尔斯基	英	陈碧*等	中国检察出版社	
1183	2006	私人在法实现中的作用	田中英夫、竹内昭夫	日	李薇	法律出版社	法学学术经典之民商法译丛
1184	2006	一个案例两种制度——美德刑事司法比较	弗洛伊德·菲尼、约阿希姆·赫尔曼	美、德	郭志媛*	中国法制出版社	
1185	2006	原始人的法：法律的动态比较研究	霍贝尔	美	严存生*等	法律出版社	法学学术经典译丛
1186	2006	关塔那摩：美国向人权开战	戴维·罗斯	英	许大壮 等	世界知识出版社	国际书屋
1187	2006	国际空间法基础	Marco Pedrazzl、赵海峰	意	吴晓丹	黑龙江人民出版社	
1188	2006	卢梭以来的主权学说史	梅里亚姆	美	毕洪海*	法律出版社	宪政古今译丛
1189	2006	国际公法原理（第二版）	蒂莫西·希利	英	曲波*	中国人民大学出版社	法学译丛.国际法
1190	2006	宪政之谜——国际法、民主和意识形态批判	苏珊·马克斯	英	方志燕	上海译文出版社	世纪人文系列丛书
1191	2006	国际移民法	Richard Plenden	荷	翁里*、徐公社*	中国人民公安大学出版社	

续表

序号	出版时间	书名	作者	国别、地区、国际组织	译者	出版社	出版系列
1192	2006	国际人道法文选 2004			王海平	法律出版社	
1193	2006	国际知识产权简明教程：在全球范围内保护您的品牌、商标、著作权、专利、设计以及相关权利	卡拉·C. 希比	美	何群*	经济科学出版社	国际贸易简明教程译丛
1194	2006	权利相对论	路易·若斯兰	法	王伯琦*	中国法制出版社	西方法哲学文库
1195	2006	劳动市场法的改革	马渡淳一郎	日	田思路*	清华大学出版社	法律与社会丛书
1196	2006	诉讼外纠纷解决法	小岛武司、伊藤真	日	丁婕	中国政法大学出版社	民事诉论法学精粹译丛
1197	2006	欧盟电影版权	卡米纳	英	籍之伟*、俞剑红*、林晓霞	中国电影出版社	
1198	2006	最新欧盟食品卫生法规汇编			国家认证认可监督管理委员会 编译	中国计量出版社	
1199	2006	怎样破解一桩谋杀案：物证勘验手册	迈克尔·克兰	美	李兆隆	群众出版社	
1200	2006	海权对历史的影响〔1660~1783〕	A. T. 马汉	美	安常容、成忠勤	解放军出版社	外国著名军事著作丛书
1201	2006	捕获法	雨果·格劳秀斯	荷	张乃根*	上海人民出版社	
1202	2006	律师会馆	塞西尔·黑德勒姆	英	张芝梅*	上海三联书店	法律文化之旅丛书
1203	2006	现代证据法与对抗式程序	詹妮·麦克埃文	英	蔡巍	法律出版社	当代英国法学名著系列
1204	2006	德国刑法教科书	李斯特著、施密特 修订	德	徐久生*	法律出版社	法学学术经典译丛
1205	2006	侵权行为法	马克西米利安·福克斯	德	齐晓琨*	法律出版社	德国法学教科书译丛
1206	2006	德国物权法 下册	鲍尔、施蒂尔纳	德	王洪亮*、申卫星*	法律出版社	当代德国法学名著

续表

序号	出版时间	书名	作者	国别、地区、国际组织	译者	出版社	出版系列
1207	2006	法律、自由与正义：英国宪政的法律基础	T. R. S. 艾伦	英	成协中*、江菁	法律出版社	宪政古今译丛
1208	2006	民法导论	迪特尔·施瓦布	德	郑冲	法律出版社	当代德国法学名著
1209	2006	英国普通法的形成：从诺曼征服到大宪章时期英格兰的法律与社会	约翰·哈德森	英	刘四新	商务印书馆	法学译丛
1210	2006	英国法释义第1卷	威廉·布莱克斯通	英	游云庭*、缪苗*	上海人民出版社	世界法学名著译丛
1211	2006	德国行政法——普通法的分析	M. P. 赛夫	印	周伟	山东人民出版社	公法研究
1212	2006	哲学家与英格兰法律家的对话	托马斯·霍布斯	英	姚中秋*	上海三联书店	上海三联法学文库
1213	2006	法国行政法	L. 赖维乐·布朗、约翰·S. 贝尔	英	高秦伟*、王锴	中国人民大学出版社	法学译丛-当代世界学术名著
1214	2006	构成要件理论	恩施特·贝林	德	王安异*	中国人民公安大学出版社	刑事法学译丛
1215	2006	自白的心理学	浜田寿美男	日	片成男*	中国轻工业出版社	司法心理学系列
1216	2006	宪法理论	杰弗里·马歇尔	英	刘刚	法律出版社	宪政古今译丛
1217	2006	现代宪法	K. C. 惠尔	英	翟小波*	法律出版社	宪政古今译丛
1218	2006	机智的侦探	露西尔·马兰	法	郭庆岚	北京少年儿童出版社、北京出版社	法国经典科普读物巨眼丛书
1219	2006	法律文书写作之道	马戈特·科斯坦佐	英	王明昕、刘波	法律出版社	"职业之道·法律职业技巧快速指南"丛书
1220	2006	法律文件起草之道	埃尔默·都南、查尔期·福斯特	英	陈晓昀	法律出版社	"职业之道·法律职业技巧快速指南"丛书

续表

序号	出版时间	书名	作者	国别、地区、国际组织	译者	出版社	出版系列
1221	2006	法律论辩之道	安迪·布恩	英	姜翼凤*、于丽英	法律出版社	"职业之道·法律职业技巧快速指南"丛书
1222	2006	非自由人的人身权利：国际法中的囚犯待遇	奈杰尔·S.罗德雷	英	毕小青*等	生活·读书·新知三联书店	民权译丛
1223	2006	韩国饲料法规	韩国农林部	韩	全国饲料工作办公室、国家饲料质量监督检验中心	中国农业科学技术出版社	
1224	2006	走进日本市场：工业品进口法规和程序要求		日	《走进日本市场》编委会	中国标准出版社	
1225	2006	国际刑法导论	M.谢里夫·巴西奥尼	美	赵秉志*、王文华等	法律出版社	国际刑法与比较刑法丛书
1226	2006	法律调解之道	迈克尔·努尼	英	杨利华*、于丽英	法律出版社	"职业之道·法律职业技巧快速指南"丛书
1227	2006	洗钱	克里斯·马泽尔	加	赵苏苏*	群众出版社	
1228	2006	震惊世界的重大谋杀案	卡特雅·杜贝克	德	王德峰*、钟长盛、宁瑛	中央编译出版社	
1229	2006	暗战：无形垄断再造企业优势	克里斯多佛·派克	英	彭智、任心慧*	中国铁道出版社	
1230	2006	现代合同理论的哲学起源	詹姆斯·戈德雷	英	张家勇*	法律出版社	法学学术经典之民商法译丛
1231	2006	21世纪的黑金	蒲吉兰	法	贾春娟、李玉平、苏启运	社会科学文献出版社	黑金译丛
1232	2006	通信法	劳埃德、米勒	英	曾剑秋*	北京邮电大学出版社	信息经济与规制文丛
1233	2006	经济公法	乌茨·施利斯基	德	喻文光*	法律出版社	德国法学教科书译丛

续表

序号	出版时间	书名	作者	国别、地区、国际组织	译者	出版社	出版系列
1234	2006	德国商法	C. W. 卡纳里斯	德	杨继*	法律出版社	当代德国法学名著
1235	2006	法律的价值：转轨经济中的评价	彼得·穆雷尔主编	美	韩光明*	法律出版社	法律与发展译丛
1236	2006	德国行政法读本	埃贝哈德·施密特-阿斯曼	德	于安*等	高等教育出版社	法律程序与行政过程译丛
1237	2006	罪犯评估和治疗必备手册	Clire R. Holin	英	郑红丽*	中国轻工业出版社	司法心理学系列
1238	2006	法律、自由与道德	H. L. A. 哈特	英	支振锋*	法律出版社	法学研究生精读书系
1239	2006	国际商法与环境	理查德·谢弗、贝弗利·厄尔、菲利伯特·阿戈斯蒂		周珂*等	中国人民大学出版社	工商管理经典译丛.跨国企业管理系列
1240	2006	国际海商法	威廉·台特雷	加	张永坚*等	法律出版社	
1241	2006	美国公民权：寻求接纳	茱迪·史珂拉	美	刘满贵	上海人民出版社	世纪前沿
1242	2006	设计宪法	马克斯·法仑德	美	董成美*	上海三联书店	法律文化之旅丛书
1243	2006	超级财务骗术：揭露美国财务史上七大骗术三十种手段	霍华德·施利特	美	吴谦立	上海远东出版社	
1244	2006	校园欺侮与骚扰：给教育者的法律指导	Kathleen Conn	美	万赟	中国轻工业出版社	
1245	2006	设计民主：论宪法的作用	凯斯·R. 孙斯坦	美	金朝武、刘会春	法律出版社	法学研究生精读书系
1246	2006	侵权法重述第三版：产品责任		美	肖永平*等	法律出版社	美国法律重述汉译丛书
1247	2006	侵权法重述——纲要	肯尼斯·S. 亚伯拉罕、阿尔伯特·C. 泰特	美	许传玺*等	法律出版社	美国法律重述汉译丛书

续表

序号	出版时间	书名	作者	国别、地区、国际组织	译者	出版社	出版系列
1248	2006	证据法：文本、问题和案例 第三版	罗纳德·J.艾伦、理查德·B.库恩斯、埃莉诺·斯威夫特	美	张保生*、王进喜*、赵滢	高等教育出版社	
1249	2006	美国律师手记：律政新人必读	史蒂文·瑞斯	美	王文蔚	江苏教育出版社	
1250	2006	美国法律概况	美国国务院国际信息局编	美	金蔓丽	辽宁教育出版社	
1251	2006	最高法院与宪法：美国宪法史上重要判例选读	斯坦利·I.库特勒	美	朱曾汶*、林铮	商务印书馆	法学译丛
1252	2006	摇摇欲坠的哭墙：改变我们生活方式的终结辩论	迈克尔·利夫考、米切尔·考·德威尔	美	潘伟杰*、高鞻、朱慧慧	新星出版社	
1253	2006	美国刑事诉讼法经典文选与判例	弗洛伊德·菲尼 岳礼玲 选编	美		中国法制出版社	
1254	2006	联邦法典 第9卷 动物和动物产品	美国国家成就和记录局联邦注册办公室编	美	全国畜牧兽医总站 组译		
1255	2006	哈佛法律评论 宪法学精粹	却伯 等	美	张千帆*编译	法律出版社	
1256	2006	哈佛法律评论 侵权法学精粹	沃伦 等	美	徐爱国*等	法律出版社	
1257	2006	美国公民与宪法	《纪念美国宪法颁布200周年》编委会编	美	劳娃、许旭	清华大学出版社	
1258	2006	美国宪法评注	约瑟夫·斯托里	美	毛国权	上海三联书店	上海三联法学文库
1259	2006	美国刑事诉讼——法律和实践	罗纳尔多·V.戴尔卡门	美	张鸿巍*等	武汉大学出版社	国外法学精品教材
1260	2006	美国反洗钱最新举措	国家外汇管理局反洗钱课题组	美	李东荣主编、国家外汇管理局反洗钱课题组 编译	中国财政经济出版社	
1261	2006	美国肉类食品生产企业安全体系官方验证实例集	程方		中国国家认证认可监督管理委员会 编译		

续表

序号	出版时间	书名	作者	国别、地区、国际组织	译者	出版社	出版系列
1262	2006	公共管理的法律案例分析	戴维·H. 罗森布鲁姆、詹姆斯·D. 卡罗尔、乔纳森·D. 卡纳森	美	王丛虎*	中国人民大学出版社	公共行政与公共管理经典译丛
1263	2006	民事诉讼法——原理、实务与运作环境	斯蒂文·N. 苏本 等	美	傅郁林*等	中国政法大学出版社	美国法律文库
1264	2006	纠纷解决——谈判、调解和其他机制	斯蒂芬·B. 戈尔德堡 等	美	蔡彦敏*等	中国政法大学出版社	美国法律文库
1265	2006	李昌钰博士现场勘查手册	李昌钰 等	美	郝宏奎*等	中国人民公安大学出版社	
1266	2006	比较视野中的银行破产法律制度	艾娃·胡普凯丝	瑞士	季立刚*	法律出版社	
1267	2006	医疗法律学	植木哲	日	冷罗生*等	法律出版社	
1268	2006	山地及其相关法律——发展趋势	A. V：Ueneure, A. Castelein, M. A. Mekouar		白菊平、李文炬*、周凌	中国科学技术出版社	粮农组织立法研究
1269	2006	野生动物管理法律发展趋势	M. T. Cirelli		贺纯佩、邱敦莲*	中国科学技术出版社	粮农组织立法研究
1270	2006	国际栽培植物命名法规	国际生物科学联盟（IUBS）栽培植物命名委员会采用国际园艺学会（ISHS）园艺学报专刊		向其柏*等	中国林业出版社	
1271	2006	国内外蜂产品相关法律法规汇编			农业部蜂产品质量监督检验测试中心（北京）编译	中国农业出版社	蜂产品质量安全技术系列丛书
1272	2006	当代外国破产法	李飞			中国法制出版社	外国法典译丛
1273	2006	刑罚的故事	西莉亚·布朗奇菲尔德	加	郭建安*	法律出版社	
1274	2006	发展中国家的法与经济学	艾德加多·巴斯卡哥利亚、威廉·赖特利夫	美	赵世勇、罗德明*	法律出版社	法律与发展译丛

续表

序号	出版时间	书名	作者	国别、地区、国际组织	译者	出版社	出版系列
1275	2006	旅游业法律与案例：饭店、餐厅、旅行社法律实务	Narman G. Cournoyer，Anthony G. Marshall，Karen L. Morris	美	张凌云*	旅游教育出版社	旅游实操译本
1276	2006	美国量刑指南：美国法官的刑事审判手册	美国量刑委员会	美	逄锦温*	法律出版社	法官审判技能培训丛书
1277	2006	公司治理准则：分析与建议	美国法律研究院	美	楼建波*等	法律出版社	美国法律重述汉译丛书
1278	2006	美国《统一商法典》及其正式评述第三卷	ALI（美国法学会）、NCCUSL（美国统一州法委员会）	美	高圣平	中国人民大学出版社	
1279	2006	比较法视野中的证据制度	米尔吉安·R.达马斯卡	美	吴宏耀*、魏晓娜*等	中国人民公安大学出版社	
1280	2006	里约热内卢会议以来的法律和可持续发展：农业和自然资源管理的立法趋势	联合国粮农组织法律办公室		赵俊晔	中国科学技术出版社	粮农组织立法研究
1281	2006	产业组织经济学和竞争法律术语解释	经济合作与发展组织		崔书锋*、吴汉洪*	中国经济出版社	
1282	2006	行政法的范围	迈克尔·塔格特	新西兰	金自宁*	中国人民大学出版社	当代世界学术名著/法学译丛·公法系列
1283	2006	美国建国简史（二）美国宪法——实现良治的基础	玛丽·莫斯特	美	刘永艳*、宁春辉	中共党史出版社	
1284	2006	资本主义的法律基础	约翰·R.康芒斯	美	寿勉成	商务印书馆	汉译世界学术名著丛书
1285	2006	比较税法	维克多·瑟仁伊	美	丁一*	北京大学出版社	税法学研究文库

续表

序号	出版时间	书名	作者	国别、地区、国际组织	译者	出版社	出版系列
1286	2006	社会契约论	迈克尔·莱斯诺夫 等	英	刘训练*等	江苏人民出版社	
1287	2006	现代证明责任问题	汉斯·普维庭	德	吴越*	法律出版社	法学学术经典译丛
1288	2006	学校法学：案例和观念	米歇尔·W. 拉莫特	美	许庆豫*	江苏教育出版社	教育科学精品教材译丛
1289	2006	试点与改革：完善司法制度的实证研究方法	吉姆·帕森斯 等	美	郭志媛*	北京大学出版社	
1290	2006	法官、立法者与法学教授：欧洲法律史篇	范·卡内冈	比	薛张敏敏*	北京大学出版社	世界法学译丛
1291	2006	民法讲义II，物权法	近江幸治	日	王茵	北京大学出版社	法学精品教科书译丛
1292	2006	宪法（第三版）	芦部信喜	日	林来梵*、凌维慈*、龙绚丽*	北京大学出版社	宪政经典
1293	2006	英国刑事诉讼程序	约翰·斯普莱克（John Sprack）	英	徐美君*、杨立涛	中国人民大学出版社	刑事诉讼法学译丛
1294	2006	少数派股东救济措施	（A. J. Boyle）A. J. 博伊尔	英	段威*、李扬、叶林	北京大学出版社	公司法与公司治理译丛
1295	2006	现代知识产权法的演进——英国的历程（1760—1911）	布拉德·谢尔曼、莱昂内尔·本特利	澳、英	金海军*	北京大学出版社	知识产权法译丛
1296	2006	社会保障法	内维尔·哈里斯 等	英	李西霞*、李凌	北京大学出版社	
1297	2006	宪法解释：文本含义，原理意图与司法审查	基思·E. 惠廷顿（Keith E. Whittington）	美	杜强强*、刘国、柳建龙	中国人民大学出版社	当代世界学术名著法学译丛·公法系列
1298	2006	权利话语——穷途末路的政治言辞	玛丽·安·格伦顿（Mary Ann Glendon）	美	周威	北京大学出版社	世界法学译丛
1299	2006	骨中罪	保罗·巴恩	美	王立、陈志迅、王培	湖南科学技术出版社	黑盒子系列

续表

序号	出版时间	书名	作者	国别、地区、国际组织	译者	出版社	出版系列
1300	2006	食品与农产品进口法规和程序要求	郭力生、林伟	中国	《走进日本市场》编委会	中国标准出版社	走进日本市场
1301	2006	消费品进口法规和程序要求	郭力生、林伟	中国	《走进日本市场》编委会	中国标准出版社	走近日本市场
1302	2006	第三世界国家的法律与危机	阿布杜勒·帕力瓦拉、萨米·阿德尔曼	英、南非	邓宏光*、陈红梅、刘丽君 等	法律出版社	法律与发展译丛
1303	2006	经济犯罪的新视角	汉斯·舍格伦、约兰·斯科格	瑞典	陈晓芳*、廖志敏*	北京大学出版社	刑事法译丛
1304	2006	犯罪实行行为论	西原春夫	日	戴波、江溯*	北京大学出版社	刑事法译丛
1305	2006	宪法与刑事诉讼：基本原理	阿希尔·里德·阿马	美	房保国*	中国政法大学出版社	美国法律文库
1306	2006	反联邦党人赞成什么——宪法反对者的政治思想	赫伯特·J.斯托林	美	汪庆华*	北京大学出版社	宪政经典
1307	2006	制定法时代的普通法	盖多·卡拉布雷西	美	周林刚*、翟志勇、张世泰	北京大学出版社	世界法学译丛
1308	2006	法院与宪法	阿奇博尔德·考克斯	美	田雷*	北京大学出版社	
1309	2006	契约即允诺	查尔斯·弗里德	美	郭锐*	北京大学出版社	
1310	2006	惊魂劫	爱德华兹	美	冯威、秦英	湖南科学技术出版社	BOX系列
1311	2006	死亡档案	福里妮、威茨	美	马亚雄* 等	湖南科学技术出版社	BOX系列
1312	2006	法律与解释：法哲学论文集	安德雷·马默	美	张卓明*、徐宗立 等	法律出版社	博观译丛
1313	2006	行为法律经济学	凯斯·R.桑斯坦	美	涂永前*、成凡、康娜 等	北京大学出版社	世界经济学译丛
1314	2006	亡灵之语	戴维·欧文	美	王志华	湖南科学技术出版社	
1315	2006	工程合同与法律环境：适用于工程师和建筑师	博克拉夫 编著	美	汪霄*、岳昌年*、曹惠玉	中国水利水电出版社	国外建筑管理实务丛书
1316	2006	法律的尊严：美国最高法院一位大法官的思考	桑德拉·戴·奥康纳	美	信春鹰*、葛明珍*	法律出版社	

续表

序号	出版时间	书名	作者	国别、地区、国际组织	译者	出版社	出版系列
1317	2006	《法义》导读	卡斯代尔·布舒奇	法	谭立铸*	华夏出版社	西方传统：经典与解释.柏拉图注疏集
1318	2006	公司治理：趋同与存续	杰弗里·N.戈登、马克·J.罗	美	赵玲*、刘凯	北京大学出版社	公司法与公司治理译丛
1319	2006	蒙古刑法典		蒙古	徐留成*	北京大学出版社	外国刑法典译丛
1320	2006	法律能还你清白吗？美国刑事司法实证研究	萨缪尔·R.格罗斯 等	美	甄贞*等	法律出版社	
1321	2006	国外交通规划战略环评法规及实施指南			国外道路标准规范编译组	人民交通出版社	国外道路最新技术与标准规范译丛
1322	2007	高科技犯罪与刑侦百科全书	米歇尔·纽顿	美	晓亮、周黎*、张涛	上海科学技术文献出版社	
1323	2007	欧盟法律体系	德尼·西蒙	法	王玉芳、李滨、赵海峰*	北京大学出版社	世界法学译丛
1324	2007	法官语言	劳伦斯·M.索兰	美	张清*、王芳*	法律出版社	法律语言学译丛
1325	2007	法律的限度：法治、权利的供给与需求	尼尔·K.考默萨	美	申卫星*、王琦	商务印书馆	法学译丛
1326	2007	比较法 修订译本	大木雅夫	日	范愉*	法律出版社	法学学术经典译丛
1327	2007	财产权与民主的限度	查尔斯·K.罗利	美	刘晓峰*	商务印书馆	制度经济学译丛
1328	2007	身体罪证——走进法医学	布赖恩·英尼斯	英	黄婷	上海科学技术文献出版社	
1329	2007	意大利法概要	罗伯特·隆波里 等	意	薛军*	中国法制出版社	
1330	2007	英美法中的形式与实质：法律推理、法律理论和法律制度的比较研究	P.S.阿蒂亚、R.S.萨默斯	美	金敏*、陈林林*、王笑红	中国政法大学出版社	美国法律文库

续表

序号	出版时间	书名	作者	国别、地区、国际组织	译者	出版社	出版系列
1331	2007	希腊化、罗马和早期基督教	沃格林	美	谢华育*	华东师范大学出版社	西方传统经典与解释.政治观念史稿·卷一
1332	2007	习惯国际人道法规划	亨克茨、多斯瓦尔德-贝克		刘欣燕 等	法律出版社	
1333	2007	陪审员的内心世界：陪审员裁决过程的心理分析	里德·黑斯蒂	美	刘威、李恒	北京大学出版社	世界法学译丛
1334	2007	犯罪之形成：人生道路及其转折点	罗伯特·J.桑普森、约翰·H.劳布	美	汪明亮* 等	北京大学出版社	刑事法译丛
1335	2007	地理学的犯罪心理画像	迪·金·罗斯姆	美	李玫瑾* 等	中国人民公安大学出版社	
1336	2007	国际公法原理	伊恩·布朗利	英	曾令良* 等	法律出版社	
1337	2007	超感侦探：超感官觉知在破解疑难案件中不可思议的作用	詹妮·兰德尔斯、彼得·霍克	英	高波、陈艺鑫	上海科学技术文献出版社	
1338	2007	国际司法裁判制度	杉原高岭	日	王志安、易平*	中国政法大学出版社	日本国际法著作汉译丛书
1339	2007	法律选择与涉外司法	弗里德里希·K.荣格	美	霍政欣*、徐妮娜*	北京大学出版社	世界法学译丛
1340	2007	欧洲人权法：原则与判例	克莱尔·奥维、罗宾·怀特	英	何志鹏*、孙璐	北京大学出版社	世界法学译丛
1341	2007	权力没有过错：用权力实现有价值的目的	詹姆斯·菲舍尔	美	张云峰*、周红梅	京华出版社	
1342	2007	金融犯罪：有组织犯罪怎样洗钱	玛丽-克里斯蒂娜·迪皮伊-达依	法	陈莉*	中国大百科全书出版社	外国法律文库
1343	2007	全球金融犯罪：恐怖主义、洗钱与离岸金融中心	马西安达罗	美	周凯 等	西南财经大学出版社	中国金融研究中心·全球金融安全译丛

续表

序号	出版时间	书名	作者	国别、地区、国际组织	译者	出版社	出版系列
1344	2007	行政法 第3卷	汉斯·J.沃尔夫、奥托·巴霍夫、罗尔夫·施托贝尔	德	高家伟*	商务印书馆	公法名著译丛
1345	2007	德国联邦宪法法院：地位、程序与裁判	克劳斯·施莱希、斯特凡·科里奥特	德	刘飞*	法律出版社	当代德国法学名著
1346	2007	德国民事诉讼法	罗森贝克 等	德	李大雪*	中国法制出版社	外国法学名著
1347	2007	俄罗斯刑事诉讼教程	К.Ф.古岑科	俄	黄道秀*等	中国人民公安大学出版社	外国诉讼法翻译系列丛书
1348	2007	德国公法史 国家法学说和行政学：1800~1914	米歇尔·施托莱斯	德	雷勇*	法律出版社	法学学术经典译丛
1349	2007	德国债法分论	迪特尔·梅迪库斯	德	杜景林*、卢谌	法律出版社	当代德国法学名著
1350	2007	欧洲合同法与侵权法及财产法的互动	克里斯蒂安·冯·巴尔、乌里希·德罗布尼希	德	吴越*等	法律出版社	中国·欧盟法律研究系列
1351	2007	欧盟立法：2005~2006 上卷 基本条约与关于机构的协定	尼格尔·G.福斯特	英	何志鹏*、孙璐*	北京大学出版社	世界法学译丛
1352	2007	欧盟立法：2005~2006 下卷 次级立法、英国国内法、欧盟—中国关系协定	尼格尔·G.福斯特	英	何志鹏*等	北京大学出版社	世界法学译丛
1353	2007	欧盟食品安全法规概述		中国	国家质量监督检验检疫总局 编译	中国计量出版社	
1354	2007	中世纪神判	罗伯特·巴特莱特	英	徐昕（1970）*等	浙江人民出版社	司法文丛
1355	2007	欧盟成员国检察机关的任务和权力	皮特·J.P.泰克	荷	吕清*、马鹏飞*	中国检察出版社	
1356	2007	日本刑法总论	西田典之	日	刘明祥*、王昭武*	中国人民大学出版社	当代世界学术名著.法学译丛.刑法系列

续表

序号	出版时间	书名	作者	国别、地区、国际组织	译者	出版社	出版系列
1357	2007	宪法 上 总论篇、统治机构篇	阿部照哉 等	日	周宗宪*	中国政法大学出版社	
1358	2007	新译日本法规大全 点校本 第二卷 商法 民事诉讼法 刑法 刑事诉讼法		日	南洋公学译书院*译 商务印书馆编译所 补译校订 李秀清 点校	商务印书馆	
1359	2007	新译日本法规大全 点校本 第一卷 宪法 行政诉讼 民法		日	南洋公学译书院*初译 商务印书馆编译所 补译校订 何佳馨 点校	商务印书馆	
1360	2007	法医DNA分型 STR遗传标记的生物学、方法学及遗传学（原书第二版）	John M. Butler	美	侯一平*、刘雅诚*	科学出版社	
1361	2007	日本国际家族法（原书新订版）	笠原俊宏	日	李旺*	中国政法大学出版社	日本国际法著作汉译丛书
1362	2007	英国行政法教科书	彼得·莱兰、戈登·安东尼	英	杨伟东*	北京大学出版社	世界法学精要
1363	2007	刑事证据	理查德·梅	英	王丽、李贵方 等	法律出版社	当代英国法学名著系列
1364	2007	妇女与国际人权法 第一卷 妇女的人权问题概述	凯利·D.阿斯金、乌萝安·M·科尼格	美	黄列*、朱晓青*	生活·读书·新知三联书店	民权译丛
1365	2007	宪政的哲学基础	拉里·亚历山大 等	美	付子堂*、文正邦、赵明 等	中国政法大学出版社	西南法理学博士点建设项目书系
1366	2007	律师事务所管理	ALTMAN·WEIL	美	冯蕊、刘斌 等	社会科学文献出版社	律师事务所管理译丛
1367	2007	法院案件管辖与案件分配：奥英意荷挪葡加七国的比较	Philip M. Largbroek, Marco Fabri	荷、意	范明志*、张传毅、曲国建 等	法律出版社	
1368	2007	国际法：领悟与构建：W.迈克尔·赖斯曼论文集	赖斯曼 著 万鄂湘、王贵国、冯华建 主编	中国、美	马铁男 等	法律出版社	

续表

序号	出版时间	书名	作者	国别、地区、国际组织	译者	出版社	出版系列
1369	2007	古代法（一）（二）	亨利·萨姆奈·梅因	英	高敏、瞿慧虹	九州出版社	西方学术经典文库
1370	2007	自然法的观念史和哲学	海因里希·罗门	德	姚中秋*	上海三联书店	上海三联法学文库
1371	2007	为权利而斗争	鲁道夫·冯·耶林	德	郑永流*	法律出版社	当代德国法学名著
1372	2007	法律哲学概论	拉德布鲁赫	德	徐苏中 译、陈灵海*勘校	中国政法大学出版社	中国近代法学译丛
1373	2007	法律哲学现状	霍金	美	费青*	中国政法大学出版社	中国近代法学译丛
1374	2007	法律与真理	丹尼斯·M.帕特森	美	陈锐*	中国法制出版社	西方法哲学文库
1375	2007	法理学（第二卷）	罗斯科·庞德	美	封丽霞*	法律出版社	法学学术经典译丛·法理学
1376	2007	法理学（第一卷）	罗斯科·庞德	美	余履雪*	法律出版社	法学学术经典译丛·法理学
1377	2007	法理学 第二卷	罗斯科·庞德	美	邓正来*	中国政法大学出版社	
1378	2007	法理学（第三卷）	罗斯科·庞德	美	廖德宇*	法律出版社	法学学术经典译丛
1379	2007	法学导论	齐柏里乌斯	德	金振豹*	中国政法大学出版社	
1380	2007	看不见的法律	瑞斯曼	美	高忠义、杨婉苓	法律出版社	法律悦读馆
1381	2007	论公正	保罗·利科	法	程春明*	法律出版社	博观译丛
1382	2007	法理学（第四卷）	罗斯科·庞德	美	王保民*、王玉	法律出版社	法学学术经典译丛
1383	2007	私法的理念	欧内斯特·J.温里布	加	徐爱国*	北京大学出版社	
1384	2007	日本禁止垄断法概论	根岸哲、舟田正之	日	王为农*、陈杰	中国法制出版社	
1385	2007	信托法判例研究	中野正俊	日	张军建*	中国方正出版社	

续表

序号	出版时间	书名	作者	国别、地区、国际组织	译者	出版社	出版系列
1386	2007	重点讲义民事诉讼法	高桥宏志	日	张卫平*、许可	法律出版社	法学学术经典译丛
1387	2007	司法错误论——性质、来源与救济	布莱恩·福斯特	美	刘静坤*	中国人民公安大学出版社	
1388	2007	地铁里的枪声——正当防卫还是持枪杀人	乔治·P.弗莱切	美	陈绪纲*、范文洁	北京大学出版社	
1389	2007	现代公司法之历史渊源	罗纳德·拉尔夫·费尔摩里	英	虞政平*	法律出版社	
1390	2007	英国公司法精要	保罗·戴维斯	英	樊云慧*	法律出版社	法学学术经典之民商法译丛
1391	2007	纽约州民法典草案	戴维·达德利·菲尔德	美	田甜	中国大百科全书出版社	外国法律文库
1392	2007	法律之门	博西格诺 等	美	邓子滨*	华夏出版社	
1393	2007	美国索克斯法案			张安华*译、罗猛校译	知识产权出版社	
1394	2007	美国史上的市场与法律：各利益间的不同交易方式	詹姆斯·威拉德·赫斯特	美	郑达轩*、石现明、李健	法律出版社	法律与发展译丛
1395	2007	法律分析应当为何？	罗伯托·曼格贝拉·昂格尔	美	李诚予*	中国政法大学出版社	美国法律文库
1396	2007	最小危险部门——政治法庭上的最高法院	亚历山大·M.比克尔	美	姚中秋*	北京大学出版社	宪政经典
1397	2007	传播法判例：自由、限制与现代媒介	约翰·D.泽莱兹尼	美	王秀丽*	北京大学出版社	世界传播学经典教材中文版
1398	2007	诉讼的话语——生活在美国社会底层人的法律意识	萨利·安格尔·梅丽	美	郭星华、王晓蓓、王平	北京大学出版社	法律与社会译丛
1399	2007	美国法律史	劳伦斯·M.弗里德曼	美	苏彦新* 等	中国社会科学出版社	美国哲学社会科学名著丛书

续表

序号	出版时间	书名	作者	国别、地区、国际组织	译者	出版社	出版系列
1400	2007	执法人员刑事证据教程	诺曼·M.嘉兰、吉尔伯特·B.斯达克	美	但彦铮*等	中国检察出版社	
1401	2007	解读宪法	劳伦斯·H.却伯、迈克尔·C.多尔夫	美	陈林林*、储智勇	上海三联书店	上海三联法学文库
1402	2007	美国法律史	伯纳德·施瓦茨	美	王军*等	法律出版社	法学学术经典译丛
1403	2007	第一修正案辩护记	弗洛伊德·艾布拉姆斯	美	王婧、王东亮	上海三联书店	法律文化之旅丛书
1404	2007	通行规则：美国慈善法指南	贝希·布查尔特·艾德勒、大卫·艾维特、英格里德·米特梅尔	美	金锦萍*、朱卫国、周虹	中国社会出版社	民政法制建设系列丛书
1405	2007	初审法院——美国司法中的神话与现实	杰罗姆·弗兰克	美	赵承寿*	中国政法大学出版社	美国法律文库
1406	2007	就事论事：美国最高法院的司法最低限度主义	凯斯·R.桑斯坦	美	泮伟江*、周武*	北京大学出版社	宪政经典
1407	2007	袋鼠法庭：美国政府理论架构之不公正	迈克尔·C.威廉斯	美	于宗洋	法律出版社	
1408	2007	传播法：自由、限制与现代媒介	约翰·D.泽莱兹尼	美	张金玺*、赵刚	清华大学出版社	新闻与传播系列教材·翻译版
1409	2007	公民权研究手册	恩斯·伊辛、布雷恩·特纳 主编	英	王小章*	浙江人民出版社	政治与社会译丛
1410	2007	传媒与犯罪	伊冯·朱克斯	英	赵星*	北京大学出版社	
1411	2007	论占有	弗里德里希·卡尔·冯·萨维尼	德	朱虎*、刘智慧*	法律出版社	法学经典译丛
1412	2007	技术许可战略：企业经营战略的利剑	罗塞尔·帕拉、帕特里克·沙利文	美	陈劲*、贺丹、黄芹	知识产权出版社	智慧树经管书系.汉译企业知识产权战略丛书

续表

序号	出版时间	书名	作者	国别、地区、国际组织	译者	出版社	出版系列
1413	2007	著作权与邻接权法律术语汇编（中英法对照）	世界知识产权组织		刘波林	北京大学出版社	
1414	2007	IT的发展与个人信息保护	小林麻理	日	夏平、王俊红、周伟民	经济日报出版社	北京大学个人信贷丛书
1415	2007	人格的商业利用	胡·贝弗利-史密斯	澳	李志刚、缪因知	北京大学出版社	
1416	2007	私法的基础：财产、侵权、合同和不当得利	詹姆斯·戈德雷	美	张家勇*	法律出版社	法学学术经典.民商法译丛
1417	2007	日本环保行政亲历记	桥本道夫	日	冯叶*	中信出版社	CIDEG文库
1418	2007	国际动物命名法规	国际生物科学协会		卜文俊*、郑乐怡	科学出版社	
1419	2007	外国警察法	刘伯祥主编		李仙翠 等	中国法制出版社	外国法典译丛
1420	2007	《行政法泛论》与《行政法各论》	清水澄	日	金泯澜 等	中国政法大学出版社	中国近代法学译丛
1421	2007	法律社会学基本原理	尤根·埃利希	奥	叶名怡*、袁震*	九州出版社	西方学术经典文库
1422	2007	法律的逻辑——法官写给法律人的逻辑指引	鲁格罗·亚狄瑟	美	唐欣伟	法律出版社	法官审判技能培训丛书
1423	2007	牛津法律理论词典	布赖恩·H.比克斯	美	邱昭继、马得华、刘叶深、冉杰、鲁强	法律出版社	
1424	2007	法律中的社会科学	约翰·莫纳什、劳伦斯·沃克	美	何美欢*、樊志斌、黄博	法律出版社	
1425	2007	原始社会的犯罪与习俗（修订译本）	马林诺夫斯基	英	原江	法律出版社	法学学术经典译丛
1426	2007	论律法	斐洛	古罗马	石敏敏*	中国社会科学出版社	两希文明哲学经典译丛
1427	2007	法律、语言与法律的确定性	布赖恩·比克斯	美	邱昭继*	法律出版社	法律语言学译丛

续表

序号	出版时间	书名	作者	国别、地区、国际组织	译者	出版社	出版系列
1428	2007	法律、语言与权力	约翰·M.康利、威廉·M.欧巴尔	美	程朝阳*	法律出版社	法律语言学译丛
1429	2007	法律话语	彼得·古德里奇	美	赵洪芳*、毛凤凡	法律出版社	法律语言学译丛
1430	2007	法律语言学导论	约翰·吉本斯	美	程朝阳*、毛凤凡、秦明	法律出版社	法律语言学译丛
1431	2007	公平与福利	路易斯·卡普洛、斯蒂文·沙维尔	美	冯玉军*、涂永前*	法律出版社	法律经济学丛书
1432	2007	公司法剖析：比较与功能的视角	莱纳·克拉克曼、杰拉德·赫蒂格、保罗·戴维斯、克劳斯·霍普特、亨利·汉斯曼、神田秀树、爱德华·洛克	美	刘俊海*、徐海燕等	北京大学出版社	公司法与公司治理译丛
1433	2007	萨班斯法案内控指南	斯科特·格林	美	张翼、林小驰	经济科学出版社	审计新视野译丛
1434	2007	公共管理与法律	罗森布鲁姆、奥利里	美	张梦中*等	中山大学出版社	公共管理与公共政策经典译丛
1435	2007	萨班斯法案执行指导	安妮·M.马凯蒂	美	张翼、林小驰	经济科学出版社	审计新视野译丛
1436	2007	联邦党人文集	约翰·杰伊、詹姆斯·麦迪逊、亚历山大·汉密尔顿	美	张晓庆	九州出版社	西方学术经典文库
1437	2007	法律和道德领域的客观性	布莱恩·莱特	英	高中*、杜红波、刘昆轮、马金芳	中国政法大学出版社	
1438	2007	科斯经济学：法与经济学和新制度经济学	斯蒂文·G.米德玛	美	罗君丽*、李井奎、茹玉驄等	上海三联书店	多元丛书
1439	2007	欧盟对华投资的法律框架：解构与建构	单文华		蔡从燕*	北京大学出版社	海外法学学子文库

续表

序号	出版时间	书名	作者	国别、地区、国际组织	译者	出版社	出版系列
1440	2007	日本财政法		日	王朝才*	经济科学出版社	
1441	2007	中美英基金法比较与实务			罗旭、郭晓婧、张路 等 编译	法律出版社	
1442	2007	英国成文证据法		英	熊志海* 等 编译	中国法制出版社	
1443	2007	国际体育仲裁院裁决选编			龚奕峰、叶卫兵、罗益群 等	内蒙古科学技术出版社	
1444	2007	欧盟中小企业治理相关法规汇编		欧盟	王怀宁、贾涛	中国财政经济出版社	
1445	2007	1940年美国投资公司立法		美	刘军稳、鄢圣鹏	新华出版社	
1446	2007	美国反海外贿赂行为法		美	刘霄伦、赵金萍 编译	中国财政经济出版社	北京国家会计学院职业道德与反贿赂经典系列教材
1447	2007	房地产投资信托：域外法律法规汇编			楼建波*、杨秋岭	法律出版社	
1448	2007	环境正义：丧钟为谁而鸣——美国联邦法院环境诉讼经典判例选		美	汪劲*、严厚福、孙晓璞 编译	北京大学出版社	环境法学研究文库
1449	2007	进出口税则商品及品目注释			海关总署关税征管司	中国商务出版社	
1450	2007	欧盟肉类食品安全法规汇编		欧盟	商务部屠宰技术鉴定中心	中国商业出版社	
1451	2007	2006年海事劳工公约			张铎* 校译	大连海事大学出版社	
1452	2007	国外农业、食品技术法规和标准目录总览			江苏省标准化研究院、江苏省WTO/TBT通报咨询中心	中国标准出版社	
1453	2007	证据：历史上最具争议的法医学案例	科林·埃文斯	美	毕小青*	生活·读书·新知三联书店	新知文库
1454	2008	审讯和供述心理学手册	Gisli H. Gudjonsson	英	乐国安*、李安等	中国轻工业出版社	司法心理学系列

续表

序号	出版时间	书名	作者	国别、地区、国际组织	译者	出版社	出版系列
1455	2008	国际商法	约翰·H. 威尔斯、约翰·A. 威尔斯	美	金婧、肖敏、史苗苗、刘亚琦 译校	中国人民大学出版社	
1456	2008	美国能源法	约瑟夫·P. 托梅因、理查德·D. 卡达希	美	万少廷	法律出版社	美国法精要
1457	2008	日本禁止垄断法	村上政博	日	姜姗*	法律出版社	法学学术经典之民商法译丛
1458	2008	SOX 法案：财务与信息技术专业人员工作指南	沈杰·安南	美	杨志强、唐雪梅	中国时代经济出版社	萨班斯—奥克斯利法案经典文库
1459	2008	新民事诉讼法	新堂幸司	日	林剑锋*	法律出版社	法学研究生教学书系
1460	2008	韩国刑法总论	金日秀、徐辅鹤	韩	郑军男*	武汉大学出版社	国外法学精品教材
1461	2008	法国行政法	让·里韦罗、让·瓦利纳	法	鲁仁	商务印书馆	
1462	2008	FIDIC 系列工程合同范本：编制原理与应用指南	尼尔·G. 巴尼	英	张水波*等	中国建筑工业出版社	
1463	2008	英国与美国的公法与民主	保罗·P. 克雷格	英	毕洪海*	中国人民大学出版社	当代世界学术名著
1464	2008	瑞典商事仲裁：1999年《瑞典仲裁法》(1999: 116) 和《斯德哥尔摩商会仲裁院仲裁规则》评述	费恩·迈德森	瑞典	李虎*、顾华宁*	法律出版社	
1465	2008	牛津美国法律百科辞典	克密特·L. 霍尔	美	林晓云*等	法律出版社	
1466	2008	苏维埃检察制度：重要文件	列别金斯基、奥尔洛夫	苏	党凤德、傅昌文、邹信然、邱则午、方蔼和	中国检察出版社	

续表

序号	出版时间	书名	作者	国别、地区、国际组织	译者	出版社	出版系列
1467	2008	欧陆法律史概览：事件，渊源，人物及运动	梅特兰 等	美	屈文生*	上海人民出版社	世界法学名著译丛
1468	2008	民事诉讼程序研究	J.A.乔罗威茨	英	吴泽勇*	中国政法大学出版社	民事诉讼法学精粹译丛
1469	2008	法律与道德中的责任	皮特·凯恩	澳	罗李华	商务印书馆	公法名著译丛
1470	2008	中国与俄罗斯犯罪构成理论比较研究	何秉松、科米萨罗夫、科罗别耶夫 主编	中国、俄	庞冬梅*、丛凤玲*	法律出版社	
1471	2008	法国财产法	弗朗索瓦·泰雷、菲利普·森勒尔	法	罗结珍*	法制出版社	外国法学名著
1472	2008	经济宪法与经济行政法	罗尔夫·施托贝尔	德	谢立斌*	商务印书馆	公法名著译丛
1473	2008	德国刑法总论	约翰内斯·韦塞尔斯	德	李昌珂*	法律出版社	当代德国法学名著
1474	2008	海岸与海洋管理法精要	理查德·希尔德雷斯、唐娜·克里斯蒂	美	潘新春*、何昶	法律出版社	
1475	2008	刑事制裁的界限	哈伯特·L.帕克	美	梁根林*	法律出版社	
1476	2008	为了公共利益：加拿大版权法的未来	迈克尔·盖斯特 主编	加	李静*	知识产权出版社	
1477	2008	美国法官制度与法院组织标准	最高人民法院中国应用法学研究所	中国	于秀艳、李存捧、林志农、陈静梅	人民法院出版社	法官书架必备图书·中外司法文丛
1478	2008	法医化学	大卫·E.牛顿	美	杨延涛	上海科学技术文献出版社	
1479	2008	韩国食品卫生新法规	章强华 主编	中国	浙江省标准化研究院	中国计量出版社	
1480	2008	主权论	让·博丹	法	李卫海*、钱俊文*	北京大学出版社	政治与法律哲学经典译丛

续表

序号	出版时间	书名	作者	国别、地区、国际组织	译者	出版社	出版系列
1481	2008	行政救济法	盐野宏	日	杨建顺*	北京大学出版社	
1482	2008	论犯罪与刑罚	切萨雷·贝卡里亚	意	黄风*	北京大学出版社	
1483	2008	用数字证明:法律和诉讼中的实证方法	汉斯·采泽尔、戴维·凯	美	黄向阳*	中国人民大学出版社	统计学经典译丛
1484	2008	律师统计学	迈克尔·O.芬克尔斯坦、布鲁斯·莱文	美	钟卫*	中国人民大学出版社	统计学经典译丛
1485	2008	阿蒂亚论事故、赔偿及法律	彼得·凯恩	英	王仰光*、朱星义、陈龙业、吕杰	中国人民大学出版社	当代世界学术名著
1486	2008	刑法讲义各论	大谷实	日	黎宏*	中国人民大学出版社	法学译丛刑法系列
1487	2008	事故共和国:残疾的工人、贫穷的寡妇与美国法的重构	约翰·法比安·维特	美	田雷*	上海三联书店	上海三联法学文库
1488	2008	美国死刑悖论	富兰克林·E.齐姆林	美	高维俭*	上海三联书店	上海三联法学文库
1489	2008	控制国家:从古雅典至今的宪政史	斯科特·戈登	美	应奇*、李勇、孟军、陈丽微	江苏人民出版社	凤凰文库政治学前沿系列
1490	2008	宪法与行政法	A.W.布拉德利、K.D.尤因	英	程洁*	商务印书馆	
1491	2008	行政法	金东熙	韩	赵峰	中国人民大学出版社	当代世界学术名著法学译丛·公法系列
1492	2008	34座里程碑:造就美国的34次判决	迈克尔·特拉切曼	美	陈强	法律出版社	
1493	2008	国王的诉讼	马修·黑尔	英	王雨田	中国人民公安大学出版社	
1494	2008	血迹形态分析原理:理论与实践	斯图尔特·H.詹姆斯、保罗·E.基什、T.伯利特·萨顿	美	刘力、唐晖	科学出版社	

续表

序号	出版时间	书名	作者	国别、地区、国际组织	译者	出版社	出版系列
1495	2008	史密斯和基南英国法	丹尼斯·基南	英	陈宇、刘坤轮*	法律出版社	当代英国法学名著系列
1496	2008	中国入市后的欧共体贸易法	霍根马滕斯	比	孔庆江*、宋杰*、毛骁骁*	浙江人民出版社	
1497	2008	共和对话录	查尔斯·比尔德	美	杨日旭	东方出版社	
1498	2008	环境行政的法理与方法	黑川哲志	日	肖军	中国法制出版社	
1499	2008	何谓法律：美国最高法院中的宪法	查尔斯·弗瑞德	美	胡敏洁*、苏苗罕*、李鸿	北京大学出版社	
1500	2008	司法精神医学：精神病鉴定与刑事责任能力	中田修 等	日	林秉贤*、彭华*	天津科学技术出版社	
1501	2008	合同理论	帕特里克·博尔顿、马赛尼斯·德瓦特里庞	美、比	费方域*、蒋士城、郑育家 等译	格致出版社、上海三联书店、上海人民出版社	当代经济学系列丛书
1502	2008	过失杀人、市场与道德经济：18世纪中国财产权的暴力纠纷	步德茂	美	张世明*、刘亚丛、陈兆肆*	社会科学文献出版社	国家清史编纂委员会·编译丛刊
1503	2008	近代中国的犯罪、惩罚与监狱	冯客	荷	徐有威* 等	江苏人民出版社	海外中国研究丛书
1504	2008	历史的烙印：青岛德国监狱旧址博物馆陈列展览纪略	赵春光 主编	中国	王颂 等	中国长安出版社	海外中国研究丛书
1505	2008	美国公司法	罗伯特·W.汉密尔顿	美	齐东祥*组织	法律出版社	美国法丛书
1506	2008	美国证券监管法基础	路易斯·罗思、乔尔·赛里格曼	美	张路* 等	法律出版社	
1507	2008	国际法视角下的跨国征税：国际税收体系分析	鲁文·S.阿维-约纳		熊伟*	法律出版社	
1508	2008	论英格兰的法律与政制	约翰·福蒂斯丘	英	袁瑜铮	北京大学出版社	政治与法律哲学经典译丛

续表

序号	出版时间	书名	作者	国别、地区、国际组织	译者	出版社	出版系列
1509	2008	英国法中的实用主义与理论	P. S. 阿蒂亚	英	刘毅*、刘承韪	清华大学出版社	比较法学丛书
1510	2008	盖尤斯法学阶梯	盖尤斯	古罗马	黄风*	中国政法大学出版社	
1511	2008	WIPO因特网条约评注	约格·莱因伯特、西尔克·冯·莱温斯基	德	万勇*、相靖*	中国人民大学出版社	法学译丛·知识产权法系列
1512	2008	体育法	米歇尔·贝洛夫、蒂姆·克尔、玛丽·德米特里	英	郭树理*	武汉大学出版社	世界法学精粹文库
1513	2008	欧盟食品法应用指南	Karrin Goodburn	英	刘中学、李卫华、赵贵明 等	中国轻工业出版社	国外现代食品科技系列
1514	2008	萨班斯-奥克斯利法案精要	桑加伊·安南	美	曾嵘	中国时代经济出版社	萨班斯-奥克斯利法案经典文库
1515	2008	胜诉：法庭辩论技巧	格里·思朋斯	美	牟文富*、刘强*	上海人民出版社	
1516	2008	立法学：理论与实践	安·塞德曼、罗伯特·鲍勃·塞德曼、那林·阿比斯卡	美	刘国福*、曹培 等	中国经济出版社	汕大法学丛书
1517	2008	美国保险法（第4版）	约翰·F. 道宾	美	梁鹏*	法律出版社	
1518	2008	欧洲数据保护法：公司遵守与管制	Christopher Kuner	德	旷野、杨会永* 等	法律出版社	中欧信息化法律法规比较研究丛书
1519	2008	比较法：法院与书院——近三十五年史	巴兹尔·马克西尼斯	苏丹	苏彦新*、胡德胜 等	清华大学出版社	比较法学丛书
1520	2008	私权、公法——知识产权的全球化	苏珊·K. 塞尔	美	董刚*、周超*	中国人民大学出版社	法学译丛·国际法系列

续表

序号	出版时间	书名	作者	国别、地区、国际组织	译者	出版社	出版系列
1521	2008	行政法学的结构性变革	大桥洋一	日	吕艳滨	中国人民大学出版社	当代世界学术名著
1522	2008	少年司法的一个世纪	玛格丽特·K.罗森海姆、富兰克林·E.齐姆林、戴维·S.坦嫩豪斯、伯纳德·多恩	美	高维俭*	商务印书馆	法学译丛
1523	2008	美国爱国者法案：立法、实施和影响	黄锦就、梅建明	美	蒋文军	法律出版社	
1524	2008	行政法总论	盐野宏	日	杨建顺*	北京大学出版社	
1525	2008	行政组织法	盐野宏	日	杨建顺*	北京大学出版社	
1526	2008	中国知识产权保护手册	《中国知识产权保护手册》编委会	中国		知识产权出版社	
1527	2008	新译日本法规大全点校本第三卷		日	南洋公学译书院*译	商务印书馆	
1528	2008	美国法律基础解读	乔治·P.弗莱彻、史蒂夫·谢泼德	美	李燕*	法律出版社	
1529	2008	权利革命之后：重塑规制国	凯斯·R.桑斯坦	美	钟瑞华*	中国人民大学出版社	当代世界学术名著
1530	2008	法律中的政治：一个进步性批评	戴维·凯瑞斯	美	信春鹰*	中国政法大学出版社	美国法律文库
1531	2008	国际法上的废除死刑	威廉姆·夏巴斯	加	赵海峰*、吴晓丹、宋健强、李晶珠	法律出版社	
1532	2008	我妻荣民法讲义 债权各论 上卷	我妻荣	日	徐慧	中国法制出版社	外国法学名著 我妻荣民法讲义 V_1
1533	2008	我妻荣民法讲义 新订债权总论	我妻荣	日	王燚	中国法制出版社	外国法学名著 我妻荣民法讲义 VI
1534	2008	我妻荣民法讲义 新订民法总则	我妻荣	日	于敏*	中国法制出版社	外国法学名著 我妻荣民法讲义 I

续表

序号	出版时间	书名	作者	国别、地区、国际组织	译者	出版社	出版系列
1535	2008	我妻荣民法讲义 新订物权法	我妻荣	日	罗丽*	中国法制出版社	外国法学名著 我妻荣民法讲义
1536	2008	我妻荣民法讲义 新订担保物权法	我妻荣	日	申政武*、封涛、郑芙蓉	中国法制出版社	外国法学名著 我妻荣民法讲义Ⅲ
1537	2008	法社会学导论	托马斯·莱塞尔	德	高旭军*等	上海人民出版社	上海法学文库
1538	2008	现代社会中的法律	R.M.昂格尔	美	吴玉章*、周汉华*	译林出版社	凤凰文库·人文与社会系列
1539	2008	法律与革命：新教改革对西方法律传统的影响	哈罗德·J.伯尔曼	美	袁瑜、苗文龙	法律出版社	博观译丛
1540	2008	法律与革命：西方法律传统的形成	哈罗德·J.伯尔曼	美	贺卫方*、高鸿钧、张志铭、夏勇	法律出版社	外国法律文库
1541	2008	判例形成的日本新侵权行为法	圆谷峻	日	赵莉	法律出版社	
1542	2008	我妻荣民法讲义：债权各论 下卷一	我妻荣	日	冷罗生、陶芸*、江涛*	中国法制出版社	外国法学名著 我妻荣民法讲义 V_4
1543	2008	我妻荣民法讲义 债权各论 中卷二	我妻荣	日	周江洪*	中国法制出版社	外国法学名著 我妻荣民法讲义 V_3
1544	2008	我妻荣民法讲义 债权各论 中卷一	我妻荣	日	徐进、李又又	中国法制出版社	
1545	2008	大国与法外国家：国际法律秩序中不平等的主权	杰里·辛普森	奥	朱利江*	北京大学出版社	世界法学译丛
1546	2008	著作权之道：从谷登堡到数字点播机	保罗·戈斯汀	美	金海军*	北京大学出版社	

续表

序号	出版时间	书名	作者	国别、地区、国际组织	译者	出版社	出版系列
1547	2008	中华帝国的法律	D. 布迪、C. 莫里斯	美	朱勇*	江苏人民出版社	凤凰文库·海外中国研究系列
1548	2008	宪法的守护者	卡尔·施密特	德	李君韬、苏慧婕	商务印书馆	公法名著译丛
1549	2008	宪法秩序的经济学与伦理学	詹姆斯·M. 布坎南	美	朱泱、毕洪海、李广乾	商务印书馆	公法名著译丛
1550	2008	合同经济学	贝尔纳·萨拉尼耶	法	费方域*、张肖虎、郑育家*	上海财经大学出版社	汉译经济学文库
1551	2008	冲突法的危机	格哈德·克格尔	德	萧凯*、邹国勇	武汉大学出版社	世界法学精粹文库
1552	2008	公司融资交易的法律基础	张羲淳	美	钱宇宏	中国科学技术出版社	
1553	2008	反垄断研究新进展：理论与证据	杰伊·皮尔·乔伊	美	张嫚*、崔文杰 等	东北财经大学出版社	反垄断经济学与政策前沿丛书
1554	2008	公司集团的治理	珍妮特·丹恩	英	黄庭煜	北京大学出版社	
1555	2008	反垄断政策国际化研究	马赫·M. 达芭	英	肖兴志、丁宁 等	东北财经大学出版社	反垄断经济学与政策前沿丛书
1556	2008	白领犯罪	E. H. 萨瑟兰	美	赵宝成、徐静磊、胡旭、于国旦	中国大百科全书出版社	外国法律文库
1557	2008	认真对待权利	罗纳德·德沃金	美	信春鹰*、吴玉章*	上海三联书店	外国法律文库
1558	2008	如法所能	欧文·费斯	美	师帅	中国政法大学出版社	美国法律文库
1559	2008	法律实证主义：思想与文本	布莱恩·比克斯 等	美	陈锐*编译	清华大学出版社	法意
1560	2008	说话算数——技术、法律以及娱乐的未来	威廉·W. 费舍尔	美	李旭（四川大学）*	上海三联书店	上海三联法学文库
1561	2008	民法的另一种学习方法	星野英一	日	冷罗生*、陶芸*、黄育红	法律出版社	
1562	2008	事故的成本：法律与经济的分析	盖多·卡拉布雷西	美	毕竞悦*、陈敏*、宋小维	北京大学出版社	

续表

序号	出版时间	书名	作者	国别、地区、国际组织	译者	出版社	出版系列
1563	2008	企业知识产权估价与定价	理查德·瑞兹盖提斯	美	金珺、傅年烽、陈劲	知识产权出版社	
1564	2008	知识产权：推动经济增长的有力工具	卡米尔·伊德里斯	苏丹	曾燕妮	知识产权出版社	
1565	2008	数字时代,盗版无罪?	约翰·冈茨、杰克·罗切斯特	美	周晓琪	法律出版社	
1566	2008	萨维尼法学方法论讲义与格林笔记	弗里德里希·卡尔·冯·萨维尼、雅各布·格林	德	杨代雄	法律出版社	
1567	2008	未来知识产权制度的愿景	欧洲专利局编著		国家知识产权局组织翻译 郭民生、杜建慧、刘卫红 译	知识产权出版社	
1568	2008	论一般法律	杰里米·边沁	英	毛国权	上海三联书店	
1569	2008	知识财产法哲学	彼得·德霍斯	澳	周林	商务印书馆	
1570	2008	自然法：法律哲学导论	登特列夫	英	李日章、梁捷、王利*	新星出版社	
1571	2008	哈贝马斯、现代性与法	马修·德夫林 编	美	高鸿钧*	清华大学出版社	法律与社会丛书
1572	2008	法理学：理论与语境	布赖恩·比克斯	美	邱昭继*	法律出版社	博观译丛
1573	2008	法律的沟通之维	马克·范·胡克	比	孙国东*	法律出版社	博观译丛
1574	2008	纯粹法理论	凯尔森	奥	张书友*	中国法制出版社	西方法哲学文库
1575	2008	法哲学：价值与事实	雷蒙德·瓦克斯	英	谭宇生	译林出版社	牛津通识读本
1576	2008	法学的邀请	布赖恩·辛普森	英	范双飞*	北京大学出版社	
1577	2008	法学讲演录（四）[英汉对照全译本]	约翰·奥斯丁	英	支振锋* 等	中国社会科学出版社	西方学术经典译丛
1578	2008	国际食品法典标准——加工水果与蔬菜卷			农业部种植业管理司、农业部优质农产品开发服务中心 编译	中国农业科学技术出版社	

续表

序号	出版时间	书名	作者	国别、地区、国际组织	译者	出版社	出版系列
1579	2008	中华人民共和国消费者权益保护法图释		中国	新疆维吾尔自治区人大常委会办公厅法律法规译文审定小组	新疆人民出版社	法律及其配套规定丛书
1580	2008	新译日本法规大全点校本 第四卷		日	南洋公学译书院* 初译 商务印书馆编译所 补译校订	商务印书馆	
1581	2008	欧盟肉食品安全控制指南			国家质检总局进出口食品安全局 编译	中国计量出版社	
1582	2008	西方法律哲学文选（上）			邓正来*	法律出版社	
1583	2008	西方法律哲学文选（下）			邓正来*	法律出版社	
1584	2008	采购过程与合同管理			北京中交协物流人力资源培训中心组织 编译	机械工业出版社	
1585	2008	新译日本法规大全点校本 第五卷		日	南洋公学译书院*、商务印书馆编译所	商务印书馆	
1586	2009	多元文化公民权：一种有关少数族群权利的自由主义理论	威尔·金里卡	加	杨立峰*	上海译文出版社	世纪人文系列丛书
1587	2009	亚洲知识产权与传播	普拉蒂普·N.托马斯、简·瑟韦斯 主编	澳	高蕊	清华大学出版社	新概念出版译丛
1588	2009	计算机取证调查指南	BILL NELSON, AMELIA PHILLIPS, FRANK ENFINGER, AND CHRISTOPHER STEUART	美	杜江、白志、刘刚（中南大学）* 主译	重庆大学出版社	信息安全丛书
1589	2009	美国货物买卖和租赁精解	威廉·H.劳伦斯、威廉·H.亨宁	美	周晓松	北京大学出版社	美国法精解书系
1590	2009	媒体制作人法律实用手册	Philip H. Miller	美	何勇、李丹林 等	人民邮电出版社	新媒体经营与法律系列丛书

续表

序号	出版时间	书名	作者	国别、地区、国际组织	译者	出版社	出版系列
1591	2009	英国财产法导论	F.H.劳森、伯纳德·冉得	英	曹培	法律出版社	汕头大学比较法学丛书
1592	2009	让标准发挥作用：监狱实务国际手册	国际刑罚改革协会编著		张青	法律出版社	
1593	2009	作为法律史学家的狄更斯	威廉·S.霍尔兹沃思	英	何帆*	上海三联书店	
1594	2009	德国雇员权益的维护	沃尔夫冈·多伊普勒	德	唐伦亿、谢立斌*	中国工人出版社	
1595	2009	妇女与国际人权法 第二卷 妇女权利的国际和区域视角	凯利·D.阿斯金、多萝安·M.科尼格	美	黄列*、朱晓青*	生活·读书·新知三联书店	民权译丛
1596	2009	世界要案审判——有史以来最重大法庭论战实录	爱德华·W.耐普曼 编	美	赫长虹、王燕	新华出版社	
1597	2009	诉讼法学方法论——中村民事诉讼理论精要	中村宗雄、中村英郎	日	陈刚*、段文波*	中国法制出版社	比较民事诉讼法论丛
1598	2009	辩护的艺术	弗朗西斯·韦尔曼	美	林正	中国商业出版社	世界著名大律师辩护实录丛书
1599	2009	FIDIC 用户指南：1999年版红皮书和黄皮书实用指南	布莱恩·W.托特蒂尔	美	崔军（中央纪委）*	机械工业出版社	
1600	2009	隐藏的宪法：林肯如何重新铸定美国民主	乔治·P.弗莱切	美	陈绪纲	北京大学出版社	
1601	2009	致年轻律师的信	艾伦·德肖维茨	美	单波	法律出版社	
1602	2009	反垄断法律与经济学	欧内斯特·盖尔霍恩、威廉姆·科瓦契奇、斯蒂芬·卡尔金斯	美	任勇*、邓志松、尹建平	法律出版社	
1603	2009	历史法学派的基本思想	弗里德里希·卡尔·冯·萨维尼	德	郑永流*	法律出版社	当代德国法学名著

续表

序号	出版时间	书名	作者	国别、地区、国际组织	译者	出版社	出版系列
1604	2009	公正的审判：美国历史上刑事被告的权利	戴维·J.博登海默	美	杨明成、赖静	商务印书馆	法学译丛
1605	2009	法国刑事诉讼法	贝尔纳·布洛克	法	罗结珍*	中国政法大学出版社	
1606	2009	日本国宪法的精神	渡边洋三	日	魏晓阳*	译林出版社	法政科学丛书
1607	2009	法官如何思考	理查德·波斯纳	美	苏力*	北京大学出版社	
1608	2009	市场经济的宪法	T.斯托福	瑞士	郑鹏程*、郭兰英*	中国方正出版社	宪政概念双语丛书
1609	2009	韩国经济法	权五乘	韩	崔吉子*	北京大学出版社	
1610	2009	监狱卫生：世界卫生组织关于监狱卫生的基础指导手册	拉尔斯·莫勒尔 等编著	丹麦	郑振玉、李顺平主译	山东大学出版社	
1611	2009	联邦党人文集	亚历山大·汉密尔顿、约翰·杰伊、詹姆斯·麦迪逊	美	张晓庆	中国社会科学出版社	西方学术经典译丛
1612	2009	日本专利法	日本国会 制定	日	杜颖*	经济科学出版社	
1613	2009	论统一民法对于德意志的必要性 蒂堡与萨维尼论战文选	蒂堡、萨维尼	德	朱虎*	中国法制出版社	法学名篇小文丛
1614	2009	美国刑事诉讼法精解 第二卷·刑事审判	约书亚·德雷斯勒、艾伦·C.迈克尔斯	美	魏晓娜*	北京大学出版社	美国法精解书系
1615	2009	美国刑事诉讼法精解 第一卷·刑事侦查	约书亚·德雷斯勒、艾伦·C.迈克尔斯	美	吴宏耀*	北京大学出版社	美国法精解书系
1616	2009	英格兰律师职业的起源	保罗·布兰德	英	李红海*	北京大学出版社	世界法学译丛
1617	2009	从新判例看刑法	山口厚	日	付立庆*、刘隽	中国人民大学出版社	当代世界学术名著
1618	2009	解读犯罪预防——社会控制、风险与后现代	戈登·休斯	英	刘晓梅、刘志松	中国人民公安大学出版社	现代西方犯罪学译丛

续表

序号	出版时间	书名	作者	国别、地区、国际组织	译者	出版社	出版系列
1619	2009	高手：解决法律难题的31种思维技巧	沃德·法恩斯沃思	美	丁芝华	法律出版社	
1620	2009	给精英律师的12堂经济学课	理查德·伊波利托	美	刘启	法律出版社	
1621	2009	美国要案审判——有史以来最重大法庭论战实录（上）	爱德华·W. 耐普曼 编	美	于卉芹、李忠军	新华出版社	
1622	2009	美国要案审判——有史以来最重大法庭论战实录（下）	爱德华·W. 耐普曼 编	美	于卉芹、李忠军	新华出版社	
1623	2009	牛津美国联邦最高法院指南	克米特·L. 霍尔	美	许明月*、夏登峻*等	北京大学出版社	
1624	2009	电子媒体的法律与管制	Kenneth C. Creech	美	王大为、于晗、李玲飞、金雪涛	人民邮电出版社	新媒体经营与法律系列丛书
1625	2009	迈向新法律常识：法律、全球化和解放	博温托·迪·苏萨·桑托斯	英	刘坤轮*、叶传星	中国人民大学出版社	当代世界学术名著
1626	2009	行政法	南博方	日	杨建顺*	中国人民大学出版社	当代世界学术名著
1627	2009	解读被害人与恢复性司法	詹姆斯·迪南	英	刘仁文*、林俊辉等	中国人民公安大学出版社	现代西方犯罪学译丛
1628	2009	WHO 推荐的电磁场防护法律范本	世界卫生组织		杨新村、李毅、苏磊、周秋森	中国电力出版社	
1629	2009	美国保险法精解	小罗伯特·H. 杰瑞、道格拉斯·R. 里士满	美	李之彦*	北京大学出版社	美国法精解书系
1630	2009	律师职业道德的底线	蒙罗·弗里德曼、阿贝·史密斯	美	王卫东*	北京大学出版社	美国法精解书系
1631	2009	公司舞弊：发现与防范案例研究	约翰·D. 奥加拉	美	龚卫雄 等	东北财经大学出版社	公司舞弊·法务会计前沿译丛
1632	2009	法务会计调查指南	托马斯·W. 戈尔登、史蒂文·L. 斯卡拉克、蒙纳·M. 克莱顿	美	张磊*	东北财经大学出版社	公司舞弊·法务会计前沿译丛

续表

序号	出版时间	书名	作者	国别、地区、国际组织	译者	出版社	出版系列
1633	2009	银行保密法/反洗钱检查手册	美国联邦金融机构检查委员会	美	中国人民银行	中国金融出版社	
1634	2009	日本行政程序法逐条注释	室井力、芝池义一、浜川清 主编	日	朱芒*	上海三联书店	上海三联法学文库
1635	2009	欧盟企业合并控制制度：法律、经济与实践分析	安德雷斯·冯特·葛拉雷兹 等	西	解琳*、叶军	法律出版社	
1636	2009	学校法学：案例和观念	米歇尔·W.拉莫特	美	许庆豫	江苏教育出版社	教育科学精品教材译丛
1637	2009	我们人民：宪法的变革	布鲁斯·阿克曼	美	孙文恺*	法律出版社	博观译丛
1638	2009	打破恶性循环：政府如何有效规制风险	史蒂芬·布雷耶	美	宋华琳*	法律出版社	博观译丛
1639	2009	法律人拉丁语手册	约翰·格雷	英	张利宾*	法律出版社	
1640	2009	法务会计	威廉姆·S.霍普伍德、杰伊·J.莱纳、乔治·R.杨	美	张磊 主译	东北财经大学出版社	三友会计名著译丛
1641	2009	建筑师事务所所有权转让指南	彼得·皮文、威廉·曼德尔	美	黄慧*	中国建筑工业出版社	建筑师执业实践宝典系列丛书
1642	2009	罗马私法中的过错要素	鲁道夫·冯·耶林	德	柯伟才	中国法制出版社	法学名篇小文丛
1643	2009	美国合同法精解	杰弗里·费里尔、迈克尔·纳文	美	陈彦明	北京大学出版社	美国法精解书系
1644	2009	美国财产法精解	约翰·G.斯普兰克林	美	钟书锋*	北京大学出版社	美国法精解书系
1645	2009	为了司法/正义：法律职业改革	德博拉·L.罗德	美	张群*、温珍奎、丁见民	中国政法大学出版社	美国法律文库
1646	2009	美国律师	理查德·L.埃贝尔	美	张元元、张国峰	中国政法大学出版社	美国法律文库

续表

序号	出版时间	书名	作者	国别、地区、国际组织	译者	出版社	出版系列
1647	2009	法律的经济分析	斯蒂文·萨维尔	美	柯华庆*	中国政法大学出版社	美国法律文库
1648	2009	罗马法史	朱塞佩·格罗索	意	黄风*	中国政法大学出版社	
1649	2009	创意产业中的知识产权——数字时代的版权和商标	Arnold P. Lutzker	美	王娟	人民邮电出版社	新媒体经营与法律系列丛书
1650	2009	法学总论——法学阶梯	查士丁尼	罗马	张企泰	商务印书馆	汉译世界学术名著丛书
1651	2009	解读社区刑罚——缓刑、政策和社会变化	皮特·雷诺、莫里斯·范斯顿	英	刘强*、王贵芳	中国人民公安大学出版社	现代西方犯罪学译丛
1652	2009	洞穴奇案	萨伯	美	陈福勇*、张世泰	生活·读书·新知三联书店	
1653	2009	伟大的篡权：美国19、20世纪之交关于司法审查的讨论	查尔斯·比尔德、爱德华·考文、路易斯·布丁等	美	李松锋*	上海三联书店	上海三联法学文库
1654	2009	美国法的时代	格兰特·吉尔莫	美	董春华*	法律出版社	
1655	2009	论道德与立法的原则	杰里米·边沁	英	程立显*、宇文利*	陕西人民出版社	
1656	2009	联邦反托拉斯政策	赫伯特·霍温坎普	美	许光耀*、江山*、王晨	法律出版社	
1657	2009	法和经济学导论	A·米切尔·波林斯基	英	郑戈*	法律出版社	博观译丛
1658	2009	司法的过程	亨利·J.亚伯拉罕	美	泮伟江*、宦盛奎、韩阳	北京大学出版社	世界法学精要
1659	2009	蛛丝马迹：犯罪现场专家讲述的故事	康妮·弗莱彻	美	毕小青*	生活·读书·新知三联书店	新知文库
1660	2009	刑事诉讼革命的失败	克雷格·布拉德利	美	郑旭*	北京大学出版社	世界法学译丛
1661	2009	刑罚、责任与正义：关联批判	艾伦·诺里	英	杨丹*	中国人民大学出版社	当代世界学术名著
1662	2009	刑法的分配原则——谁应受罚，如何量刑？	保罗 H.罗宾逊	美	沙丽金*	中国人民公安大学出版社	

续表

序号	出版时间	书名	作者	国别、地区、国际组织	译者	出版社	出版系列
1663	2009	金融巨骗麦道夫	彼得·桑德	美	江苑薇、徐天辰	中国人民大学出版社	
1664	2009	美国死刑法精解	琳达·E.卡特、埃伦·S.克赖斯伯格、斯科特·W.豪尔	美	王秀梅、邱陵、曾赛刚	北京大学出版社	美国法精解书系
1665	2009	美国刑法精解	约书亚·德雷斯勒	美	王秀梅（最高院）*等	北京大学出版社	美国法精解书系
1666	2009	裁量正义	肯尼斯·卡尔普·戴维斯	美	毕洪海*	商务印书馆	公法名著译丛
1667	2009	国际商事仲裁——美国学说发展与证据开示	帕德罗·马丁内兹-弗拉加	西	蒋小红*、谢新胜*等	中国社会科学出版社	
1668	2009	代码2.0：网络空间中的法律	劳伦斯·莱斯格	美	李旭*、沈伟伟	清华大学出版社	法律与社会丛书
1669	2009	法律的历程	约翰·梅西·赞恩	美	刘睿铭 编译	江西高校出版社	世界经典智慧文丛
1670	2009	心理治疗与法律	RETER JENKINS VINCENT KETER JULIE STONE 等	英	胡连新*主译	人民卫生出版社	心理咨询师和心理治疗师解惑系列
1671	2009	侵权法的统一：共同过失	U.马格努斯、M.马丁-卡萨尔斯 主编	德、西	叶名怡*、陈鑫*	法律出版社	
1672	2009	欧洲侵权法原则：本文与评注	欧洲侵权法小组编著		于敏*、谢鸿飞*	法律出版社	
1673	2009	侵权法的统一：对他人造成的损害的责任	J.施皮尔 主编	荷	梅夏英*、高圣平*	法律出版社	
1674	2009	侵权法的统一：违法性	H.考茨欧 主编	奥	张家勇*	法律出版社	
1675	2009	侵权法的统一：因果关系	J.施皮尔 主编	荷	易继明*等	法律出版社	
1676	2009	侵权法的统一：损害与损害赔偿	U.马格努斯 主编	德	谢鸿飞*	法律出版社	

续表

序号	出版时间	书名	作者	国别、地区、国际组织	译者	出版社	出版系列
1677	2009	抗制酷刑：法官及检察官手册	科纳·弗利	英	梁欣*、魏晓娜、许身健、程雷	北京大学出版社	中欧遏制酷刑项目丛书
1678	2009	刑事责任论	维克托·塔德洛斯	英	谭淦*	中国人民大学出版社	当代世界学术名著
1679	2009	多元文化的公民身份——一种自由主义的少数群体权利理论	威尔·金利卡	加	马莉*、张昌耀	中央民族大学出版社	民族学人类学译丛
1680	2009	罗马法、当代法与欧洲法 现今的民法传统	赖因哈德·齐默尔曼	德	常鹏翱*	北京大学出版社	
1681	2009	人和公民的自然法义务	塞缪尔·普芬道夫	德	鞠成伟*	商务印书馆	法意译丛
1682	2009	西方法律的历史	约翰·梅西·赞恩	美	孙远申	陕西师范大学出版社	世界经典智慧文丛
1683	2009	自然法：理论与实践的反思	雅克·马里旦 著 威廉·斯威特 编	法、加	鞠成伟*	中国法制出版社	西方法哲学文库
1684	2009	法律社会学基本原理	尤根·埃利希	奥	叶名怡*、袁震	中国社会科学出版社	西方学术经典译丛
1685	2009	法社会学原理	欧根·埃利希	奥	舒国滢*	中国大百科全书出版社	外国法律文库
1686	2009	让宪法远离法院	马克·图什内特	美	杨智杰	法律出版社	宪政古今译丛
1687	2009	反垄断法：经济学原理和普通法演进	基斯·N. 希尔顿	美	赵玲*	北京大学出版社	世界法学精要
1688	2009	解读心理学与犯罪——透视理论与实践	詹姆斯·马吉尔	英	张广宇 等	中国人民公安大学出版社	现代西方犯罪学译丛
1689	2009	犯罪心理学	Curt R. Bartol, Anne M. Bartol	美	杨波、李林等	中国轻工业出版社	司法心理学系列
1690	2009	世界法律传统	帕特里克·格伦	加	李立红、黄英亮*、姚玲	北京大学出版社	世界法学精要
1691	2009	污染与财产权：环境保护的所有权制度比较	丹尼尔·H. 科尔	美	严厚福*、王社坤	北京大学出版社	环境法学研究文库

续表

序号	出版时间	书名	作者	国别、地区、国际组织	译者	出版社	出版系列
1692	2009	批判法学——一个自由主义的批评	安德鲁·奥尔特曼	美	信春鹰、杨晓锋	中国政法大学出版社	美国法律文库
1693	2009	金融市场中的法律风险	Roger McCormick	英	胡滨*	社会科学文献出版社	
1694	2009	国宪泛论	小野梓	日	陈鹏	中国政法大学出版社	中国近代法学译丛
1695	2009	国际私法（上）	马丁·沃尔夫	德	李浩培*、汤宗舜*	北京大学出版社	
1696	2009	国际私法（下）	马丁·沃尔夫	德	李浩培*、汤宗舜*	北京大学出版社	
1697	2009	数字权益管理——传媒业与娱乐业中数字作品的保护与盈利	Joan Van Tassel	美	王栋	人民邮电出版社	新媒体经营与法律系列丛书
1698	2009	国际刑法学原理	格哈德·韦勒	德	王世洲*	商务印书馆	
1699	2009	犯罪学导论——犯罪、司法与社会	罗纳德·J.博格、小马文·D.弗瑞、帕特里克亚·瑟尔斯	美	刘仁文*、颜九红*、张晓艳*	清华大学出版社	法律与社会丛书
1700	2009	犯罪及其原因和矫治	切萨雷·龙勃罗梭	意	吴宗宪、房绪兴、李安、赵书鸿、苏明月 等	中国人民公安大学出版社	犯罪学名著译丛
1701	2009	犯罪学导论	W.A.邦格	荷	吴宗宪*	中国人民公安大学出版社	犯罪学名著译丛
1702	2009	犯罪人：切萨雷·龙勃罗梭犯罪学精义	吉娜·龙勃罗梭-费雷罗	意	吴宗宪*	中国人民公安大学出版社	犯罪学名著译丛
1703	2009	1982年《联合国海洋法公约》评注	萨切雅·南丹 原书主编	斐济	毛彬 主编，焦永科 等译	海洋出版社	
1704	2009	国际法	安东尼奥·卡塞斯	意	蔡从燕*等	法律出版社	厦门大学国际法译丛
1705	2009	外企HR劳动合同管理指引｜汉英对照	黄乐平	中国	Lawspirit（万法通）	法律出版社	
1706	2009	中央与地方关系的法治化	张千帆、葛维宝编	中国、美	程迈*、牟效波*	译林出版社	法政科学丛书
1707	2009	犯罪的一般理论	迈克尔·戈特弗里德森、特拉维斯·赫希	美	吴宗宪*、苏明月*	中国人民公安大学出版社	犯罪学名著译丛

续表

序号	出版时间	书名	作者	国别、地区、国际组织	译者	出版社	出版系列
1708	2009	犯罪学原理	埃德温·萨瑟兰、唐纳德·克雷西、戴维·卢肯比尔	美	吴宗宪*等	中国人民公安大学出版社	犯罪学名著译丛
1709	2009	解读犯罪统计数据——揭示犯罪暗数	克莱夫·科尔曼、詹妮·莫尼罕	英	靳高风*等	中国人民公安大学出版社	现代西方犯罪学译丛
1710	2009	解读社会公众对刑事司法的态度	朱利安·罗伯茨、麦克·豪夫	英	李明琪*等	中国人民公安大学出版社	现代西方犯罪学译丛
1711	2009	解读刑事司法中的风险	海泽尔·肯绍尔	英	李明琪*等	中国人民公安大学出版社	现代西方犯罪学译丛
1712	2009	高技术犯罪调查手册：建立和管理高技术犯罪防范计划	杰拉尔德·科瓦契奇、安迪·琼斯	英	吴渝、万晓榆、李红波、陈静	科学出版社	
1713	2009	犯罪行为研究方法	Frank E. Hagan	美	刘萃侠、罗震雷、黄婧	中国轻工业出版社	司法心理学系列
1714	2009	中国古代诉讼制度研究	籾山明	日	李力（1964）*	上海古籍出版社	早期中国研究丛书
1715	2009	中国的规制与惩罚——从父权本位到人民本位	迈克尔·R.达顿	澳	郝方昉*、崔洁*	清华大学出版社	
1716	2009	法律的缘由	蒂托·卢克雷齐奥·里佐	意	李斌全	浙江大学出版社	
1717	2009	法律与分歧	杰里米·沃尔德伦	美	王柱国*	法律出版社	宪政古今译丛
1718	2009	社会的法律	卢曼	德	郑伊倩	人民出版社	当代西方学术经典译丛
1719	2009	死刑的全球考察	罗吉·胡德、卡罗琳·霍伊尔	英	曾彦*、李坤、李占州、郭玉川	中国人民公安大学出版社	欧盟资助出版
1720	2009	版权法与因特网（上）	米哈依·菲彻尔	匈	郭寿康*、万勇、相靖	中国大百科全书出版社	外国法律文库
1721	2009	版权法与因特网（下）	米哈依·菲彻尔	匈	郭寿康*、万勇、相靖	中国大百科全书出版社	外国法律文库

续表

序号	出版时间	书名	作者	国别、地区、国际组织	译者	出版社	出版系列
1722	2009	版权法导论（汉英对照）	联合国教科文组织		张雨泽*	知识产权出版社	联合国教科文组织的支持和资助
1723	2009	知识产权价值评估基础	韦斯顿·安森 编著	美	李艳*	知识产权出版社	知识产权译丛
1724	2009	从爱迪生到苹果：保护你的主意并以此赚钱	孟方睿	英	陈学民	中国社会科学出版社	
1725	2009	民法的经济分析	汉斯-贝恩德·舍费尔、克劳斯·奥特	德	江清云*、杜涛*	法律出版社	法律经济学丛书
1726	2009	版权文化——知识产权的政治经济学	罗纳德·V.贝蒂格	美	沈国麟、韩绍伟	清华大学出版社	新概念出版译丛
1727	2009	法律科学：作为法律知识和法律渊源的法律学说	亚历山大·佩岑尼克	瑞典	桂晓伟*	武汉大学出版社	法律哲学与一般法理学丛书
1728	2009	基本法律概念	霍菲尔德	美	张书友* 编译	中国法制出版社	西方法哲学文库
1729	2009	法学的概念天国	鲁道夫·冯·耶林	德	柯伟才*、于庆生*	中国法制出版社	法学名篇小文丛
1730	2009	正义的纯粹社会学	唐纳德·布莱克	美	徐昕（1970）*、田璐	浙江人民出版社	司法文丛
1731	2009	人格权法	五十岚清	日	[日]铃木贤*、葛敏*	北京大学出版社	法学精品教科书译丛
1732	2009	区域反恐约章汇编			赵永琛*、杜邈 编译	中国人民公安大学出版社	
1733	2009	韩国大法院判例选编 第一卷			吴日焕* 等 编译	法律出版社	
1734	2009	国外产品担保与产品责任法律制度			郑卫华*、汪立昕* 等 编译	中国标准出版社	
1735	2009	意大利文化与景观遗产法典			国家文物局 编译	文物出版社	

续表

序号	出版时间	书名	作者	国别、地区、国际组织	译者	出版社	出版系列
1736	2009	欧盟食品接触材料法规与指南			《欧盟食品接触材料法规与指南》编译组	中国轻工业出版社	
1737	2010	法学方法论	齐佩利乌斯	德	金振豹*	法律出版社	当代德国法学名著
1738	2010	犯罪不值得	贝弗利·迈克唐纳 编文 安德鲁·魏尔顿 绘	澳	邓静	四川少年儿童出版社	
1739	2010	城市暴力的终结？	索菲·博迪-根德罗	法	李颖、钟震宇	社会科学文献出版社	公民丛书
1740	2010	司法伦理	森际康友 编	日	于晓琪、沈军	商务印书馆	法学译丛
1741	2010	日本社会福利法制概论	桑原洋子	日	韩君玲*、邹文星*	商务印书馆	法学译丛
1742	2010	动物权利与人类义务	彼得·辛格、汤姆·雷根	澳、美	曾建平*、代峰	北京大学出版社	应用伦理学丛书
1743	2010	动物权利研究	汤姆·雷根	美	李曦*	北京大学出版社	应用伦理学丛书
1744	2010	欺诈与法务会计的教育与培训：面向教育机构、相关组织、教师与学生的指引	美国西弗吉尼亚大学	美	陈秧秧*	北京大学出版社	
1745	2010	日本现代知识产权法理论	田村善之 编	日	李扬*等	法律出版社	汕头大学比较法学丛书
1746	2010	美国联邦宪法第四修正案：非法证据排除规则	丹尼尔·J.凯普罗、吴宏耀	美	吴宏耀*、陈芳、向燕	中国人民公安大学出版社	美国宪法刑事诉讼经典判例丛书
1747	2010	美国联邦宪法第四修正案：搜查与扣押	丹尼尔·J.凯普罗、吴宏耀	美	吴宏耀*、向燕、刘静、高翡	中国人民公安大学出版社	美国宪法刑事诉讼经典判例丛书
1748	2010	现代宪法的诞生、运作和前景	迪特儿·格林	德	刘刚	法律出版社	宪政古今译丛

续表

序号	出版时间	书名	作者	国别、地区、国际组织	译者	出版社	出版系列
1749	2010	单威廉与青岛土地法	马维立	德	金山*	青岛出版社	青岛历史文献译丛
1750	2010	盎格鲁-美利坚法律史	腓特烈·坎平	美	屈文生*	法律出版社	
1751	2010	贼巢	詹姆斯·B·斯图尔特	美	张万伟	中信出版社	
1752	2010	诈骗，650亿美元！——麦道夫的生活与谎言	安德鲁·柯茨曼	美	陈菲	中信出版社	
1753	2010	联邦论：美国宪法述评	亚历山大·汉密尔顿、詹姆斯·麦迪逊、约翰·杰伊	美	尹宣*	译林出版社	
1754	2010	苏联检察院对5810例反苏维埃鼓动宣传活动案件的司法复查：1953—1991（上）	O.B.埃德尔曼编	俄	方琼、唐福山	人民出版社	
1755	2010	苏联检察院对5810例反苏维埃鼓动宣传活动案件的司法复查：1953—1991（下）	O.B.埃德尔曼编	俄	方琼、唐福山	人民出版社	
1756	2010	日本劳动法 增补版	荒木尚志	日	李坤刚*、牛志奎*	北京大学出版社	法学精品教科书译丛
1757	2010	贝卡里亚刑事意见书6篇	切萨雷·贝卡里亚	意	黄风*	北京大学出版社	
1758	2010	合理的怀疑：从辛普森案批判美国司法体系	亚伦·德肖维茨	美	高忠义*、侯荷婷*	法律出版社	
1759	2010	死者在说话：一个法医人类学家经历的奇妙案件	威廉姆·R·美普斯、麦克·C·布朗宁	美	尚晓蕾	法律出版社	
1760	2010	律师与社会：美德两国法律职业比较研究	迪特里希·鲁施迈耶	美	于霄	上海三联书店	

续表

序号	出版时间	书名	作者	国别、地区、国际组织	译者	出版社	出版系列
1761	2010	国家学的危机 社会主义与民族	赫尔曼·黑勒	德	刘刚（北大博后）*	中国法制出版社	德语法学思想译丛
1762	2010	经济法总论	丹宗昭信、伊从宽	日	吉田庆子	中国法制出版社	
1763	2010	普通法的诉讼形式	梅特兰	英	王云霞*、马海峰、彭蕾	商务印书馆	汉译世界学术名著丛书
1764	2010	法哲学原理	黑格尔	德	范扬、张企泰	商务印书馆	汉译世界学术名著丛书
1765	2010	大师学述：哈特	尼尔·麦考密克	英	刘叶深*	法律出版社	
1766	2010	德国家庭法	迪特尔·施瓦布	德	王葆莳*	法律出版社	当代德国法学名著
1767	2010	圣殿：1850年至1965年的牛津法学教育	F. H. 劳森	英	黎敏*	法律出版社	
1768	2010	施工合同索赔（中英文对照）	Reg Thomas	英	崔军（对外承包工程商会）*	机械工业出版社	国际工程项目索赔译丛
1769	2010	法理词汇：法学院学生的工具箱	劳伦斯·索伦	美	王凌皞*	中国政法大学出版社	
1770	2010	探寻司法改革的成功之道——亚太经验	罗东川、蒋惠岭主编		黄斌、支振锋*、徐宗立 等	中国政法大学出版社	
1771	2010	中世纪的法律与政治	爱德华·甄克斯	英	屈文生*、任海涛*	中国政法大学出版社	
1772	2010	美国家庭法精要	哈里·D.格劳斯、大卫·D.梅耶	美	陈苇*	中国政法大学出版社	外国家庭法及妇女理论研究中心翻译项目
1773	2010	法律人统治下的国度——法律职业危机如何改变美国社会	玛丽·安·格伦顿	美	沈国琴、胡鸿雁	中国政法大学出版社	美国法律文库
1774	2010	法律论证与证据	道格拉斯·沃尔顿	美	梁庆寅*、熊明辉* 等	中国政法大学出版社	美国法律文库
1775	2010	法国民事司法法	洛伊克·卡迪耶	法	杨艺宁	中国政法大学出版社	民事诉讼法学精粹译丛

续表

序号	出版时间	书名	作者	国别、地区、国际组织	译者	出版社	出版系列
1776	2010	国际仲裁科学探索：实证研究精选集	克里斯多佛·R. 德拉奥萨、理查德·W. 奈马克 主编	美	陈福勇*、丁建勇	中国政法大学出版社	民事诉讼法学精粹译丛
1777	2010	农村继承、收养纠纷实例说法	吴在存 主编	朝鲜	金荀林	延边人民出版社	
1778	2010	德国公司法	格茨·怀克、克里斯蒂娜·温德比西勒	德	殷盛	法律出版社	德国法学教科书译丛
1779	2010	论法治——历史、政治和理论	布雷恩·Z. 塔玛纳哈	美	李桂林	武汉大学出版社	哲学精品译丛
1780	2010	窃书为雅罪：中华文化中的知识产权法	安守廉	美	李琛	法律出版社	
1781	2010	知识产权诉讼及管理中经济分析的运用		美	诺恒经济咨询 编译	法律出版社	
1782	2010	近代刑法思想史序说——费尔巴哈和刑法思想史的近代化	庄子邦雄	日	李希同	中国检察出版社	
1783	2010	美国联邦宪法第四修正案：令状原则的例外	丹尼尔·J. 凯普罗、吴宏耀	美	吴宏耀、牟绿叶、陈芳、邵夏虹	中国人民公安大学出版社	美国宪法刑事诉讼经典判例丛书
1784	2010	英国公司和个人破产法	费奥娜·托米	英	汤维建*、刘静	北京大学出版社	世界法学精要
1785	2010	大宪章	詹姆斯·C. 霍尔特	英	毕竟悦*、李红海*、苗文龙*	北京大学出版社	宪政经典
1786	2010	美国实用工具主义法学	罗伯特·S. 萨默斯	美	柯华庆*	中国法制出版社	西方法哲学文库
1787	2010	韩国民事诉讼法导论	孙汉琦	韩	陈刚 审译	中国法制出版社	比较民事诉讼法论丛
1788	2010	拥抱哭泣的儿童	卡蒂·布里盖尔·萧普	美	徐纯	江西人民出版社	
1789	2010	德国刑法教科书	安塞尔姆·里特尔·冯·费尔巴哈	德	徐久生	中国方正出版社	

续表

序号	出版时间	书名	作者	国别、地区、国际组织	译者	出版社	出版系列
1790	2010	合作治理与新行政法	朱迪·弗里曼	美	毕洪海*、陈标冲	商务印书馆	公法名著译丛
1791	2010	桑德罗·斯奇巴尼教授文集	桑德罗·斯奇巴尼	意	费安玲*	中国政法大学出版社	
1792	2010	2004年国民紧急事务法案——英国风险、风险恢复及其相关法律	克利夫·沃克、詹姆斯·布罗德里克	英	孙迎春*、张栩 等	国家行政学院出版社	
1793	2010	英国宪法	沃尔特·白芝浩	英	夏彦才*	商务印书馆	汉译世界学术名著丛书
1794	2010	大师学述：富勒	罗伯特·萨默斯	美	马驰	法律出版社	
1795	2010	现代主权论	陈序经		张世保	清华大学出版社	
1796	2010	法庭科学DNA证据的解释	约翰·巴克尔敦、克里斯托弗·M.特里格斯、西蒙·J.沃尔什	新西兰、新西兰、澳	唐晖、焦章平 等	科学出版社	
1797	2010	法律的故事	约翰·麦·赞恩	美	刘昕、胡凝	江苏人民出版社	野骆驼译丛
1798	2010	国际仲裁的法理思考和实践指导	伊曼纽尔·盖拉德	法	黄洁	北京大学出版社	
1799	2010	天上掉馅饼 华尔街金融巨骗麦道夫浮沉录	埃琳·阿维德兰	美	刘海青	法律出版社	
1800	2010	迷失的律师：法律职业理想的陨落	安索尼·T.克罗曼	美	田凤常	法律出版社	
1801	2010	新的欧洲法律文化	马丁·W.海塞林克	荷	魏磊杰*译注	中国法制出版社	
1802	2010	反对有理——美国最高法院历史上的著名异议	马克·图什内特编著	美	胡晓进*	山东人民出版社	
1803	2010	欧洲法律之路——欧洲法律社会学视角	沃尔克玛·金斯纳、戴维·奈尔肯	德、意	高鸿钧* 等	清华大学出版社	法律与社会丛书
1804	2010	韩国民事执行法	姜大成	韩	朴宗根*	法律出版社	民事诉讼法系列

续表

序号	出版时间	书名	作者	国别、地区、国际组织	译者	出版社	出版系列
1805	2010	破案术大全	拉切尔·莱特 原著 罗斯特·罗伯特森 绘	英	阎庚	北京少年儿童出版社	
1806	2010	犯罪被害人学导论	安德鲁·卡曼	美	李伟（公安大学）*等	北京大学出版社	世界法学精要
1807	2010	萨班斯-奥克斯利法案后的公司治理	保罗·阿里、格雷格·格雷戈里乌 编著	澳、美	王燕祥、陈铃	中国时代经济出版社	萨班斯-奥克斯利法案经典文库
1808	2010	欧洲联盟基础法	欧洲联盟官方出版局 编		苏明忠*	国际文化出版公司	
1809	2010	身披法袍的正义	罗纳德·德沃金	美	周林刚*、翟志勇*	北京大学出版社	社会思想译丛
1810	2010	对抗式刑事审判的起源	兰博约	美	王志强*	复旦大学出版社	法学经典译丛
1811	2010	侦探破案中的科学	吉姆·维斯	美	王晓平	上海科学技术文献出版社	
1812	2010	法和经济学	罗伯特·考特、托马斯·尤伦	美	史晋川*、董雪兵*等	格致出版社 上海三联书店 上海人民出版社	当代经济学系列丛书
1813	2010	信托法务与实务	三菱日联信托银行 编著	日	张军建*	中国财政经济出版社	
1814	2010	律师与正义——一个伦理学研究	戴维·鲁本	美	戴锐	中国政法大学出版社	美国法律文库
1815	2010	世界上最伟大的律师丹诺辩护实录	欧文·斯通	美	张宝钧*、张浩	世界知识出版社	
1816	2010	美国法概论	彼得·海	美	许庆坤*	北京大学出版社	世界法学精要
1817	2010	麦道夫其人其事	亚当·拉伯	英	苗福光、魏贝贝、怀蒙	华东师范大学出版社	
1818	2010	犯罪重建	W.杰瑞.奇泽姆、布伦特.E.特维	美	刘静坤*	中国人民公安大学出版社	
1819	2010	债务的世界：美国破产法史	小戴维·A·斯基尔	美	赵炳昊*	中国法制出版社	

续表

序号	出版时间	书名	作者	国别、地区、国际组织	译者	出版社	出版系列
1820	2010	罗马法概论	巴里·尼古拉斯	英	黄风*	法律出版社	
1821	2010	当代罗马法体系I：法律渊源·制定法解释·法律关系	萨维尼	德	朱虎*	中国法制出版社	法学经典译丛
1822	2010	司法至上的政治基础——美国历史上的总统、最高法院及宪政领导权	基斯·威廷顿	美	牛悦	北京大学出版社	社会思想译丛
1823	2010	风暴眼：美国政治中的最高法院	戴维·M.奥布赖恩	美	胡晓进 译 任东来 校/序	上海人民出版社	
1824	2010	侵权法解剖	彼得·凯恩	澳	汪志刚*	北京大学出版社	侵权法人文译丛
1825	2010	列支敦士登商标保护法和欧盟商标法评述	马库斯·H.汪格尔	列支敦士登	高士兴 编译	新华出版社	
1826	2010	中世纪欧洲的罗马法	保罗·维诺格拉多夫	英	钟云龙	中国政法大学出版社	
1827	2010	择案而审：美国最高法院案件受理议程表的形成	H.W.佩里	美	傅郁林*、韩玉婷、高娜	中国政法大学出版社	美国法律文库
1828	2010	西方法律思想简史	约翰·莫里斯·凯利	爱尔兰	王笑红*	法律出版社	
1829	2010	论人与公民在自然法上的责任	萨缪尔·普芬道夫	德	支振锋*	北京大学出版社	政治与法律哲学经典译丛
1830	2010	国际人权法精要	托马斯·伯根索尔、黛娜·谢尔顿、戴维·斯图尔特	美	黎作恒	法律出版社	
1831	2010	刑事诉讼法	田口守一	日	张凌*、于秀峰	中国政法大学出版社	
1832	2010	英国和美国的法律及法学理论	理查德·A.波斯纳	美	郝倩*	北京大学出版社	
1833	2010	国际人权制度导论	曼弗雷德·诺瓦克	奥	柳华文*	北京大学出版社	世界法学精要

续表

序号	出版时间	书名	作者	国别、地区、国际组织	译者	出版社	出版系列
1834	2010	通过法律的社会控制	罗斯科·庞德	美	沈宗灵*	商务印书馆	汉译世界学术名著丛书
1835	2010	法社会学讲义——学术脉络与理论体系	马修·戴弗雷姆	美	郭星华*、邢朝国*、梁坤	北京大学出版社	法律与社会译丛
1836	2010	美国宪法的经济观	查尔斯·A.比尔德	美	何希齐	商务印书馆	汉译世界学术名著丛书
1837	2010	环境守法保障体系的国别比较研究	经济合作与发展组织 编	法	曹颖、曹国志	中国环境科学出版社	
1838	2010	言论的边界：美国宪法第一修正案简史	安东尼·刘易斯	美	徐爽	法律出版社	
1839	2010	美国不民主的宪法——宪法哪出毛病了（我们人民该怎样矫正它）	桑福德·列文森	美	时飞*	北京大学出版社	社会思想译丛
1840	2010	人和公民的自然法义务	塞缪尔·普芬道夫	德	鞠成伟	商务印书馆	汉译世界学术名著丛书
1841	2010	自然法与道德哲学：从格劳秀斯到苏格兰启蒙运动	努德·哈孔森	丹	马庆、刘科	浙江大学出版社	启蒙运动研究译丛
1842	2010	教育法学——教师与学生的权利	内尔达·H.坎布朗-麦凯布、马莎·M.麦卡锡、斯蒂芬·B·托马斯	美	江雪梅*、茅锐、王晓玲	中国人民大学出版社	教育学经典译丛
1843	2010	私人行政——法的统制的比较研究	米丸恒治	日	洪英、王丹红、凌维慈*	中国人民大学出版社	法学译丛
1844	2010	Google 炸弹	小约翰·多齐尔、苏·雪夫	美	余洁、吴庐春	重庆出版社	
1845	2010	仇恨犯罪——刑法与身份政治	詹姆斯·B.雅各布、吉姆伯利·波特	美	王秀梅（最高院）*	北京大学出版社	社会思想译丛
1846	2010	监禁的现状和未来：从国际视角看囚犯的权利和监狱条件	德克·凡·齐尔·斯米特、弗里德·邓克尔	南非、德	张青	法律出版社	

续表

序号	出版时间	书名	作者	国别、地区、国际组织	译者	出版社	出版系列
1847	2010	跨境上市：国际资本市场的法律问题	戈西马丁·阿尔弗雷泽	西	刘轶*、卢青*	法律出版社	
1848	2010	国际法的局限性	杰克·戈德史密斯、埃里克·波斯纳	美	龚宇	法律出版社	厦门大学国际法译丛
1849	2010	可持续发展在国际法中的演进：起源、涵义及地位	尼科·斯赫雷弗	荷	汪习根*、黄海滨	社会科学文献出版社	
1850	2010	中国民治论	鲍明钤		周馥昌	商务印书馆	中华现代学术名著丛书
1851	2010	跳出深井——专业人士的商业意识	克里斯托弗·斯托克斯	英	贾慧娟	北京大学出版社	
1852	2010	宋代的法律与秩序	马伯良	美	杨昂*、胡雯姬*	中国政法大学出版社	中国政法大学法律史学研究院学术系列之"海外中国法研究译丛"
1853	2010	法律方法与法律推理	沙龙·汉森	英	李桂林	武汉大学出版社	世界法学精粹文库
1854	2010	大规模侵权损害责任法的改革	克里斯蒂安·冯·巴尔	德	贺栩栩*	中国法制出版社	法学名篇小文丛
1855	2010	创新与激励	苏珊娜·斯科奇姆	美	刘勇	格致出版社、上海人民出版社	
1856	2010	社会契约论	迈克尔·莱斯诺夫 等	英	刘训练*、李丽红、张红梅	江苏人民出版社	政治学前沿系列
1857	2010	论剽窃	理查德·波斯纳	美	沈明	北京大学出版社	
1858	2010	共犯体系和共犯理论	高桥则夫	日	冯军、毛乃纯*	中国人民大学出版社	当代世界学术名著
1859	2010	知识产权与中医药——传统知识的现代化	Bryan Bachner（白瑞）	美	张美成	法律出版社	

续表

序号	出版时间	书名	作者	国别、地区、国际组织	译者	出版社	出版系列
1860	2010	法律的基础	Hubert Rottleuthner, Matthias Mahlmann	德	张万洪*、丁鹏 主译	武汉大学出版社	法律哲学与一般法理学丛书
1861	2010	法律实证主义：从奥斯丁到哈特	尼尔·达克斯伯里	英	陈锐 编译	清华大学出版社	法意
1862	2010	女性的法律生活——构建一种女性主义法学	朱迪斯·贝尔	美	熊湘怡	北京大学出版社	社会思想译丛
1863	2010	法律制度与法律渊源	罗杰·赛勒	加	项焱*	武汉大学出版社	法律哲学与一般法理学丛书
1864	2010	普通法视角下的知识产权	彭道敦、李雪菁	澳	谢琳	法律出版社	
1865	2010	国家与法的理论（经修改和增补后的第二版）	M.H. 马尔琴科	俄	许晓晴	中国政法大学出版社	
1866	2010	普通法的精神（中文修订版）	罗斯科·庞德	美	唐前宏*、高雪原、廖湘文*	法律出版社	博观译丛
1867	2010	法学是一门科学吗？	鲁道夫·冯·耶林	德	李君韬	法律出版社	当代德国法学名著
1868	2010	公法的变迁	狄骥	法	郑戈*	中国法制出版社	法学经典译丛
1869	2010	法律要义：自然法与民约法	霍布斯	英	张书友*	中国法制出版社	西方法哲学文库
1870	2010	法律与国家	狄骥	法	冷静	中国法制出版社	法学经典译丛
1871	2010	美国国内收入法典——程序和管理			李锐、李堃 编译	中国法制出版社	
1872	2010	大法官的智慧Ⅰ美国经典司法判例精选88例		美	邓冰、苏益群 编译	法律出版社	
1873	2010	大法官的智慧Ⅱ美国经典司法判例精选88例		美	邓冰、苏益群 编译	法律出版社	
1874	2010	美国传媒人的法律读本——记者如何保护自己的权利		美	孙莹* 编译	南方日报出版社	

续表

序号	出版时间	书名	作者	国别、地区、国际组织	译者	出版社	出版系列
1875	2010	多德-弗兰克华尔街改革与消费者保护法案		美	董裕平*、全先银、汤柳、姚云 等	中国金融出版社	
1876	2010	欧盟酒类法律法规汇编		欧盟	刘彬、李明春 编译	四川大学出版社	
1877	2010	PCT法律文件（2009）			国家知识产权局组织 编译	知识产权出版社	
1878	2010	外来入侵物种法律法规汇编			曹坳程、张国良 主编	科学出版社	
1879	2010	东盟化妆品法规			俞太尉、王霓霓、国家质检总局进出口食品安全局、国家质检总局标准法规中心	中国计量出版社	主要贸易国家和地区化妆品法规丛书
1880	2010	完善法学教育——发展方向与实现途径	罗伊·斯塔基 等	美	许身健* 等	知识产权出版社	中国政法大学法学实验教学中心法学教育丛书
1881	2010	合理的怀疑：从辛普森案批判美国司法体系	亚伦·德肖维茨	美	高忠义*、侯荷婷*	法律出版社	
1882	2011	剑与天平——法律与政治关系的省察	马丁·洛克林	英	高秦伟*	北京大学出版社	政治与法律哲学经典译丛
1883	2011	法律的故事（最新最全译本）	赞恩	美	于庆生*	中国法制出版社	
1884	2011	美国司法体系中的最高法院	杰弗瑞·A.西格尔、哈罗德·J.斯皮斯、莎拉·C.蓓娜莎	美	刘哲玮*、杨微波	北京大学出版社	社会思想译丛
1885	2011	布莱克维尔法律与社会指南	奥斯汀·萨拉特 编	美	高鸿钧、刘毅、危文高、吕亚萍、秦士君、赖骏楠	北京大学出版社	社会思想译丛
1886	2011	法医学——从纤维到指纹	丽莎·扬特	美	顾琳、俞雯清、张颖、朱圆圆	上海科学技术文献出版社	

续表

序号	出版时间	书名	作者	国别、地区、国际组织	译者	出版社	出版系列
1887	2011	无法生活：将美国人民从法律丛林中解放出来	菲利普·K.霍华德	美	林彦*、杨珍	法律出版社	
1888	2011	法医化学	大卫·E.牛顿	美	杨延涛	上海科学技术文献出版社	
1889	2011	在律所：菜鸟律师的生存手册	伊丽莎白·克鲁克山克、潘妮·库伯	英	高忠智*	北京大学出版社	
1890	2011	信息自由：多国法律比较（第二版修订本）	托比·曼德尔		龚文庠 等	社会科学文献出版社	
1891	2011	美国法律史	伯纳德·施瓦茨	美	王军、洪德、杨静辉*	法律出版社	博观译丛
1892	2011	批评官员的尺度——《纽约时报》诉警察局长沙利文案	安东尼·刘易斯	美	何帆*	北京大学出版社	
1893	2011	刑侦揭秘	理查德·普拉特	英	王岩松、田敏	明天出版社	
1894	2011	美国联邦上诉法院的裁判之道	弗兰克·克罗斯	美	曹斐	北京大学出版社	社会思想译丛
1895	2011	艺术法概要	伦纳德·D·杜博夫、克里斯蒂·O·金	美	周林*	知识产权出版社	知识产权经典译丛
1896	2011	法律社会学 非正当性的支配	马克斯·韦伯	德	康乐*、简惠美	广西师范大学出版社	
1897	2011	公有法典	泰奥多·德萨米	法	黄建华、姜亚洲	译林出版社	汉译经典
1898	2011	船舶保险手册	威尔姆森、布尔	挪	汪鹏南*、程明权 等	大连海事大学出版社	
1899	2011	荷兰雇佣法与企业委员会制度	费迪南德·B.J.格拉佩豪斯、莱昂哈德·G.费尔堡	荷	蔡人俊*	商务印书馆	威科法律译丛
1900	2011	美国加州小额诉讼程序指南	美国加利福尼亚州法院行政办公室司法教育和研究中心（英文版）编	美	蒋惠岭*、黄斌 等 译校	人民法院出版社	中外司法文丛

续表

序号	出版时间	书名	作者	国别、地区、国际组织	译者	出版社	出版系列
1901	2011	简明国际法史	阿瑟·努斯鲍姆	美	张小平	法律出版社	
1902	2011	俄罗斯民法（第1册）	E. A. 苏哈诺夫 主编	俄	黄道秀*	中国政法大学出版社	
1903	2011	澳大利亚法律的传统与发展	帕瑞克·帕金森	澳	陈苇*	中国政法大学出版社	
1904	2011	日本环境诉讼典型案例与评析	日本律师协会 主编	日	皇甫景山	中国政法大学出版社	
1905	2011	知识产权管理指南	荣汉斯、利维 等	德	宋伟 等	中国科学技术大学出版社	
1906	2011	法国二元论体系的形成和演变：犯罪——刑事责任人	雅克·博里康	法	朱琳*	中国民主法制出版社	外国刑法理论名著新著译丛
1907	2011	澳大利亚新西兰食品标签法规		澳	国家质检总局标准法规中心 编译	中国质检出版社	主要贸易国家和地区食品标签法规丛书
1908	2011	早期近代中国的契约与产权	曾小萍、欧中坦、加德拉 编	美	李超 等	浙江大学出版社	社会经济史译丛
1909	2011	民主的基础丛书——隐私	公民教育中心	美	刘小小*	金城出版社	世界公民读书（文库）
1910	2011	民主的基础丛书——权威	公民教育中心	美	刘小小*	金城出版社	世界公民读书（文库）
1911	2011	金融诈骗拍案惊奇——可惜无人倾听	哈里·马科波洛斯	美	仇翠文	中国金融出版社	
1912	2011	世界知识产权组织著作权及相关权许可指南	世界知识产权组织 编著		中国国家广播电影电视总局	中国广播电视出版社	
1913	2011	法律的正当程序	丹宁勋爵	英	李克强*、杨百揆*、刘庸安*	法律出版社	
1914	2011	法律的训诫	丹宁勋爵	英	杨百揆*、刘庸安*、丁健	法律出版社	

续表

序号	出版时间	书名	作者	国别、地区、国际组织	译者	出版社	出版系列
1915	2011	最高法院的阵形——最高法院中的新右翼集团	罗纳德·德沃金	美	刘叶深*	中国法制出版社	
1916	2011	美国专利法	Martin J. Adelman, Randall R. Rader, Gordon P. Klancnik	美	郑胜利*、刘江彬*主持翻译	知识产权出版社	北京大学国际知识产权研究中心学术丛书
1917	2011	比较法研究：传统与转型	皮埃尔·勒格朗、罗德里克·芒迪 主编	法	李晓辉	北京大学出版社	法律今典译丛
1918	2011	英国劳动法与劳资关系	史蒂芬·哈迪	英	陈融*	商务印书馆	威科法律译丛
1919	2011	著作权交易市场——信息社会的法律基础	北川善太郎	日	郭慧琴	华中科技大学出版社	
1920	2011	民主国家的法官	巴拉克	以	毕洪海*	法律出版社	宪政·中国与世界
1921	2011	征收——私人财产和征用权	理查德·A·艾珀斯坦	美	李昊、刘刚、翟小波*	中国人民大学出版社	法学译丛
1922	2011	刑法各论	山口厚	日	王昭武*	中国人民大学出版社	当代世界学术名著
1923	2011	作为造法者的国际组织	何塞·E.阿尔瓦雷斯	美	蔡从燕*等	法律出版社	厦门大学国际法译丛
1924	2011	刑法总论	山口厚	日	付立庆	中国人民大学出版社	当代世界学术名著
1925	2011	法学思维小学堂——法律人的6堂思维训练课	英格博格·普珀	德	蔡圣伟	北京大学出版社	
1926	2011	法律文化之追寻	弗雷德·布鲁因斯马、戴维·奈尔肯	荷、意	明辉、李霞	清华大学出版社	比较法学丛书
1927	2011	世界贸易组织乌拉圭回合多边贸易谈判结果法律文本[中英文对照]	李仲周、易小准、何宁 主编		中华人民共和国商务部世界贸易组织司 编译	中国商务出版社	

续表

序号	出版时间	书名	作者	国别、地区、国际组织	译者	出版社	出版系列
1928	2011	公司法概论	落合诚一	日	吴婷 等译 西村朝日律师事务所西村高等法务研究所 监译	法律出版社	
1929	2011	分裂的法院——伦奎斯特法院与宪法的未来	马克·图什内特	美	田飞龙*	中国政法大学出版社	美国法律文库
1930	2011	法律也疯狂	鲁道夫·维瑟编著	奥	林宏宇*、赵昌来*	中国政法大学出版社	
1931	2011	解密美国公司税法	丹尼尔·沙维尔	美	许多奇*	北京大学出版社	税法学研究文库
1932	2011	1787年之夏：缔造美国宪法的人们	戴维·O.斯图沃特	美	顾元	中国政法大学出版社	
1933	2011	积极自由——美国宪法的民主解释论	斯蒂芬·布雷耶	美	田雷*	中国政法大学出版社	美国法律文库
1934	2011	规范论和刑法解释论	高桥则夫	日	戴波、李世阳*	中国人民大学出版社	当代世界学术名著
1935	2011	走钢索的律师	理查·席川、卡罗·朗佛	美	陈岳辰	中国法制出版社	
1936	2011	论人和公民的自然法义务	萨缪尔·普芬道夫	德	祝杰、韦洪发*	吉林人民出版社	人文译丛
1937	2011	刑事诉讼的目的〔增补版〕	田口守一	日	张凌*、于秀峰	中国政法大学出版社	
1938	2011	日本侵权行为法	田山辉明	日	顾祝轩*、丁相顺*	北京大学出版社	
1939	2011	日本知识产权法	田村善之	日	周超、李雨峰*、李希同	知识产权出版社	知识产权经典译丛
1940	2011	人格体 主体 公民——刑罚的合法性研究	米夏埃尔·帕夫利克	德	谭淦*	中国人民大学出版社	当代世界学术名著
1941	2011	法与恢复性司法	洛德·沃尔格雷夫	比利时	郝方昉、王洁	中国人民公安大学出版社	恢复性司法译丛
1942	2011	法律推理——法律的认知路径	乔瓦尼·萨尔托尔	意	汪习根*、唐勇、武小川、刘晓湧	武汉大学出版社	法律哲学与一般法理学丛书
1943	2011	少年司法制度	巴里·C.菲尔德	美	高维俭*、蔡伟文、任延峰	中国人民公安大学出版社	西南刑事法与毒品犯罪研究学术文库

续表

序号	出版时间	书名	作者	国别、地区、国际组织	译者	出版社	出版系列
1944	2011	企业合并前的协同——关于抢先合并与信息交换的新规则	美国律师协会反垄断分会 编	美	郝倩 等	北京大学出版社	企业并购反垄断审查译丛
1945	2011	并购前申报实务手册	美国律师协会反垄断分会 编	美	张华	北京大学出版社	企业并购反垄断审查译丛
1946	2011	企业合营——竞争者之间合作行为的反垄断分析	美国律师协会反垄断分会 编	美	孟雁北*、李然	北京大学出版社	企业并购反垄断审查译丛
1947	2011	法律的界碑	丹宁勋爵	英	刘庸安*、张弘	法律出版社	
1948	2011	最后的篇章	丹宁勋爵	英	刘庸安*、李燕	法律出版社	
1949	2011	法律的未来	丹宁勋爵	英	刘庸安*、张文镇*	法律出版社	
1950	2011	法务会计与舞弊调查：写给非专家人士	霍华德·西尔弗斯通、迈克尔·希茨	美	陈红	东北财经大学出版社	公司舞弊·法务会计前沿译丛
1951	2011	英国法中的先例	鲁伯特·克罗斯、J. W. 哈里斯	英	苗文龙*	北京大学出版社	
1952	2011	国际法学	高智华 主编			中国人民公安大学出版社	
1953	2011	《粮食和农业植物遗传资源国际条约》解释性指南	杰罗德·莫尔、维托尔德·提莫斯基	英、加	王富有	中国政法大学出版社	
1954	2011	现代信托法	能见善久	日	赵廉慧*	中国法制出版社	
1955	2011	看不见的宪法	劳伦斯·却伯	美	田雷*	法律出版社	
1956	2011	美国行政法的重构	理查德·B. 斯图尔特	美	沈岿*	商务印书馆	公法名著译丛
1957	2011	媒介法原理	韦恩·奥弗贝克	美	周庆山 等	北京大学出版社	世界传播学经典教材中文版
1958	2011	宗教与美国宪政经验	小约翰·威特	美	宋华琳*	上海三联书店	西方法律与宗教学术论丛
1959	2011	中国法制史	仁井田陞	日	牟发松*	上海古籍出版社	日本中国史研究译丛

续表

序号	出版时间	书名	作者	国别、地区、国际组织	译者	出版社	出版系列
1960	2011	剖析恶魔	迈克尔·赫·斯通	美	晏向阳*	译林出版社	
1961	2011	保卫环境：公民诉讼战略	约瑟夫·L.萨克斯	美	王小钢*	中国政法大学出版社	
1962	2011	别样的法律导论	韦德·曼塞尔、贝琳达·梅特亚德、艾伦·汤姆森	英	孟庆友*、李锦*	北京大学出版社	法律今典译丛
1963	2011	恐惧的规则——超越预防原则	凯斯·R.桑斯坦	美	王爱民	北京大学出版社	宪政经典
1964	2011	国际私法程序中礼让的新作用	帕德罗·J.马丁内兹-弗拉加	美	李庆明	中国社会科学出版社	
1965	2011	国际法（上）	马尔科姆·N.肖	英	白桂梅*、高健军、朱利江、李永胜、梁晓晖	北京大学出版社	世界法学精要
1966	2011	国际法（下）	马尔科姆·N.肖	英	白桂梅*、高健军、朱利江、李永胜、梁晓晖	北京大学出版社	世界法学精要
1967	2011	无法无天的世界：当代国际法的产生与破灭	菲利普·桑斯	英	单文华*、赵宏、吴双全	人民出版社	
1968	2011	法律与公司金融	弗兰克·B.克罗斯、罗伯特·A.普伦蒂斯	美	伍巧芳*、高汉*	北京大学出版社	公司·金融·法律译丛
1969	2011	南非国际贸易法律制度专题研究	JP·范·尼科克、WG·舒尔策	南非	朱伟东*	湘潭大学出版社	
1970	2011	国际商事交易	拉尔夫·弗尔瑟姆、迈克·沃伦斯·戈登、约翰·史帕诺戈	美	张丽	法律出版社	
1971	2011	现代合约理论	奥立弗·哈特 等	美	易宪容*、罗仲伟、徐彪 等	中国社会科学出版社	
1972	2011	恢复性司法：理念、价值与争议	格里·约翰斯通	英	郝方昉	中国人民公安大学出版社	恢复性司法译丛

续表

序号	出版时间	书名	作者	国别、地区、国际组织	译者	出版社	出版系列
1973	2011	刑事政策与刑法体系	克劳斯·罗克辛	德	蔡桂生*	中国人民大学出版社	当代世界学术名著
1974	2011	正义的沉默——现代法律的局限和可能性	玛丽安·康斯特布尔	美	曲广娣	北京大学出版社	社会思想译丛
1975	2011	法律批判理论导引	伊恩·沃德	英	李诚予*、岳林	上海三联书店	上海三联法学文库
1976	2011	法律的概念	哈特	英	许家馨、李冠宜	法律出版社	博观译丛
1977	2011	法理性商谈：法哲学研究	罗伯特·阿列克西	德	朱光、雷磊*	中国法制出版社	西方法哲学文库
1978	2011	为法学而斗争 法的定义	赫尔曼·康特洛维茨	德	雷磊*	中国法制出版社	德语法学思想译丛
1979	2011	原住民遗产与知识产权：遗传资源、传统知识和民间文学艺术	Silke von Lewinski 编著	德	廖冰冰、刘硕、卢璐	中国民主法制出版社	
1980	2011	咖啡机中的间谍：个人隐私的终结	吉隆·奥哈拉、奈杰尔·沙德博尔特	英	毕小青*	生活·读书·新知三联书店	新知文库
1981	2011	反思财产——从古代到革命时代	彼得·甘西	英	陈高华*	北京大学出版社	社会思想译丛
1982	2011	克罗地亚共和国刑法典		克罗地亚	王立志*	中国人民公安大学出版社	京师国际刑事法文库
1983	2011	舌战手册	F.李·贝利	美	林正、于志怡 编译	中国商业出版社	世界著名大律师辩护实录丛书
1984	2011	国际涉水条法选编			水利部国际经济技术合作交流中心 编译	社会科学文献出版社	
1985	2011	日本化妆品法规		日	国家质检总局进出口食品安全局、国家质检总局标准法规中心 编译	中国计量出版社	主要贸易国家和地区化妆品法规丛书
1986	2011	据理力争		美	林正、孙丹玲 编译	中国商业出版社	

续表

序号	出版时间	书名	作者	国别、地区、国际组织	译者	出版社	出版系列
1987	2012	国际食品法典标准——畜禽产品卷			农业部农产品质量安全监管局、农业部科技发展中心、国际食品法典中国联络处编译	中国农业科学技术出版社	
1988	2012	公正审判：欧洲刑事诉讼传统与欧洲人权法院	萨拉·J. 萨默斯	瑞士	朱奎彬、谢进杰	中国政法大学出版社	
1989	2012	欧洲示范民法典草案：欧洲私法的原则、定义和示范规则	欧洲民法典研究组、欧盟现行司法研究组编著		高圣平*	中国人民大学出版社	
1990	2012	学说汇纂（第十二卷）：请求返还之诉		古罗马	翟远见*	中国政法大学出版社	罗马法民法大全翻译系列
1991	2012	英国与德国的医疗过失法比较研究	马克·施陶赫	英	唐超	法律出版社	
1992	2012	比较法的认识论与方法论	马克·范·胡克	比利时	魏磊杰*、朱志昊*	法律出版社	博观译丛
1993	2012	魔阵·剥削·异化——托依布纳法律社会学文集	贡塔·托依布纳	德	泮伟江*、高鸿钧等	清华大学出版社	法律与社会丛书
1994	2012	人类风险与全球治理：我们时代面临的最大挑战可能的解决方案	拉斯洛·松鲍法维	瑞典	周亚敏	中央编译出版社	
1995	2012	法国法律文化	约翰·贝尔	英	康家昕、周丹阳、李鹿野	清华大学出版社	比较法学丛书
1996	2012	受教育人权	道格拉斯·霍奇森	澳	申素平*	教育科学出版社	
1997	2012	"中彩"的损害赔偿	P.S. 阿蒂亚	英	李利敏*、李昊	北京大学出版社	侵权法人文译丛
1998	2012	人类酷刑史：解密文明面具下的可怖人性	马克·P. 唐纳利、丹尼尔·迪尔	美	张恒杰	经济科学出版社	
1999	2012	品性证据：一种设证法理论	道格拉斯·沃尔顿	加	张中*	中国人民大学出版社	法学译丛·证据科学译丛

续表

序号	出版时间	书名	作者	国别、地区、国际组织	译者	出版社	出版系列
2000	2012	俄罗斯私法经典选译	M. B. 维涅茨安诺夫 等	沙俄	张建文*	中国政法大学出版社	
2001	2012	主观公法权利体系	格奥格·耶利内克	德	曾韬、赵天书	中国政法大学出版社	
2002	2012	奇蒂论合同法（上卷）	H. G. 比尔 主编	英		商务印书馆	普通法图书馆
2003	2012	奇蒂论合同法（下卷）	H. G. 比尔 主编	英		商务印书馆	普通法图书馆
2004	2012	英国证据法实务指南	克里斯托弗·艾伦	英	王进喜*	中国法制出版社	
2005	2012	辩方证人：一个心理学家的法庭故事	伊丽莎白·罗芙托斯、凯撒琳·柯茜	美	浩平	中国政法大学出版社	
2006	2012	宪法为何重要	马克·图什内特	美	田飞龙*	中国政法大学出版社	子午线文丛
2007	2012	宪法故事	迈克尔·C.道夫	美	李志强、牟效波	中国人民大学出版社	
2008	2012	秩序与争议——法律人类学导论	西蒙·罗伯茨	英	沈伟*、张铮*	上海交通大学出版社	法社会学文库：研究前沿系列
2009	2012	在私法体系与公法体系之间的赔偿转移	威廉·范博姆、米夏埃尔·富尔 主编	荷	黄本莲*	中国法制出版社	欧洲侵权法与保险法译丛
2010	2012	比较法视野下的侵权法与责任保险	格哈德·瓦格纳 主编	德	魏磊杰*、王之洲、朱淼*	中国法制出版社	欧洲侵权法与保险法译丛
2011	2012	冤案何以发生：导致冤假错案的八大司法迷信	吉姆·佩特罗、南希·佩特罗	美	苑宁宁、陈效 等	北京大学出版社	
2012	2012	工期延误与干扰所迫分析准则（附英文原文）			张水波、吕文学	北京交通大学出版社	
2013	2012	欧盟物质和混合物分类、标签和包装法规（CLP）指南			国家质量监督检验检疫总局进出口化学品安全研究中心、中国检验检疫科学研究院化学品安全研究所 编译	中国标准出版社	

续表

序号	出版时间	书名	作者	国别、地区、国际组织	译者	出版社	出版系列
2014	2012	法国消费法典			孙平 编译	中国政法大学出版社	
2015	2012	与骸骨交谈：我希望每一个案件都有答案	威廉姆·R.美普斯、麦克·C.布朗宁	美	尚晓蕾	法律出版社	
2016	2012	监管华尔街《多德-弗兰克法案》与全球金融新架构	范瑞尔·阿查里亚、托马斯·库勒、马修·理查德森、英格·沃尔特 编	美	梅世云、盛文军	中国金融出版社	经济金融前沿译丛
2017	2012	国际法中习惯的概念	安东尼·达马托	美	姜世波*	山东文艺出版社	
2018	2012	瑞典仲裁法：实践和程序	拉斯·休曼	美	顾华宁	法律出版社	
2019	2012	法：作为理性的制度化	罗伯特·阿列克西	德	雷磊* 编译	中国法制出版社	西方法哲学文库
2020	2012	论法的精神	孟德斯鸠	法	申林 编译	北京出版社	西方经典悦读
2021	2012	犯罪预防：原理、观点与实践	亚当·苏通、阿德里恩·切尼、罗伯·怀特	澳	赵赤*	中国政法大学出版社	
2022	2012	学说汇纂（第四卷）：恢复原状与责任的承担		古罗马	窦海阳*	中国政法大学出版社	罗马法民法大全翻译系列
2023	2012	学说汇纂（第九卷）私犯、准私犯与不法行为之诉		古罗马	米健*、李钧	中国政法大学出版社	罗马法民法大全翻译系列
2024	2012	有组织犯罪的历史：黑帮的真实故事	大卫·索斯维尔	英	邱颖萍	文汇出版社	
2025	2012	合理怀疑的起源——刑事审判的神学根基	詹姆士·Q.惠特曼	美	佀化强*、李伟	中国政法大学出版社	美国法律文库
2026	2012	血液吐真言：神探李昌钰破案实录2	李昌钰、托马斯·W.奥尼尔	美	陈琴	中国政法大学出版社	
2027	2012	美国1787年《宪法》讲疏	阿纳斯塔普罗	美	赵雪纲*	华夏出版社	西方传统经典与解释

续表

序号	出版时间	书名	作者	国别、地区、国际组织	译者	出版社	出版系列
2028	2012	制宪权	芦部信喜	日	王贵松*	中国政法大学出版社	日本公法译丛
2029	2012	美国保险法原理与实务	肯尼斯·S.亚伯拉罕	美	韩长印*、韩永强、楚清、易萍、王之洲、陈静	中国政法大学出版社	美国法律文库
2030	2012	正义法的理论	施塔姆勒	德	夏彦才*	商务印书馆	法学译丛
2031	2012	法律语言的运作——德国视角	汉尼斯·科尼夫卡	德	程乐*、吕加	中国政法大学出版社	法律与语言译丛
2032	2012	英国租借期间威海卫法令汇编			邵宗日、陈光 编译	法律出版社	比较法文丛
2033	2012	"所有权"的诞生	加藤雅信	日	郑芙蓉	法律出版社	
2034	2012	法学导论	拉德布鲁赫	德	米健*	法律出版社	当代德国法学名著
2035	2012	英国信托法：成文法汇编		英	葛伟军 编译	法律出版社	法典译丛
2036	2012	大法官的智慧		美	邓冰、苏益群 编译	法律出版社	
2037	2012	清代中国土地法研究	森田成满	日	牛杰	法律出版社	中国法律
2038	2012	原始人的法——法律的动态比较研究（修订译本）	霍贝尔	美	严存生 等	法律出版社	博观译丛
2039	2012	刑事辩护的技术与伦理——刑事辩护的心境、技巧和体魄	佐藤博史	日	于秀峰*、张凌	法律出版社	
2040	2012	由你来裁决	诺伯特·艾伦福荣德	美	张朱平	法律出版社	
2041	2012	律师帝国：超级律师事务所世达崛起实录	林肯·卡普兰	美	黄福宁	法律出版社	
2042	2012	国际法院与法庭适用的一般法律原则	郑斌		韩秀丽*、蔡从燕	法律出版社	厦门大学国际法译丛
2043	2012	宪法修改与宪法变迁论	格奥尔格·耶利内克	德	柳建龙*	法律出版社	
2044	2012	德国新债法：历史与比较的视角	莱因哈德·齐默曼	德	韩光明*	法律出版社	

续表

序号	出版时间	书名	作者	国别、地区、国际组织	译者	出版社	出版系列
2045	2012	风险规制与行政宪政主义	伊丽莎白·费雪	英	沈岿*	法律出版社	风险规制丛书
2046	2012	叶夫根尼·帕舒卡尼斯：一个批判性的再评价	迈克尔·黑德	澳	刘蔚铭*	法律出版社	西方马克思主义法学经典译丛
2047	2012	论题学与法学——论法学的基础研究	特奥多尔·菲韦格	德	舒国滢*	法律出版社	当代德国法学名著
2048	2012	侵权法的统一 严格责任	伯恩哈德·A.科赫、赫尔默特·考茨欧 主编	澳	管洪彦*	法律出版社	
2049	2012	判决的批判 写在世纪之末	邓肯·肯尼迪	美	王家国	法律出版社	博观译丛
2050	2012	法官能为民主做什么	斯蒂芬·布雷耶	美	何帆	法律出版社	
2051	2012	马克思主义与法律	休·柯林斯	英	邱昭继*	法律出版社	西方马克思主义法学经典译丛
2052	2012	编织环境法之网：IUCN环境法项目的贡献	巴巴拉·J.劳瑎	英	王曦*	法律出版社	凯原法学论丛
2053	2012	欧洲四国有效刑事辩护研究——人权的视角	Ed cape，Zaza Namoradze，Roger Smith，Taru Spronken		丁鹏、彭勃、雷雨田、程夏、熊路、田苗 编译	法律出版社	
2054	2012	为权利而斗争	鲁道夫·冯·耶林	德	郑永流*	法律出版社	当代德国法学名著
2055	2012	斯洛伐克的司法机构和法官的权力	简·斯瓦克	斯洛伐克	贺小丽、赵思宁	法律出版社	
2056	2012	公司法剖析：比较与功能的视角	莱纳·克拉克曼、亨利·汉斯曼 等	美	罗培新*	法律出版社	法律与金融译丛
2057	2012	请求权基础	迪特尔·梅迪库斯	德	陈卫佐*、田士永*、王洪亮*、张双根*	法律出版社	当代德国法学名著
2058	2012	法律的经济分析	理查德·波斯纳	美	蒋兆康*	法律出版社	博观译丛
2059	2012	国际法	W·G·魏智通	德	吴越*、毛晓飞*	法律出版社	研究生教学书系

续表

序号	出版时间	书名	作者	国别、地区、国际组织	译者	出版社	出版系列
2060	2012	辩诉交易的胜利——美国辩诉交易史	乔治·费希尔	美	郭志媛*	中国政法大学出版社	美国法律文库
2061	2012	解释与法律理论	安德瑞·马默	美	程朝阳	中国政法大学出版社	
2062	2012	21世纪日本法的展望	中西又三 著、华夏 主编	日	江利红*	中国政法大学出版社	日本法丛书
2063	2012	法治	汤姆·宾汉姆	英	毛国权	中国政法大学出版社	法律理论前沿丛书
2064	2012	联邦党人与反联邦党人 在宪法批准中的辩论（1787—1788）		美	姜峰、毕竞悦* 编译	中国政法大学出版社	
2065	2012	法国刑事司法——侦查与起诉的比较研究	杰奎琳·霍奇森	英	张小玲、汪海燕*	中国政法大学出版社	
2066	2012	法律研究的程序	克里斯蒂娜·L.孔兹、德博拉·A.施梅德曼、安·L.贝特森、马修·P.唐斯、梅米特·凯纳斯-丁伯格	美	赵保庆*	中国政法大学出版社	
2067	2012	警察审讯与美国刑事司法	理查德·A.利奥	美	刘方权*、朱奎彬*	中国政法大学出版社	
2068	2012	法律的眼睛——一个隐喻的历史	米歇尔·施托莱斯	德	杨贝*	中国政法大学出版社	法律理论前沿丛书
2069	2012	法律的性质与渊源	约翰·奇普曼·格雷	美	马驰*	中国政法大学出版社	美国法律文库
2070	2012	历史法学导论	保罗·维诺格拉多夫	英	徐震宇*	中国政法大学出版社	
2071	2012	活的宪法	戴维·斯特劳斯	美	毕洪海*	中国政法大学出版社	子午线文丛
2072	2012	农业与欧盟环境法	布莱恩·杰克	英	姜双林	中国政法大学出版社	
2073	2012	比较法的力量与弱点	伯恩哈德·格罗斯菲尔德	德	孙世彦*、姚建宗	中国政法大学出版社	

续表

序号	出版时间	书名	作者	国别、地区、国际组织	译者	出版社	出版系列
2074	2012	食人有错?——伟大法律案件及其塑造世界的方式	阿伦·C.哈钦森	加	刘欣	中国政法大学出版社	
2075	2012	审判中询问的技巧与策略	阿克赛尔·文德勒、赫尔穆特·霍夫曼	德	丁强、高莉	中国政法大学出版社	
2076	2012	法律教育与等级制度的再生产：法学院教育体系的批评	邓肯·肯尼迪	美	蔡琳	中国政法大学出版社	
2077	2012	法律哲学：一种现实主义的理论	米歇尔·托贝	法	张平*、崔文倩*	中国政法大学出版社	
2078	2012	产品责任法	戴维·G.欧文	美	董春华	中国政法大学出版社	
2079	2012	立法评估：评估什么和如何评估—美国、欧盟和OECD法律法规和指引			席涛*编译	中国政法大学出版社	
2080	2012	神探李昌钰破案实录6 犯罪密码	李昌钰 等	美	李鑫、郑曦	中国政法大学出版社	
2081	2012	神探李昌钰破案实录4 重返犯罪现场	李昌钰、杰瑞·拉比欧拉	美	廖明	中国政法大学出版社	
2082	2012	一般法理学：以法律与社会的关系为视角	布赖恩·I.塔玛纳哈	美	郑海平*	中国政法大学出版社	法律理论前沿丛书
2083	2012	最高法院与立宪民主	艾格雷斯托	美	钱锦宇*	中国政法大学出版社	
2084	2012	风险与法律理论	珍妮·斯蒂尔	英	韩永强	中国政法大学出版社	
2085	2012	神探李昌钰破案实录1 世纪奇案	李昌钰 杰瑞·拉比欧拉	美	罗芳芳	中国政法大学出版社	
2086	2012	神探李昌钰破案实录7 完美谋杀	李昌钰 杰瑞·拉比欧拉	美	季美君	中国政法大学出版社	
2087	2012	社会法学的多样性与包容性-法律符号学之探索	安妮·瓦格纳维杰·K.巴蒂亚	法、印度	张法连、叶盛楠、吴萧、刘昕	中国政法大学出版社	法律与语言译丛
2088	2012	吴经熊法学文选	吴经熊		孙伟、李冬松 编译	中国政法大学出版社	

续表

序号	出版时间	书名	作者	国别、地区、国际组织	译者	出版社	出版系列
2089	2012	比较法视野下的非金钱损失赔偿	W.V. 霍顿·罗杰斯	英	许翠霞*	中国法制出版社	
2090	2012	宗教与美国的宪法实验	约翰·维特、朱尔·A. 尼克尔斯	美	袁瑜琤*	中国法制出版社	小维特法律丛书
2091	2012	全球竞争：法律、市场和全球化	戴维·格伯尔	美	陈若鸿*	中国法制出版社	西方经济与社会科学精品丛书
2092	2012	日本行政法入门	藤田宙靖	日	杨桐	中国法制出版社	
2093	2012	损害赔偿法的未来商业化、惩罚性赔偿、集体性损害	格哈德·瓦格纳	德	王程芳	中国法制出版社	法学名篇小文丛
2094	2012	医疗事故侵权案例比较研究	米夏埃尔·富尔、赫尔穆特·考茨欧	荷、奥	丁道勤、杨秀英	中国法制出版社	
2095	2012	隐私与传媒	约书亚·罗森伯格	英	马特、王素艳、黄宇、刘蓉	中国法制出版社	
2096	2012	专横的正义：美国检察官的权力	安吉娜 戴维斯	美	李昌林*、陈川陵*	中国法制出版社	
2097	2012	损害的合并与分割	肯·奥利芬特	奥	周学峰*、王玉花*	中国法制出版社	欧洲侵权法与保险法译丛
2098	2012	惩罚性赔偿金 普通法与大陆法的视角	赫尔穆特·考茨欧、瓦内萨·威尔科克斯	奥	窦海阳*	中国法制出版社	欧洲侵权法与保险法译丛
2099	2012	巴朗法律词典	格菲斯	美	蒋新苗*等	中国法制出版社	
2100	2012	社会保障法对侵权法的影响	乌尔里希·马格努斯	德	李威娜	中国法制出版社	欧洲侵权法与保险法译丛
2101	2012	比较法视野下的人身伤害赔偿	伯恩哈德·A. 科赫、赫尔穆特·考茨欧	奥	陈永强、徐同远等	中国法制出版社	欧洲侵权法与保险法译丛
2102	2012	针对大众媒体侵害人格权的保护：各种制度与实践	赫尔穆特·考茨欧、亚历山大·瓦齐莱克	奥	匡敦校*、余佳楠*、张芸、刘亚男	中国法制出版社	欧洲侵权法与保险法译丛

续表

序号	出版时间	书名	作者	国别、地区、国际组织	译者	出版社	出版系列
2103	2012	侵权与管制法	威廉·范博姆、迈因霍尔德·卢卡斯、克里斯塔·基斯林	荷、奥、瑞士	徐静	中国法制出版社	欧洲侵权法与保险法译丛
2104	2012	以往与来者 美国卫生法学50年	马克斯韦尔·梅尔曼	美	唐超*等	中国政法大学出版社	外国法律研究书系
2105	2012	罗马法与共同法	斯奇巴尼	意	徐涤宇*	法律出版社	
2106	2013[1]	德国著作权法		德	范长军*	知识产权出版社	外国知识产权法律译丛
2107	2013	德国商标法		德	范长军*	知识产权出版社	外国知识产权法律译丛
2108	2013	美国著作权法		美	杜颖*、张启晨	知识产权出版社	外国知识产权法律译丛
2109	2013	美国专利法		美	易继明*	知识产权出版社	外国知识产权法律译丛
2110	2013	美国商标法		美	杜颖*	知识产权出版社	外国知识产权法律译丛
2111	2013	法律行为论	维尔纳·弗卢梅	德	迟颖*	法律出版社	当代德国法学名著
2112	2013	论一般法律	杰里米·边沁	英	毛国权	上海三联书店	上海三联法学文库
2113	2013	文字之讼：语言与民事案件	罗杰·W.舒伊	美	沙丽金*、张茜	中国政法大学出版社	法律与语言译丛
2114	2013	说话算数：技术、法律以及娱乐的未来	费舍尔	美	李旭	上海三联书店	上海三联法学文库
2115	2013	戈夫和琼斯论返还法	加雷斯·琼斯	英		商务印书馆	普通法图书馆
2116	2013	克拉克和林塞尔论侵权法	迈克尔·A.琼斯	英		商务印书馆	普通法图书馆

---

〔1〕 有19部译著按《全国总书目》出版时间为2012年，按版权页为2013年1月，此表统一改为2013年，但正文统计数据按2012年计算，请读者知悉。

续表

序号	出版时间	书名	作者	国别、地区、国际组织	译者	出版社	出版系列
2117	2013	加特利论书面诽谤和口头诽谤	帕特里克·米尔莫、W. V. H. 罗杰斯	英		商务印书馆	普通法图书馆
2118	2013	菲普森论证据	霍奇·M. 马利克	英		商务印书馆	普通法图书馆
2119	2013	麦格雷戈论损害赔偿	哈维·麦格雷戈	英		商务印书馆	普通法图书馆
2120	2013	解读宪法	劳伦斯·却伯、迈克尔·C. 多尔夫	美	陈林林*、储智勇	上海三联书店	上海三联法学文库
2121	2013	专利法	J. M. 穆勒	美	沈超、李华等	知识产权出版社	知识产权经典译丛
2122	2013	事故共和国：残疾的工人、贫穷的寡妇与美国法的重构	约翰·法比安·维特	美	田雷*	上海三联书店	上海三联法学文库
2123	2013	布莱克维尔法哲学和法律理论指南	丹尼斯·帕特森	美	汪庆华*、魏双娟	上海人民出版社	
2124	2013	国际法视角下的主权债务违约	迈克·瓦博	奥	郭华春*	法律出版社	华政国际法译丛
2125	2013	万民法	约翰·罗尔斯	美	陈肖生*	吉林出版集团有限责任公司	汉阅学术文库
2126	2013	比较所得税法	休·奥尔特	美	丁一*、崔威*	北京大学出版社	税法学研究文库
2127	2013	比较法视野下的人身伤害赔偿	伯恩哈德·科赫、赫尔穆特·考茨欧	奥	陈永强、徐同远 等	中国政法大学出版社	欧洲侵权法与保险法译丛
2128	2013	普通法上的占有	弗雷德里克·波洛克	英	于子亮*	中国政法大学出版社	
2129	2013	律师会馆	塞西尔·黑德勒姆	英	张芝梅*	上海三联书店	法律文化之旅丛书
2130	2013	错案	勒内·佛罗里奥	法	赵淑美*、张洪竹*	法律出版社	
2131	2013	当代美国死刑法律之困境与探索	柯恩、唐哲、高进仁	美	刘超*、刘旷怡	北京大学出版社	
2132	2013	法律史解释	罗斯科·庞德	美	邓正来*	商务印书馆	汉译世界学术名著丛书

续表

序号	出版时间	书名	作者	国别、地区、国际组织	译者	出版社	出版系列
2133	2013	美国民事诉讼法	理查德·D.弗里尔	美	张利民*、孙国平*、赵艳敏*	商务印书馆	威科法律译丛
2134	2013	最民主的部门：美国最高法院的贡献	杰弗里·罗森	美	胡晓进*	中国政法大学出版社	美国法律文库
2135	2013	战争与和平法	胡果·格劳秀斯	荷	何勤华*等	上海人民出版社	世界法学名著译丛
2136	2013	非国家行为人的人权义务	安德鲁·克拉帕姆	英	陈辉萍*、徐昕（上海对外贸易学院）*、季晔*	法律出版社	国际法译丛
2137	2013	杀千刀：中西视野下的凌迟处死	卜正民、巩涛、格力高利·布鲁	加、法	张光润*、乐凌*、伍洁静*	商务印书馆	
2138	2013	美国法官裁判文书自选集	哈里·爱德华兹	美	傅郁林*等译	华中科技大学出版社	
2139	2013	论海洋自由或荷兰参与东印度贸易的权利	雨果·格劳秀斯	荷	马忠法*	上海人民出版社	世纪文库
2140	2013	当代法哲学和法律理论导论	阿图尔·考夫曼、温弗里德·哈斯默尔	德	郑永流*	法律出版社	当代德国法学名著
2141	2013	小孩子的权利	佩妮拉·斯塔费尔特	瑞典	徐昕	山东文艺出版社	
2142	2013	法医DNA分型专论：方法学	布尔特尔	美	侯一平*、李成涛*	科学出版社	
2143	2013	上天·审判：中国与欧洲司法观念历史的初步比较	罗伯特·雅各布	法	李滨*	上海交通大学出版社	法社会学文库
2144	2013	意大利消费法典	阿拉巴、卡莱奥、科斯塔比莱	意	胡俊宏*、雷佳*	中国政法大学出版社	外国法典译丛
2145	2013	西班牙民法典		西	潘灯*、马琴	中国政法大学出版社	外国法典译丛
2146	2013	民主的奇迹：美国宪法制定的127天	凯瑟林·德林克·鲍恩	美	郑明萱	新星出版社	眼界文丛
2147	2013	美国知识产权法原理	谢尔登·W.哈尔彭、克雷格·艾伦·纳德、肯尼恩·L.波特	美	宋慧献*	商务印书馆	威科法律译丛

续表

序号	出版时间	书名	作者	国别、地区、国际组织	译者	出版社	出版系列
2148	2013	美国最高法院	琳达·格林豪斯	美	何帆*	译林出版社	牛津通识读本
2149	2013	公平之神新世界·新秩序	菲利普·阿洛特	英	崔炯哲、沈伟*	法律出版社	
2150	2013	权利忠告：逮捕与拘留中的语言研究	Frances Rock	英	王建*	四川大学出版社	
2151	2013	我想当法官	阿里斯托	韩	张琦	浙江教育出版社	职业探索系列
2152	2013	俄罗斯刑事诉讼律师违法活动面面观	尤·彼·加尔马耶夫	俄	刘鹏、丛凤玲*	中国政法大学出版社	
2153	2013	德国刑法学总论	克劳斯·罗克辛	德	王世洲*	法律出版社	刑法
2154	2013	州际合作协定与行政协议	约瑟夫·F·齐默尔曼	美	王诚*	法律出版社	
2155	2013	律师的职业责任与规制	黛博拉·L·罗德	美	王进喜*	中国人民大学出版社	中国律师实训经典
2156	2013	一骗千金 史上十大金融欺诈案	卡里·纳尔斯	芬	黄福宁	法律出版社	
2157	2013	公共犯罪学	伊恩·路德、理查德·斯帕克斯	英	时延安*、李兰英*、陈磊	法律出版社	
2158	2013	法证科学职业道德：刑事技术职业标准	彼得·巴尼特	美	王进喜*	中国法制出版社	
2159	2013	德国民法基本概念	哈里·韦斯特曼	德	张定军*、葛平亮*、唐晓琳*	中国人民大学出版社	法学译丛民商法系列
2160	2013	奥地利普通民法典		奥	周友军*、杨垠红*	清华大学出版社	
2161	2013	自由的法：对美国宪法的道德解读	罗纳德·德沃金	美	刘丽君	上海人民出版社	世界法学名著译丛
2162	2013	环境法故事	理查德·拉萨路斯、奥利弗·哈克	美	曹明德*、李兆玉*等	中国人民大学出版社	中国律师实训经典美国法律判例故事系列
2163	2013	美国海岸警卫队海上执法的技术规范			傅崐成*编译	中国民主法制出版社	海洋执法系列丛书

附录一 1980–2016法学译著总表

续表

序号	出版时间	书名	作者	国别、地区、国际组织	译者	出版社	出版系列
2164	2013	罗马法研究历史导论	H. F. 乔洛维茨、巴里·尼古拉斯	英	薛军*	商务印书馆	
2165	2013	FBI犯罪心理画像实录	布莱恩·隐内	美	[美]王旸	化学工业出版社	
2166	2013	德国民法 动物饲养人责任	克里斯蒂娜·埃贝尔-博格斯	德	王强*	中国政法大学出版社	
2167	2013	誓言：奥巴马与最高法院	杰弗里·图宾	美	于霄*	上海三联书店	法政文丛
2168	2013	赢家：揭秘全球最具权势的律师事务所	金·艾斯勒	美	付瑶*	法律出版社	
2169	2013	刑法的道德界限（第一卷）对他人的损害	乔尔·范伯格	美	方泉	商务印书馆	
2170	2013	源自地球的证据：法庭地质学与犯罪侦查	雷蒙德·默里	美	王元凤*、金振奎*	中国人民大学出版社	法学译丛 证据科学译丛
2171	2013	邪恶的二十二个等级	迈克尔·赫·斯通	美	晏向阳*	译林出版社	
2172	2013	建国之父的失败：杰斐逊、马歇尔与总统制民主的兴起	布鲁斯·阿克曼	美	江照信*	中国政法大学出版社	阿克曼文集
2173	2013	自由社会之法学理论：法律、科学和政策的研究	哈罗德·D·拉斯韦尔、迈尔斯·S·麦克道格尔	美	王贵国*	法律出版社	
2174	2013	行政法原理	罗西	意	李修琼*	法律出版社	
2175	2013	欧美比较行政法	勒内·J·G·H·西尔登、弗朗茨·斯特罗因克	荷、法	伏创宇*、刘国乾*、李国兴*	中国人民大学出版社	法学译丛 公法系列
2176	2013	理性、认知、证据	罗纳德·J. 艾伦	美	栗峥、王佳	法律出版社	
2177	2013	水下文化遗产行动手册	蒂斯·马尔拉维尔德、乌吕克·格林、芭芭拉·埃格	丹、德、奥	国家文物局水下文化遗产保护中心	文物出版社	国家文物局水下文化遗产保护中心译著系列
2178	2013	知识产权法学	DAVID BAIBRIDGE CLAIRE HOWELL	英	王梓 注释、孙新强 审校	华中科技大学出版社	法学初阶 西方法学经典教材系列

— 283 —

续表

序号	出版时间	书名	作者	国别、地区、国际组织	译者	出版社	出版系列
2179	2013	法医毒物学检验手册	D.K. 莫利纳	美	郝红霞	知识产权出版社 编制	
2180	2013	埃塞俄比亚民法典	徐国栋 主编		薛军 译	厦门大学出版社	外国民法典译丛
2181	2013	澳大利亚联邦证据法	澳大利亚司法部编	澳	王进喜*	中国法制出版社	
2182	2013	意大利反腐败法		意	黄风*	中国方正出版社	外国反腐败法译丛
2183	2014[1]	法律的故事	赞恩	美	于庆生*	中国法制出版社	
2184	2014	自然法论文集	洛克	英	李季璇*	商务印书馆	商务学术丛书
2185	2014	阿提卡之夜 1-5 卷	奥卢斯·格里乌斯	古罗马	周维明*、虞争鸣*、吴挺*、归伶昌*	中国法制出版社	
2186	2014	比较法导论	罗道尔夫·萨科	意	费安玲*、刘家安*、贾婉婷	商务印书馆	当代法学译丛
2187	2014	古代宪法与封建法：英国 17 世纪历史思想研究	J·G·A·波考克	英	翟小波*	译林出版社	西方政治思想译丛
2188	2014	私法的制度及其社会功能	卡尔·伦纳	奥	王家国*	法律出版社	西方马克思主义法学经典译丛
2189	2014	苏俄新法典	李秀清、陈颐 主编	苏俄	顾树森	上海人民出版社	清末民国法律史料丛刊 汉译六法
2190	2014	美国侵权行为法：一部知识史	G.爱德华·怀特	美	王晓明、李宇	北京大学出版社	侵权法人文译丛
2191	2014	五位首席大法官：最高法院杂记	约翰·保罗·斯蒂文斯	美	何帆*	上海三联书店	
2192	2014	合同法学	EMILY FINCH AND SIEFAN FAFINSKI	英	王梓 注释 孙新强 审校	华中科技大学出版社	法学初阶西方法学经典教材系列

---

〔1〕 有 20 部译著按《全国总书目》出版时间为 2013 年，按版权页为 2014 年，此表统一改为 2014 年，但正文统计数据按 2013 年计算，请读者知悉。

续表

序号	出版时间	书名	作者	国别、地区、国际组织	译者	出版社	出版系列
2193	2014	商标法实证性分析	杰里米·菲利普斯	英	马强*	中国人民大学出版社	
2194	2014	犯罪控制工业化	尼尔·克里斯蒂	挪	胡菀如	北京大学出版社	
2195	2014	欧洲比较公司法	马德斯·安登斯、弗兰克·伍尔德里奇	挪、英	汪丽丽*、汪晨*、胡曦彦*	法律出版社	法律与金融译丛
2196	2014	法学的邀请	布赖恩·辛普森	英	范双飞*	北京大学出版社	
2197	2014	德国基本法：历史与内容	克里斯托·默勒斯	德	赵真	中国法制出版社	
2198	2014	新英国宪法	韦农·博格丹诺	英	李松锋*	法律出版社	宪政古今译丛
2199	2014	国际航空器融资法律实务	罗伊·古德	英	高圣平*	法律出版社	CLC 国银租赁文丛
2200	2014	国际铁路车辆融资法律实务	罗伊·古德	英	高圣平*	法律出版社	CLC 国银租赁文丛
2201	2014	法律中的晦涩与明晰——前景与挑战	安娜·瓦格纳索菲·卡西圭蒂-法伊等	法、爱尔兰	苏建华、石伟东、崔飞、黄姗	中国政法大学出版社	法律与语言译丛共六册
2202	2014	追缴腐败犯罪资产：非定罪资产追缴实用操作指南	西奥多·S.格林伯格、温盖特·格兰特、琳达·M.萨缪尔、拉里萨·格雷	美	王晓鑫	中国政法大学出版社	
2203	2014	你的权利从哪里来	艾伦·德肖维茨	美	黄煜文	北京大学出版社	
2204	2014	解译法规《国际藻类、菌物和植物命名法规》读者指南	尼古拉斯·特兰德	美	《解译法规》翻译组	高等教育出版社	
2205	2014	萨维尼法学方法论讲义与格林笔记（修订译本）	萨维尼	德	杨代雄*	法律出版社	
2206	2014	精通反洗钱和反恐融资：合规性实践指南	蒂姆·帕克曼	英	蔡真	人民邮电出版社	精通金融译丛
2207	2014	法官的裁判之道以社会心理学视角探析	劳伦斯·鲍姆	美	李国庆	北京大学出版社	社会思想译丛

续表

序号	出版时间	书名	作者	国别、地区、国际组织	译者	出版社	出版系列
2208	2014	英国法：议会立法、法条解释、先例原则及法律改革	迈克尔·赞德	英	江辉*	中国法制出版社	
2209	2014	美国陪审团制度	伦道夫·乔纳凯特	美	屈文生*、宋瑞峰、陆佳	法律出版社	
2210	2014	国际法律伦理问题	詹姆士·E·莫里特诺、乔治·C·哈瑞斯	美	刘晓兵*	北京大学出版社	
2211	2014	施米托夫论出口贸易	施米托夫 等	英	冷柏军	中国人民大学出版社	经济科学译丛
2212	2014	法律人与法律忠诚	W·布拉德利·温德尔	美	尹超*	中国人民大学出版社	法学译丛·法治诚信系列
2213	2014	到法学院学什么	特雷西·E·乔治、苏珊娜·雪莉	美	屠振宇*、何帆*	北京大学出版社	
2214	2014	法社会学基本问题	托马斯·莱塞尔	德	王亚飞	法律出版社	博观译丛
2215	2014	欧洲私法的原则定义与示范规则1-3卷	欧洲民法典研究组 欧盟现行司法研究组 克里斯蒂安·冯·巴夫埃里克·克莱夫	德、英	高圣平	法律出版社	
2216	2014	葡萄牙法律史	马里奥·朱莉欧·德·阿尔梅达·科斯塔	葡	唐晓晴	法律出版社	
2217	2014	美国侵权法：实体与程序	小詹姆斯·A·亨德森、理查德·N·皮尔森、道格拉斯·A·凯萨、约翰·A·西里西诺	美	王竹*、丁海俊*、董春华、周玉辉*	北京大学出版社	
2218	2014	致年轻律师的信	艾伦·德肖维茨	美	单波	法律出版社	
2219	2014	性暴力史	乔安娜·伯克	英	马凡 等译	江苏人民出版社	
2220	2014	行政诉讼的构造分析	小早川光郎	日	王天华*	中国政法大学出版社	日本公法译丛
2221	2014	审判为什么不公正	萨达卡特·卡德里	英	杨雄	新星出版社	

续表

序号	出版时间	书名	作者	国别、地区、国际组织	译者	出版社	出版系列
2222	2014	老挝刑事法典		老挝	贾凌*、魏汉涛*	中国政法大学出版社	昆明理工大学法学译丛
2223	2014	菲律宾知识产权法典		菲律宾	杨涛、杨斌	知识产权出版社	外国知识产权法律译丛
2224	2014	德国联邦公务员法、惩戒法		德	徐久生*	中国方正出版社	外国反腐败法译丛
2225	2014	美国投资者保护经典案例选编（中英文对照本）		美	中国证券监督管理委员会 编译	法律出版社	境外资本市场重要法律文献译丛
2226	2014	从美国法院实践看国际航空运输责任规则的适用与发展：从1929年《华沙公约》到1999年《蒙特利尔公约》	汤普金斯	美	徐丽、吴文余、赵华宾、刘伟、薛景	法律出版社	
2227	2014	联合国海洋法公约1982 技术手册			中华人民共和国海事局 编译	人民交通出版社	
2228	2014	法律与资本主义的兴起	迈克尔·E. 泰格 等	美	纪琨*	上海辞书出版社	辞海译丛
2229	2014	法律思维导论（修订版）	卡尔·恩吉施	德	郑永流*	法律出版社	当代德国法学名著
2230	2014	教会法原理	奥斯瓦尔德·J. 莱舍尔	英	李秀清*、赵博阳*	法律出版社	比较法文丛
2231	2014	新宪法秩序	马克·图施耐特	美	王书成*	中国人民大学出版社	法学译丛·公法系列
2232	2014	新西兰官方信息法 行政监察专员法 国家公务员诚信与操守标准		新西兰	孙平	中国方正出版社	外国反腐败法译丛
2233	2014	鹿特丹规则	迈克尔·F. 斯特利、藤田支敬、杰吉安·范德尔·泽尔	美、日、荷	蒋跃川*、初北平*、王彦 等	法律出版社	

续表

序号	出版时间	书名	作者	国别、地区、国际组织	译者	出版社	出版系列
2234	2014	期权视阈下的法律权益结构	伊恩·艾瑞斯	美	顾健*、朱莺	复旦大学出版社	法律经济学译丛
2235	2014	金融的狼性：惊世骗局大揭底	里奥·高夫	英	王佳艺	中国人民大学出版社	
2236	2014	诉的利益	原田尚彦	日	石龙潭*	中国政法大学出版社	日本公法译丛
2237	2014	破窗效应：失序世界的关键影响力	乔治·凯琳、凯瑟琳·科尔斯	美	陈智文	生活·读书·新知三联书店	新知文库
2238	2014	Why？科学侦查	曹永先	韩	武鼎明	世界知识出版社	
2239	2014	隐私权	路易斯·D. 布兰代斯 等	美	宦盛奎*	北京大学出版社	法政人文经典
2240	2014	犯罪分析与犯罪制图	雷切尔·博巴·桑托斯	美	金城、郑滋椀	人民出版社	
2241	2014	日本环境法概论	交告尚史、臼杵知史、前田阳一、黑川哲至	日	田林、丁倩雯	中国法制出版社	
2242	2014	行政法	苏乐治	葡	冯文庄*	法律出版社	
2243	2014	行政法教程（第一卷）	迪奥戈·弗雷塔斯·亚玛勒	葡	黄显辉*、王西安	法律出版社	
2244	2014	法律论证学	乌尔弗里德·诺依曼	德	张青波*	法律出版社	当代德国法学名著
2245	2014	在事实与规范之间——关于法律和民主法治国的商谈理论（修订译本）	哈贝马斯	德	童世骏*	生活·读书·新知三联书店	现代西方学术文库
2246	2014	所罗门之结：法律能为战胜贫困做些什么	罗伯特·库特、汉斯-伯恩特·谢弗	美、德	张巍*、许可*	北京大学出版社	
2247	2014	德国民法遗产分割（§§2042-2057a BGB）诺莫斯注解——2014年最新版诺莫斯德国民法典继承法（§§1922-2385 BGB）注解之一部分	克里斯蒂娜·埃贝尔-博格斯	德	王强	中国政法大学出版社	

续表

序号	出版时间	书名	作者	国别、地区、国际组织	译者	出版社	出版系列
2248	2014	德国民法典			杜景林*、卢谌	中国政法大学出版社	
2249	2014	学说汇纂（第17卷）委任与合伙	优士丁尼	古罗马	李飞*	中国政法大学出版社	罗马法民法大全翻译系列
2250	2014	规制合同	休·柯林斯	英	郭小莉	中国人民大学出版社	法学译丛·规制、竞争与公共商事系列
2251	2014	断臂上的花朵：人生与法律的奇幻炼金术	奥比·萨克思	南非	陈毓奇*、陈礼工	广西师范大学出版社	理想国译丛
2252	2014	德国民法基本概念（第16版）（增订版）	哈里·韦斯特曼	德	张定军*、葛平亮*、唐晓琳*	中国人民大学出版社	外国法学教科书精品译丛
2253	2014	德国债法总论（第7版）	迪尔克·罗歇尔德斯	德	沈小军*、张金海	中国人民大学出版社	外国法学教科书精品译丛
2254	2014	德国民法总论	汉斯·布洛克斯、沃尔夫·迪特里希·瓦尔克	德	张艳*	中国人民大学出版社	外国法学教科书精品译丛
2255	2014	英国警察与刑事证据法规精要		英	彭勃 编译	厦门大学出版社	
2256	2014	我们人民：转型	布鲁斯·阿克曼	美	田雷*	中国政法大学出版社	阿克曼文集
2257	2014	侵权法（上）	丹·B. 多布斯	美	马静*、李昊*、李妍*、刘成杰	中国政法大学出版社	美国法律文库
2258	2014	侵权法（下）	丹·B. 多布斯	美	马静*、李昊*、李妍*、刘成杰	中国政法大学出版社	美国法律文库
2259	2014	虚幻的平等：离婚法改革的修辞与现实	玛萨·艾伯森·法曼	美	王新宇*	中国政法大学出版社	
2260	2014	自然权利诸理论：起源与发展	理查德·塔克	美	杨利敏、朱圣刚	吉林出版集团有限公司	公共哲学与政治思想
2261	2014	法哲学	安德烈·马默	美	孙海波*、王进*	北京大学出版社	

续表

序号	出版时间	书名	作者	国别、地区、国际组织	译者	出版社	出版系列
2262	2014	公有法典	泰奥多·德萨米	法	黄建华、姜亚洲	译林出版社	汉译经典
2263	2014	法律发达史（第二版）	莫里斯	美	王学文	中国政法大学出版社	中国近代法学译丛
2264	2014	艾伦教授论证据法（上）	罗纳德·J.艾伦	美	张宝生、王进喜、汪诸豪	中国人民大学出版社	法学译丛·证据科学译丛
2265	2014	艾伦教授论证据法（下）	罗纳德·J.艾伦	美	张宝生、王进喜、汪诸豪	中国人民大学出版社	法学译丛·证据科学译丛
2266	2014	德国破产法导论（第6版）	莱因哈德·波克	德	王艳柯	北京大学出版社	世界法学精要
2267	2014	匈牙利新《刑法典》述评	珀尔特·彼得	匈	郭晓晶、宋晨晨	上海社会科学院出版社	外国刑事法典译丛
2268	2014	软件与互联网法	马克·A·莱姆利 等	美	张韬略*	商务印书馆	威科法律译丛
2269	2014	法窗夜话	穗积陈重	日	蔡承伟、陈怡如、林威延、林魏翰、赵呈琦 等，吉田庆子 校	中国法制出版社	
2270	2014	新加坡税法［上卷］		新加坡	江苏省苏州工业园区地方税务局	中国税务出版社	
2271	2014	新加坡税法［下卷］		新加坡	江苏省苏州工业园区地方税务局	中国税务出版社	
2272	2014	独联体成员国示范民法典		独联体	张建文*	法律出版社	民商法经典译丛
2273	2014	囚徒困境：当代民主国家的政治经济与刑事处罚	尼古拉·蕾西	英	黄晓亮*	中国政法大学出版社	2007年哈姆林讲座系列
2274	2014	荷兰、英国、德国民事诉讼中的知识产权执法	乔治·卡明、米亚·弗洛尹登塔尔、路德·贾内尔	法、荷、德	张伟君*	商务印书馆	威科法律译丛
2275	2014	美国革命的宪法观	查尔斯·霍华德·麦基文	美	田飞龙*	北京大学出版社	法政人文经典

续表

序号	出版时间	书名	作者	国别、地区、国际组织	译者	出版社	出版系列
2276	2014	美国商标案件金钱偿还数额的计算：原理与判例		美	黄武双*、黄骥 等著译	法律出版社	知识产权审判难点问题法律原理与判例系列
2277	2014	法律的成长	本杰明·N.卡多佐	美	李红勃*、李璐怡	北京大学出版社	西方法哲学文库
2278	2014	德国劳动法	雷蒙德·瓦尔特曼	德	沈建峰*	法律出版社	当代德国法学名著
2279	2014	意大利共和国关于文化与环境遗产的法律法规汇编		意	刘曙光*	文物出版社	
2280	2014	土库曼斯坦税法典			邓民敏 编译	北京时代华文书局	
2281	2014	美国矫正制度概要			王志亮* 编译	苏州大学出版社	上海政法学院学术文库
2282	2014	国际投资法原则	鲁道夫·多尔查、克里斯托弗·朔伊尔	德、奥	祁欢*、施进	中国政法大学出版社	
2283	2014	自然法论文集	洛克	英	李季璇*	商务印书馆	
2284	2015	刑事侦查学	E.N.依申科	俄	张汝铮*	中国人民公安大学出版社	当代世界警务理论与侦查实务译丛
2285	2015	法官能为法治做什么 美国著名法官讲演录	戴维·奥布莱恩	美	何帆*	北京大学出版社	
2286	2015	德国观念论与惩罚的概念	梅尔	德	邱帅萍*	知识产权出版社	西方传统：经典与解释——德意志古典法学
2287	2015	践行正义：一种关于律师职业道德的理论	威廉·H·西蒙	美	王进喜*	中国人民大学出版社	中国律师实训经典
2288	2015	欧盟政府采购法规、文件汇编		欧盟	山巍、王铁夫、孙文康 主编	中国质检出版社	

续表

序号	出版时间	书名	作者	国别、地区、国际组织	译者	出版社	出版系列
2289	2015	哥伦布小法规 愚意立法	迪克·海曼	美	杨杜芳*、夏登峻*	湖南人民出版社	
2290	2015	证明：如何进行庭前证据分析	安德鲁·帕尔玛	澳	林诗蕴*、都敏*、张雪燃*	中国检察出版社	证据法学译丛
2291	2015	美国1933年证券法及相关证券交易委员会规则与规章（中英文对照版）		美	中国证券监督管理委员会 编译	法律出版社	
2292	2015	人们为什么遵守法律	汤姆·泰勒	美	黄永*	中国法制出版社	
2293	2015	犯罪现场摄影概论	爱德华·M·罗宾逊	美	周纯冰	中国人民公安大学出版社	当代世界警务理论与侦查实务译丛
2294	2015	司法语言学	约翰·奥尔森	英	王虹、欧阳国亮、刘旸菲	中国人民公安大学出版社	当代世界警务理论与侦查实务译丛
2295	2015	法概念与法效力	罗伯特·阿列克西	德	王鹏翔*	商务印书馆	自然法名著译丛
2296	2015	网络犯罪侦查：在安全专家执法人员和检察官之间架起沟通的桥梁	安东尼·雷耶斯、凯文·奥谢、吉姆·斯蒂尔、乔恩·R.汉森、凯普敦·本杰明·R.吉恩、托马斯·拉尔夫	美	李娜	中国人民公安大学出版社	当代世界警务理论与侦查实务译丛
2297	2015	犯罪现场调查	埃里克·W·杜特拉	美	张翠玲*等译	中国人民公安大学出版社	当代世界警务理论与侦查实务译丛
2298	2015	巴黎高等法院史	伏尔泰	法	吴模信*	商务印书馆	
2299	2015	美国1940年投资公司法及相关证券交易委员会规则及规章		美	中国证券监督管理委员会 编译	法律出版社	境外资本市场重要法律文献译丛
2300	2015	民主的进程 影响美国法律的"十宗最"	伯纳德·施瓦茨	美	周杰*	中国法制出版社	

续表

序号	出版时间	书名	作者	国别、地区、国际组织	译者	出版社	出版系列
2301	2015	美国劳动法：案例、材料和问题（上）	迈克尔·C.哈珀等	美	李坤刚*、闫冬*、吴文芳、钟芳	商务印书馆	威科法律译丛
2302	2015	美国劳动法：案例、材料和问题（下）	迈克尔·C.哈珀等	美	李坤刚*、闫冬*、吴文芳、钟芳	商务印书馆	威科法律译丛
2303	2015	国际法（上）	巴里·E.卡特	美	冯洁菡*	商务印书馆	威科法律译丛
2304	2015	国际法（下）	巴里·E.卡特	美	冯洁菡*	商务印书馆	威科法律译丛
2305	2015	建模法律论证的逻辑工具	亨利·帕肯	荷	熊明辉*	中国政法大学出版社	西方法律逻辑经典译丛
2306	2015	法律与逻辑：法律论证的批判性说明	约瑟夫·霍尔维茨	以	陈锐*	中国政法大学出版社	西方法律逻辑经典译丛
2307	2015	法律获取的程序——一种理性分析	阿图尔·考夫曼	德	雷磊*	中国政法大学出版社	
2308	2015	法律推理方法	耶日·施特尔马赫、巴尔托什·布罗泽克	波	陈伟功*	中国政法大学出版社	西方法律逻辑经典译丛
2309	2015	性审判史	埃克里·伯科威茨	美	王一多、朱洪涛	南京大学出版社	眼界文丛
2310	2015	社会责任：合同治理的公法探析	A.C.L.戴维斯	英	杨明*	中国人民大学出版社	法学译丛·规制、竞争与公共商事系列
2311	2015	证据法学反思 跨学科视角的转型	罗杰·帕克、迈克尔·萨克斯	美	吴洪淇*	中国政法大学出版社	
2312	2015	反思证据 开拓性论著（第二版）	威廉·特文宁	英	吴洪淇*	中国人民大学出版社	法学译丛 证据科学译丛
2313	2015	真正的权利	卡尔·威尔曼	美	刘振宇、孟永恒	商务印书馆	
2314	2015	论法律与理性	亚历山大·佩策尼克	瑞典	陈曦	中国政法大学出版社	西方法律逻辑经典译丛
2315	2015	从荷马到亚里士多德时代的司法裁判	罗伯特·邦纳、格特鲁德·史密斯	美	刘会军*、邱洋*	中国法制出版社	

续表

序号	出版时间	书名	作者	国别、地区、国际组织	译者	出版社	出版系列
2316	2015	民法讲义 I 民法总则（第6版补订）	近江幸治	日	渠涛*等	北京大学出版社	法学精品教科书译丛
2317	2015	家庭法和私生活	约翰·伊克拉	英	石雷*	法律出版社	民商法经典译丛
2318	2015	刑法哲学	道格拉斯·胡萨克	美	姜敏*	中国法制出版社	
2319	2015	刑法的道德界限（第四卷）无害的不法行为	乔尔·范伯格	美	方泉	商务印书馆	
2320	2015	鞋印证据发现，提取和检验（第二版）	威廉·J.波迪扎克	美	汤澄清*等译	中国人民公安大学出版社	当代世界警务理论与侦查实务译丛
2321	2015	死亡解剖台	斐德列克·萨吉伯、大卫·卡罗尔	美	朱耘	民主与建设出版社	
2322	2015	塔吉克斯坦共和国刑法典		塔吉克斯坦	徐玲、刘鹏辉、徐曼玉、徐留成	中国人民公安大学出版社	
2323	2015	正义的游戏	杰弗里·罗伯逊	英	印波*、陈朗*	中国政法大学出版社	
2324	2015	刑事司法机器	斯蒂芬诺斯·毕贝斯	美	姜敏*	北京大学出版社	法律今典译丛
2325	2015	正义永不决堤：水牛湾惨案	杰拉尔德·斯特恩	美	许身健*	法律出版社	
2326	2015	法律的动态经济分析	Driesen, D. M.	美	王颖*	复旦大学出版社	法律经济学译丛
2327	2015	美国的宗教与法律：立国时期考察	迈克尔·W.麦康奈尔		程朝阳、赵雪纲*	法律出版社	西方法律与宗教学术论丛
2328	2015	《残疾人权利公约》研究：海外视角（2014）	杰拉德·奎因、李敬	爱尔兰、中国	陈博、傅志军	人民出版社	残障与发展系列丛书
2329	2015	法源：权力、秩序和自由	莫里斯·奥里乌	法	鲁仁	商务印书馆	公法名著译丛

续表

序号	出版时间	书名	作者	国别、地区、国际组织	译者	出版社	出版系列
2330	2015	活的原旨主义	杰克·M. 巴尔金	美	刘连泰*、刘玉姿*	厦门大学出版社	
2331	2015	格劳秀斯私法导论	胡果·格劳秀斯	荷	张淞纶	法律出版社	
2332	2015	公证人之民事责任（第5版）	让－吕克·奥贝赫	法	唐觉	上海人民出版社	
2333	2015	宋至清代身分法研究	高桥芳郎	日	李冰逆*	上海古籍出版社	海外汉学丛书
2334	2015	错案问题比较研究	肯特·罗奇	加	蒋娜*	中国检察出版社	
2335	2015	证据解释——庭审过程中科学证据的评价	伯纳德·罗伯逊、G. A. 维尼奥	美	王元凤*	中国政法大学出版社	法庭科学译丛
2336	2015	死亡入门	上野正彦	日	朴惠	北京大学出版社	
2337	2015	看不见的手，看不见的目标 聚焦工作场所法律与公共政策	史蒂芬·贝佛特、约翰·巴德	美	乔晓芳*、叶鹏飞*	中国工人出版社	西方劳动关系经典译丛
2338	2015	美国废轮胎管理法律法规选编		美	环境保护部国际合作司、污染防治司、巴塞尔公约亚太区域中心 编译	中国环境出版社	
2339	2015	莎士比亚与法：学科与职业的对话	布莱迪科马克·科马克、玛莎·C. 努斯鲍姆、理查德·斯特瑞尔	美	王光林*	黑龙江教育出版社	
2340	2015	警察讯问话语研究：基于批判性分析	Heydon, G.	澳	薛婷婷	四川大学出版社	
2341	2015	法医毒理学原理	巴里·莱文 编	美	北京市公安局刑事侦查总队	群众出版社	
2342	2015	错案的哲学 刑事诉讼认识论	拉里·劳丹	美	李昌盛*	北京大学出版社	
2343	2015	法律人的明天会怎样	理查德·萨斯坎德	英	何广越*	北京大学出版社	
2344	2015	从三个纬度看日本民法研究：30年、60年、120年	大村敦志	日	渠涛*	中国法制出版社	法学名篇小文丛

续表

序号	出版时间	书名	作者	国别、地区、国际组织	译者	出版社	出版系列
2345	2015	欧盟环境非政府组织推动执法手册	古德丹、伊丽莎白·辛克莱	美、英	高晓谊、姚玲玲	中国环境出版社	
2346	2015	瑞士生态环保法律法规译汇		瑞士	吴大华*、邓琳君等 编译	社会科学文献出版社	贵州与瑞士比较研究丛书
2347	2015	法律、地理和国家发展 以美国为例	丹尼尔·伯科威茨、卡伦·克莱	美	李丹莉、韩微	中信出版社	CIDEG文库
2348	2015	国际裁决的共同法	切斯特·布朗	英	韩秀丽*、万盈盈*、傅贤珍*、代文莎*	法律出版社	国际法译丛
2349	2015	北极航道加拿大法规汇编			王泽林* 编译	上海交通大学出版社	海洋法政文库
2350	2015	战争与和平法（第一卷）	格劳秀斯	荷	马呈元*	中国政法大学出版社	中国政法大学国际法文库
2351	2015	国际私法中的司法管辖权之比较研究	阿瑟·冯迈伦	美	李晶*	法律出版社	当代国际法译丛
2352	2015	法律逻辑研究	雅普·哈赫	荷	谢耘*	中国政法大学出版社	西方法律逻辑经典译丛
2353	2015	康德法哲学及其起源 德意志法哲学文选（一）			黄涛、吴彦 主编	知识产权出版社	西方传统经典与解释 德意志古典法学丛编
2354	2015	司法和国家权力的多种面孔——比较视野中的法律程序	米尔伊安·R·达玛什卡	美	郑戈*	中国政法大学出版社	司法文丛
2355	2015	实用爆炸现场调查（第二版）	詹姆斯·T·瑟曼	美	张彦春*	中国人民公安大学出版社	当代世界警务理论与侦查实务译丛
2356	2015	民主的宪法	尼尔·戴文思、路易斯·费希尔	美	李松锋*	译林出版社	法政科学丛书
2357	2015	美国海关法典		美	国家口岸管理办公室编译	中国海关出版社	国际边境口岸法规丛书

续表

序号	出版时间	书名	作者	国别、地区、国际组织	译者	出版社	出版系列
2358	2015	权利的边界 美国财产法经典案例故事	杰拉尔德·科恩戈尔德、安德鲁·P.莫里斯	美	吴香香*	中国人民大学出版社	
2359	2015	捕获法	Grotius, H.	荷	张乃根	上海人民出版社	
2360	2015	自然法、自然法则自然权利	弗朗西斯·奥克利	美	王涛*	商务印书馆	自然法名著译丛
2361	2015	外国宪法选译			肖君拥*译校	法律出版社	
2362	2015	侦查：重建过去的方法	詹姆斯·W.奥斯特伯格、理查德·H.华特	美	刘为军*	中国人民公安大学出版社	中国人民公安大学外国警学译丛
2363	2015	刑事审讯与供述（第5版）	佛瑞德·E.英鲍、约翰·E.莱德、约瑟夫·P.巴克利、布莱恩·C.杰恩	美	刘涛	中国人民公安大学出版社	中国人民公安大学外国警学译丛
2364	2015	法律社会学导论（第2版）	罗杰·科特威尔	英	彭小龙*	中国政法大学出版社	
2365	2015	诚信裁判	史蒂文·J.伯顿	美	宋晨翔*	中国人民大学出版社	法学译丛法治诚信系列
2366	2015	犯罪行为与心理	伊莱恩·卡塞尔、道格拉斯·A.伯恩斯坦	美	马皑*、户雅琦	中国政法大学出版社	
2367	2015	联邦党人文集	汉密尔顿、杰伊、麦迪逊	美	程逢如、在汉、舒逊	商务印书馆	
2368	2015	伊斯兰所有权与合伙关系	穆罕默德·穆丁因·汗·赛义德	印	王静	宁夏人民出版社	伊斯兰经济百科全书
2369	2015	死刑的历史	卡巴斯	法	吴伟丽	华东师范大学出版社	
2370	2015	牛津犯罪预防指南	布兰登·C.韦尔什、戴维·P.法林顿	美、英	秦英	中国人民公安大学出版社	中国人民公安大学外国警学译丛

续表

序号	出版时间	书名	作者	国别、地区、国际组织	译者	出版社	出版系列
2371	2015	南亚国际河流的冲突与合作	萨曼·M.A.萨曼、基肖尔·于普勒蒂	苏丹、尼泊尔	胡德胜*、许胜晴	法律出版社	西安交通大学正卓法学系列
2372	2015	规制政治的转轨（第二版）	马克·艾伦·艾斯纳	美	尹灿*	中国人民大学出版社	法学译丛规制、竞争与公共商事系列
2373	2015	普通法的精神	弗雷德里克·波洛克	英	杜苏*	商务印书馆	法意译丛
2374	2015	商标侵权判断问卷调查指引	詹姆斯·T.伯杰、R.马克·哈里根	美	黄武双*、万宏瑜*、尚广振	法律出版社	知识产权法律译丛
2375	2016	古格拉群岛	亚历山大·索尔仁尼琴	俄	田大畏*、钱诚、陈汉章 等	群众出版社	
2376	2016	韦伯与马克思的法律分析：资本主义生产方式的法律发展和功能	德拉甘·米洛瓦诺维奇	美	于庆生*	法律出版社	法制现代化译丛
2377	2016	论制定一部德意志统一民法典之必要性	安东·弗里德里希·尤斯图斯·蒂堡	德	傅广宇*	商务印书馆	德国法学名家名篇
2378	2016	美国宪法导读	理查德·毕曼	美	刘雁	商务印书馆	
2379	2016	美国宪法上的律师帮助权	詹姆斯·J.汤姆科维兹	美	李伟（中财）*	中国政法大学出版社	
2380	2016	德国证券法律汇编（中德文对照本）		德	中国证券监督管理委员会 编译	法律出版社	
2381	2016	澳大利亚联邦公务员行为准则		澳	阳平 编译	中国方正出版社	
2382	2016	专利法原理	罗杰·谢科特、约翰·托马斯	美	余仲儒*	知识产权出版社	知识产权经典译丛
2383	2016	委内瑞拉玻利瓦尔共和国宪法		委	潘灯*	中国检察出版社	
2384	2016	我们的共和宪法	亚当·汤姆金斯	英	翟小波*、翟涛	法律出版社	宪政古今译丛
2385	2016	行政法 第二卷	理查德·J.皮尔斯	美	苏苗罕*	中国人民大学出版社	

续表

序号	出版时间	书名	作者	国别、地区、国际组织	译者	出版社	出版系列
2386	2016	危险废物和有毒物质法精要	约翰·斯普兰克林、格雷戈里·韦伯	美	凌欣*	南开大学出版社	美国环境法与能源法译丛
2387	2016	欧洲资本市场法的新发展——从德国的视角观察	托马斯·M.J.默勒斯	德	申柳华、李海 等	中国政法大学出版社	
2388	2016	事故共和国：残疾的工人、贫穷的寡妇与美国法的重构 修订版	约翰·法比安·维特	美	田雷*	中国政法大学出版社	
2389	2016	为权利而斗争	耶林	德	郑永流*	商务印书馆	
2390	2016	法律逻辑	乌尔里希·克卢格	德	雷磊*	法律出版社	当代德国法学名著
2391	2016	全球卫生法	劳伦斯·O.戈斯廷	美	翟宏丽*、张立新*	中国政法大学出版社	国外卫生法译丛
2392	2016	适用于计算机领域从业人员的专利法实例——计算机实现的发明的保护方法	丹尼尔·克罗萨、亚历克斯·加迪纳、福尔克、吉姆萨、约尔格·马切克	法、英、德、奥	冯于迎*、冯晓玲*、胡向莉*	知识产权出版社	知识产权经典译丛
2393	2016	法医的眼泪	上野正彦	日	王丹	法律出版社	
2394	2016	法权感的产生	鲁道夫·冯·耶林	德	王洪亮*	商务印书馆	德国法学名家名篇
2395	2016	作为科学的法学的无价值性——在柏林法学会的演讲	尤里乌斯·冯·基尔希曼	德	赵阳*	商务印书馆	德国法学名家名篇
2396	2016	利益法学	菲利普·黑克	德	傅广宇*	商务印书馆	德国法学名家名篇
2397	2016	大陆刑法史 从古罗马到十九世纪	卡尔·路德维格·冯·巴尔	德	周振杰*	法律出版社	京师国际刑事法文库
2398	2016	论缔约过失	鲁道夫·冯·耶林	德	沈建峰*	商务印书馆	德国法学名家名篇
2399	2016	侵权法的哲学基础	戴维·G.欧文	美	张金海*、谢九华、刘金瑞、张铁薇	北京大学出版社	侵权法人文译丛

续表

序号	出版时间	书名	作者	国别、地区、国际组织	译者	出版社	出版系列
2400	2016	奥地利普通民法典		奥	戴永盛*	中国政法大学出版社	
2401	2016	恐怖主义犯罪预防	托尔·布约格	挪	夏菲、李休休	中国人民公安大学出版社	
2402	2016	美国环境法的改革——规制效率与有效执行	理查德·B.斯图尔特、霍华德·拉丁、布鲁斯·A.阿克曼、理查德·拉扎勒斯	美	王慧*编译	法律出版社	上海市律师协会文库
2403	2016	为何是基础研究——凯尔森学说的内涵	宾德瑞特	瑞典	李佳*	知识产权出版社	德意志古典法学丛编
2404	2016	刑法的基础	平野龙一	日	黎宏*	中国政法大学出版社	当代日本刑事法译丛
2405	2016	欧洲劳动法 第1册	罗杰·布兰潘	比	付欣*、张蕊楠*、高一波*、陈洁*	商务印书馆	威科法律译丛
2406	2016	法律工具主义：对法治的危害	布赖恩·Z.塔玛纳哈	美	陈虎*、杨洁	北京大学出版社	法律今典译丛
2407	2016	国际商事仲裁中的话语与实务	维杰·K.巴蒂亚、克里斯托弗·N.坎德林、毛里济奥·戈地	英、澳、意	林玫、潘苏悦	北京大学出版社	
2408	2016	全球化、法与国家	让-贝尔纳·奥比	法	张莉*	中国政法大学出版社	法国法译丛
2409	2016	法律篇	柏拉图	古希腊	张智仁、何勤华*	商务印书馆	法学文库
2410	2016	宪法学说（修订译本）	卡尔·施米特	德	刘锋*	上海人民出版社	
2411	2016	自由裁量及其界限	田村悦一	日	李哲范*	中国政法大学出版社	日本公法译丛
2412	2016	患者安全、法律政策和实务	约翰·廷格、皮帕·巴克 编著	英	张鲁平*、翟宏丽等	中国政法大学出版社	国外卫生法译丛
2413	2016	土库曼斯坦民法典		土库曼斯坦	魏磊杰*、朱森*、杨秋颜*	厦门大学出版社	外国民法典译丛

续表

序号	出版时间	书名	作者	国别、地区、国际组织	译者	出版社	出版系列
2414	2016	贼巢：美国金融史上最大内幕交易网的猖狂和覆灭	詹姆斯·B.斯图尔特	美	张万伟	北京联合出版公司	商业思想文库
2415	2016	现代法学之根本趋势	施塔姆勒	德	姚远	商务印书馆	自然法名著译丛
2416	2016	伦理学与法治	大卫·莱昂斯	美	葛四友*	商务印书馆	政治哲学名著译丛
2417	2016	刑事政策	川出敏裕、金光旭	日	钱叶六*等	中国政法大学出版社	当代日本刑事法译丛
2418	2016	实证派犯罪学	恩里科·菲利	意	郭建安*	商务印书馆	
2419	2016	暴力解剖：犯罪的生物学根源	阿德里安·雷恩	英	钟鹰翔*	重庆出版社	科学可以这样看丛书
2420	2016	FBI心理分析术 我在FBI的20年缉凶手记	罗伯特·K.雷斯勒、汤姆·夏希特曼	美	马玉卿、王晓雪	民主与建设出版社	
2421	2016	中国古代刑制史研究	宫宅洁	日	杨振红、单印飞、王安宇、魏永康	广西师范大学出版社	
2422	2016	巴基斯坦伊斯兰国税法			新疆维吾尔自治区国家税务局	中国税务出版社	
2423	2016	乌兹别克斯坦共和国税法			新疆维吾尔自治区国家税务局	中国税务出版社	
2424	2016	吉尔吉斯共和国税法			新疆维吾尔自治区国家税务局	中国税务出版社	
2425	2016	塔吉克斯坦共和国税法			新疆维吾尔自治区国家税务局	中国税务出版社	
2426	2016	船舶买卖	伊恩·戈德赖恩、马特·汉纳福德、保罗·特纳	英	魏长庚*	中国政法大学出版社	
2427	2016	法兰西宪法典全译		法	周威	法律出版社	郑州大学嵩阳法学文库
2428	2016	新西兰海关和消费税法		新西兰	国家口岸管理办公室	中国海关出版社	国际边境口岸法规丛书

续表

序号	出版时间	书名	作者	国别、地区、国际组织	译者	出版社	出版系列
2429	2016	言论的边界 美国宪法第一修正案简史	安东尼·刘易斯	美	徐爽	法律出版社	
2430	2016	罗斯福宪法 第二权利法案的历史与未来	凯斯·R.桑斯坦	美	毕竞悦*、高瞰	中国政法大学出版社	雅理译丛
2431	2016	美国海关及对外贸易法典		美	国家口岸管理办公室	中国海关出版社	国际边境口岸法规丛书
2432	2016	读懂法理学	雷蒙德·瓦克斯	英	杨天江*	广西师范大学出版社	
2433	2016	法律思想史概说	小野清一郎	日	刘正杰	河南人民出版社	民国专题史丛书
2434	2016	欧陆法律发达史	孟罗·斯密	美	姚梅镇*	河南人民出版社	民国专题史丛书
2435	2016	无需法律的秩序	罗伯特·C.埃里克森	美	苏力*	中国政法大学出版社	雅理译丛
2436	2016	我们腐朽的法律制度——为何人人都是受害者（富有的罪犯除外）	埃文·惠顿	澳	伍巧芳*	中国方正出版社	腐败与历史译丛
2437	2016	跨国视角下的检察官	艾瑞克·卢拉、玛丽安·L.韦德	美、英	杨先德	法律出版社	
2438	2016	德国物权法概述与实体土地法	乌尔斯·彼得·格鲁贝尔	德	王强	中国政法大学出版社	
2439	2016	我的刑法研究	西原春夫	日	曹菲	北京大学出版社	
2440	2016	瑞士民法典		瑞士	于海涌、赵希璇	法律出版社	法典译丛
2441	2016	美国宪法中的政教关系	卡尔·埃斯贝克	美	李松锋	法律出版社	西方法律与宗教学术论丛
2442	2016	联邦论：美国宪法评述	亚历山大·汉密尔顿、詹姆斯·麦迪逊、约翰·杰伊	美	尹宣*	译林出版社	
2443	2016	创造无羁限：促进创新中的自由与竞争	克里斯蒂娜·博翰楠、赫伯特·霍温坎普	美	兰磊	法律出版社	知识产权法律丛书
2444	2016	合理怀疑的起源——刑事审判的神学根基	詹姆士·Q.惠特曼	美	佀化强*、李伟（中财）*	中国政法大学出版社	宗教与法律经典文库

续表

序号	出版时间	书名	作者	国别、地区、国际组织	译者	出版社	出版系列
2445	2016	全球法律主义的危险	埃里克·A.波斯纳	美	韦洪发	法律出版社	法律文明史文库 西方经典
2446	2016	世界贸易法律和新自由主义：重塑全球经济秩序	安德鲁·朗	英	王缙凌、樊健*	法律出版社	自由贸易法治译丛
2447	2016	欧洲国际私法	海尔特·范·卡尔斯特	比	许凯*	法律出版社	当代国际法译丛
2448	2016	普通法的精神	波洛克	英	杜苏	商务印书馆	汉译世界学术名著丛书·政治法律社会
2449	2016	解释规范	斯蒂芬·P.特纳	美	贺敏年	浙江大学出版社	社会科学方法论：跨学科的理论与实践译丛
2450	2016	法的新路径	罗斯科·庞德	美	李立丰	北京大学出版社	法政人文经典
2451	2016	论法律	阿奎那	意	杨天江*	商务印书馆	自然法名著译丛
2452	2016	像法律人那样思考：法律推理新论	弗里德里克·肖尔	美	雷磊*	中国法制出版社	
2453	2016	普通法的精神	罗斯科·庞德	美	曹相见*	上海三联书店	上海三联法学文库
2454	2016	罗马法于学说汇纂	优士丁尼	古罗马	费安玲*	中国政法大学出版社	
2455	2016	学说汇纂（第三卷）起诉的问题与基本制度	优士丁尼	古罗马	吴鹏*	中国政法大学出版社	罗马法民法大全翻译系列
2456	2016	现代公司法原理	保罗·戴维斯、莎拉·沃辛顿	英	罗培新*、赵渊*、胡改蓉*	法律出版社	法律与金融译丛
2457	2016	世界各国刑事诉讼法			《世界各国刑事诉讼法》编委会	中国检察出版社	

续表

序号	出版时间	书名	作者	国别、地区、国际组织	译者	出版社	出版系列
2458	2016	指纹显现及鉴定基础	克里斯托弗·尚波德、克里斯·伦纳德、皮埃尔·马戈、米卢廷·斯托伊洛维克	美	罗亚平*等	中国人民公安大学出版社	中国人民公安大学外国警学译丛
2459	2016	证据：历史上最具争议的法医学案例	科林·埃文斯	美	毕小青*	生活·读书·新知三联书店	
2460	2016	法律东方主义 中国、美国与现代法	络德睦	美	魏磊杰*	中国政法大学出版社	雅理译丛
2461	2016	大宪章的历史导读	威廉·夏普·麦克奇尼	英	李红海*	中国政法大学出版社	
2462	2016	大宪章		英	陈国华*	商务印书馆	
2463	2016	英格兰普通法史	马修·黑尔、查尔斯·M.格雷	英、美	史大晓	北京大学出版社	政治与法律哲学经典译丛
2464	2016	美国金融机构法	理查德·斯考特·卡内尔、乔纳森·R.梅西、杰弗里·P.米勒	美	高华军	商务印书馆	威科法律译丛
2465	2016	法医病理学综述 第5卷	米歇尔·仇克斯	德	于天水	中国政法大学出版社	法庭科学译丛
2466	2016	英国自然保育法	克里斯托弗·罗杰斯	英	姜双林*	法律出版社	浙江农林大学环境法学文丛
2467	2016	谁塑造了美国：大法官眼中的自由与正义	桑德拉·戴·奥康纳	美	柳青、刘海燕	浙江人民出版社	
2468	2016	二十世纪美国法律史	劳伦斯·弗里德曼	美	周大伟*等	北京大学出版社	
2469	2016	对话法律 法律证成和论证的对话模型	阿尔诺·R.洛德	荷	魏斌*	中国政法大学出版社	西方法律逻辑经典译丛
2470	2016	现代罗马法体系（第八卷）：法律冲突与法律规则的地域和时间范围	弗里德里希·卡尔·冯·萨维尼	德	李双元*、张茂、吕国民、郑远民、程卫东	武汉大学出版社	李双元法学文丛

续表

序号	出版时间	书名	作者	国别、地区、国际组织	译者	出版社	出版系列
2471	2016	法治的界限 越法裁判的伦理	杰弗里·布兰德	美	娄曲亢*	中国人民大学出版社	史良法学文库
2472	2016	法官如何裁判	理查德·瓦瑟斯特罗姆	美	孙海波*	中国法制出版社	
2473	2016	论犯罪、刑罚与刑事政策	弗兰茨·骑士·冯·李斯特	德	徐久生*	北京大学出版社	学术大师经典系列
2474	2016	红皮书法典	伯·巴雅尔赛汗、伯·巴图巴雅尔	蒙		内蒙古教育出版社	
2475	2016	迈向欧洲私法之路	赖纳尔·舒尔茨	德	金晶、李海、张抒涵、王剑一、姚明斌*等	中国政法大学出版社	欧盟让·莫内项目丛书
2476	2016	白俄罗斯共和国刑法典		白俄	陈志军*	中国政法大学出版社	中国人民公安大学法学文库
2477	2016	俄罗斯宪法法	C. A. 阿瓦基杨	俄	刘向文*	法律出版社	俄罗斯当代著名法学家名著译丛
2478	2016	瑞士债务法		瑞士	戴永盛*	中国政法大学出版社	比较私法译丛 瑞士私法系列
2479	2016	瑞士民法典		瑞士	戴永盛*	中国政法大学出版社	比较私法译丛 瑞士私法系列
2480	2016	加拿大律师协会联合会职业行为示范守则		加	王进喜*	中国法制出版社	
2481	2016	知识产权法的经济结构 中译本 第二版	威廉·M. 兰德斯、理查德·A. 波斯纳	美	金海军*	北京大学出版社	法律今典译丛
2482	2016	美国刑法纲要	约书亚·德雷斯勒	美	姜敏*	中国法制出版社	
2483	2016	美国《权利法案》公民指南	阿希尔·阿玛尔、莱斯·亚当斯	美	崔博	北京大学出版社	

续表

序号	出版时间	书名	作者	国别、地区、国际组织	译者	出版社	出版系列
2484	2016	水法精要	戴维·H.格奇斯	美	陈晓晨、王莉	南开大学出版社	美国环境法与能源法译丛
2485	2016	毒物侵权法精要	吉恩·马基雅弗利·艾根	美	李冰强*	南开大学出版社	美国环境法与能源法译丛
2486	2016	1982年《联合国海洋法公约》评注（第3卷）	萨切雅·南丹、沙卜泰·罗森	斐济	吕文正*、毛彬	海洋出版社	
2487	2016	调解技术论	草野芳郎	日	韩宁*、姜雪莲*	中国法制出版社	日本法学经典译丛
2488	2016	责任原则与过失犯论	甲斐克则	日	谢佳君*	中国政法大学出版社	当代日本刑事法译丛
2489	2016	乌克兰刑事诉讼法法典		乌克兰	张璐	中国检察出版社	
2490	2016	瑞士刑事诉讼法典		瑞士	郭志媛*	中国检察出版社	
2491	2016	战争与和平法 第二卷	格劳秀斯	荷	马呈元*、谭睿	中国政法大学出版社	中国政法大学国际法文库
2492	2016	大数据时代的隐私	特蕾莎·M.佩顿、西奥多·克莱普尔	美	郑淑红*	上海科学技术出版社	
2493	2016	欺骗与测谎 陷阱与良机	阿尔德特·佛瑞	英	韩春梅、张磊、刘远	中国人民公安大学出版社	
2494	2016	肯尼亚刑事诉讼法典			赵珊珊	中国检察出版社	
2495	2016	侵权法重述纲要	爱伦·M.芭波里克	美	许传玺*、石宏、董春华 等	法律出版社	美国法律重述.汉译丛书
2496	2016	欧洲人权法院经典判例节选与分析	陆海娜、伊丽莎白·史泰纳	奥	陆海娜*	知识产权出版社	
2497	2016	问题地点监控：犯罪热点与有效预防	安东尼·布拉加、大卫·维斯伯德	美	薛向君、赵鹏荣	江苏凤凰科学技术出版社	世界警学名著译丛

附录一　1980—2016法学译著总表

续表

序号	出版时间	书名	作者	国别、地区、国际组织	译者	出版社	出版系列
2498	2016	从犯罪之都到安全城市：纽约经验对城市犯罪防控的启示	富兰克林·E.齐姆林	美	黄亚茜 编译	江苏凤凰科学技术出版社	世界警学名著译丛
2499	2016	欧盟食品法	路易吉·柯斯塔托、费迪南多·阿尔彼斯尼	意	孙娟娟等 编译	知识产权出版社	
2500	2016	法律史解释	罗斯科·庞德	美	邓正来*	商务印书馆	汉译世界学术名著丛书·政治法律社会
2501	2016	德国民法概论	汉斯-约哈希姆·慕斯拉克、沃夫冈·豪	德	刘志阳	中国人民大学出版社	外国法学教科书精品译丛
2502	2017	法官如何行为 理性选择的理论和经验研究	李·爱泼斯坦、威廉·M.兰德斯、理查德·波斯纳	美	黄韬*	法律出版社	
2503	2017	失控审判庭 美国头号刑辩律师塞缪尔·雷波维兹的惊天逆转	昆汀·雷诺兹	美	林正	中国法制出版社	世界著名大律师辩护实录丛书
2504	2017	欧洲婚姻财产法的未来	凯塔琳娜·博埃勒-韦尔基	德	樊丽君*等	法律出版社	中国法学会后期资助项目文丛
2505	2017	法庭上的巅峰对决：布什与戈尔总统大选之争	杰弗里·图宾	美	葛峰*	上海三联书店	法政文丛
2506	2017	美国宪法的经济解释	查尔斯·A.比尔德	美	夏润	江苏凤凰科学技术出版社	
2507	2017	法国知识产权法典：法律部分		法	黄晖、朱志刚	商务印书馆	
2508	2017	恶法 关于英国工党执政十三年期间法律之爆炸性分析	菲利普·约翰斯顿	英	范进学*	上海三联书店	

续表

序号	出版时间	书名	作者	国别、地区、国际组织	译者	出版社	出版系列
2509	2017	加拿大海关法		加	国家口岸管理办公室	中国海关出版社	国际边境口岸法规丛书
2510	2017	终获自由：《1965年选举权法》幕后的司法战	布莱恩·兰斯伯格	美	李立丰*	上海三联书店	法政文丛
2511	2017	剑桥古希腊法律指南	加加林、科恩	英	邹丽、叶友珍 等	华东师范大学出版社	西方传统·经典与解释·古希腊礼法研究丛编
2512	2017	英宪精义	戴雪	英	雷宾南	中国法制出版社	外国法学名著
2513	2017	民主之门：最高法院如何将"一人一票"制带到美国	道格拉斯·史密斯	美	胡晓进*、李丹*	上海社会科学院出版社	
2514	2017	慎言违宪	迈克尔·J.佩里	美	郑磊、石肖雪* 等	清华大学出版社	法学精义
2515	2017	电子通信中的隐私权：欧洲法与美国法的比较视角	布兰卡·R.瑞兹	西	林喜芬* 等	上海交通大学出版社	刑事司法与证据法译丛
2516	2017	商法史	F.卡尔卡诺	意	贾婉婷*	商务印书馆	意大利当代法学译丛
2517	2017	法医植物学实践指南	戴维·W.霍尔、杰森·H.伯德	美	吕宙*	西安交通大学出版社	
2518	2017	国际公法与国际关系	吕德	美	邓公玄	上海社会科学院出版社	民国西学要籍汉译文献

附录二
译者信息[1]

B

白桂梅，女，1954年出生于河北。法学博士，北京大学法学院教授，博士生导师，北京大学法学院人权与人道法研究中心执行主任。研究方向：国际公法、国际人权法、妇女与人权问题。专著：《国际法上的自决》等。

白绿铉，中国政法大学教授。

鲍荣振，律师，毕业于上海外国语大学，曾在日本东京大学法学部研究生院主修商法。执业领域：外商投资、企业清算、国际贸易。

北京大陆桥文化传媒股份有限公司（简称BCBC），以影视、广告、出版为主营业务，兼有剧场演艺、行业培训，是由数家独立注册企业组成的实业集团。

北京大学法学院，成立于1999年6月26日，其前身为北京大学法律学系，是新中国第一批开设法律专业的单位，是中国"五院四系"之一，拥有刑法学、经济法学、法理学、宪法学与行政法学四个国家重点学科。

北京对外贸易学院国际贸易问题研究所，1982年10月成立，是对外经济贸易大学国际经济研究院的前身。2003年11月，国际贸易问题研究所正式更名为现在的国际经济研究院。

毕洪海，北京航空航天大学法学院副教授，硕士生导师，北京大学法学博士。研究方向：行政法、宪法、法律与政治等。著作：《行政附带民事诉讼的理论与实践》《软法与治理评论》等；译著：《宪法的领域》《活的宪法》等。

毕竞悦，法学硕士，管理学博士。现任国家能源集团技术经济研究院（神华科学技术研究院有限责任公司）高级经济师。上海交通大学法学院宪法与国家治理研究中心客座研究员。出版专著《法治美国》，出版《罗斯福宪法》等学术译著十余本。

毕小青，男，毕业于武汉大学，瑞典隆德大学法学院国际法硕士学位，法学博士。《环球

---

[1] 译者信息来源包括译著的译者介绍、网络信息等途径。有些译著出版年代较早，收集到的译者信息为译著出版时，而非现今的情况。

法律评论》副译审。研究领域：国际人权法。译著：《人口政策中的人权问题》等。

卞建林，男，江苏人，1953年生，新中国第一位诉讼法学博士，中国政法大学教授，刑事诉讼法学、证据法学博士生导师。著作：《刑事起诉制度的理论与实践》等；译著：《美国联邦刑事诉讼规则和证据规则》等。

卜文俊，男，1962年生，南开大学生物系昆虫学方向理学博士，担任中国昆虫学会理事，中国昆虫学会昆虫分类学专业委员会副主任。研究方向：主要采用比较形态学、细胞分类学和分子系统学的方法从事半翅目和双翅目瘿蚊科昆虫的生物系统学、生物地理学和进化生物学研究。

C

蔡从燕，法学硕士、博士。复旦大学法学院教授，博士生导师。研究领域：国际法律理论、对外关系法、国际投资法、中国国际法政策与实践。著作：《类比与国际法的发展逻辑》等；译著：《美国国际投资协定》等。

蔡桂生，复旦大学法学学士，德国波恩大学法学硕士，北京大学法学博士，德国波恩大学法学博士，北京大学法学院博士后，任教于中国人民大学。研究领域：刑法原理、经济刑法学。专著：《构成要件论》；译著：《刑事政策与刑法体系》等。

蔡晋，上海东吴大学法学院毕业，新中国成立前曾在浙江和上海等地任司法官，并在上海东吴大学法学院任教，兼任上海社会科学院法学研究所特约研究员。译著：《各国宪政制度和民商法要览·欧洲分册（下）》《政府诉讼条例》等；主编：《国外法学知识译丛 刑事侦查与司法鉴定》等。

蔡人俊，1978年生，浙江天台人。武汉大学法学学士，法学硕士，荷兰阿姆斯特丹大学法律硕士，中国社会科学院法学所法学理论专业博士研究生。任职于全国人大常委会法制工作委员会社会法室，主要从事劳动法和社会保障法研究。

蔡彦敏，女，1961年出生，中国著名诉讼法学家，中山大学法学院教授，法学博士。研究方向：民事诉讼法、比较民事诉讼法学、诉讼外纠纷解决机制等。著作：《谈判学与谈判实务》《正当程序法律分析——当代美国民事诉讼制度研究》；译著：《纠纷解决——谈判、调解和其它机制》等。

曹明德，男，安徽庐江人，中国政法大学法学教授，法学博士，加拿大英属哥伦比亚大学、渥太华大学、美国培思大学、佛蒙特大学法学院访问学者。

曹相见，1985年生，湖南汝城人，华东政法大学博士研究生，吉林大学法学院副教授。

曹阳，四川人，复旦大学国际法博士，中南财经政法大学知识产权博士后，复旦大学知识产权研究中心特邀研究员。著作：《跨国并购与专利保护》《国际知识产权制度：冲突、融合与反思》等。

崔洁，中国政法大学博士。

崔书锋，宁津人，法学博士，北京摩拜科技有限公司副总裁，主要负责公司中央政府关系、地方政府合作和摩拜研究院方面的工作。

崔威，1970年生于北京。哈佛大学社会研究学士，塔福兹大学（Tufts University）获哲学硕士，耶鲁大学法学院 J. D.，纽约大学 LL. M.。中国政法大学中美法学院副教授，硕士生导师。研究方向：中国、美国税法及税收政策，财政学，法律与政治哲学。

崔文倩，女，1985年生，江苏南京人，南京大学法学学士、法国埃克斯·马赛第三大学私法学硕士、巴黎二大法律社会学硕士，埃克斯·马赛第三大学私法学博士研究生（2010年10月起）。研究方向：私法基础理论、法律社会学。

常鹏翱，男，河南人，法学学士、硕士、博士，北京大学法学院教授。研究领域：民商法，物权法等。著作：《物权程序的建构与效应》《物权法的展开与反思》等。

陈爱娥，台北大学法学院教授，德国哥廷根大学法学博士。

陈安，男，汉族，福建人，厦门大学法律系学士，复旦大学政治学硕士，后于美国哈佛大学从事国际经济法研究，兼任中国国际经济法学会会长、中国国际法学会顾问。研究方向：国际经济法总论、国际投资法。著作：《国际经济法学刍言》《陈安论国际经济法学》等。

陈碧，中国政法大学副教授。研究方向：证据法。著作：《金融犯罪案件证据实务》等。

陈春龙，男，湖北人，1964年湖北大学法律系毕业进中国科学院法学研究所，从事法制史和法理学研究，后任北京市高级人民法院副院长等职。著作：《民主政治与法治人权》《比较法中国分册》《政治体制改革与法制建设》等。

陈川陵，西南政法大学法学院教师。

陈德彰，男，汉族，1942年出生，江苏盐城人，毕业于上海外国语学院。研究方向：翻译理论和英汉语言对比。著作：《英汉翻译入门》《学英语日历》等；译著：《沉浮》《外国名人语录》等。

陈福勇，中国政法大学法学学士、北京大学法学硕士、清华大学法学博士、美国加州大学（伯克利）法学院访问学者，供职于北京仲裁委员会办公室。

陈高华，北京师范大学哲学与社会学学院哲学博士。研究领域：政治哲学、教育哲学、技术哲学、社会批判理论现象学。著作：《思考与判断：阿伦特的哲学-政治之思》；译著：《形而上学》等。

陈刚，男，1965年生于安徽省合肥市，法学博士，广州大学法学院教授，曾在西南政法大学、湘潭大学工作。研究领域：民事诉讼法学、证据学、税法学等。

陈国华，北京外国语大学教授、博士生导师，中国外语教育研究中心副主任。1974年毕业于中国人民解放军洛阳外国语学院，北京外国语大学英语语言文学硕士，英国剑桥大学哲学博士。研究方向：英语语言学、英汉翻译、词典学。

陈国平，男，中国社会科学院世界经济与政治研究所党委书记。研究领域：中国法制史、党史、党建。著作：《明代行政法研究》《中国法制通史》等。

陈国柱，辽宁海城人，早年毕业于日本京都帝国大学，获法学博士学位，曾任日本早稻田大学法学部教授，回国后在沈阳高等法院工作，后于吉大法学院任教。

陈海波，女，福建籍，大连海事大学国际海事专业工学学士、大连海事大学国际经济法（海商法）专业法学硕士、厦门大学法学院国际法专业博士。《中国海洋法学评论》副主编、中国海商法协会会员、中国国际法学会会员等。参加撰写《海商法大辞典》《绿色民法典草案》等。

陈汉章，男，汉族，1925年生，浙江人，先后毕业于华北联合大学（后为华北大学）外语学院俄文系及莫斯科大学法律系，于1979~1982年参加全国人大常委会法制工作委员会组织的民法起草工作并任审校组组长，离休后返聘为社科院法学研究所特约研究员。著作：《人身权》《民法简论》等；译著：《苏联民法》《捷克斯洛伐克社会主义共和国民法典》等。

陈洪武，文学学士，法学硕士，国际经济法博士，中国国际经济贸易仲裁委员会仲裁员、中国政法大学客座教授。编著翻译的作品有《国际商事合同的法律适用》（中文版）、《合同冲突法》（中文版）、《在华外国自然人国际私法问题》（法文版）。

陈虎，男，1979年生，祖籍安徽，法学博士，北京大学法学院博士后研究人员，中南财经政法大学法学院诉讼法系副教授。研究方向为刑事诉讼法学、司法制度、法理学与法社会学等，在《中外法学》等期刊上发表论文20余篇。

陈辉萍，厦门大学法学院国际法教授。

陈洁，西南政法大学硕士研究生（法律翻译）。

陈劲，浙江大学化工系生产过程自动化学士，浙江大学管理学院管理工程博士，清华大学经济管理学院教授，主要从事技术创新管理领域的研究与教学工作。专著：《智慧聚展：企业基于商业和创新生态体系的战略》等；译著：《智力资本管理——企业价值萃取的核心能力》《民主化创新》等。

陈朗，北京师范大学法学学士，北京师范大学刑事法律科学研究院国际刑法方向研究生。

陈莉，女，汉族，1962年生，毕业于大连外国语学院法语系和巴黎第二大学法律与政治科学学院刑事法学专业。中国刑警学院当代犯罪威胁研究所所长，刑侦三系禁毒专业教授，技术二级警监。

陈林林，男，法学博士、博后，浙江工商大学法学院院长、教授、博士生导师。研究方向：法理学、司法制度与裁判方法。著作：《裁判的进路与方法》等；译著：《英美法中的形式与实质》等。

陈灵海，1972年生，浙江人，法学博士，华东政法大学法律学院教授。研究领域：中国法律史，侧重唐代，兼及汉晋。

陈敏，女，浙江人，教育心理学专业硕士，Faculty of Law, University of British Columbia, Canada 法学硕士，中国政法大学刑事诉讼法学专业法学硕士。担任中国应用法学研究所、司法部外事司国际处副处级干部研究员。研究领域：性别平等和司法公正领域的研究。著作：

《涉家庭暴力案件审理技能》。

陈明华，1944-2014，陕西省铜川市人，1968 年毕业于西北政法学院，曾任西北政法学院院长、教授。著作：《有组织犯罪问题对策研究》《刑法学》《比较犯罪学》《刑法社会学》等；译著：《当代苏联东欧刑罚》《刑法学》等。

陈明侠，女，生于 1940 年，北京大学法律系毕业，中国社会科学院法学研究所从事研究工作，东京都立大学法学部客座研究员。著作：《新婚姻法讲话》《劳动法简论》《婚姻法》等。

陈泉生，1953 年生，法律硕士，福州大学法学教授、博士生导师。

陈融，女，法学博士、博士后，华东师范大学教授，英国牛津大学法学院访问学者。学术兴趣：法律伦理学、法治教育学。专著：《解读约因：英美合同之效力基石》等。

陈锐，男，安徽人，法学学士、硕士、博士。研究领域：西方法律思想史、中西方法律哲学比较研究等。著作：《规范推理与法律科学》《法律推理论》等。

陈若鸿，北京外国语大学国际商学院副教授，法学博士，经济学学士。研究方向：国际贸易法、国际投资法。著作：《国际经济贸易法律制度》等。

陈少康，男，西北农林科技大学德语教授，本科学历，硕士生导师。

陈伟功，男，1972 年生，山西人，哲学博士，北京第二外国语学院教师。研究方向为价值伦理学、现象学、过程思想政治哲学、法律逻辑。

陈苇，女，1954 年生，四川人，西南政法大学法学教授、博士生导师、婚姻家庭继承法与妇女理论研究所所长。研究方向：婚姻家庭法、继承法、妇女儿童老人权益法律保护。著作：《中国婚姻家庭法立法研究》等。

陈卫东，男，1960 年生，山东人，法学博士，中国人民大学法学院教授、博士生导师。著作：《刑事诉讼法学研究》（主编）；译著：《美国刑事法院诉讼程序》等。

陈卫佐，法学学士，德国萨尔大学法学硕士，德国萨尔大学法学博士。清华大学法学院教授、国际私法与比较法研究中心主任。研究领域：国际私法、比较法和德国民法。专著：《比较国际私法——涉外民事关系法律适用法的立法、规则和原理的比较研究》等。

陈晓芳，女，武汉理工大学审计处副处长，管理学院教授。公开发表论文 70 多篇，其中 10 篇文章被人大复印资料《财务与会计导刊》等全文转载。

陈肖生，哲学博士，南京大学政治学系副教授。研究兴趣：政治哲学、西方政治思想史。著作：《辩护的政治》等。

陈鑫，女，1976 年生，江苏人，法学学士、硕士、博士，中国社会科学院法学研究所博士后，副教授，法律系民商法教研室主任，硕士生导师。研究领域：民法、债法、物权法等。著作：《业主自治：以建筑物区分所有权为基础》等。

陈绪刚，哥伦比亚大学法学硕士（LL. M.），北京大学法学硕士、法学博士。研究方向：政治哲学、政府理论等。专著：《法律职业与法治——以英格兰为例》等；译著：《隐藏的宪法》《地铁里的枪声——正当防卫还是持枪杀人？》等。

陈秧秧，1978 年 5 月生，浙江余姚人，厦门大学会计学博士，华东政法大学法学博士后，华东政法大学商学院副教授、硕士生导师。专著：《金融工具会计准则制定研究——基于 IASC/IASB 的若干经验》。

陈耀权，民商法学硕士，律师。职业领域：民商事诉讼。

陈毓奇，在台湾大学及宾夕法尼亚大学获得三个硕士学位。曾负责南非前总统德克勒克（William De Klerk）访台时在"和平高峰会"演讲的同步口译。

陈云生，男，法学博士，中国社会科学院法学研究所工作，1966 年北京政法学院（现中国政法大学）法律系毕业。研究领域：宪法学、宪法史和宪法政治史。先后出版著作几部，发表论文多篇。

陈泽广，男，汉族，1964 年生，湖南人，西南政法大学法学学士，四川大学法律系硕士，省信访局党组书记、局长，四川省人民政府副秘书长（兼），政协四川省第十二届委员会社会法制委员会副主任。

陈兆肆，男，1982 年生，安徽和县人，中国人民大学清史研究所硕士、博士，杭州师范大学人文学院副院长。研究领域：中国法律史（以清史为主）。著作：《清代私牢研究》等；译著：《孤军——满洲一家三代与清帝国的终结》等。

陈正云，男，1968 年生，安徽人，法学学士、硕士、博士，最高人民检察院预防厅副厅长，北京师范大学刑事法律科学研究院兼职研究员。著作：《刑法的经济分析》《中国刑法通论》等。

陈志军，法学博士，中国人民公安大学法学院教授，刑法学专业博士生导师。专著：《共同犯罪的理论与实践》；译著：菲律宾、保加利亚等 21 个国家的刑法典。

陈致中，中山大学教授，国际法专业。

陈忠林，男，1951 年生于重庆，法学博士，教授，从事法治基本理论、刑法学基本理论与实践研究，重庆大学法学院法理学与刑法学博士生导师。专著：《刑法散得集》。

谌洪果，男，生于 1974 年，四川人，西北政法大学法律社会学研究所所长，副教授，法学博士。研究方向：法社会学、法律社会学、法律与文学。专著：《哈特的法律实证主义：一种思想关系的视角》《法律人的救赎》等；译著：《司法审查与宪法》《哈特的一生：噩梦与美梦》等。

成协中，法学博士，中国政法大学法学院教授。

程朝阳，男，湖北黄冈人，中南财经政法大学法学硕士，中国政法大学法学博士，烟台大学法学院法理学副教授，硕士生导师。研究方向：法律语言与逻辑、法哲学和法社会学。

程春明，男，1965 年~2008 年，先后获普罗旺斯大学法国语言及文学学位、蒙彼利埃第一大学经济学院发展经济学 DEA 硕士学位、蒙彼利埃第一大学法学院公法与政治学博士学位，中国政法大学法学院教授。研究领域：西方法律思想史、法理学、比较法等。著作：《司法权研究》等；译著：《论公正》等。

程洁，女，法学博士，清华大学法学院副教授。研究方向：宪法学与行政法学、香港基本法、法律诊所教育等。专著：《宪政精义：法治下的开放政府》等；译著：《瑞典的议会监察专员》等。

程京，男，本科毕业于上海铁道大学（现同济大学）电气工程系获工学士学位。兼任 Human Mutation 杂志通讯编辑、IET Nanobiotechnology 杂志编委和 Journal of the Association for Laboratory Automation 杂志科学顾问等。研究方向：DNA 芯片、蛋白芯片、细胞芯片和芯片缩微实验室的研究等。

程乐，浙江文成人，先后就读于中国政法大学（学士）、浙江大学（硕士）、西南政法大学（硕士）、香港城市大学（博士）。浙江大学求是特聘教授，光华法学院光华特聘教授。研究方向：国际法、网络治理与数字法治、制度性话语、符号学、法律话语与翻译等。

程立显，男，北京大学马克思主义学院教授。研究领域：伦理学、哲学、马克思主义等。

程迈，男，南昌大学法学院教授。法学博士。研究方向：宪法与行政法。著作：《坎坷动荡转型路——尼日利亚的宪法改革与教训》；译著：《宗教与美国宪法——自由活动与公正》《德国政党国家：解释、发展与表现形式》等。

程卫东，法学博士，中国社会科学院欧洲研究所所长助理，欧盟法研究室主任、研究员。著作：《欧洲市场一体化：市场自由与法律》等。

程晓霞，中国人民大学法学院教授。研究领域：国际法。代表作：《国际法的理论问题》《国际法》《国际法词典》等。

程正康，男，北京大学法律系教授，中国第一部环境保护法的起草人，主持《水污染防治法》《环境噪声防治条例》等多部法规的起草工作，被选为中国国土资源法研究会副理事长、国际自然资源同盟（INCN）环境法学会会员，任联合国秘书长环境犯罪问题顾问。

程志民，1945 年生，辽宁人，研究员。主要学术专长为德国哲学史、西方哲学史研究。专著：《绝对主体的建构》；译著：《理性和革命：黑格尔和社会理论的兴起》等。

迟颖，1970 年生，经济学学士，法律硕士，德国帕绍大学法学硕士学位，中国政法大学比较法学研究院副教授、硕士生导师，曾任德国帕绍大学法律系罗马法及民法教席研究助理。

初北平，男，1972 年生，法学博士、教授、博士生导师，大连海事大学法学院院长。著作：《船舶保险条款研究》《新编海商海事法规精要》《中国海上保险案例摘要及评论》等。

丛凤玲，女，俄语硕士，法学博士，中国政法大学外国语学院俄语语言文学研究所所长、副教授。研究领域：翻译理论与实践、俄罗斯法律、俄罗斯社会与文化。

丛选功，男，1931 年生，辽宁人，解放军外语学院研究生，中新环境管理咨询有限公司高级顾问、中国政法大学法制研究所研究员。著作：《外国环境保护法》《中国环境法的理论与实践》等；译著：《评价环境》等。

崔卓兰，教授、博士生导师、华南师范大学法学院院长、吉林大学"匡亚明特聘教授"。

崔吉子，1964 年生，吉林延边人，法学学士、硕士，韩国国立首尔大学法学院法学硕士、法学博士，华东政法大学法律学院教授，韩国法研究中心主任。研究领域：民法（财产法）、消费者法。著作：《债法通论》等。

崔军，北京大学法学学士、硕士，中国对外承包工程商会专家，曾长期在海外从事国际承包工程业务。

崔军，男，1964年出生，吉林人，法学博士。中央纪委国家监委驻中国中信集团有限公司纪检监察组组长、党委委员。

D

戴孟勇，男，中国政法大学法学博士。研究领域：民法学。著作：《民法原理与实例研究》。

戴永盛，华东政法大学从事民法教学和研究工作，曾在德国汉堡大学进修民法学。著作：《商业秘密法比较研究》等。

代文莎，厦门大学法学院国际法专业2011级硕士，任职于锦天城律师事务所北京分所。

但彦铮，男，汉族，1965年生，重庆人，法学学士，刑事侦查方向硕士。著作：《恶习矫正》《警察学》等；译著：《刑事审讯》《犯罪侦查》等。

邓宏光，男，1977年生，汉族，湖南人，西南政法大学民商法专业硕士，毕业后留校任教。专著：《商标法的理论基础》。

邓晓霞，女，法学博士，华东政法大学副教授，硕士研究生导师。研究方向为刑事诉讼制度、证据法学、司法制度。

邓正来，男，著名法学家、政治学家、杰出的社会科学学术组织者、翻译家。研究领域：社会科学与知识社会学。专著：《美国现代国际私法流派》《国家与社会：中国市民社会研究》等；译著：《法律史解释》《市场社会主义》等。

邓子滨，男，中国社会科学院法学研究所研究员、教授、博士生导师。著作：《中国实质刑法观批判》《刑事法中的推定》等；译著：《反思刑法》《法律之门》等。

丁广宇，1978年生，最高人民法院中国应用法学研究所副研究员，中国人民大学公共管理学院博士后，中国人民大学法学院民商法学博士；英国曼彻斯特大学法学院国际商法硕士。研究方向：民商法、教育法、劳动法、司法改革。

丁海俊，法学博士，中国人民大学法学院博士后，北京航空航天大学法学院副教授。研究领域：民法（重点研究基本理论）、侵权法和法律实证主义。

丁玫，中国政法大学比较法学院教授，意大利罗马第二大学讲座教授。研究方向：民商法、比较法。著作：《罗马法契约责任》等；译著：《债·契约之债》等。

丁韪良，美国基督教长老会传教士，字冠西，号惠三。1846年毕业于印第安纳州大学，入新奥尔巴尼长老会神学院研究神学。1849年被按立为长老会牧师。1850~1860年在中国宁波传教。由于他熟谙汉语，善操方言，1858年中美谈判期间，曾任美国公使列卫廉译员，参与起草《天津条约》。著有《花甲忆记》《北京之围》《中国人对抗世界》《中国人之觉醒》等书并曾第一次正式地、全面地将国际法著作介绍到中国。

丁相顺，法学博士，中国人民大学法学院教授、博士生导师，比较法教研室主任。研究领域：比较法总论、"一带一路"建设与比较法、国际人权与残疾人法律比较研究、信托法比较研究、日本法、比较司法制度。著作：《日本司法考试与法律职业制度比较研究》；译著：《中国庭审控辩技巧培训教程》（英语）、《日本刑事诉讼法》（日语）等。

丁晓春，德国法兰克福大学法学博士，南开大学法学院讲师。研究领域：民商法、法理、法史。研究成果：《权利外观原则及其类型研究》《所有权保留买方的期待权——以德国民法典为视角》等。

丁一，湖北应城人，法学博士，副教授，2004年6月毕业于北京大学法学院经济法专业，专攻财税法学。参编著作：《税法学》《税收征管法》等。

丁英烈，毕业于清华大学工程物理系，永新专利商标代理有限公司副总经理，清华大学法学院教授。将《中华人民共和国专利法》《中华人民共和国专利法实施细则》《专利审查指南》译成日文，在日本公开出版。

董成美，曾为中国人民大学法学院教授。研究领域：宪法、诉讼法与司法制度。

董春华，1980年出生，山东青岛人，法学博士、华东政法大学博士后，华东政法大学副研究员。研究领域：侵权法和比较民商法。

董刚，男，1978年生，民商法专业硕士，北京市荣德律师事务所合伙人、主任律师。研究领域：军地互涉案件的处理与研究、知识产权等。

董娇娇，中国政法大学法学学士、硕士，英国伦敦政治经济学院（LSE）法律硕士（LL. M.），清华大学民商法专业博士研究生，工作于金杜律师事务所。主要研究领域为企业合规、企业投资并购、投后合规及法律风险管理等公司业务。

董世忠，复旦大学法律系教授，原国家对外经贸部特聘WTO法律顾问、世界贸易组织上海研究中心副主任。学术著作：《国际金融法》《国际经济法导论》。

董雪兵，男，1974年生，浙江人，工学学士、法学硕士、经济学博士，经济学教授。

董裕平，经济学博士，哈佛大学经济系访问学者，中国社会科学院金融研究所所长助理，投融资研究中心主任，研究员（教授）。

都敏，女，山西人，法学学士、英语文学学士，西南政法大学刑事诉讼法学硕士研究生。

窦海阳，男，1981年生，江苏人，分别于南京大学、中国社会科学院研究生院、罗马第二大学获得法学学士、硕士、博士学位，于中国社会科学院法学研究所工作。研究领域：民法。

杜景林，男，对外经济贸易大学外语学院教授，硕士生导师。同济大学建筑材料工程系工程学士，同济大学德语系专业德语研究生班毕业。主要讲授德国商法、德国债法总则、德国物权法、德国私法与经济公法、法学方法论以及外贸德语等课程。出版译著五部、工具书二部、教材一部。

杜强强，男，法学博士，执教于首都师范大学政法学院。译著:《宪法解释：文本含义、原初意图与司法审查》《论宪法修改程序》等。

杜苏，北京航空航天大学法学院管理学博士，西南政法大学行政法学院讲师，从事西方法理学、西方司法制度史研究。

杜涛，1971年生，湖北襄阳人，文学学士，法学硕士，法学博士。研究领域：国际私法、国际公法、国际经济法、比较法。著作:《国际私法》《德国国际私法：理论、方法和立法的变迁》等。译著:《反思经济制裁》等。

杜晓君，加拿大蒙特利尔大学LL.M.、法学博士。研究领域：中国刑法、英美刑法、国际刑法。

杜颖，女，1972年出生，法学学士、民商法硕士、博士，耶鲁大学法学院LL.M.，中央财经大学法学院教授。

段海新，1972年生于山东，清华大学计算机系博士，清华大学网络科学与网络空间研究院网络与信息安全实验室主任、研究员、博士生导师，加州大学伯克利访问学者。

段匡，就读于东京都立大学，在民法学领域攻读硕士、博士，复旦大学法学院教授。研究领域：物权法、侵权法。译著:《英美判例百选》《现代民法基本问题》等。

段秋关，男，1946年生，河南人，兰州大学经济系本科，北京大学法律系法学硕士，曾任西北大学法学院院长、校学术委员会委员。研究方向：法理学、比较法学等。著作:《中国法律思想史》《台湾现行法律概论》等。

段威，1975生，男，吉林人，法学博士，中国社会科学院法学研究所博士后研究人员，中央民族大学法学院副院长、教授、博士生导师。研究方向为商法学、公司法学、信托法学。著作:《证券法教程》《公司治理模式论》等。

段文波，1979年出生，男，江苏人，法学学士、硕士、博士，西南政法大学法学院教授，博士生导师，《现代法学》副主编。著作:《起诉程序的理论基础与制度前景》等；译著:《自律型社会与正义的综合体系》等。

F

樊健，上海人，清华大学法学博士，日本国立东北大学法学博士，上海财经大学法学院副教授。研究领域：公司法、证券法、信托与投资基金法。

樊丽君，北京化工大学文法学院教授，中国社会科学研究院法学博士，德国波恩大学访问学者。研究领域：民法、婚姻法与继承法。

樊云慧，女，1971年生，博士，副教授，山西财经大学晋商研究院院长，兼任中国商法学研究会理事、中国证券法学研究会理事。研究领域：公司法、金融法、晋商制度。出版《英国少数股东权诉讼救济制度研究》《英国公司法精要》《中国金融法治报告2006》《公司法》(第二版)等著作 7 部。

范进学,男,1963 年生于山东,宪法学博士,中国人民大学宪法学博士后,上海交通大学法学院教授,法学理论专业博士生导师。研究领域:法理学、宪法解释学、权利哲学与比较法学。

范明志,男,最高人民法院中国应用法学研究所副所长、高级法官、法学博士,山东大学法学院博士生导师。出版专著《司法公正与诉讼程序》等。

范双飞,北京师范大学英美文学研士,南京审计大学外国语学院讲师。

范愉,女,教授、博士研究生导师,中国人民大学法学院多元化纠纷解决机制研究中心主任。1987 年获人大法律系法学硕士学位,日本名古屋大学获法学博士学位。研究领域:法理学、法社会学、比较法学、纠纷解决、司法制度。著作:《非诉讼纠纷解决机制研究》《集团诉讼问题研究》等。

范长军,男,1975 年生,湖南人,法学学士、硕士,德国拜洛伊特大学法学博士。华中科技大学法学院讲师。

范怀俊,1983~1994 年曾执教于中国政法大学,讲授物权法、债法和罗马法。现为律师。

方鹏,男,中南财经政法大学经济法专业法学学士,兼修经济学保险专业双学位,北京大学法院硕士、博士,中国政法大学刑事司法学院副教授。译著:《理论犯罪学》《死刑论辩》《大法官奥康纳传》等。

方泉,女,安徽人,法学博士,澳门科技大学法学院教授、博士生导师,澳门科技大学法学院院长,澳门科技大学学术委员会委员,澳门知识产权研究中心主任。

房保国,男,1976 年生,山东人,北京大学法学博士,中国人民大学博士后,中国政法大学证据科学研究院副教授。研究领域:刑诉法、民诉法。著作:《被害人的刑事程序保护》《刑事证据规则实证研究》等;译著:《宪法与刑事诉讼》等。

费安玲,女,1959 年生于北京,法学博士。中国政法大学民商法学和罗马法学教授,博士生导师,研究领域:民法、著作权法、罗马私法、比较私法。主编:《罗马法与学说汇纂》等。

费方域,1948 年出生,北京大学经济系硕士,上海财经大学经济学博士,上海交通大学中国金融研究院副院长。研究领域:组织经济学、合同经济学、公司治理理论研究等。著作:《企业合同和财务结构》《微观经济学:现代观点》《全球视角的宏观经济学》等。

费青,江苏吴江人,1929 年东吴大学法律学院毕业,曾任国立暨南大学罗马法教授,职业律师。著作:《法理学概要》《西方法律史》等;译著:《法律哲学现状》。

封丽霞,女,江西南昌人,法学博士,中共中央党校(国家行政学院)政治和法律教研部主任、教授、博士生导师。研究领域:法理学、立法学、西方法哲学、比较法学。著作:《法典编纂论——一个比较法的视角》《中央与地方立法关系法治化研究》等;译著:《法理学》(罗斯柯·庞德)。

冯洁菡，1971 年生，法学博士，武汉大学法学院教授。研究方向：国际公法（包括国际人道法与国际刑法、海洋法、空间法、国际公共卫生法）、国际知识产权法。专著：《公共健康与知识产权国际保护问题研究》等。

冯军，男，1963 年生于湖北，法学学士、硕士、博士，中国人民大学法学院教授，中国人民大学刑事法律科学研究中心外国刑法研究所主任。研究领域：外国刑法学、比较刑法学、国际刑法。独著：《刑事责任论》等；译著：《共犯体系和共犯理论》等。

冯克利，山东大学政治学与公共管理学院研究员、博士生导师。研究领域为近代思想史。译著：《民主新论》等。

冯树梁，教授，男，1932 年生，山东人，中国知名犯罪学家，司法部预防犯罪研究所原副所长，中国犯罪学研究会原副会长。著作：《中外预防犯罪比较研究》《论预防犯罪》等。

冯文庄，1967 年出生于中国内地，在澳门完成小学、中学及大学教育，澳门大学法学院法学士、硕士（刑法学），人民大学法学院法学博士学位（行政法专业）。

冯叶，中国政法大学法学硕士。研究领域：法理、法史等。

冯于迎，国家知识产权局专利局通信发明审查部处长。

冯晓玲，任职于知识产权出版社有限责任公司，具有 20 多年计算机行业经验的高级工程师。

冯玉军，男，1971 年生，法学博士，中国人民大学法学院教授、博士生导师。研究领域：法学理论、法律经济学、立法学、宗教法治研究、后现代法学、法律全球化理论、东亚法哲学、比较经济法、区域法制问题。著作：《迎接法治新时代》《法论中国》等；译著：《法理学讲义》等。

伏创宇，1982 年生，中国社会科学院大学法学院教师。德国柏林自由大学法学院公派留学。研究领域：行政法、宪法、计划生育法、教育法和核能法。

付立庆，男，1976 年生于河北秦皇岛，北京大学法学博士，中国人民大学法学院教授，中国人民大学刑事法律科学研究中心专职研究员。研究领域：中国刑法学、比较刑法学等。著作：《法治的声音》等；译著：《刑法总论》等。

付欣，1971 年生，陕西户县人。香港城市大学法学博士，西北政法大学讲师。曾任非政府组织（NGO）法律项目官员、香港中文大学法律学院副研究员、北京吉利大学客座教授等职。研究方向：刑事司法、人权法、法学实证研究及法律翻译。独著《中国刑事司法之实证研究》、翻译《拉丁与日耳曼民族史》等作品 5 部。

付瑶，女，翻译硕士，法律史博士，中国政法大学外国语学院副教授。

付子堂，男，1965 年生，河南南阳人，法学博士，西南政法大学校长、党委副书记。著作：《法之理在法外》等，发表学术论文 100 余篇。

傅广宇，对外经贸大学法学院副教授，德国图宾根大学法学博士。专业领域：民法学、私法史、比较法。

傅崐成，1951年出生于台湾，美国弗吉尼亚大学法学院法学博士（S.J.D.），厦门大学南海研究院院长，厦门大学法学院教授、博士生导师，致力于国际海洋法律与政策研究多年，著有中英文专书34册、论文60余篇。

傅郁林，北京大学法学院教授、博士生导师。研究方向：民事诉讼法、比较民事诉讼法、司法制度、仲裁法、海商法、诉讼实务教学研究。译著：《美国法官自选裁判文书译评》等。

傅贤珍，厦门大学法学院国际法专业硕士，工作于广州市中级人民法院。

G

甘藏春，男，汉族，1958年生，湖北蕲春人，北京大学法律系宪法专业研究生毕业，法学硕士学位。

高家伟，男，1969年生，法学学士、硕士、博士，中国政法大学诉讼法学研究中心教授、博士生导师，2000年和2002年德国康斯坦茨大学法学院、德雷斯顿大学法学院和芬兰土库大学法学院高级访问学者。著作：《国家赔偿法》《欧洲环境法》等；译著：《行政法》等。

高汉，华东政法大学教授，商学院院长，经济学博士，法学博士后。研究领域：金融市场、外汇交易、金融法律监管等。

高鸿钧，清华大学法学院教授，法律全球化研究中心主任。研究方向：法理学、比较法学、外国法制史。著作：《现代法治的出路》《伊斯兰法——传统与现代化》等；译著：《美国学者论中国法律传统》等。

高秦伟，男，1973年生，陕西人。中山大学法学院教授、博士研究生导师。研究领域：行政法学、宪法学、比较行政法学。专著：《行政法规范解释论》；译著：《剑与天平》等。

高绍先，男，1935年生于山西，曾任西南政法学院院长，现为法学院教授。著作：《劳动改造罪犯的理论与实践》。

高圣平，男，湖北人，法学博士、博士后。中国人民大学法学院教授。研究领域：民商法、担保法、土地法、房地产法。译著：《国际航空器融资法律实务》、《国际铁路车辆融资法律实务》、《美国统一商法典及其正式评述》（第三卷）等。

高维俭，男，1972年生于湖南，刑法学博士。西南政法大学法学院教授、刑法学博导。研究领域：刑法学、犯罪学、刑事政策学等。著作：《刑事三元结构论》《中国死刑问题的社会学研究》等。

高旭军，1964年出生于江苏宜兴，苏州大学外文系学士，南开大学国际经济法硕士，洪堡大学法学博士，同济大学中德学院国际经济法学院教授。研究领域：国际经济法和德国商法。著作：《德国公司法典型判例十五则评析》等。

高一波，香港大学文学硕士，任职于西北政法大学。

高之国，男，1955年出生，山西人，中国政法大学国际法专业研究生，教授，博士生导师，研究员，任国家海洋局海洋发展战略研究所所长。

高中，湖南大学法学院教授、博士生导师、中国人民大学法学博士。著作：《国家安全与表达自由比较研究》《后现代法学思潮》等。

高忠义，台湾大学法律系专业，译著：《脑内犯罪惊奇》《刑事侦讯与自白》。

高忠智，爱立信（中国）有限公司高级法律顾问，曾为美国众达律师事务所北京代表处律师、世界银行项目法律顾问，持有中国与纽约州律师执照。

葛峰，陕西咸阳人，先后求学于西北政法大学、香港城市大学法学院、美国哥伦比亚大学法学院。曾在基层人民法院和中级人民法院办案，也曾在香港终审法院见习。关注领域为司法制度、比较法、法律社会学。

葛敏，女，江苏苏州人，中国人民大学法学院经济法博士。研究方向：经济法、公司法、金融法。著作：《税法教程》《银行法教程》等。

葛明珍，1972 年生，山东莱西人，法学博士。研究领域：法理学、宪政、人权理论与国际人权法等。著作：《经济社会和文化权力国际公约及其实施》《法律的尊严》等。

葛平亮，山东莒县人，法学学士、硕士，德国汉堡大学法学博士，中国政法大学民商经济法学院副教授。研究方向：商法、公司法、破产法和德国私法。

葛崎伟，日本山口大学东亚研究院院长。

葛四友，北京大学哲学博士，华东师范大学哲学系教授。研究领域：规范伦理学、近当代政治哲学、元伦理学、法哲学与分析哲学。译有《运气均等主义》等书。

龚祥瑞，1911~1996 年，男，浙江人，就读于沪江大学生物学系，后转入法律系，毕业获沪江大学荣誉优等学位，赴北京入读清华大学政治系，曾在英国、法国留学，北京大学法学系教授。著作：《欧美员吏制度》《西方国家的司法制度》等；译著：《法与宪法》等。

龚毓秀，广东外语外贸大学法语专业教授。

顾华宁，中国国际经济贸易仲裁委员会任职。研究领域：诉讼法与司法制度。

顾健，美国天普大学福克斯商学院工商管理哲学博士，马萨诸塞州的塞勒姆州立大学管理系副教授。研究方向：跨国并购、跨文化管理、企业国际战略等。

顾培东，男，1956 年生，西南政法大学法学学士、硕士，四川大学法学院教授、博士生导师。研究方向：法理学、司法制度等。著作：《法学与经济学的探索》《社会冲突与诉讼机制》等；译著 10 余部。

顾肖荣，1948 年出生，法学硕士，上海社会科学院法学研究所所长、研究员。研究方向：刑法学、证券法学、金融违法犯罪学。专著：《刑法中的一罪与数罪》，合著《量刑的原理与操作》《证券管理与证券违规违法》等。

顾祝轩，上海交通大学凯原法学院副教授，日本早稻田大学法学博士。著作：《中国民事法律继受：中日比较法视角》（日文）等。

管洪彦，1981 年出生，山东人，吉林大学法学院教授，法学硕士、博士，农林经济管理学科博士后。著作：《农民集体成员权研究》等。

管新潮，上海交通大学翻译系副教授，长期从事德英汉翻译实践工作，至今已累计翻译字数（包括审校字数在内）德英各约 1000 万字。主要翻译领域涉及海洋工程与船舶制造（英语）、医学（英语）、法律（德语+英语）、机电（德语）等。研究方向：语料库翻译学，翻译管理，计算机辅助翻译。译著：《在骗子经济中幸存》《海洋工程技术指南》等。

归伶昌，广西南宁人，德国美因茨大学哲学系硕士，哲学博士，华中科技大学哲学学院讲师。

桂晓伟，武汉大学社会学系教授，哥本哈根大学博士，武汉大学法学博士。研究领域：政治社会学、法律社会学等。专著：《美好生活何以可能：关于个人自主和发展的社会文化分析》。

郭华春，法学博士，华东政法大学助理研究员、法学博士后流动站研究员。

郭锋，1962 年生于四川，中国人民大学法学硕士、法学博士，最高人民法院研究室副主任。研究方向：证券法、公司法、票据法。著作：《中国资本市场若干重大法律问题研究》等。

郭国汀，1958 年生于福建，毕业于吉林大学法律系国际法专业，任中国海事仲裁委员会仲裁员，中国国际商会调解中心调解员。研究领域：国际货物买卖、信用证、信托收据等。译著：《审判的艺术》《现代提单》等；合著：《国际经贸的法律与律师实务》等。

郭建，男，1956 年生，上海人，复旦大学法学院法律史教授、博士生导师。研究领域：中国法制史。著作：《古代法官面面观》等。

郭建安，男，1961 年生，河北唐山人，法学学士、硕士。中华人民共和国司法部司法协助外事司司长，曾任司法部预防犯罪研究所所长、研究员。

郭兰英，女，1963 年出生，浙江人，英国语言文学学士，法律硕士，上海金融学院政法学院副教授。

郭锐，1962 年生于四川绵阳，北京大学中文系汉语专业文学学士、文学硕士、文学博士。研究方向：汉语语法语义、语言学理论、语言类型学等。专著：《现代汉语词类研究》；合著：《现代汉语语法信息词典详解》等。

郭寿康，男，中国人民大学教授，联合国教科文组织版权与邻接权教席主持人，法学学士、硕士。研究方向：国际经济法、WTO 制度知识产权法。著作：《国际技术转让》等；译著：《版权法导论》等。

郭树理，男，1975 年生，湖南人，法学学士、硕士、博士。曾任湘潭大学法学院教授、体育法学研究中心主任。研究方向：国际私法、体育法等。著作：《体育纠纷的多元化救济机制探讨——比较法与国际法的视野》；译著：《体育纠纷的调解解决——国内与国际的视野》等。

郭星华，男，湖南人，1957 年出生，法学博士，著名法律社会学专家，中国人民大学社会与人口学院社会学系主任、教授、博士生导师。著作：《当代中国社会转型与犯罪研究》

《社会结构与社会发展》；译著：《诉讼的话语》。

郭懿美，美国杜兰大学法律科学博士（S.J.D.），清华大学法学院副教授。研究领域：知识产权法、信息法规、竞争法、国际贸易法。著作：《国际贸易法规》《商事法精论》等。

郭志媛，女，1975年生，博士，中国政法大学刑事司法学院教授。研究方向：刑诉法学、证据法学、比较司法制度、国际人权法、精神卫生法、法与社会研究。著作：《刑事证据可采性研究》等。

郭朱明，男，中山大学肿瘤防治中心主任医师、教授。

国立波，对外经贸大学国际法学硕士。发表论文《论美国侵权法上产生谨慎义务的特殊关系》。

H

韩光明，男，1977年生于山东，法学学士、硕士、博士，曾于德国、美国访学。研究领域：私法（民商法），主要涉及民法总则、物权法、债法、公司证券理论，比较法和法律与公共政策。著作：《走向法治》等；译著：《德国新债法：历史比较的角度》等。

韩宁，日本桐荫横滨大学法学院副教授，日本中央大学法学博士。研究领域为民事诉讼法。

韩君玲，留日法学博士，北京理工大学法学院教授、博士研究生导师。研究方向：宪法、劳动与社会保障法。著作：《日本最低生活保障法研究》等；译著：《日本社会福利法制概论》等。

韩立新，大连海事大学教授，主要从事海事、海商，海事国际私法，海事诉讼与仲裁，海洋环境污染损害赔偿领域的研究。

韩立余，中国人民大学法学博士，教授。研究领域：国际经济法、对外贸易法、世界贸易组织法、美国外贸法。著作：《既往不咎——WTO争端解决机制研究》等；译著：《美国1974年贸易法》等。

韩相敦，韩国灵山大学教授，韩国比较刑事法学会国际理事。著作：《传统社会杀伤罪研究》等。

韩秀丽，厦门大学法学院国际法教授、博士生导师。教学和研究领域：国际经济法、国际投资法、世界贸易组织法、国际私法、国际争端解决。

韩永强，英语文学学士、法学硕士，法学学士（英国伦敦大学）、法学博士（英国阿博丁大学）。曾在新加坡国立大学法学院任研究员。曾在西南政法大学民商法学院任教。研究领域：民商法、法社会学。译著：《风险与法律理论》。

韩长印，1963年生，法学博士，上海交通大学凯原法学院教授，博士生导师，民商法研究所所长。研究方向：民法、商法。主编：《主体、秩序、法律》《公司法通论》等。

郝方昉，国家法官学院教师，法学博士。研究领域：刑法方法论和刑法社会学。译著：

《刑罚现代化研究》《恢复性司法：理念、价值与争议》等。

郝宏奎，男，法学硕士。中国刑事警察学院党委副书记、院长。著作：《反暴临战学基础》等。

郝倩，女，中国政法大学副教授。研究方向：劳动法和社会保障法、反垄断法、行政法。著作：《企业并购反垄断控制——欧盟及部分成员国立法执法经验》（参编）；译著：《美国隐私法》（合译）等。

何帆，男，1978年出生于湖北，刑法学博士。历任最高人民法院司法改革领导小组办公室规划处处长、高级法官。现任最高人民法院国际合作局副局长。著作：《一个伪知识分子的警察生涯》《刑法修正案中的经济犯罪疑难解析》等；译著：《作为法律史学家的狄更斯》等。

何广越，法学学士，牛津大学社会科学硕士，哈佛大学法学硕士。曾就职于美国贝克·麦坚时国际律师事务所（Baker & McKenzie LLP），从事知识产权、网络监管、反垄断等业务。

何家弘，1993年在美国西北大学获法学博士学位。2002年至2003年在香港城市大学任客座教授，现任中国人民大学法学教授、博士生导师，兼中国行为法学会副会长。研究方向：证据法学、侦查学、刑事司法制度、法律语言等。著作：《扭曲的灵魂：外国犯罪实证》等。

何美欢，女，1948年生于香港，加州圣心学院文学学士，加州大学伯克利分校文学硕士，多伦多大学法学院法律博士，曾任香港法律改革委员会委员、香港证券及期货事务上诉委员会委员。著作：《论当代中国的普通法教育》等；译著：《法律中的社会科学》《银行金融服务业务的管制》等。

何勤华，男，1955年生，上海人，教授，法学博士，曾任华东政法大学校长。著作：《德国法律发达史》《中国法学史》等。

何群，1963年生，经济法研究生，广州大学法学院硕士研究生导师。研究领域：国际私法、婚姻家庭法及该领域的人权问题研究。著作：《国际经济法教程》等。

何帅领，男，中国政法大学民商法硕士。

何伟文，上海交通大学外语学院英语系教授。

何志鹏，男，1974年生，吉林大学博士导师。研究方向：国际法、人权、法学教育。著作：《全球化经济的法律调控》等。

河西，1976年生，2002年起在《天涯》、《花城》、《美术观察》（香港）等刊物上发表评论90余万字，并有作品入选《21世纪中国文化地图》等选集多部。著有《艺术的故事——威廉·莫里斯和他的顶尖设计》。《东方早报》特约记者。

贺卫方，男，1960年生，山东人，北京大学法学院教授、博士生导师。著作和译作有《新波斯人信札》《外国法制史》《美国学者论中国法律传统》等。

贺栩栩，女，德国慕尼黑大学法学博士，华东政法大学法律学院副教授，硕士生导师。著作：《责任保险格式条款效力审查研究》等；译著：《瑞士侵权法》等。

洪漫,新华社社员,安徽人。武汉大学英文系毕业,业余做翻译。

侯国云,1952年生,河南人,中国政法大学教授,硕士生导师,1982年毕业于西南政法大学,最高人民检察院研究室顾问。著作:《过失犯罪论》《新刑法疑难问题解析与适用》《刑法因果新论》等。

侯荷婷,1977年生,毕业于台湾大学外文系,美国麻州芬明罕大学国际教育研究所硕士班学生。曾服务于中外文学月刊社、通讯公司的创意企划与翻译,并从事短篇小说的创作与公关稿及广告文案的写作。

侯军,上海海事大学教授,主要研究海商法。

侯水平,男,陕西人,1955年出生,工学学士、法学硕士、经济学博士。四川省社会科学院党委副书记、院长、研究员,从事经济法、民商法研究与教学。著作:《日本公司法研究》《经营权论》等;译著:《证券交易法概论》(日译汉)、《地质社会学》(英译汉,合译)等。

侯一平,男,汉族,1954年生,四川自贡人,华西医科大学(现四川大学)法医学系法医物证专业毕业,研究生学历,医学硕士学位,教授、博士生导师。

胡滨,男,1971年出生于安徽,法学博士、金融学博士后。研究领域:金融监管、金融资产证券化等。著作:《金融危机背景下的全球金融监管改革》《江苏江阴农村商业银行考察》等。

胡德胜,河南人,博士,重庆大学法学院教授、博士生导师,主要从事自然资源、能源和生态环境领域科学、政策与法律国际法和比较法,担任世界银行、亚洲开发银行项目咨询专家。

胡改蓉,法学博士,华东政法大学法学院副教授,硕士生导师,主要从事商法、经济法研究。出版专著《国有公司董事会法律制度研究》等。

胡俊宏,北京师范大学法学院经济法教研室副教授,硕士生导师。罗马第三大学"欧盟市场竞争与消费者保护"方向博士研究生、客座研究员。

胡连新,男,广东医学院应用心理学硕士。研究领域:儿童心理和催眠。译著:《督导》《虐待》等。

胡敏洁,女,浙江大学法学院教授,法学博士。研究领域:行政法学、宪法学、比较行政法等。著作:《福利权研究》等。

胡曦彦,女,1988年8月生,浙江嘉兴人,华东政法大学国际金融法律学院在读硕士。

胡晓进,男,历史学学士、硕士、博士,中国政法大学教授。研究领域:美国法治文化、中美关系史。著作:《自由的天性:十九世纪美国的律师与法学院》;译著:《风暴眼——美国政治中的最高法院》等。

胡向莉,国家知识产权局专利局通信发明审查部无线通信一处资深专利审查员。

胡云腾,男,1955年生,安徽人,法学博士,二级大法官。

胡雯姬，女，1985年生，华中科技大学法学硕士，研究领域为宋代法律史。

华夏，男，中国政法大学比较法研究所副教授，法学硕士。研究方向：宪法学、日本法。著作：《现代日本法》等；译著：《日本人的法观念》等。

宦盛奎，男，1980年1月生，安徽人，法学博士，北京林业大学人文学院法学系副教授。研究领域：宪法学与行政法学。

黄本莲，女，教授，1972年生，南京大学法学博士，美国印第安纳大学访问学者。

黄道秀，女，1941年生，重庆人，四川外语大学俄罗斯语言文学系毕业，1988~1989年在苏联国立喀山大学法律系进修法学，1962年9月起在北京政法学院任教，兼任北京大学俄语研究会秘书长、北京市法学会情报翻译组副组长等。译著：《俄罗斯联邦仲裁程序法典》《俄罗斯刑法教程》等。

黄风，男，1956出生于四川，北京师范大学刑事法律科学研究院国际刑法研究所所长、教授、博士生导师。研究领域：国际刑法学、比较法学、罗马法。著作：《贝卡里亚及其刑法思想》等；译著：《民法大全选译——法与正义》等。

黄冯明，广东丰顺人，日本九州帝国大学毕业。著有《战后日本工业》《日本的资源》等。

黄慧，女，汉族，1977年出生，浙江人，中国人民公安大学侦查专业法学学士、同济大学公共管理硕士，曾任平阳县人民政府县长，现任浙江省温州市永嘉县县委书记。

黄列，女，1952年生，北京人，译审，毕业于北京外国语学院英语系，在美国杜克大学法学院获法学硕士学位。研究领域：国际人权法和妇女主义法学。译著：《行政法和行政程序概要》《大众传播法概要》等。

黄胜强，男，1955年生，江苏人，博士研究生学历。原中华人民共和国海关总署党组成员、国家口岸管理办公室主任，现任上海海关学院特聘教授，海关管理系主任。

黄韬，上海交通大学凯原法学院副教授、凯原青年学者、科斯法律经济学研究中心执行主任。先后毕业于复旦大学经济学院和北京大学法学院，出版有《公共政策法院：中国金融法制变迁的司法维度》《"金融抑制"与中国金融法治的逻辑》等著作。

黄武双，1968年生，法学博士后，华东政法大学教授，主要从事知识产权法学的教学和研究。专著：《知识产权法研究》7卷、《知识产权法：案例与图表》等。

黄显辉，澳门大学法学院法律学士，中国人民大学法律硕士，澳门执业律师，澳门特区政府委任私人公证员、中华人民共和国司法部委托公证人（澳门），曾任澳门大学法学院教员和中文法学士课程首名主任（1996—1997）。

黄向阳，男，1970年生于湖北省，概率统计系理学学士、理学硕士，经济学博士。中国人民大学统计学院风险管理与精算教研室副教授。研究领域：精算数学、利息理论、精算控制循环等。著作：《责任准备金评估方法对寿险公司报告利润的影响统计与决策》等。

黄晓亮，北师大法学院教授、博士生导师。研究领域：中国刑法、外国刑法。

黄英亮，男，1981年生于广东，法学学士，韩国国际法律经营大学校（汉城法律大学院）法学硕士，现就读于加拿大渥太华大学法学院。研究领域：宪法学、诉讼法学、国际法学等。

黄永，北京大学法学博士，全国人大常委会法制工作委员会刑法室副主任，长期从事刑法、刑事诉讼法等立法和研究工作。研究领域：刑法、刑事诉讼法、证据法、司法制度。

黄增华，文学硕士，南京大学日语系讲师。

黄尊三，1880~1951年，湖南人，明治大学毕业，曾任教各大学，又创办私立民国大学、泸溪县立简易师范学校。著作：《三十年日记》《救济制度纲要》等；译著：《近世社会主义论》《法律进化论》等。

霍政欣，男，法学博士，中国政法大学教授，博士生导师。研究领域：国际私法、比较法、文化财产法、国际民商事争议解决。著作：《不当得利的国际私法问题》《国际私法（英文版）》等。

J

姬敬武，男，大成律师事务所专职律师。法律专业本科、硕士。

籍之伟，男，生物系本科毕业，理学士，法学士，教授，硕士生导师、博士生导师。北京电影学院党委原书记、北京城市学院文化艺术学院院长。

纪建文，女，安徽滁州人，法学理论博士。山东财经大学法学院副教授，硕士生导师。主要从事法理学、法律经济学的研究与教学工作。

纪琨，我国著名外国历史学家、翻译家，精通英、德、俄、西班牙等外国语言文字。一生发表和出版论文、专著、译著等共200多万字。译著有《美利坚合众国的成长》《唯物主义历史观》等。

季立刚，男，1964年生，教授、博士生导师、法学博士，研究方向为民商法、经济法。著作：《民国商事立法研究》《银行破产法律制度比较研究》等。

季晓磊，毕业于中国社会科学院研究生院新闻系，法学硕士，人民日报资深编辑，先后从事文艺、要闻和经济领域的编辑和报道工作，现任《中国经济周刊》杂志社总编辑。

季晔，厦门大学台湾研究院副院长。

贾凌，女，1971年生，法学博士，北京师范大学经济与工商管理学院博士后研究人员，现任云南大学法学院副教授。

贾婉婷，1980年生，意大利罗马第二大学法学博士，北京师范大学法学院讲师，译著：《优士丁尼学说汇纂第四十一卷》。

江国青，男，1958年生，湖南人，外交学院国际法系教授、博士研究生导师。著作：《国际法》（主编）等。

江辉，中国政法大学法学学士、香港大学普通法硕士，北京大学宪法学与行政法学专业博士，从事立法工作七年，中国社会科学院讲师、助理研究员。研究领域：知识产权制度、跨境争议解决、各国选举制度等。

江利红，男，1977年生，法学博士，华东政法大学教授，博士生导师。研究方向：行政法学、行政诉讼法学。著作：《日本行政法学基础理论》等。

江清云，男，1970生，曾在同济大学、上海对外经贸大学任教，现为深圳技术大学教授。经济学学士，德国汉堡大学获法学硕士和博士学位。研究方向：国际经济法、涉外民商法。译著：《国际经济法》等。

江山，男，湖北人，1958年生，毕业于西南政法大学，任教清华大学法学院。研究领域：法理学等。著作：《中国法理念》《互助与自足——法与经济的历史逻辑通论》等。

江溯，男，湖北人，中南财经政法大学外国语学院文学学士，北京大学法学院法律硕士、法学博士，北京大学法学院博士后研究人员。研究领域：刑法学。著作：《犯罪参与体系研究：以单一正犯体系为视角》等。

江涛，男，法学博士，上海政法学院法律学院讲师。著作：《日本民法（债权法）修改草案条文（时效、保证部分）》等。

江雪梅，河北师范大学副教授。研究方向：教育政策与教育发展，教育法学。

江照信，1974年生，山东沂源人，山东大学法学院副教授，康奈尔大学法学院博士后研究人员，香港中文大学历史学博士，斯坦福大学史学硕士，北大法学硕士，烟台大学法学学士。研究方向：中国法律史。专著：《中国法律"看不见中国"：居正司法时期（1932-1948）研究》等。

姜丹明，法学硕士，曾负责中国专利制度的修改和完善，起草专利法、专利法实施细则、专利代理条例。著作：《外国专利法立法选译》等。

姜峰，男，1974年生，山东大学法学院副院长，副教授，北京大学法学博士。研究领域：宪法学、比较司法制度、美国宪法、政治学。专著：《立宪选择中的自由与权威——联邦党人的政治与宪法思想》；译著：《法律推理与法律理论》（麦考密克）等。

姜敏，女，西南政法大学法学院教授，博士生导师，法学博士，博士后。研究领域：中国刑法、外国和比较刑法研究。著作：《刑法修正案犯罪化及限制》等。

姜明安，男，汉族，1951年生，北京大学法学院教授。研究领域：行政法、行政诉讼法、宪法等。著作：《行政法学》《行政法与行政诉讼》等。

姜姗，西北政法大学。研究领域：民商法。

姜世波，男，汉族，1967年生，山东莱阳人，法学博士，山东大学（威海）法学院教授、副院长，国际法与比较法研究所所长。研究领域：跨国民间规制、国际法、国际灾害法、国际（比较）体育法。

姜双林，浙江江山人，浙江农林大学文法学院教授，法学博士，硕士生导师，美国乔治城大学访问学者。

姜伟，男，汉族，1957年生，山东龙口人，中国人民大学法律系学士、硕士、博士，曾任最高人民法院党组成员、副院长等。

姜雪莲，法学博士，北京理工大学法学院副教授。主要从事民商法、信托法研究。

姜翼凤，金杜律师事务所合伙人。

蒋惠岭，男，1963年生，山东人，最高人民法院审判员、高级法官，曾任国家法官学院副院长。法学学士、硕士，加拿大蒙特利尔大学公法硕士。著有《独立审判问题研究》《司法改革的知与行》等。

蒋娜，北京师范大学教授，法学博士（英格兰），博士生导师，加拿大多伦多大学访问学者。研究领域：国际刑法、比较刑法等。

蒋小红，女，江苏人，法学博士，荷兰莱顿大学法学院欧共体法专业硕士，国际法专业博士。曾任中国社科院国际法研究中心科研处处长，国际私法研究室副主任。研究领域：国际经济法、欧共体法，国际人权保护等。著作：《欧共体反倾销法与中欧贸易》《社会主义市场经济法律集注》等。

蒋新苗，男，1964年出生，湖南人，国际私法专业博士、博士后，法学教授，长江学者特聘教授，湖南师范大学国际法学、民商法学博士生导师。

蒋一平，东吴大学法学院毕业，曾任华东理工大学英语老师。

蒋跃川，男，江苏人，大连海运学院航政系工学学士，国际法学专业硕士，大连海事大学法学院副教授。研究领域：海上货物运输合同法、海事法、船舶与船员法、海运行政法、海事诉讼与仲裁。著作：《共同海损》等。

蒋兆康，法学学士、硕士，中国和美国律师资格，曾出任中国国际商会理事、中国美国商会海关和贸易委员会主席。译著：《美国对外贸易法和海关法》等；著作：《中华人民共和国海关法》（合著）。

金邦贵，法国艾克斯-马赛第三大学特聘教授、欧亚研究所所长、法学院博士生导师。

金朝武，翻译硕士，中国财税法学教育法研究会理事，欧洲税法教授协会中方会员，研究领域为税法、竞争法、公司法等。著作：《中国税收的法律环境》等。

金海军，法学学士，民商法硕士，法学博士，中国人民大学法学院教授。研究领域：知识产权法学、法与经济学、私法理论等。著作：《知识产权私权论》等；译著：《知识产权法的经济结构》《现代知识产权法的演进》等。

金洪玉，吉林人，深圳大学法学院教师。大阪大学法学学士、硕士、法学博士。研究领域：民商法。译著：《现代日本公司法》。

金锦萍，女，浙江宁波人，北京大学法学、经济法学双专业学士，北京大学民商法学硕士、民商法学博士，北京大学法学院副教授，北京大学法学院非营利组织法研究中心主任。研究领域：民商法学、社会法学、信托法、房地产法、慈善法与非营利组织法。专著：《非营利法人治理结构研究》《中国非营利组织法的基本问题》等；译著：《外国非营利组织法译汇》《通行规则：美国慈善法指南》等。

金敏，浙江大学光华法学院副教授，法学博士。研究领域：中国法制史。著作：《英美法中的形式与实质》等。

金山，1982年生于青岛，2001年起在合肥工业大学和德国斯图加特大学学习建筑与城市设计，瑞士苏黎世高等工学院做访问学生。

金振豹，男，浙江平阳人，中国政法大学97级硕士研究生，2000年进入南师法学院工作。研究领域：国际私法。论文：《论国际私法上识别冲突的解决》《国际私法上公共秩序保留制度比较研究》等。

金振奎，1963年生，博士，中国石油大学教授，中国石油天然气集团公司油气储层重点实验室副主任。研究领域：沉积学、层序地层学等。

金自宁，湖北人，北京大学深圳研究生院法学讲师，讲授行政法与行政诉讼法学。译著：《物理与政治》《风险规制与行政法》等。

靳高风，男，汉族，中国人民公安大学犯罪学学院副院长，副教授，法学博士。研究方向：刑法学，犯罪学。著作：《犯罪学》等。

鞠成伟，男，博士，中南大学法学院讲师，律师。研究领域：法理学、医疗卫生法、社会法等。

K

康乐，台湾历史学者，生于台南，东海大学历史系毕业，台湾大学硕士、美国耶鲁大学博士，任"历史语言研究所"研究员至逝世。主要研究魏晋南北朝史与佛教史，主编《新桥译丛》。

康树华，男，1926年生，东北教育学院教育系学士，北京大学法律系教授。研究方向：中国犯罪学、青少年法学。专著：《国外保护青少年法规与资料选编》《外国少年司法制度与日本青少年条例选编》等；译著：《九国宪法选介》《日本公害法概论》等。

柯华庆，男，江西九江人，哲学博士，中国社会科学院法学研究所博士后，康奈尔大学法学院博士后，中国政法大学法学院教授。研究领域：法律经济学、法哲学、宪法学等。著作：《实效主义》《第三次变革》等；译著：《美国实用工具主义法学》等。

柯伟才，男，广西合浦人，民商法学专业博士，南京大学法学院助理研究员。研究方向：民法与罗马法。

孔庆江，男，1965年出生，理学学士、国际私法专业硕士、国际经济法专业博士，中国政法大学教授、国际法学院院长。研究方向：国际经济法学。著作：《中国纺织品贸易法律环境》等。

匡敦校，中国传媒大学副教授，研究领域：影视合同、担保法、名誉权、未成年人权益等。

L

乐国安，男，心理学学士、硕士。研究领域：心理学基本理论、应用社会心理学。著作：《当前中国人际关系研究》等。

乐凌，浙江湖州人，上海社会科学院历史研究所硕士研究生，浙江省嘉善高级中学教师。

雷沛鸿，字宾南，我国现代教育史上杰出的教育改革家和教育思想家。先后入欧柏林大学、哈佛大学研习政治学、教育学。译著：《英宪精义》《法学肄言》《法学史》《社会学史纲》等。

雷磊，1982年生，男，浙江人，德国基尔大学法学院教育部联合培养博士项目，德国海德堡大学访问学者，中国政法大学法学院教授。专著：《类比法律论证——以德国学说为出发点》《规范理论与法律论证》等。译有《为法学而奋斗法的定义》《法理性商谈》《法：作为理性的制度化》《指令与规范》等。

雷佳，中国政法大学外国语学院副教授，罗马第三大学访问学者。

雷勇，男，1972年生，重庆市人，文学学士、法学硕士，德国马克斯-普朗克欧洲法史研究所及法兰克福大学法学博士。

冷罗生，1966年生，男，湖南人，日本国立千叶大学法学博士，曾任湖南省长沙市中级人民法院审判员、副庭长。研究领域：环境法、诉讼法等。著作：《日本现代审判制度》等；译著：《医疗法律学》等。

黎宏，1966年出生，男，湖北人，清华大学法学院教授、博士生导师。研究方向：刑法学、比较刑法。专著：《不作为犯研究》《单位刑事责任论》《日本刑法精义》等；译著：《刑事政策学》等。

黎建飞，中国人民大学法学院教授，博士生导师。研究领域：商法学、劳动法和社会保障法。著作：《劳动法和社会保障法》《劳动与社会保障法学》等。

黎敏，中国政法大学法学院副教授。研究领域：西方法律史、西方政治思想史、法学理论、法与社会理论等。

黎作恒，中国执业律师。曾在美国攻读国际工商管理和法律，先后担任过联合国开发计划署驻华机构的首席代表及法律政策顾问等职，目前主要从事国际商事交易和知识产权的法律业务和研究，发表过法学、经济管理等方面的论文多篇。

李滨，法国巴黎第一大学法学博士，北京师范大学法学院教授。研究方向：国际法、人权法。

李冰逆，女，法学博士，四川大学法学院副教授。法学学士、硕士，日本京都大学法学博士，曾任京都大学大学院法学研究科助教。研究领域：法史学、法理学。

李冰强，山西人，法学博士，教授，博士生导师，美国刘易斯-克拉克学院访问学者，美国得克萨斯大学高级访问学者。研究领域：环境与资源保护法学的教学与研究工作。著作：

《公共信托理论本质之探析》等。

李昌珂，1954年生，北京大学外国语学院教授。著作：《德国文学史（第5卷）》等，还有德国刑法等方面的译著。

李昌林，男，四川省人，法学博士，教授，博士生导师。专著：《从制度上保证审判独立——以刑事裁判权的归属为视角》《金融犯罪研究》；译著：《新帕尔格雷夫法经济学大辞典》《各国法律制度概况》等。

李昌盛，1977年8月生，安徽人，西南政法大学法学院教授，法学博士，主要从事诉讼法学和证据法学的教学研究。

李成涛，理学博士，南方医科大学法医学院司法鉴定科学研究院研究员，硕士生导师。研究方向：法医DNA新遗传标记的研究，复杂亲缘关系鉴定技术研究。

李诚予，男，清华大学法学博士。研究领域：中国古典法理学、历史社会学及比较政治哲学。

李存捧，中国法学会对外联络部主任。

李大雪，博士，四川外国语大学德语系教授，讲授《德国国家文化专题研究》和《法律德语》等课程。译著：《物权法》等。论文：《论人才流动中的商业秘密保护》《德国比较广告研究》等。

李丹，扬州大学副教授，南京大学-得克萨斯大学（奥斯汀）联合培养博士（2012年），复旦大学博士后。译著：《自由的斗士》等。

李飞，男，1984年生，河南人，法学博士，华侨大学法学院副教授。研究方向：民法基本理论、罗马法、私法史。著作：《取得方式与（市）民法的体系化》等。

李功国，男，1939年生，山东人，兰州大学法律系（现兰州大学法学院）教授、曾任系主任。研究领域：民商法研究与教学工作。著作：《李功国法学文集》《民法本论》等；发表学术论文百余篇。

李贵方，1957年生于内蒙古，法学硕士、博士，英国利兹大学博士联合培养、美国扬伯翰大学博士联合培养，德国马普国际与比较刑法研究所从事博士后研究，曾在吉林大学法学院任教授，1993年开始从事专职律师工作。

李国兴，1981年生，北京大学法学院宪法学与行政法学专业2008级博士研究生，在《中外法学》《金陵法律评论》等刊物上发表论文数篇。研究领域：行政法、软法。

李昊，中南财经政法大学法学院教授，中国社会科学院法学所博士后，曾任北京航空航天大学人文社会科学高等研究院副院长。

李浩培，男，1906生，上海人，中国当代著名国际法学家。东吴大学法律系毕业，在英国伦敦经济政治学院研究国际公法、国际私法、比较民法，回国后历任武汉大学教授兼法律系主任、浙江大学教授兼法学院院长。著作：《国际私法总论》《国籍问题的比较研究》等。译著：《德意志民主共和国刑法典》《美国刑法的反动本质》等。

李红勃，陕西人，中国政法大学法治政府研究院教授，西北政法大学法学学士、中国政法大学硕士、中国人民大学博士。专著：《法制现代化进程中的人民信访》等。

李红海，男，1973年生，法学硕士、博士。北京大学法学院教授，博士生导师。研究方向：英国普通法、英国法律史、外国法制史、比较法。专著：《普通法的历史解读》等；译著：《英国普通法的诞生》《英格兰宪政史》等。

李虎，中国国际经济贸易仲裁委员会仲裁院副院长。研究领域：国际法。

李季璇，湖南长沙人，清华大学哲学博士，讲师，英国杜伦大学访问学者。

李佳，湘潭大学法学学士、法学硕士，中国传媒大学法学院博士研究生，律师。研究领域：西方法哲学，西方法律思想史。

李建英，女，1963年生，内蒙古财经学院财金系财政专业学士，西南财经大学财政系硕士、博士。研究领域：财政、税收、金融等。

李锦，北京大学法学博士，湘潭大学法学院副教授。

李锦南，英语专业文学学士，民商法硕士，美国杜克大学法学院法学硕士。研究领域：跨境投资及并购、跨境融资。

李晶，武汉大学法学博士，曾在荷兰海牙国际法学院学习。华东政法大学国际法学院硕士研究生导师。研究领域：国际民事诉讼法和国际私法。

李静，女，黑龙江哈尔滨人，法学博士，中国社会科学院大学法学院副教授。著作：《证据裁判原则初论》《法律思维训练与法律文书写作》等。

李静冰，1961年生，民商法博士，曾在中国政法大学任教，现为律师。主要研究领域：民商法、国际法、宏观经济管理与可持续发展等。

李克强，男，汉族，1955年生，安徽人，法学学士、经济学博士。

李坤刚，男，安徽大学法学院教授。英语专业学士、法学硕士、法学博士。澳大利亚墨尔本大学及美国加州大学圣塔芭芭拉分校访问学者。研究方向：劳动法、社会保障法。

李兰英，女，1967年生，河北人。厦门大学经济犯罪研究中心主任，教授、博士生导师。著作：《间接故意研究》等。

李力，1955年生，山东人，南京师范大学法学院教授，院长，博士研究生导师。著作：《宏观调控法律制度研究》等10余部。

李力，男，1964年出生，中国青年政治学院法律系教授，法学学士、硕士、博士。研究方向：先秦、秦汉法制史，简牍学。著作：《出土文物与先秦法制》《"隶臣妾"身份再研究》；译作：《中国家族法原理》（［日］滋贺秀三）（合译）等。

李立丰，法学博士，LL.M.，吉林大学法学院刑法学教授，博士生导师，中国人民大学反腐败法治研究中心客座研究员。主要从事比较刑法学、刑事政策与刑事司法改革等研究。

李利敏，女，西北政法大学外国语学院副教授，清华大学人文社会科学学院外国语言文学系在读博士研究生，研究方向：法律语言学与文体学。

李玲，四川人，重庆师范大学汉语言文学专业文学学士，西南政法大学法律硕士，美国威廉玛丽学院访问学者，重庆大学法学院讲师。研究方向：民商法、婚姻家庭继承法。

李玫瑾，女，1958年出生，毕业于中国人民大学哲学系，中国人民公安大学教授，担任中国青少年犯罪研究会副会长、中国心理学会法制心理学专业委员会委员。著作：《犯罪心理学》等；论文：《有组织犯罪及黑社会问题探析》《日本城市犯罪预防研究述评》等。

李明琪，女，中国人民公安大学犯罪学学院副教授。研究方向：犯罪学。著作：《犯罪学》《犯罪学原理》。译著：《解读社会公众对刑事司法的态度》等。

李启成，男，1974年生，北京大学法学博士学位，北京大学法学院教授，博士生导师。研究方向：中国法律史、中国近代法。著作：《外来规则与固有习惯：祭田法制的近代转型》等。

李启欣，1931年生，广东人，1954年毕业于中南政法学院政法系。中山大学法学教授、校学术委员会委员。主编《外国法制史论文集》《香港法教程》《外国法制史》《社会主义市场经济法制研究》等。

李世阳，男，1987年出生于福建，北京大学法学博士，早稻田大学法学博士，浙江大学光华法学院副教授。研究领域：刑法解释学、刑事政策学。译著：《共犯理论的展开》等。

李双元，湖南省人，1927年生，武汉大学教授，湖南师范大学终身教授。出版《国际私法（冲突法篇）》等。

李松锋，男，郑州大学法学学士，清华大学法学硕士，中国政法大学法学博士，清华大学管理学博士后。研究领域：宪法学、行政法学、廉政治理等。译著：《伟大的篡权》《新英国宪法》等。

李彤，女，南京航空航天大学人文与社会科学学院副教授。研究领域：中外民商法史、英美法系契约法史、近代中国民商法史。

李旺，中国政法大学学士，京都大学硕士，京都产业大学博士，清华大学法学院教授。研究方向为国际私法学。著作：《国际私法》《涉外民商事案件管辖权制度研究》等；译著：《现代化与法》（合译）等。

李伟，中央财经大学法学院副教授、副院长。山东大学法学学士（2003），中国人民大学法学硕士（2005）、法学博士（2008）。

李伟，女，中国人民公安大学副教授、心理咨询师。讲授犯罪学、少年司法制度、社会学研究方法等课程。

李卫海，男，宪法与行政法专业法学博士，中国政法大学教授，中国人民解放军法律战专家组成员。研究领域：紧急法治、美国军事法、海洋法与海战法。著作：《紧急状态下的人权克减研究》等；译著：《主权论》等。

李文炬，女，1966年出生，副研究员，软件工程专业学士，管理科学与工程学硕士，就职于中国农业科学院农业信息研究所数字图书馆研究与建设部。

李西霞，法律硕士、英语硕士，中国社会科学院国际法研究所《国际法研究》编辑部副主任、副研究员。研究方向：国际劳工标准、劳动法、妇女权利和社会保障法研究。著作：《社会保险改革与法制论文集》等；译著：《社会保障法》。

李曦，医学硕士，哲学博士，曾在中国科普研究所工作，首都师范大学博士后。研究领域：规范伦理学、生命伦理学。著有《医学伦理学十五讲》（合著）、《善恶的此岸》等。

李显冬，中国政法大学民商经济法学院教授，博士研究生导师。研究方向：物权法、民商法、侵权行为法、知识产权法。

李修琼，湖北人，法学博士，任教于中南财经政法大学法学院。

李秀清，1966年生，浙江临海人，法学博士，现为华东政法大学法律学院教授、博士研究生导师。曾在英国牛津大学、美国密歇根大学及德国法兰克福马普所欧洲法律史研究所访学。

李旭，法学硕士，工学学士，清华大学法学院院长助理，清华大学网络行为研究所成员。研究领域：网络规制法、网络知识产权、电子商务法等。译著：《思想的未来》等。

李艳，西北政法大学副教授，硕士研究生导师，法学博士。研究方向：知识产权法，网络法。

李燕，1976年生，重庆人，法学学士，民商法硕士，商法博士，华东政法大学经济法博士后，西南政法大学民商法学院教授。著作：《独立担保法律制度研究——见索即付保函的理论与实践》等。

李妍，法学博士，中国政法大学外国语学院教授。研究领域：英语教学、法律英语、法律翻译、中美法律制度比较研究。主编《涉外法律英语》，合译《美国劳动法基本教程》。

李扬，1951年生，男，安徽淮南人。中国人民大学财金系毕业，博士。现任中国社会科学院金融研究所所长、研究员、博士生导师。研究领域：货币、银行、金融市场、财税。著作：《财政补贴经济分析》等。

李永连，关注领域：教育理论与教育管理、社会学及统计学、法理、法史。作者文献：《日本的教育立法与教育执法》《日本教育立法发展述要》等。

李雨峰，男，山东人，法学博士，西南政法大学民商法学院院长、教授、博士生导师，研究方向：知识产权法。

李兆玉，男，西南政法大学英语文学学士、民法硕士、商法博士，该校民商法学院副教授。

李哲范，1961~2012年，吉林延吉人，日本京都大学法学博士，曾任吉林大学法学院教授。著有《行政诉讼司法权界限》。

李正乐，1941年生，湖北宜城人，毕业于武汉大学外语系，1979年开始在中国社会科学院东欧中亚研究所工作。论文：《重评苏联二十年代的"一国胜利"论和"同时胜利"论之争》《苏联的危机：成因和出路》等；译文：《俄罗斯人在想什么——社会调查结果》等。

李政，女，西北政法大学民事诉讼法学博士、教授。研究领域：民事诉讼法学、仲裁法学等。论文：《中国近代民事诉讼法探源》《提高法律人职业素质的制度保障》等。

李之彦，男，生于1977年，法学学士，美国康涅狄格大学保险法硕士，对外经济贸易大学国际法博士，美国纽约州注册律师，对外经济贸易大学讲师。著作：《保险法告知义务及其法律规制研究》《英美保险法经典案例评析》等。

栗劲，1924~1996年，当代法律史家，原名栗书元，辽宁省凤城县人。著作：《秦律通论》《中华实用法学大辞典》《中国法律思想史》。

梁根林，男，1964年生，江苏常州人，北京大学法律系，先后获得法学学士、法学硕士、法学博士学位，现任北京大学法学院教授，2007年至2017年担任《中外法学》主编。著作：《刑罚结构论》等。

梁鹏，男，山西人，中国社会科学院大学教授，法学博士。研究方向：民商法。著作：《人身保险合同法律规范研究》等。

梁庆寅，男，1950年生，黑龙江人，哲学教授，逻辑学专业博士生导师，中国逻辑学会常务理事。研究方向：哲理逻辑的基础理论。著作：《广东改革开放30年研究丛书》等。

梁欣，女，国家法官学院教授，法学博士。研究领域：司法制度、刑事诉讼法学、证据制度、法社会学以及法官培训模式。译著：《反酷刑手册》；著作：《刑事诉讼文化论》等。

梁治平，我国著名法学家，法学学士、硕士。曾任中国艺术研究院中国文化研究所研究员。代表作：《清代习惯法：社会与国家》《寻求自然秩序中的和谐：中国传统法律文化研究》《法辨》等。

廖德宇，北京大学法学院博士研究生。研究领域：法理、法史。主要成果：《论罗马法的精神》《罗马法的平凡与伟大》等。

廖湘文，1968年生，西南政法大学法学博士。在收费公路管理、法律事务及人力资源管理方面拥有丰富经验。曾任职于深圳市交通局。

廖志敏，四川大学法学院法学学士，美国哈佛大学法学院法学硕士（LL.M.），北京大学法学博士，华东政法大学国际金融法律学院教授，硕士生导师。研究领域：法律经济学、法律制度的经验研究、金融法等。

林秉贤，男，心理学家、教授。著作：《犯罪心理学纲要》《社会心理学》等30余部著作，撰写论文约148万多字。

林宏宇，男，福建人，国际关系学者，著名美国问题研究专家，华侨大学国际关系学院院长、教授、博士生导师。专著：《国际问题研究理论与实践》《美国总统选举政治研究》《跨世纪的中美关系》等。

林林，女，籍贯辽宁，法学博士，中国政法大学教授。研究领域：刑事诉讼法学、刑事证据法学、人权法等。论文：《法律文化生态：冲突与分化》等；著作：《被追诉人的主体性权利论》《法文化建构：穿越比较与社会的表象》等。

林剑锋，男，浙江人，1977年生，法学博士，东京大学法学政治学研究科博士后，中央财经大学教授、博士生导师。研究领域：民事诉讼法、证据法学及司法制度。著作：《民事判决既判力客观范围研究》；译著：《民事诉讼法：制度与理论的深层分析》等。

林来梵，男，1963年生于福建福州，清华大学法学院教授、博士生导师。著作：《中国的主权、代表与选举》等；论文：《民法典编纂的宪法学透析》《国体概念史：跨国移植与演变》等。

林晓霞，中国政法大学法学博士，北京电影学院管理系副教授，硕士研究生导师。

林一飞，厦门大学法学院法学博士、研究员。中国国际经济贸易仲裁委员会仲裁员。著作：《仲裁裁决抗辩的法律与实务》《中国国际商事仲裁裁决的执行》等。

林利芝，美国芝加哥罗耀拉大学法学博士，东吴大学法学院暨法律学系专任副教授、美国纽约州、伊利诺州律师执照。学术专长：英美法、知识产权法。

林荣远，1935年生，1963年北京大学德语专业毕业，汉堡大学哲学博士学位（主科政治学）。曾在北京国际关系学院任教。著作：《中德关系》（德文版，德国 NOMOS 出版社，1986年）。译著：《经济与社会》（上下两卷）、《共同体与社会》、《新时代的精神》等。

林诗蕴，女，福建人，2012年于西南政法大学获得文学（法律英语专业）和法学双学士学位，2014年5月获得美国威德恩大学（Widener Universit）法学硕士学位，2015年于西南政法大学获得法学硕士学位。

林喜芬，天津静海人，上海交通大学凯原法学院教授、博士生导师，美国哥伦比亚大学法学院爱德华兹研究员。

林晓云，美国威廉姆斯学院历史学士，路易斯克拉克学院行政管理硕士，耶希瓦大学卡多佐法学院法学博士。现任德恒律师事务所全球合伙人。

林彦，美国威斯康星大学法学博士（S.J.D.），上海交通大学凯原法学院教授，博士生导师。学术专长：宪法学、立法学、比较宪法。专著：《乞讨行为规制与乞讨权诉讼——美国的经验及对中国的启示》。

凌斌，男，耶鲁法学院法学硕士（LL.M.），北大法学院法学博士、学士。研究领域：法理学、法律经济学、法律社会学等。译文：罗纳德·魏特曼《法律经济学文献精选》（合译）、理查德·波斯纳《法律、实用主义与民主》（合译）等。

铃木贤（SUZUKI KEN），北海道大学法学博士，主攻比较法学以及中国法。明治大学法学教授兼北海道大学名誉教授。

凌维慈，博士，华东师范大学法学院教授。研究方向：行政法、给付行政（社会权）等。著作：《公法视野下的住房保障——以日本为研究对象》等；论文：《丸山真男及其日本思想论》等；译著：《土地征用和公共性》等。

凌欣，任职于天津财经大学法学院。研究领域：环境与资源保护法学。

刘锋，北京大学英语系博士，北京大学英语系教授，《国外文学》主编。主要从事英国维多利亚时期思想文化的研究。译著：《宪法学说》等。

刘超，纽约大学法学院亚美法研究所研究员，上海大学法学学士，纽约大学法学硕士，纽约州执业律师。

刘旷怡，中国政法大学法学学士，美国宾夕法尼亚大学法学硕士，美国纽约大学法律博士（J.D.），纽约州执业律师。2012年加入纽约大学法学院亚美法研究所。研究方向：中美比较。

刘萃侠，女，1967年生，北大心理学学士、硕士、博士研究生，2003年至今在中国政法大学社会学院心理学系工作。研究领域：心理学。

刘多田，男，教授（研究员），毕业于吉林大学日语专业，河北省社会科学院研究员，省政府经济顾问。译著：《日本昭和经济史》《日本税法原理》等。

刘方权，男，1972年生，福建人，法学博士，福建师范大学法学院教授。研究领域：刑事诉讼法学、司法制度。

刘飞，男，法学博士，中国政法大学教授。研究领域：行政法与行政诉讼法、国家赔偿法、德国公法。著作：《德国公法权利救济制度》等；译著：《德国行政法》《德国联邦宪法法院：地位、程序与裁判》等。

刘敢生，法学博士，武汉中级人民法院副院长，曾任武汉市旅游局副局长，耶鲁大学法学院访问学者。

刘刚，1973年出生，湖南人，刑法学硕士、博士，中南大学法学院副教授。

刘刚，北京大学法学院宪法与行政法研究中心博士后，德国柏林洪堡大学法学院公法学博士。

刘歌，男，1982年北大法律系毕业后留校任教，1986年赴美，1988年美国佛罗里达大学法学院获税法硕士学位。1997年加入君合律师事务所，主要代理世界著名的跨国公司在中国境内的法律业务。

刘国福，男，北京理工大学法学院教授，北京国际法学会常务理事。研究领域：移民法、行政法、劳动和社会保障法等。著作：The Right to Leave and Return and Chinese Migration Law、《反跨境人口贩运法律制度与人口贩运被害人转介机制》等。

刘国乾，1984年生，博士研究生，研究领域为行政法。

刘红松，中国战略与管理研究院首席专家，中国军事科学院研究员，多次参与国家决策咨询，多项成果获得国家级奖励项目一、二等奖。

刘会军，文学学士、新加坡国立大学法学博士，先后在山东大学及深圳证券交易所从事研究工作，目前为中国证监会资本市场学院研究员、研究策划部副总监。

刘家安，1971年生，福建人，民商法学博士，中国政法大学教授。著作：《买卖的法律结构——以所有权移转问题为中心》；译著：《买卖契约》等。

刘江彬，台湾大学法律系学士，美国华盛顿大学法律系硕士、博士。历任美国华盛顿大学法学教授、亚洲法研究所所长等。

刘静坤，男，吉林人，法学博士，最高人民法院法官，兼任中国行为法学会侦查行为研究会副秘书长，《侦查论坛》执行副主编。译著：奇泽姆著《犯罪重建》等。

刘俊海，民商法博士，中国人民大学法学院教授，博士生导师，中国人民大学商法研究所所长。专著：《公司的社会责任》；译著：《欧盟公司法指令全译》《公司法剖析：比较与功能的视角》。

刘坤轮，男，法学博士，中国政法大学副教授。著作：《法学教育与法律职业衔接问题研究》等；译著：《迈向新法律常识》《最差的情形》《谈判致胜》等。

刘李胜，男，工学学士，对外经济贸易大学国际企业管理系经济学硕士，中国证券业监督管理委员会培训中心副主任。著作：《共同基金：全球发展与中国对策》《中国经济自由经济区的难题与求解》等。

刘丽君，华东政法大学法学硕士，自20世纪90年代初以后一直在纽约大学法学院图书馆工作。专著：《漫游虚拟法律图书馆：在线法律资源研究指南》。

刘连泰，湖南澧县人，厦门大学法学院教授，博士生导师。

刘茂林，男，1963年生，法学博士，教授，博士生导师。著作：《当代中国地方制度》《中国宪法新论》《农民法律意识与农村法律发展》等。

刘明祥，男，1959年生，湖北人，中国人民大学刑事法律科学研究中心执行主任。研究领域：刑法学、比较刑法学。著作：《中国刑法解释》（与他人合著）、《财产罪比较研究》（独著）等。

刘培峰，男，北京师范大学法学教授，北师大法学院宪法与行政法学教学研究中心主任。研究方向为人权理论、宪政理论、公民社会。著作：《结社自由及其限制》等。

刘强，1978年生，男，湖南长沙人，物理学学士、硕士，法律硕士、法学博士，中南大学法学院教授。著作：《协同创新战略与专利制度发展》《职务发明报酬纠纷举证责任问题研究》等。

刘仁文，湖南隆回人，法学博士（中国政法大学），经济学博士后（中国社会科学院），社会学博士后（北京大学），中国社会科学院法学研究所研究员。著作：《死刑的全球视野与中国语境》《刑法的结构与视野》等。

刘荣军，男，江苏南京人，1962年生，西南政法大学诉讼法学研究生，日本国立一桥大学法学研究科法学硕士、博士，北京师范大学法学院教授。研究领域：民事诉讼法学、司法社会学、纠纷解决学等。著作：《自由心证主义的现代意义》《中国法治发展的社会基础》等。

刘圣恩，曾任中国政法大学政管学院（系）主任。

刘书剑，男，1939年生，1964年毕业于辽宁大学，1989年在美国纽约海特律师事务所和希利律师事务所进修海商法和海事仲裁，1974年始在中国贸促会法律部从事共同海损理算、海事仲裁和海商法研究等工作。研究领域：海商法、海上保险、租船合同等。译著：《美国国际贸易法院》《外国硬矿物资源勘探开发法》等；合作主编《中国海事仲裁案例集》。

刘曙光，男，研究馆员，中国博物馆协会理事长，1958年生，毕业于郑州大学历史学系考古专业、北京大学历史学系中国史。曾在大学任教10年，在意大利博洛尼亚大学做访问学者。2015年12月底任国家文物局党组成员。

刘为军，男，1978年生，法学博士，现为中国人民公安大学侦查学院教授。著作：《刑事证据调查行为研究》等；译著：《瑞典诉讼法典》等。

刘蔚铭，男，1956年生于西安，西北政法大学外国语学院教授。研究方向：语言证据、法律术语翻译。

刘文璞，1941年生，中国社会科学院研究生院农经系主任、研究员、教授。著作：《二次大战后的日本农业》《苏联和东欧国家农业经济体制改革》等。

刘向文，男，1943年生，河南人，北京外国语学院俄语本科，中国人民大学苏联政法专业硕士，苏联列宁格勒大学国家法专业博士，郑州大学法学院教授。研究领域：宪法学与行政法学。译著：《苏联宪法讲话：删节本》《苏联宪法讲话》等；著作：《俄罗斯联邦宪政制度》（合著）、《俄罗斯联邦宪法司法制度研究》（分著）等。

刘小小，北京大学国际关系学院法学学士、法学硕士，剑桥大学历史系哲学硕士。

刘晓兵，男，湖南人，法学博士，中国政法大学法学院教授。研究方向：诉讼法、法庭论辩制度、法律职业伦理。著作：《刑事程序价值论》等。

刘晓峰，男，浙江大学法律硕士。研究方向：民商法。主要讲授民法总论、物权法、债权法等。

刘晓星，男，1970年生，湖南人，复旦大学金融学博士后，东南大学教授。研究方向：金融监管、金融工程与风险管理。著作：《基于VaR的商业银行风险管理研究》等。

刘星，男，1958年生，北京人，中国政法大学教授，博士生导师。研究方向：法律原理、法学理论。

刘兴莉，女，中山大学法学院副教授。研究领域：国际私法、海商法、国际贸易法。译著：《国际冲突法——普通法、大陆法及海事法》等。

刘训练，汉族，1977年生，江苏人，天津师范大学政治与行政学院教授，博士研究生导师，科研副院长。学术领域：西方政治思想史和当代西方政治哲学。译著：《大众的反叛》《革命心理学》《自由主义》等。

刘雅诚，就职于北京市刑事科学技术研究所。研究领域：公安、特种医学、基础医学。主要文献：《亲权鉴定判断标准和结论表述的建立》《流行病学研究中的双生子卵性鉴定》等。

刘叶深，中国政法大学法学学士、硕士、博士，北方工业大学文法学院教授。研究领域：法律理论、法哲学。专著：《法律的概念分析：如何理解当代英美法理学》等。

刘轶，法学博士，任职于中国证券监督管理委员会国际合作部。译文：《全球化、民主与新行政法》等。

刘振江，西北政法大学教授，国际私法专家。

刘智慧，女，中国政法大学法学学士、硕士、博士，中国政法大学法学硕士学院副院长。研究领域：民法、财产法、合同法、侵权法。著作：《民法学》《物权法立法观念与疑难制度评注》等。

刘毅，男，汉族，法理学博士、法律史博士后，德国法兰克福大学访问学者。研究领域：法哲学、比较法、社会理论等。著作：《他山的石头：中国近现代法学译著研究》等；译著：《英国法中的实用主义与理论》等。

刘庸安，1950年生，湖北人，毕业于北京大学国际政治系，中央编译局工作，从事研究、翻译和编辑工作。著作：《新编世界社会主义问题词典》《共产国际大事记》等；译著：《法律的正当程序》《法律的训诫》等。

刘永艳，中央党校进修部教授。主要从事法理学、比较法和法律社会学的教学科研工作。著作：《全球化视角下两大法系》等。

刘玉姿，厦门大学法学院助理教授，厦门大学法学院宪法学与行政法学博士研究生。

刘园，女，北京市经济学协会理事。研究方向：金融工具与金融机构、金融风险管理、投资学等。著作：《金融危机的防范与管理》《国际金融》等；译著：《商业银行管理》等。

刘哲玮，男，法学博士，北京大学法学院副教授。研究领域：民事诉讼法，司法制度，纠纷解决。译著：《正义背后的意识形态》等。

柳华文，中国社会科学院国际法研究所副所长、研究员，中国社会科学院研究生院教授、博士研究生导师。

柳建龙，男，福建人，1979年生，法学博士，中国社会科学院大学法学院副教授。研究领域：宪法学基本理论、比较宪法学、国家赔偿法。

龙绚丽，中国地质大学外国语学院任职。研究领域：外国语言文字、中国语言文字。主要成果：《汉语言文学教育中的问题及对策探讨》等。

龙宗智，男，法学博士，曾任西南政法大学校长，现任四川大学法学院教授，博士生导师，法学研究所所长。法学专著：《徘徊于传统与现代之间——中国刑事诉讼法再修改研究》《刑事诉讼法》《理论反对实践》。

娄曲亢，女，法学博士。研究方向为法理学、自然法。

楼建波，男，教授，北京大学房地产法研究中心中方主任，曾任英国剑桥大学中国商法讲师。

卢建平，男，1963年生，浙江人，博士，北京师范大学刑事法律科学研究院教授、博士生导师。研究领域：中国刑法、犯罪学、刑事政策外国刑法。译著：《新刑法理论》等；著作：《经济法》《网络犯罪》等。

卢青，法学博士候选人，就职于中信证券股份有限公司投资银行部。译著：《高盛帝国》等。

陆海娜，比利时鲁汶大学法学博士，现任中国人民大学法学院教授，《人权》和 *Frontiers of Law in China* 编辑。研究领域：人权法、劳动法、社会保障法、难民和移民研究。

陆幸福，1974年出生，江苏人，法学博士，美国华盛顿大学访问学者、乔治敦大学客座研究人员。西南政法大学行政法学院教授。研究方向：司法、权利、自然法。

陆益龙，安徽人，1966年出生，中国人民大学社会学教授，北京大学社会学人类学所博士。研究领域：中国乡村社会研究、中国户籍制度研究、法律与社会研究等。著作：《农民中国——后乡土社会与新农村建设研究》等；译著：《法律的公共空间：日常生活中的故事》等。

禄正平，教授，三亚学院应用法学研究所所长，曾在多所法学院任教，并担任兼职律师。多年从事上市公司经营管理和证券公司投资银行相关业务的经营与管理。发表论文30余篇，出版有《大陆法系》《中国资本市场规制》等译著、专著和教材。

罗大华，1936~2015年，中国政法大学教授，历任中国心理学会理事、常务理事等。研究领域：犯罪心理学、刑事司法心理学、证言心理学等。著作：《犯罪心理学》《青少年犯罪心理学》等；译著：《犯罪心理学入门》《犯罪心理学》等。

罗德明，浙江大学金融学系教授、博士生导师。

罗结珍，毕业于北京第二外国语学院法语专业，留校任教至今，翻译出版了《国际旅游经济与政策》等书。

罗君丽，研究领域：经济理论及经济思想史、经济体制改革等。主要成果：《科斯经济思想研究》《经济学和相邻学科》等。

罗丽，女，法学学士、京都大学法学硕士、清华大学法学博士，最高人民法院环境资源司法理论研究基地研究员。研究领域：环境法、能源法、侵权责任法研究等。著作：《中日环境侵权民事责任比较研究》等。

罗莉，中国人民大学法学院副教授，科隆大学法学院博士，中国政法大学法学学士、硕士。研究领域：知识产权法。

罗培新，男，1974年生，籍贯福建连城，华东政法大学本科、研究生，北京大学法学博士，中国证券法学研究会副会长，曾任华东政法大学国际金融法律学院院长。著作：《公司法的合同解释》等；译作：《公司法的经济结构》（二人合译）、《转型政治和经济环境下的公司治理》等。

罗亚平，女，1965年生，中国人民公安大学教授。获诉讼法专业硕士学位，曾在英国格拉斯哥大学法庭科学系做访问学者，现从事物证技术专业方向研究，擅长于痕迹检验。

吕清，女，1999年毕业于中国人民公安大学法律系，诉讼法学方向硕士研究生。现就职于中国人民公安大学法律系，主要从事刑事司法制度方向的研究和教学。著作：《从判例法看米兰达规则对美国社会的影响》《刑事调解在欧洲的复兴与发展》等；译著：《欧盟成员国检察机关的任务和权力》。

吕文正,男,中国杰出的海洋地球物理学家,毕业于北京地质学院物探系。中国大洋矿产资源研究开发协会顾问,是国家高科技研究发展计划"深海潜水器技术与装备重大专项"总体专家组成员,大陆架界限委员会委员。

吕宙,1984年生,法医学博士。研究领域:法医昆虫学,法医植物学,命案现场重现。2015年至今任教于西南政法大学刑事侦查学院,主讲法医学、物证技术应用等课程。

M

马皑,男,1962年生,博士,硕士生导师,中国政法大学社会学院教授。研究领域:犯罪心理学。著作:《中国人心态扫描》等。

马呈元,山西人,英语文学学士,国际法专业研究生,法学博士,中国政法大学教授,国家领土主权与海洋权益协同创新中心中国政法大学分中心主任。曾在美国华盛顿乔治城大学法律中心、英国诺丁汉大学法学院学习。译著:《普通法的历史基础》《亚太地区国家人权机构》等。

马驰,男,副教授,天津商业大学法学院副院长,法学博士,瑞典斯德哥尔摩大学法学院访问学者。研究领域:法理论与法哲学。

马洪力,男,北京大学法律系国际法专业法学学士,美国杜克大学法学院法学博士。

马静,法学学士,美国天普大学 LL. M.,中国政法大学国际法学博士。中国政法大学外国语学院教授。研究领域:法律英语、法律翻译、中美、中英法律制度比较研究。译著:《国际公法规则之冲突》等。

马莉,女,华东政法大学教授、硕士生导师。研究领域:应用语言学,法律翻译等。著作:《法律语言翻译中的文化制约》《第二语言信息处理及策略培养》。

马连元,英文专业本科,机器翻译专业获理学硕士学位。研究员职称。1979年在日本特许厅工业产权研修所学习工业产权,并于1988年9月~1989年9月在美国哈佛大学法学院研究知识产权法和国际法。马连元先生是中国最早从事专利工作的知名专家,曾长期担任中国国家知识产权局副局长职务,领导并参与了中国专利法第一次、第二次修改。著有 Intellectual Property Law and Administration in China 等。

马鹏飞,男,1971年出生于山西,西北政法学院法学学士,中国人民公安大学法学硕士。曾在中国人民武装警察部队专科学校任教,现在北京出入境边防检查总站工作,在职攻读中国政法大学博士学位,师从陈光中教授。参编《中华人民共和国刑事诉讼法条文释义及修改研讨概述》《犯罪学理论研究综述》《〈联合国反腐败公约〉解读》等。

马强,知识产权律师,中国人民大学法学博士,从事商标、不正当竞争等知识产权法律实务工作多年。《中国知识产权保护实务指南》主要作者,曾在《知识产权》《现代法学》等刊物上发表学术论文多篇。

马清文，1927年出生，北京大学西语系英语专业毕业，曾在中国政法大学、北京师范大学外语系等校任教职。著作：《新编英汉四用词典》《汉语普通话诗韵》等；译著：《美国人民党运动》《美国农场主》《丑陋的美国人》等。

马太广，男，1953年生，辽宁人，华东师范大学法律系副教授，硕士研究生导师。研究方向：商法、公司法、公司治理。

马栩生，法学博士，广东南华工商职业学院校长。著作：《登记公信力研究》等。

马亚雄，男，中国人民公安大学教授。研究领域：公安、中国政治与国际政治、行政学及国家行政管理等。主要成果：《消极非警务活动：形式、危害、原因与遏制》等。

马永波，男，1964年生于黑龙江，文学博士，博士后，副教授，当代诗人，翻译家。译著：《美国后现代主义诗选》等；专著：《文学的生态转向》等。

马忠法，安徽人，复旦大学法学博士，复旦大学法学院教授，发表学术论文160余篇，独译格劳秀斯《论海洋自由》等。研究领域：国际法（含国际贸易中的知识产权）、国际商法。

马天杰，中外对话北京运营副主编，曾担任绿色和平中国大陆项目总监，于2009年取得美利坚大学国际环境政策硕士学位。

满达人，男，1917年出生，兰州大学教授。从事外法史、日本法、日本经济法和中亚史文献等研究。编译：《中亚史地文献综述》等。

莽萍，女，中国人民大学新闻系本科、新闻史硕士，中央社会主义学院中华文化教研部教授，中国动物福利事业倡导者之一。研究领域：当代宗教思潮、环境伦理、动物福利等；著述：《俞颂华传》《绿色生活手记》等；译著：《打开牢笼——面对动物权利的挑战》。

毛卉，女，江汉大学副校长，1974年生，法学博士，民革成员。曾任武汉市人大常委会法规工作室综合处处长、市工商行政管理局副局长。

毛乃纯，郑州大学法学院讲师，中国人民大学法学博士，早稻田大学法学博士。

毛晓飞，北京广播学院英语专业毕业，担任《经济半小时》栏目记者。1997年进入德国法兰克福歌德大学攻读硕士学位，方向是国际竞争法、国际争端解决机制、德国法和欧盟法。

毛骁骁，男，1978年出生，法学学士、硕士、博士。浙江工商大学法学院教师。

梅夏英，1970年出生，民商法硕士、博士，对外经济贸易大学法学院院长。主要成果：《财产权制度的历史评析及现实思考》《不动产制度与物权法的理论和立法构造》等。

孟庆友，法学博士，中国社会科学院马克思主义研究院助理研究员。

孟雁北，女，1970年出生，法学博士，中国人民大学法学院教授，经济法教研室副主任，美国乔治顿大学法学院（Georgetown University）法学院访问学者。著作：《仲裁制度、仲裁程序与仲裁实例分析》《竞争法》等。

米健，男，中国政法大学教授，中国法学会比较法研究会副会长、中国法学会董必武法学思想研究会常务理事等。研究领域：民法学、比较法学、罗马法。

米良，男，1964年生，北京大学法学硕士，越南河内法律大学博士。北京外国语大学教授，博士生导师。东南亚法律研究领域著名专家。著作：《东盟研究丛书》《东盟国家宪政制度研究》《东盟国家公司法律制度研究》等。

苗文龙，男，1978年出生。法学博士（外国法制史专业），任教于重庆大学法学院理论法学系。译著：《英国法中的先例》等。

缪苗，毕业于上海外国语大学国际贸易专业。

莫光华，西南交通大学德语系教授，博士研究生导师。国际歌德学会会员，中国歌德学会理事。专著：《歌德与自然》；译著：《什么是智力》等。

莫纪宏，1965年生，男，江苏人，知名宪法学者，中国社会科学院法学研究所所长、研究员，中国社会科学院大学研究生院法学系教授、博士生导师。专著：《宪政新论》等。

牟发松，男，先后在武汉大学历史系、华东师范大学历史系任教授。著作：《湖北通史·魏晋南北朝卷》等。

牟效波，澳门科技大学法学院助理教授。研究领域：宪法、行政法、地方政府法。译著：《印度民主的成功》等。

牟文富，男，1968年生于四川省，法学博士，于四川省社会科学院从事法学研究，研究员。研究领域：国际法等。著作：《核不扩散条约下的国家责任》等；译著：《胜诉：法庭辩论技巧》等。

N

南洋公学译书院，近代中国历史上第一所高校出版兼翻译机构，从1898年建立到1904年因经费紧张被迫裁撤，共翻译出版东西方各种书籍69种，内容囊括兵书、政书及教材等。

宁瑛，1965年毕业于北京大学西语系。1965年至今为中国社会科学院外国文学研究所研究员。著作：《20世纪德语文学史》等；译著：《斯大林格勒》等。

牛志奎，男，日本兵库教育大学教育学博士，马鞍山师范高等专科学校教师教育系（基础部）教授。研究领域：教育法学、教育改革比较研究。著作：《教育法学》等；译著：《重塑教师教育》等。

O

欧树军，中国人民大学国际关系学院政治学系副教授，法学学士、硕士，香港中文大学政治与公共行政系政治学博士。研究领域：政治经济学、比较政治、政治与法学理论等。著作：《国家基础能力的基础：认证与国家基本制度建设》等；译著：《选主批判：对当代西方民主的反思》等。

P

潘灯，中国政法大学比较法学研究院副教授。

潘汉典，男，著名法学家、法学翻译家，中国政法大学教授、博士生导师，中国政法大学比较法研究所创建人、原所长，精通英、法、日、德、俄等多种语言。研究领域：比较法。译著：《比较法总论》《英吉利宪法》《英格兰状况》等。

潘华仿，北京政法学院（中国政法大学前身）法制史教授。

潘念之，1902~1988年，又名枫涂，长期从事政治学和法学研究，被誉为法学、政治学领域的开拓者，上海江苏第二师范学校毕业，1979年后任上海社会科学院法学研究所副所长、上海政法学院副院长。著作：《现代社会发展史》《世界思想家名人大辞典》等。

潘勤，女，生于1959年，中国政法大学刑法学研究所副所长、副教授。著作：《新社会契约论》等。

潘伟杰，浙江人，法学博士，复旦大学法学院教授、博士生导师、副院长。毕业于复旦大学国际政治系。

潘晓松，1976年生，浙江大学经济学院硕士。

潘新春，男，国务院国家海洋局海洋咨询中心主任。

泮伟江，男，北京航空航天大学法学院教授，法学学士、硕士、博士。研究方向：法理学、西方法律思想史，理论法律社会学等。著作：《当代中国法治的分析与建构》《一个普通法故事：英格兰政体的奥秘》等；论文：《英格兰宪政与现代理性官僚制问题——重访韦伯的"英国法问题"》等。

逄锦温，男，1971年生，山东人，法学博士。新疆维吾尔自治区高级人民法院党组成员、副院长、审委会委员。

庞冬梅，女，1971年生，黑龙江省庆安县人，法学博士、博士后，博士生导师，河南大学法学院中俄比较法中心主任，河南大学黄河学者、河南省特聘教授、河南省中青年法学家。研究领域：中国刑法、外国刑法、犯罪学。著作：《俄罗斯远东地区移民犯罪研究》《俄罗斯犯罪构成理论研究》等。

庞奇志，女，1966年生，武汉理工大学采矿工程专业毕业，中国地质大学（武汉）安全工程系副教授。论文：《液氧贮槽爆炸事故树分析》等。

庞森，男，1957年生，曾多次作为中国代表团成员出席联合国大会及其它国际会议，担任高级活动评议官，参与核查与销毁伊拉克大规模杀伤性武器工作。著作：《当代人权ABC》《人权百题问答》等。

庞学铨，男，哲学博士，浙江大学人文学院哲学系教授，外国哲学和休闲学博士生导师。

彭华，女，四川师范大学法学院讲师。研究方向：刑法学等。论文：《论犯罪客体理论之实践意义》等。

彭锡华，男，湖北人，1965年出生，法学博士，中国社会科学院法学研究所博士后流动站研究人员。中南财经政法大学法学教授、博士生导师。研究方向：国际法基本理论、国际经济合作与国际社会的发展、国际人权法。

彭小龙，中国人民大学法学院副教授，法学博士，主要研究领域包括法律社会学、纠纷解决、司法原理与比较司法制度。

彭亚楠，中国人民大学法学学士，民商法专业法学硕士，美国耶鲁大学法学院法学硕士。研究方向：中美宪政问题研究。著作：《民法案例研究》等。

彭玉书，1919年生，河北人，中国大学商学系商学士（民国时期高校），对外经济贸易大学国际工商管理学院会计教授。著作：《会计学原理》《对外贸易会计学》等；论文：《借贷记法的历史本来面目》《再论中国特色的会议方程式》等。

皮介郑，男，汉族，1971年生，云南人，博士，研究馆员。中国农业科学院农业信息研究所文献信息服务部主任。

片成男，男，朝鲜族，博士，1972年生，吉林省人，中国政法大学社会学院心理学系副教授，硕士生导师。研究方向：法律心理学、发展心理学、文化心理学。译著：《证言的心理学：相信记忆、怀疑记忆》。

朴宗根，法学博士，西北政法大学教授，博士研究生导师。研究领域：反恐立法比较研究，外国刑法，外国刑事诉讼法等。

浦增元，男，1928年生，上海嘉定人，毕业于东吴大学法律系，上海市人大常委会立法咨询员、中国法学会宪法学研究会副会长。著作：《国外法学知识译丛：宪法》《中国基层群众性自治组织》等。

Q

戚渊，男，中央财经大学法学院副教授，法学博士。研究方向：宪法学、行政法学、法理学、国际关系。专著：《论立法权》。

齐东祥，中国政法大学副教授。研究方向：中美民商法的比较。

齐海滨，男，华中科技大学法学院教授，《中外法学》主编。研究领域：西方法律思想史、法律理论、比较法等。译作：《美国法律辞典》（主译）、《法律与革命西方法律传统的形成》（合译）等。

齐晓琨，副研究员、副教授，德语语言文学学士，法学学士，德国法学硕士，德国法学博士，中国社会科学院法学博士后。主攻方向：民法。著作：《德国新、旧债法比较研究》等。

齐筠，中国政法大学外语学院教授。研究领域：法律英语，法律翻译，英语教学法，美国知识产权法。

祁欢，女，法学博士，中国政法大学国际法学院教授。研究领域：国际经济法、国际投资法（含竞争法）、海商法。

钱锦宇，山东大学法学博士，西北政法大学人权研究院执行院长。

钱叶六，男，安徽人，刑法学博士，华东师范大学法学院副院长。主要研究中国刑法学、比较刑法学。著作：《犯罪实行行为着手研究》等。

强世功，男，1967年生，陕西人，法学学士、硕士、博士，北京大学社会科学部长，法学院教授。研究方向：法理学、法律社会学、宪法学。著作：《调解、法制与现代性：中国调解制度研究》等；译著：《美国宪法的高级法背景》《美国宪法的域外影响》等。

乔晓芳，中国劳动关系学院外语教学部讲师。

秦天宝，男，武汉大学法学学士、硕士、博士，武汉大学法学院教授。研究领域：环境法、比较法、国际法。著作：《生物多样性国际法导论》《遗传资源获取与惠益分享的法律问题》等。

丘日庆，1913年生，广东人，当代国际法学家，东吴大学法学学士，美国印第安那大学法学院法学博士，1942年至1949年先后在中山大学，上海暨南大学，东吴大学等从事教学和领导工作，1958年调入上海社会科学院工作，1987年退休后即被聘为该院特评聘研究员。

邱敦莲，女，农学学士、硕士、理学博士、研究员。从事科学编辑和文献情报研究工作。研究方向：英文学术期刊的编辑出版，学科发展战略。译著：《水权管理：经验、问题和指南》等。

邱帅萍，法学博士，湖南科技大学法学与公共管理学院教授，研究领域：刑事法学等。

邱兴隆，1963年出生，湖南人，中国人民大学法学博士，著名刑法学家。

邱昭继，男，1979年生，湖南人，法学学士，法学理论专业硕士，法学博士。西北政法大学教授。研究领域：分析法哲学、法学方法论等。译著：《马克思主义与法律》等；著作：《法学概论》等。

邱洋，法学学士，2003年新加坡国立大学法学院获得法学硕士学位，2009年新加坡国立大学法学院获得法学博士学位，目前为新加坡腾福法律事务所副董事。

曲波，女，法学博士，大连海事大学法学院教授。研究领域：国际公法（海洋法），国际私法。著作：《国际公法原理》；译著：《国际私法本体下弱者利益的保护问题》等。

屈广清，男，湖北人，1963年出生，法学博士，泉州师范学院院长。研究方向：国际私法、国际商法、冲突法、国际民事诉讼与商事仲裁法等。专著：《国际民事诉讼中的证据》，参编国家统编教材《国际私法》等。

屈文生，法学博士，华东政法大学教授。专著《从词典出发：法律术语译名统一与规范化的翻译史研究》等；译著：《欧陆法律史概览：事件、渊源、人物及运动》《中世纪的法律与政治》等。

渠涛，1956年生，男，名古屋大学法学博士，中国社会科学院法学研究所民法室研究员（退休）。研究方向：民法、财产法、物权法、土地法、习惯法。译著：《物权的变动与对抗》等。

全理其，男，1956年生，四川人，西南政法大学刑法硕士，日本国大阪市立大学法学部法学博士，日本大阪学院大学法学部教授。著作：《商业秘密的刑事法保护》等。

全先银，1975年出生于山东省费县，2003年毕业于中国社会科学院研究生院法学系，法学博士，中国社会科学院金融研究所副研究员。著作：《中国金融法治报告》《商法上的外观主义研究》等。

钱俊文，男，1964年生，江苏人，宪法与行政法专业博士，东海证券股份有限公司党委书记、董事长。研究方向：税法与行政法基础理论和实务融合。著作：《国家征税权的合宪性控制》等。

R

任东来，1961年生于吉林长春，国内第一位美国历史研究方向的博士。研究领域：美国外交史、美国宪政史、中美关系等。著作：《最有权势的法院：美国最高法院研究》《小视角下的大历史》等。

任海涛，河北人，法学学士、硕士，法史学博士，华东师范大学法学院教授，博士生导师。译著：《古代远东法》等。

任心慧，女，副教授，美国班尼迪克大学高等教育管理及组织变化专业博士，吉林大学硕士。主要研究方向是跨文化交际。

任勇，男，法学（政治学）博士，任教于华东政法大学政治学与公共管理学院。研究方向：当代中国政府与政治，城市发展与社会治理。论文：《马克思主义政治学视野中的民族和民族国家》等。

任允正，男，中国社会科学院法学研究所研究员，1954年至1959年在苏联莫斯科大学法律系学习并获得学士学位，1959年进入法学所。

阮齐林，男，汉族，1957年生，中国政法大学教授，博士研究生导师。著作：《中国刑法各罪论》等。

S

沙丽金，女，法学博士，中国政法大学外语学院教授、硕士研究生导师。研究领域：法律翻译、法律语言。著作：《法律英语》等；译著：《文字之讼》等。

上海社会科学院法学研究所（上海社科院法学研究所） 成立于1959年，原名中国科学院上海政法研究所，1978年改现名，主要研究法学及其分支学科的基本理论，探求中国社会主义法治的内涵及其发展规律，重点是国家法制建设和社会主义市场经济条件下立法、司法的重大理论和实践问题。

邵建东，1962年出生，江苏人，南京大学教授、博士生导师，江苏省检察院副检察长。研究领域：经济法、民商法、中德法律比较。著作：《德国反不正当竞争法研究》《德国新史》等。

邵强进，男，生于1971年，浙江金华人，复旦大学哲学学院教授。研究领域：逻辑哲学、逻辑思想史、逻辑与思维方式等。著作：《逻辑真》《杜威全集·晚期著作》第 12 卷、《逻辑：探究的理论》等。

邵天任，1914 年生，辽宁人，毕业于长春法政大学，任外交部条法司司长，中国国际法学会副会长等。论文：《中国收复香港地区完全符合"国际法"》等。

申素平，女，教育学博士，中国人民大学教育学院教授，博士生导师，中国教育政策与法律研究会常务理事。

申卫星，男，法学博士，博士生导师。研究领域：民法总论、物权法、德国私法、卫生法学。论文：《环境权初探》《俄罗斯外国投资法述评》等；著作：《知识产权法》等。

申政武，吉林人，1957 年出生，吉林大学法学学士、硕士，京都大学法学硕士、博士，山东大学教授。研究领域：日本法、物权法、人格权法等。译著：《土地与建筑物的法律关系——两者是一个物还是两个独立的物》等。

沈建峰，法学博士，中央财经大学教授，中国劳动关系学院法学院院长，联邦德国总理奖学金获得者。

沈岿，1970 年出生于上海，法学博士，北京大学法学院教授、博士研究生导师。著作：《平衡论：一种行政法认知模式》；译著：《美国行政法的重构》《行政国的正当程序》等。

沈明，法学博士，哈佛大学法学硕士，曾任上海财经大学法学院讲师。研究领域：法律社会学、法律经济学。

沈四宝，男，1946 年生，上海市人，北京大学法律系法学学士、硕士，现任上海大学法学院院长，国务院学位委员会法学组成员，中国国际经济贸易仲裁委员会（CIETAC）顾问。研究方向：国际商法、公司法、证券法等。著作：《美国标准公司法》《西方国家公司法概论》等。

沈伟，英国伦敦政治经济学院法学博士，上海交通大学凯原法学院教授、博士生导师。

沈小军，男，1985 年生，安徽人，法学博士，上海对外经贸大学副教授。专著：《交强险与交通事故责任之互动》，德国 Peter Lang 出版社。

沈英甲，吉林人，毕业于北京广播电视大学机械系，历任空军部队无线电员，《世界知识》杂志编辑，《科技日报》机动记者、主任记者等。著作：《前尘》《探求宇宙之谜》等；译著：《荒海之鹫》《巴黎断头台》等。

沈宗灵，男，1923 年生，国立复旦大学法学学士，宾夕法尼亚大学研究生院硕士，先后在复旦大学、北京大学等校执教。研究领域：法理学和比较法学。著作：《美国政治制度》《斯大林关于社会主义国家学说的发展》等。

施天涛，清华大学法学院资本与金融法研究中心主任。研究方向：商法学、公司法。著作：《商法学》《公司法论》《关联企业法律问题研究》等。

石佳友，中国人民大学法学院教授、法语国家法制研究中心主任。研究领域：民商法、比较法、国际法、欧洲法。译著：《欧盟联盟和欧洲共同体机构法律制度》《欧洲联盟法律秩序》等。

石雷，男，1980 年生，重庆人，西南政法大学民商法专业博士，英国牛津大学访问学习一年。研究方向：婚姻家庭法。

石龙潭，1968 年生，辽宁人，日本北海道大学法学博士，曾任北海道大学助教，现为山口大学教授。

石敏敏，女，生于 1969 年，哲学博士，浙江工商大学教授、博士生导师。著作：《古代晚期西方哲学的人论》《论普罗提诺"是"的形而上学》等。

石少侠，男，1952 年 8 月生，辽宁人，曾任吉林大学法学院院长、教授，现任吉林财经大学法学院名誉院长，教育部法学学科教学指导委员会委员。著作：《经济法概论》《经济法新论》《公司法教程》。

石肖雪，苏州大学王健法学院副教授、博士后研究人员，译时为浙江大学宪法学与行政法学博士生。

石新中，男，1968 年出生，河南人，文学学士、哲学硕士、法学博士、经济学博士后，首都师范大学信用立法与信用评估研究中心主任。

时飞，男，法学博士。北京邮电大学人文学院副教授。

时延安，法学博士，中国人民大学法学院教授。著作：《中国区际刑事管辖权冲突及其解决研究》等。

史大晓，复旦大学法学院副教授，毕业于北京大学法学院外国法律史专业。研究领域：外国法制史、西方法律思想史、法理学。翻译《普通法传统》等外国法律史经典著作。

史晋川，1957 年生，经济学博士，浙江大学经济学院院长、教授、博士生导师。

寿勉成，1901~1966 年，社会经济学学士，经济学硕士。任教于多所大学。

舒国滢，男，1962 年生，湖北人，中国政法大学法学院教授、博士生导师，法理学研究所所长。研究领域：法理学/法哲学，法学方法论，法美学，精通英语和德语。译著：《古斯塔夫·拉德布鲁赫传》《法律论证理论》等；专著：《法理学导论》等。

舒云亮，毕业于上海海运学院，被誉为"草根翻译家"。译著：《我的一生》《论历史》《与爱德华·萨义德谈话录》等。

侣化强，男，1972 年生，山东人，华东师范大学法学院教授。专著：《形式与神韵：基督教良心与宪政、刑事诉讼》等。研究方向：诉讼法（比较司法制度、证据制度）。

宋晨翔，1987 年生，山西人，法学博士。延安大学政法与公共管理学院讲师。

宋华琳，男，1977 年生于河北省，浙江大学宪法学与行政法学专业博士，南开大学法学院院长。著作：《药品行政法专论》等；译著：《牛津规制手册》《创设行政宪制：被遗忘的美国行政法百年史》等。

宋慧献，河南人，文学学士、硕士，中南财经政法大学法学博士（2009 年），河北大学法学院教授，德国马克斯-普朗克知识产权、竞争与税法研究所 2009 年度访问学者。研究领域：知识产权法学、新闻传播法学等。

宋建波，1965 年生，中国人民大学商学院会计系教授，中国注册会计师。

宋连斌，男，1966 年生，湖北人，法学博士，中国政法大学国际法学院教授、博士生导师。研究领域：国际私法、仲裁法。著作：《国际商事仲裁管辖权研究》《论中国仲裁监督机制及其完善》等。

宋杰，男，湖北人，浙江工商大学法学院院长，教授，硕士研究生导师。著作：《国际法院司法实践中的解释问题研究》等。

宋英，女，北京第二外国语学院英语系本科，北京大学法律系国际法硕士、博士，意大利欧洲大学研究院欧盟法硕士，北京大学法学院副教授。研究方向：国际环境法和欧洲联盟法。译著：《欧洲联盟法概论》等；著作：《环境与资源保护法学》等。

宋英辉，男，1957 年生，河北人，博士，北京师范大学法学院教授、博士生导师，少年司法与法治教育研究中心主任。研究方向：刑事诉讼法学、证据法学、司法制度、少年司法。著作：《刑事诉讼目的论》等；译著：《现代日本法》（合著）、《外国证据法选译》（日本部分）等。

宋小维，北京科技大学文法学院讲师，法学学士、硕士。

苏方遒，男，1969 年出生于黑龙江省，语言学硕士，驻俄罗斯联邦大使馆公使。

苏苗罕，男，法学学士、硕士、博士，国家能源局能源法起草组秘书，中国法学会能源研究会秘书处秘书，同济大学法学院副教授。研究方向：政府监管与行政法、能源法和信息法。

苏明月，女，黑龙江人，法学博士，北京师范大学法学院副教授、博士生导师，中国犯罪学学会理事。研究领域：犯罪学、刑事政策、刑事执行法学。译著：《犯罪的一般理论》《日本少年保护事件的调查、审判与保护处分的现状》等。

苏明忠，毕业于北京大学，比利时鲁汶大学法学博士，执教于外交学院，中国首任国际奥委会体育仲裁法院仲裁员。著有《选择和平还是战争——关于欧洲联盟理想与实践的研究报告》《欧共体基础法》《欧洲联盟条约》等；论文代表作有《台湾不能成为独立国家的国际法理由》等。

苏彦新，男，汉族，河南人，1963 年出生，法学学士、硕士、博士，华东政法大学教授，全国外国法制史研究会常务理事、中国比较法学研究会常务理事。研究领域：民法、比较法以及外国法律史。著作：《外国法律制度史教程》。

苏亦工，1962 年生，法学博士，清华大学法学院教授、博士生导师，中国社会科学院法学研究所研究员。专著：《中法西用——中国传统法律及习惯在香港》等；译著：《法律现代主义》等。

苏颖霞，生于 1951 年，陕西人。德国波恩大学法学博士、比较法硕士。西北政法大学国际法学院教授。研究方向：国际私法、比较民商法、国际经济法和国际民商事诉讼程序法。

主编:《关贸总协定概论》等。

孙国东,男,湖北人,法学学士、硕士、博士。复旦大学社会科学高等研究院教授、副院长。研究领域:法哲学、社会政治理论等。著作:《公共法哲学:转型中国的法治与正义》。

孙国平,法学博士。苏州大学王健法学院副教授,主讲法律英语。

孙海波,北京大学法学院博士生,中国政法大学比较法学研究院副教授、博士生导师。

孙力,男,1959年5月出生于西安,法学博士。曾任北京市第四中级人民法院院长。著作:《罚金刑研究》等。

孙璐,女,1973年9月生,满族,法学硕士,吉林省社会科学院法学研究所副研究员。研究领域:环境与社会发展、国际人权法、反腐等。著作:《妇女权益保障百例解析》《国际法》(合作)等。

孙鸣岗,原名孙玺凤,1918年毕业于山东省立第一师范,1920年赴法国勤工俭学,1930年获法学博士学位。历任华北人民政府参议、政务院司法部办公厅主任、国务院法制委员会办公厅主任兼经济法律委员会委员。

孙南申,1950年生,江苏人,复旦大学法学院院长、教授、博士生导师,江苏省高级人民法院副院长。研究方向:国际投资法、国际贸易法、国际私法。著作:《中国对外服务贸易法律制度研究》《国际经济法》《外商投资国际惯例》等。

孙世彦,中国社会科学院国际法研究所研究员,教授。

孙文恺,男,1972年生于内蒙古,法学学士、硕士、博士,南京师范大学法学院教授,理论法学教研室主任。研究领域:法理学、法社会学、西方法律思想史等。著作:《社会学法学》《法律的性别分析》等。

孙笑侠,1963年生,浙江人,杭州大学法律系法学学士,武汉大学法学院法学硕士,中国社会科学院法学博士,中国法理学研究会副会长、教育部法学教育指导委员会委员,现任复旦大学法学院教授、博士生导师等。研究领域:法理学、法哲学、公法原理等。著作:《程序的法理》《法的现象与观念》等。

孙新强,1958年生,北京航空航天大学法学院教授、博士生导师、国际法研究所所长。研究方向:外国民商法,知识产权,国际经济法,外层空间法。著作:《美国版权法》《美国统一商法典及其正式评论法》《美国法101》等。

孙言文,女,1939年生,中国人民大学法学院物证技术教研室主任、物证鉴定中心主任。著作:《生物物证技术》《法医学》等。

孙迎春,男,1949年出生,硕士,教授。研究领域:翻译学词典编研,翻译理论,翻译家研究。

孙莹,曾任《21世纪经济报道》和《南方都市报》记者。2004~2007年在美国攻读媒体研究硕士学位。

孙占坤,日本明治学院任教。研究领域:中国政治与国际政治、国际法。主要成果:《日本学者看南海问题》《战后日本领土外交的历史演变》等。

单明伟，本科毕业于北京外国语大学法语专业，研究生就读于中国政法大学。

单文华，1970 年生于湖南，英国剑桥大学（圣三一学院）法学博士，厦门大学法学博士。曾任西安交通大学校长助理，现任法学院院长。研究领域：国际法/WTO 法、国际法与国际经济法结构性问题。著作：《世界贸易组织：法律与实践》等。

尚广振，男，华东政法大学知识产权专业 2013 级研究生，参与撰写《知识产权商务调查手段合法性研究》，参与《美国商标案件金钱偿还数额的计算：原理与判例》部分判例的翻译。

T

谭淦，1977 年生，四川人，西南政法大学法学院讲师，法学学士、硕士，刑法学博士，德国累根斯堡大学攻读博士。译著：《刑事责任论》等。

谭立铸，中山大学哲学博士，曾留学法国，获神学硕士学位。曾任中国宗教学会理事，现任中国天主教一会一团研究室主任。著作：《柏拉图与政治宇宙论》《现象学与汉语神学》（合著）等，译著：《古代城邦——古希腊罗马祭祀、权利和政制研究》《〈法义〉导读》等。

谭睿，美国芝加哥肯特法学院博士（S.J.D），研究领域：国际公法、国际金融法和中美银行制度。

谭颂椒，女，汉族，1935 年生，保加利亚语，中央对外联络部副联络员，中国翻译协会表彰的资深翻译家。

汤澄清，男，1969 年生，安徽人，工学硕士，中国刑事警察学院教授。研究领域：痕迹检验、足迹检验。

汤唯，女，烟台大学法学院教授，生于 1958 年，法史学博士。研究方向：法理学、法史学、法社会学、比较法学。著作：《法律监督论纲》。

汤维建，男，1963 年生，江苏人，法学博士、博士后。研究专业为民事诉讼法学、证据法学、破产法学。

汤宗舜，男，1917 生，九三学社社员，浙江人。曾任中国专利局顾问、国务院参事。在中央大学法律系学习后，在英国剑桥大学法学院攻读国际法。著作：《中华人民共和国专利法条文释义》《专利法教程》等；译著：《Trips 协定》等。

唐超，中国社会科学院研究生院民商法博士，汕头大学法学院副教授。译著：《英国与德国的医疗过失法比较研究》等。

唐前宏，英国杜伦大学欧盟法硕士，西南政法大学经济法博士，律师。

唐晓琳，1985 年生，山东聊城人，法学学士、德国慕尼黑大学硕士，译时于德国汉堡大学攻读法学博士学位。主要研究方向为民法和公司法。

陶芸，日语专业文学学士，应用语言学硕士，日本千叶大学文学研究科文学硕士，日本圣德大学日本文化博士,中央民族大学外国语学院教授,日语系主任。研究领域:中日语言对比(中日法律语言对比研究)、日汉翻译等。著作:《中日法律词汇对比研究》等;译著:《侵华与忏悔:日本老兵证言实录》等。

田大畏,1931~2013年,男,汉族,俄语翻译家,原文化部政策法规司司长,北京图书馆研究馆员,系田汉之子。

田飞龙,男,1983年生,江苏人,法学博士,北京航空航天大学人文与社会科学高等研究院/法学院副教授、硕士生导师。研究方向:宪法与政治理论、行政程序法、港澳基本法。专著:《香港政改观察:从民主与法治的视角》;译著:《宪法为何重要》等。

田雷,江苏人,华东师范大学法学院副院长、教授、博士生导师、华东师范大学立法与法治战略研究中心主任。香港中文大学政治学博士,耶鲁大学法学硕士,哥伦比亚大学法学院中国法研究中心Edwards访问学者。研究方向:美国宪政的历史与理论、中国政治与宪法、香港基本法、政治理论。译著:《事故共和国:残疾的工人、贫穷的寡妇与美国法的重构》《看不见的宪法》等。

田璐,法学博士,西南政法大学法学助教。专业领域:诉讼法学与司法制度。

田思路,男,1962年生,籍贯天津市,日本神户学院大学法学博士,南京信息工程大学公共管理学院法律系教授,博士生导师。研究方向:劳动关系多元化与非典型劳动者权益保障。专著:《请负労働者の保護に関する労働法学の研究》等。

田予,法学硕士,律师,北京市律师协会WTO与反倾销法律专业委员会委员。著有《外商投资企业法概论》。

田士永,中国政法大学教授。

童世骏,男,1958年生于上海,华东师范大学哲学系终身教授,现任上海纽约大学校长。研究领域:认识论、实践哲学和社会理论等。著作:《中西对话中的现代性问题》等。

涂永前,男,法学博士后、应用经济学博士后(法学研究员)、法学博士、法学硕士、英语本科,辽宁大学法学院特聘教授。著作:《潜伏性毒物致害侵权问题研究》等;译著:《深度生存》《规范与法律》等。

屠振宇,中国人民大学法学院博士,2011年美国密歇根大学法学院格劳修斯研究员,南开大学法学院教授。

W

万宏瑜,女,上海外国语大学英语学院翻译系副教授,硕士生导师,博士,UCLA访问学者,蒙特雷国际研究院访问学者和客座教授。

万盈盈,厦门大学法学院国际法专业硕士,就职于上海华住集团。

万勇,男,汉族,1981年出生,中国人民大学法学院教授、博士研究生导师。著作:《论向公众传播权》;译著:《知识产权教学原则与方法》等。

汪晨,女,1989年生,安徽人,译时为华东政法大学国际金融法律学院在读硕士。

汪海燕,男,1974年出生,安徽人,法学博士,中国政法大学教务处处长,教授、博士生导师。著作:《刑事诉讼模式的演进》《我国刑事诉讼模式的选择》等。

汪劲,北大法学院教授,环境法专业博士。

汪丽丽,女,1977年生,安徽人,法学博士,山西财经大学法学院讲师。长期从事金融法研究与教学,发表论文近二十篇。

汪立昕,国家质检总局质量司副巡视员。

汪明亮,复旦大学法学院刑法学教授,博士生导师。研究领域:犯罪生成模式、刑法社会学、刑事政策等。专著:《公众参与型刑事政策》《社会资本与刑事政策》等;译著:《犯罪之形成——人生道路及其转折点》(主译)等。

汪培山,男,1945年生,天津市人,天津医科大学流行病学教授,流行病学研究室主任。著作:《流行病学总论》《流行病学进展》;译著:《提高社区卫生工作人员的素质》。

汪鹏南,律师,航海系本科毕业,国际法学硕士,大连海事大学海商法教授,中国海事仲裁委员会仲裁员,海事律师。研究方向:海上保险法方面。著作:《海上保险合同法详论》等。

汪庆华,1976年12月生,安徽休宁人,北京大学法学学士、硕士、博士,哈佛大学法学硕士,曾任《北大法律评论》主编,现为北京师范大学教授。译著:《我们人民:奠基》《布莱克维尔法哲学和法律理论指南》等。

汪仕贤,男,汉族,1934年出生,中国对外翻译出版有限公司副译审。

汪习根,男,1965年生,湖北人,华中科技大学法学院院长,教授,长江学者特聘教授。研究方向:法理学、人权法、法治、司法。著作:《人权的理论与实践》等。

汪霄,女,南京工业大学土木工程学院副教授、硕士生导师。研究方向:合同管理、工程管理、房地产等。著作:《全国一级建造师执业资格考试应试指导与复习题解(房屋建设工程)》等。

汪志刚,1973年生,男,江西人,哲学学士、民商法学硕士和博士,中国社会科学院研究生院教授,博士生导师。主要从事物权法、侵权法和与生命科技相关的民法基础理论研究。

王安异,中南财经政法大学教授、硕士生导师。专业领域:刑法。著作:《刑法中的行为无价值与结果无价值研究》等。

王保民,语言文学学士,法学硕士、博士,中美富布赖特高级研究学者,西安交通大学法学院党总支书记教授、博士生导师。研究领域:法理学、立法学、公法理论。

王葆莳,湖南师范大学法学院教授、硕士生导师,武汉大学法学博士,德国海德堡大学法学硕士、海德堡大学国际私法和外国私法研究所博士生,德国美因茨大学(DAAD资助)、德累斯顿工业大学(EMECW资助)访问学者。主要研究方向:民法总论、婚姻家庭法、国际私法。

王伯琦，1909年出生于江苏，苏州东吴大学法学院毕业，法学学士，法国巴黎大学法学博士。著作：《民法总则》等。

王朝才，1957年出生，湖北人，神户大学经济学硕士、博士，财政部财政科学研究所副所长、研究员。著作：《中国的经济发展与农村财政》《日本的宏观与微观经济政策》等。

王诚，法学博士，上海对外经贸大学法学院副教授。研究方向：改革与法治、区域发展的法律规制、行政法解释学等。在各类核心刊物和报刊上发表论文二十余篇，出版《改革中的先行先试权研究》《行政法基础》等专著、译著多本。

王春燕，中国人民大学法学院副教授，主要主持知识共享许可协议的简体中文翻译、在中国大陆本地化以及推广宣传等工作。研究领域涵盖知识产权法，著作权法、商标法、专利法以及反不正当竞争法等。

王丛虎，中国人民大学公共管理学院教授，法学博士，中国人民大学公共资源交易研究中心执行主任。研究方向：政府采购、廉政建设、政府法治、应急管理。著作：《行政主体问题研究》等。

王大伟，男，1957年出生，中国人民公安大学犯罪学学院教授，教育学博士，博士生导师。专著《英美警察科学》《世界警察理论研究综述》《警察英语》《龙的盾牌——中国警察在英国》等。

王德峰，1956年生，哲学博士，复旦大学哲学学院教授。研究方向：马克思主义哲学的当代意义、当代艺术哲学。

王芳，女，翻译硕士，国际法专业博士。研究领域：国际商事仲裁，英国仲裁法，法律语言学等。著作：《英国承认与执行外国仲裁裁决制度研究》等；译作：《法官语言》（合译）等。

王光林，英语语言文学教授，文学学士、硕士、博士。上海外国语大学英语学院英语语言学教授。

王贵国，耶鲁大学法哲学博士，浙江大学文科资深教授、国际战略与法律研究院院长，香港城市大学法律学院讲座教授。

王贵松，1977年生，安徽人，法学博士，中国人民大学法学院教授。研究方向：行政法基础理论、中国行政法学说史、风险行政法的研究。著作：《行政裁量的构造与审查》《日本食品安全法研究》等。

王海燕，本科法语专业，巴黎第十大学法国文学博士，北京语言大学外国语学院副教授。著作：Le Phénomène Teilhard。

王洪亮，清华大学法学院教授，博士生导师。法学学士、硕士、博士，德国弗莱堡大学法学博士。研究方向：物权法、合同法、消费者保护法。专著：《物上请求权的功能与理论基础》等。

王焕生，1965年毕业于苏联莫斯科大学语言文学系古希腊罗马语言文学专业。中国社科院语言研究所、外国文学研究所工作,从事古希腊罗马文学研究,历任助理研究员、副研究员、研究员。著作:《古罗马文学史》等;译作:《希腊罗马散文选》等。

王慧,男,甘肃人,法学博士,上海财经大学博士后、上海海事大学法学院副教授,先后在英国剑桥大学、美国加州大学伯克利分校、美国芝加哥大学访学和研修。发表论文80多篇,出版专著3部、译著1部。

王家国,1972年生,男,江苏盐城人,法学博士,杭州师范大学法学院副教授。先后发表学术论文20余篇,评论类文章10余篇,专著1部,译著2部。

王建,1971年生,男,四川人,西南政法大学外语学院教授,硕士研究生导师。文学学士,民商法硕士,英国伦敦大学国王学院访问学者。主讲法律英语、法律语言学导论、英汉合同文本翻译等课程,主要从事法律语言学与法律翻译方面的研究。

王江雨,新加坡国立大学副教授,亚洲法律研究中心副主任,西安交通大学法学院海外优秀学者讲座教授。研究方向:国际贸易与投资法、国际金融法、国际商法、中国法律传统、中国公司证券法。

王进,中国政法大学法学博士生。

王进喜,男,1970年生,法学博士,中国政法大学证据科学研究院副院长,证据科学教育部重点实验室副主任,美国西北大学法学院富布莱特研修学者(2002-2003),美国加州大学戴维斯分校法学院高级访问学者(2010-2011)。著作:《政府律师》《律师职业行为规则概论》《刑事诉讼法学教程》等。

王缙凌,任教于上海财经大学法学院。研究领域:知识产权、涉及国际贸易中的知识产权问题、医药专利保护与公共健康、中国自由贸易区的知识产权问题等。

王军,男,河北人。对外经济贸易大学法学院前任院长、教授和博士生导师,中国法学会民法学研究会常务理事,中国国际经济贸易仲裁委员会资深仲裁员。专著:《WTO保障措施成案研究(1995-2005)》等;译著:《美国法律史》;编著:《美国侵权法》。

王兰萍,女,1963年生于兰州,法学博士,专攻法律史研究。曾在商务印书馆任学术出版中心、政法编辑室主任,现为威科项目组组长。著作:《中国近代著作权法的成长(1903—1911)》。

王立志,男,汉族,1973年出生,河南人,法学博士,郑州大学法学院教授,博士生导师。研究方向:刑法哲学以及经济刑法。著作:《隐私权刑法保护》等;译著:《马其顿共和国刑法典》等。

王利,法学学士、硕士、哲学博士,中国社会科学院政治学所副研究员,北京大学政府管理学院博士后。研究领域:政治哲学、西方政治思想史。著作:《国家与正义:利维坦释义》等。

王凌皞,浙江大学光华法学院副教授,浙江大学-伊利诺伊大学联合培养博士,芝加哥大学、香港大学访问学者。研究方向:法哲学(法律价值论、政治与法律上的致善主义、儒家美德法理学)以及法律与认知科学、人工智能交叉议题中的理论性部分。

王名扬，1916年生于湖南省，行政法学泰斗，新中国行政法学的启蒙者和奠基人，中国著名的行政法学家，中国政法大学教授。著有《英国行政法》《法国行政法》《美国行政法》，被称为"外国行政法三部曲"。

王鹏翔，德国基尔大学法学博士，台湾"法律学研究所"助研究员。

王朴，男，1977年生，2002年于法兰克福大学法学院获硕士学位，其后继续攻读法兰克福大学法学院博士生学位。研究方向：法哲学和国家哲学。

王强，1975年生于洛阳，美因茨大学（汉、德、英）翻译学硕士学位，第二专业为法律，2006~2007年于美国印第安纳大学攻读比较文学博士，中国政法大学外语学院教授。研究领域：民法比较、法学翻译、侵权责任法等。译著：《德国物权法概述与实体土地法》等；专著：《以德国民法典为蓝本制定的清末民律草案对中国现代财产法的语汇贡献——从法学、法律翻译及法律语言学角度研究》等。

王蓉，研究领域：中国近现代史、行政法及地方法制、法理、法史等。论文：《现代环境犯罪及立法的现代化》等。

王世贤，1976年生，男，河北人，中国人民大学法学院博士生。

王世洲，男，北京大学教授，1953年出生于福建省泉州市。法学学士、硕士，美国加利福尼亚大学伯克利法学院法学硕士学位。研究方向：中国刑法，比较刑法。著作：《德国经济犯罪与经济刑法研究》；译著：《德国经济犯罪与经济刑法研究》《欧洲共同体法律的制定与执行》等。

王社坤，法学学士，环境与资源保护法学专业法学硕士，法学博士，北京大学法学院副教授。研究领域：环境法，自然资源法等。著作：《环境法学》《质量法学》等。

王书成，法学博士，先后在中国、美国、英国等国家和地区学习及从事研究工作，执教于香港城市大学，讲授香港基本法、法理学、中国法律制度等英文课程。学术兴趣：公法与政治、人权法、法理学。在《法学研究》等刊物上发表《合宪性推定的正当性》《论合宪性解释方法》等论著五十余篇。

王书江，中国政法大学法律系民商法教授。译著：《日本民法典》《债权在近代法中的优越地位》《日本商法典》等。

王涛，中国人民大学法学博士，牛津大学访问学者，华东政法大学科学研究院副研究员。

王天华，1969年生，东京大学法学博士，北京航空航天大学法学院教授。著作：《行政诉讼的构造：日本行政诉讼法研究》等。

王铁崖，1913-2003，出生于福建省，先后就读于复旦大学、清华大学，1937年赴英国伦敦政治经济学院攻修国际法学，北京大学、北京政法学院教授。译著：《国际法原理》《奥本海国际法》；著作：《国际法》教科书。

王卫东，德恒律师事务所合伙人，北京大学经济研究中心国际MBA项目兼职教授。美国芝加哥大学法学博士，美国纽约律师资格。

王卫国，男，1951年生于重庆市，中国政法大学民商经济法学院教授。研究领域：民法学、商法学、经济法学。著作：《过错责任原则：第三次勃兴》《中国民法》等。译著：《科宾论合同》（上、下册）等。

王为农，男，毕业于日本国立神户大学获法学博士学位，浙江大学光华法学院法律系教授。研究领域：经济法学、竞争法。

王曦，文学学士，法学硕士，美国华盛顿大学法学硕士，法学博士，上海交通大学法学院环境资源法研究所所长、教授。研究领域：环境法原理、国际环境法、美国环境法。著作：《美国环境法概论》等。

王鲜华，就职于中国标准化研究院，主要从事生产许可证管理工作。著作：《质量管理》《标准化管理》《质量成本原理》等著作。

王小钢，男，生于1979年，安徽人，食品科学与工程专业工学学士，环境与资源保护法学专业硕士，天津大学法学院工作。研究方向：环境法哲学、国际环境法、比较环境法和生态保护法。译著：《国际法与环境》等。

王小章，男，南开大学社会学系硕士，浙江大学社会学系教授。研究领域：社会学理论、社会心理学等。论文：《现代性自我是如何可能的》《国家、市民社会和公民权利》等。

王笑红，1977年生，北京大学法学硕士，华东政法大学法律史学博士，上海三联书店有限公司编辑中心主任、编审，2014年度"上海出版人奖"获得者。

王新宇，法学博士，哲学博士后，硕士生导师，中国政法大学法学院副教授，曾于美国埃默里大学法学院访学。

王秀丽，美国雪城大学（Syracuse University）大众传播学博士，大众传播学硕士，经济学学士，法学学士，北京大学新媒体研究院副教授。研究领域：新媒体、网络传播、公共关系等。论文：《中国的APEC政策及其对东亚国际关系的影响》等；译著：《传播法判例：自由、限制与现代媒介》等。

王秀梅，法学博士，曾任最高人民法院刑事审判第二庭副庭长，北京师范大学刑事法律科学研究院副院长、法学院教授、博士生导师。研究领域：国际刑法、中国刑法和外国刑法。代表作《国际刑事法院研究》。

王秀梅，女，法学学士、硕士、博士。西北大学法学院教授。研究领域：国际法基础理论、国际人权法、国际刑法等。著作：《国家对国际社会整体的义务》等。

王旭，1981年生，湖南人，中国政法大学法学本科、硕士、博士。中国人民大学法学院副院长、教授、博士生导师。研究领域：宪法学、行政法学。著作：《宪法实施原理：解释与商谈》等。

王雪梅，女，陕西人，1956年生于朝鲜，西安医科大学法医学硕士，在最高人民检察院从事法医专业技术工作，曾任中国法医学会副会长。著有《女法医手记》《错位的情爱》《法医探案》《死亡档案》《漫游法医世界》等书。

王亚新，清华大学法学院教授，曾在日本京都大学、香川大学、九州大学执教。研究方向：民事诉讼法学、法社会学。专著《中国民事裁判研究》等；译著《明清时期的民事审判与民间契约》等。

王仰光，男，山东人，民商法博士。山东财经大学法学院副教授，研究方向：公司法、物权法、侵权制度及制度史。

王颖，女，上海财经大学经济学博士，任教于华东政法大学商学院，主要从事企业史、产业经济学、制度经济学的教学与研究。专著：《近代家族性联号企业：一种非企业集团的中间性组织》等。

王永年，浙江人，1959年起担任中华人民共和国新华通讯社西班牙语译审，1979年翻译成西班牙文的2篇中国新闻稿在墨西哥得奖，以王仲年笔名翻译系列欧·亨利小说，译作有《十日谈》《伊甸之东》《巴比特》等。

王玉花，法学博士，河北工业大学人文与法律学院教师。研究领域：民法学。

王玉辉，女，郑州大学法学院教授委员会副主任委员、博士生导师。出版《垄断协议规制制度》《串通投标法律防控机制研究》《日本反垄断法解说》等学术专著、译著6部。

王元凤，1979年5月生，诉讼法学（物证技术方向）博士。中国政法大学证据科学研究院教授、博士研究生导师，主要从事法庭科学（微量物证检验及毒物毒品分析方向）的教学、科研及鉴定工作。

王月瑞，笔名寒川子，1962年出生于河南省，毕业于解放军外国语学院研究生院。作品：长篇历史小说《战国纵横》、长篇小说《四棵杨》等。

王云霞，中国人民大学教授、博士研究生导师。研究方向：外国法制史、比较法、东方法、文化遗产法。著作：《东方法律改革比较研究》等。

王泽林，男，法学博士，西北政法大学国际法学院教授，上海交通大学凯原法学院博士后研究人员。研究领域：国际法、国际海洋法、极地法律制度研究。

王昭仁，男，1928年生，江苏人，分别就读于上海国立同济大学中文系、上海复旦大学中文系、北京外国语学院德语系，任中国音乐家协会会员，中国德国史研究会会员。主要从事翻译工作，翻译、编写、校订有关文化、音乐、美术等专著、论文、资料共800余万字。译著：《德国启蒙运动时期的文化》等。

王昭武，云南大学法学院教授。研究领域：刑法学。译著：《日本刑法总论》等。

王哲，男，1932年生，河北省人，毕业于苏联国立莫斯科大学，北京大学法学院教授，中国法律史学会常务理事、北京法学会理事和顾问。研究领域：西方法律思想史、西方政治思想史。著作：《西方法律思想史》《西方政治法律学说史》等。

王正泉，曾任中国社科院世界社会主义研究中心特约研究员、中国人民大学国际关系学院教授。

王志亮，男，1962年生，山西人。上海政法学院教授，刑法学硕士生导师。研究领域：

刑法学、刑罚学、监狱学、刑事法一体化的研究。参编《劳改法学研究综述》等著作。

王志强，1971出生，法学学士、硕士、博士，美国耶鲁大学法学硕士（LL. M.）、法学博士（J. S. D.），复旦大学教授、博士生导师，复旦大学法学院院长。专著：《法律多元视角下的清代国家法》等。

王竹，法学博士，四川大学法学院教授，民商法教研室主任。研究领域：侵权法、人格权法和消费者权益保护法。著作：《侵权责任分担论》等。

王柱国，男，江西财经大学教授。法学硕士，宪法学博士，中国政法大学博士后。专著：《学习自由与参与平等：受教育权的理论与实践》。

王彦志，男，1971年生，吉林人，副教授，理学士、经济学博士。研究方向：国际经济法与国际法，侧重国际经济宪政与全球正义问题研究。合著：《WTO与公共健康》等；译著：《国际经济法的宪法功能与宪法问题》等。

韦洪发，吉林大学马克思主义学院副教授。研究方向：思想政治教育、马克思主义法理学。译著：《全球法律主义的危险》等。

卫跃宁，中国政法大学刑事司法学院教授、博士生导师，刑事诉讼法学研究所所长。著作：《刑事诉讼法学》《法庭胜诉之策》等；论文：《陷阱取证的运用与限制》等。

魏斌，男，1986年出生，中山大学逻辑学博士，格罗宁根大学法学院联合培养博士，浙江大学光华法学院博士师导师。研究兴趣：人工智能与法、法律逻辑、法律方法论和可计算论辩理论。

魏长庚，出生于河南，航海技术专业学士，获资深远洋船长证书。16年海上船舶航行经验，7条船远洋船长资历。研究兴趣：英国海商法。

魏汉涛，1973年生，湖北人，法学博士，安徽大学法学院教授、博士生导师。专著：《环境污染：制度根源与对策研究》等。

魏磊杰，上海交通大学民商法学博士，比利时根特大学访问学者，厦门大学法学院副教授，讲授民法分论、婚姻家庭法；研究转型中国的政治与法律（侧重社会治理、边疆政治）、比较私法与法律文化（侧重后苏联国家的法律转型）。

魏启学，男，自1978年起，先后参加商标法、专利法、技术合同法、著作权法、计算机软件保护条例、技术引进合同管理条例以及代理人条例等法律、法规的立法及修改工作。现任中国知识产权研究会常务理事、中国商标协会理事、中国专利代理人协会理事等。著书及译著：《中国知识产权概貌》《中国知识产权法令集》等。

魏晓娜，女，中国人民大学法学院教授、法学博士。研究领域：刑事诉讼法、证据法。著作：《诉讼证明原理》《刑事正当程序研究》等；译著：《程序即是惩罚》《证据故事》等。

魏晓阳，女，宪法学博士后，中国传媒大学文化产业管理学院教授。研究领域：传媒政策理论及历史、日本传媒法与政策。著作：《制度突破与文化变迁——透视日本宪政的百年历程》；译著：《日本国宪法的精神》等。

魏志梅，法学学士。研究方向：国际税收协定、企业所得税、国际税收、税收法律。独著：《企业所得税实务》等。

翁里，法学硕士，美国 Valparaiso 大学法学院访问学者，浙江大学光华法学院副教授，硕士生导师。译著：《犯罪侦查》等。

吴大华，男，1963年生，湖南人，法学博士后，经济学博士后，二级研究员，贵州省社会科学院党委书记，贵州与瑞士发展比较研究中心主任。研究方向：刑法学、民族法学（法律人类学）、犯罪学、马克思主义法学、循环经济。

吴汉洪，男，1957年生，广西人，经济学博士，中国人民大学经济学院经济学教授，博士生导师。著作：《微观经济学》等。

吴宏耀，男，法学博士，中国政法大学教授。研究方向：刑事法学。著作：《美国死刑案件的无效辩护标准》《死刑的程序控制——中国死刑制度改革的必由之路》等；译著：《刑事程序故事》《美国庭审宝典（第四版）》等。

吴洪淇，1982年出生于福建，中国政法大学证据法学博士，美国西北大学联合培养博士，北京大学法学院研究员、博士生导师。

吴建斌，管理学博士，南京大学法学院教授。

吴模信，男，法语专业毕业，曾在中国人民解放军外国语学院、南京大学外文系任法语教师。译著：《菲利普二世时代的地中海和地中海世界》（下卷）等。

吴鹏，男，中国政法大学法学硕士，意大利罗马大学法学博士。研究方向：比较法、国际法。

吴平，1956年出生，浙江人，法学硕士，浙江工商大学法学院教授。著作：《资格刑研究》《犯罪人处遇》等。译著：《律师制度与律师实务》等。

吴日焕，男，1966年生，法学博士（韩国），中国政法大学民商经济法学院商法研究所副教授。研究方向：商法、经济法。著作：《西方法律思想史》《法律辞海》等。

吴挺，广东人，2009年起开始学习拉丁文、古希腊文，利用业余时间翻译拉丁语、古希腊语著作。

吴香香，法学博士，中国政法大学民商经济法学院教授，主要从事民法学与民法方法论的教学与研究。

吴新平，1951年生，陕西人，英语本科，法学硕士，中国法学会宪法学研究会干事、副秘书长，研究员。主要从事比较研究、宪法学研究。著作：《香港特别行政区基本法导论》等。

吴文芳，上海财经大学法学院教授，法学博士。学术研究集中在劳资自治法律保障、社会保险风险覆盖机制、自由贸易中的劳动监管等领域。精通英文和德文。

吴彦，同济大学法学院副教授、同济大学法哲学研究中心主任。研究领域：法哲学、政治哲学与宪法理论。

吴玉章，男，法学硕士，中国社会科学院法学研究所研究员。研究领域：批判法学、自由主义权利理论、西方的法治理论以及公民制度等。著作：《对西方法律传统的挑战》《自由主义权利观》等；译著：《现代社会中的法律》等。

吴越，男，汉族，1966 年生，四川人，德国法兰克福大学法学博士，西南财经大学法学院教授、博士生导师。专著：德文版《中国企业集团与跨国公司法律问题：与德国康采恩法之比较研究》；译著：《国际法》（德国法学教科书译丛）等。

吴泽勇，男，1975 年生，经济学学士，诉讼法硕士，诉讼法专业博士。华东师范大学学位评定委员会委员、法学院学位评定分委员会主任。研究领域：中国民事诉讼法、比较民事诉讼法、中国司法制度等。著作：《欧洲群体诉讼研究：以德国为中心》《司法现代化与民事诉讼制度的建构》等。

吴志攀，男，汉族，1956 年生，四川人，北京大学法学院教授，博士生导师。研究方向：金融法、国际经济法、国际金融法。著作：《金融法概论》《国际经济法》《金融全球化与中国金融法》等。

吴宗宪，男，1963 年生，甘肃人，法学博士，北京师范大学法学院教授、博士生导师、犯罪与矫正研究所所长、社区矫正研究中心主任。主要从事犯罪学、刑法学、监狱学、社区矫正、法律心理学等方面的研究。著作：《西方犯罪学史》等；译著：《犯罪的影子——系列杀人犯的心理特征剖析》《司法心理学》等。

伍洁静，上海人，上海社会科学院历史研究所 2013 年硕士研究生。

伍巧芳，女，江西人，英国伯恩茅斯大学商学院国际商务管理专业硕士，华东政法大学经济法博士，华东政法大学外语学院教授。研究领域：商务英语、金融立法、法律翻译研究。

伍新尧，男，1942 年生，广东人，毕业于中山医学院医学系，中山医科大学生物化学教授。译著：《法医生涯四十年》等；著作：《法医物证学试验指导》等。

武树臣，1949 年生，北京人，山东大学法学院教授、法学博士，兼任中国法律思想史研究会会长、国家教育委员会委员等。著作：《中国法律思想史纲（上下）》《中国法律思想史资料选编》等；译著：《苏维埃行政法总论》等。

邬先江，男，1971 年生，浙江人，法学博士，二级高级法官，宁波海事法院副院长。论文：《货物控制权之研究》《论 CMI 运输法草案有关控制权的规定》等。

X

席涛，经济学博士，中国政法大学教授，博士生导师。研究领域：法与经济学、政府监管、金融法。专著：《经济稳定与金融稳定研究》等。

夏登峻，1926 年出生，安徽庐江人，著名翻译学者，曾任西南政法学院图书馆馆长、美国加州大学伯克莱法学院访问学者、西南政法大学研究员、图书馆顾问、美国法律与研究中心研究员。通晓英、法、尼泊尔等国语言。

夏彦才，男，1962年生，湖北人，法学学士、硕士，武汉理工大学讲师。主要从事法哲学、法理学和宪政理论研究。译著：《英国宪法》《正义法的理论》等。

夏玉芝，留学日本攻读法律，1942年被推荐到北京大学法学院任教，讲授《民法总则》。

相靖，女，英语语言学学士，法学硕士、法学博士。对外经济贸易大学国际经济研究院副研究员。研究方向：知识产权、竞争法。译著：《版权法与因特网》《WIPO因特网条约评注》等；著作：《广播组织权保护研究》等。

向其柏，男，汉族，1935年生，洪江市人，南京林业大学教授，博士生导师。

向燕，女，重庆人，西南政法大学法学院教授。研究方向：刑事诉讼法学、证据法学。著作：《刑事侦查中隐私权领域的界定》等。

项焱，女，1971年生于贵州，法学博士，武汉大学法学院教授、博士生导师。研究方向：法律史、外国宪法学、公益法。著作：《英国议会主权研究》《公益诉讼的理念与技巧》等。

萧凯，男，上海交通大学法学院副教授，英语系文学学士，法学硕士，法学博士。研究领域：国际私法，国际商事仲裁等。

肖君拥，法学博士，北京理工大学法学院教授、博士生导师。著有《宪政原论》《人民主权论》《社区矫正的理论与制度》等。

肖贤富，男，法学学士、硕士，中国社会科学院法学研究所研究员、中国法学会诉讼法研究会副会长。研究领域：中国法、中国刑事法、日本法。著作：《英美刑法刑事诉讼法概论》《法学通论》等；译著：《刑事鉴定的理论和实践》、《破产法》等。

肖兴志，男，四川人，中国社会科学院应用经济学博士后。研究领域：产业经济与政府规制等。著作：《中国战略性新兴产业发展报告2013-2014》《中国战略性新兴产业发展报告2012》等；译著：《创新、产业动态与结构变迁》等。

肖永平，男，汉族，湖北人，1966年生，武汉大学教授。研究领域：国际冲突法、国际贸易法、国际商事仲裁。著作：《法理学视野下的冲突法》等。

解琳，女，1984年生，广东人，中山大学法学院副教授。研究领域：知识产权法、个人信息保护法。

谢鹏程，男，1962年生，法学硕士、博士，曾任最高人民检察院检察理论研究所所长，山东大学教授，民盟中央十二届法制委员会主任。著作：《基本法律价值》《公民的基本权利》等；译著：《人权是什么》《宪政与民主》等。

谢次昌，1935年生，安徽人，著名国有资产管理学家，我国新时期国有资产法学开拓者之一，国家国有资产管理局法律顾问、原政策法规司司长。著作：《中国经济法概论》《消费者保护法通论》等。

谢地坤，1956年生，江苏人，文学学士，哲学博士。中国社会科学院哲学所研究员，哲学所所长，中国翻译学会理事。研究方向：近现代欧洲大陆哲学，德国哲学。专著：《费希特的宗教哲学》等；译著：《论道德的谱系》等。

谢鸿飞，1973年生，四川人，法学博士，中国社会科学院法学研究所研究员，中国社科院大学博士生导师。研究领域：民法总则、物权法、普通法等。论文：《论民事习惯在近现代民法中的地位》《论权利失效原则》等；译著：《欧洲侵权法原则：文本与译注》等。

谢华育，文学士，经济学博士，研究领域：经济思想史。上海社会科学院经济研究所副研究员。研究领域：经济思想史、政治哲学、公共经济学。译著：《美国大萧条》等。

谢怀栻，男，1919年生于湖北，1942年毕业于中央政治大学法律系。曾在中国社会科学院法学研究所民法研究室工作，研究员，担任过硕士生导师，兼任中国社科院研究生院教授。著作：《票据法概论》《现代中国合同法》《外国民商法精要》等；译著：《德国民事诉讼法》等。

谢佳君，女，重庆人，1982年生，日本早稻田大学法学博士，西南政法大学法学院副教授，日本京都大学访问学者。研究领域：中国刑法、比较刑法学、医事刑法学、共同犯理论。

谢军瑞，男，法语本科，华东政法学院法学硕士，上海外国语大学文学博士，上海外国语大学法语系副教授，硕士生导师，上海欧洲学会、中华全国律师协会会员。译著：《国际商法》《国际金融市场》等。

谢立斌，男，天津大学英语/法学专业（双学位）学士，宪法学与行政法学专业硕士，汉堡大学博士，中国政法大学教授，中国政法大学比较法学研究院副院长，中德法学院院长。著作：《宪法解释》等；译著：《普鲁士的德行——在国家理性和理想主义之间》等。

谢新胜，湖北人，文学学士、法学硕士、法学博士，中国社会科学院国际法研究中心副研究员等。研究领域：国际私法、国际商事仲裁法、国际商法等。著作：《国际商事仲裁程序法适用研究》等。

谢望原，男，1957年生，法学博士、教授、博士生导师，中国人民大学刑法教研室主任。研究领域：中国刑法学、比较刑法学、刑事政策学。专著：《刑罚价值论》等；译著：《丹麦刑法典与丹麦刑事执行法》等。

谢耘，男，博士，中山大学哲学系教授。研究领域：非形式逻辑、批判性思维、当代论证理论。

谢正权，中国政法大学法学学士、硕士，美国法学硕士学位、法学博士。现为美国移民律师协会会员，美国律师联合会会员。

辛崇阳，男，毕业于名古屋大学，中国政法大学教授。北京市第十五届人民代表大会监察和司法委员会副主任委员。研究方向：国际法、日本法。

信春鹰，女，汉族，1956年出生于内蒙古，法学学士、硕士，第十四届全国人大宪法和法律委员会主任委员。著作：《中国的法律制度及其改革》《中国法院的历史与转型》等；译著：《权利的时代》《认真对待权利》等。

邢朝国，北京科技大学社会学系副教授。译著：《法律与社会》；著作：参与撰写《漂泊与寻根：流动人口的社会认同研究》。

熊明辉，男，哲学博士，1968年生于贵州省，曾任中山大学哲学系教授和逻辑学专业博士生导师，法学理论专业博士生导师，现为浙江大学光华法学院教授。研究领域：非形式逻辑、法律逻辑、论证理论、人工智能与法、证据法学等。专著：《诉讼论证》；译著：《建模法律论证的逻辑工具》等。

熊伟，香港中文大学（深圳）经管学院学术院长，美国普林斯顿大学金融学讲座教授及经济学教授，*Journal of Finance* 联合主编。

熊志海，法学博士，重庆邮电大学电子数据证据保全中心主任、法学院院长。

徐爱国，男，生于1965年，北京大学法学院教授，法学博士。著作：《西法肄言——漫话西方法律思想史》《思想史视野下的法治现象》等；译著：《哈佛法律评论·侵权法学精粹》等。

徐百康，上海外国语大学法语翻译家。著作：《简明法语语法》等。

徐炳，男，1951年生，江苏省人，本科南京大学外文系，纽约大学法学院法学硕士，清华大学法学院凯原法治与义理研究中心执行主任。论文：《"言者无罪"与"以言治罪"》《论"人权"与"公民权"》等；译著：《行政法》等。

徐涤宇，男，1970年生，湖南人，中南财经政法大学法学院教授、博士生导师。研究领域：民商法理论。

徐砥平，1902~1979年，江苏南通人，上海震旦大学毕业，后留学法国，毕业于格勒诺布大学，1928年回国后任上海法政学院教授等职。著作：《国际私法》；译著：《公法的变迁》等。

徐公社，男，1958年生，浙江警察学院侦查系教授。研究领域：刑事侦查与刑事诉讼。专著：《依法侦查问题研究》。

徐留成，男，郑州大学刑法专业硕士，中国人民大学法学博士。研究方向：刑法学、比较刑法学、法理学。专著《身份犯比较研究》。

徐光智，1935年生，湖北人，毕业于武汉大学外语系，曾任二机部专家翻译，湖南大学外语部、外贸外语教研室主任。著作：《国际法辞典》《当代国际经济合作》《英汉小辞典》。

徐国栋，厦门大学法学院教授，著名学者。研究方向：民法、经济法、中国外国法制史。专著：《民法基本原则解释——以诚信原则的法理分析为中心》等。

徐卉，女，1970年生，江苏人，中国社会科学院法学研究所研究员，经济学学士、法学博士。研究方向：跨国民事诉讼，比较民事诉讼法，公益诉讼。著作：《涉外民商事诉讼管辖权冲突研究》等；译著：《美国民事诉讼的真谛：从历史、文化、实务的视角》等。

徐继军，男，1976年生，中国人民大学法学院民事诉讼法学博士，中国社会科学院法学研究所博士后研究人员，国家法官学院副教授、司法调解教研室主任。主要从事民事诉讼法学研究。出版《专家证人研究》《民事司法衡平制度研究》两部专著。

徐久生，男，1961年生于江苏，法学博士，中国政法大学教授、博士生导师。研究领域:刑法学、犯罪学。著作:《刑罚目的及其实现》;译著《德国刑法教科书》。

徐美君,法学博士,复旦大学法学院教授。研究领域:刑事诉讼法学、证据法学。专著:《侦查讯问程序的正当性研究》等;译著:《美国刑事法院诉讼程序》等。

徐妮娜,女,1978年生,湖北人,法学博士,武汉大学法学院学士、硕士、博士,在华中师范大学工作。独著:《著作权的国际私法问题研究》,译著:《家庭法》《英国法律体系》等。

徐昀,清华大学法学院硕士研究生,1997年毕业于西南政法大学,曾任基层法院法官,发表论文若干,燕山大学文法学院副教授。

徐世京,上海地区著名编译者,曾编译过《心理学家传略》《司法心理学》等。

徐晓晴,男,1950年生,1982年毕业于西南师范大学(现西南大学)外语系获文学学士,曾任西南政法大学图书馆研究馆员。先后主编过译著《斯大林肃反秘史》《克里姆林宫秘史》等作品,另有百余篇论文、译文、编译文发表于国内二十多种报刊上。

徐昕,男,1970年生,江西丰城人,北京理工大学教授,博士生导师曾任西南政法大学教授。研究方向:法律制度、民事诉讼法等。著作:《迈向社会和谐的纠纷解决》《论私力救济》等;译著:《中世纪神判》等。

徐昕,上海对外贸易学院WTO研究教育学院副教授。

徐卫东,男,生于1959年,吉林长春人。吉林大学法学院教授、博士生导师。研究方向:商法原理、保险法、破产法、罗马法。著作:《保险法》《保险法教程》《商法基本问题研究》。

徐益初,1929-2011,中国社会科学院法学研究所研究员、刑法室原主任,著名刑事诉讼法学者。

徐有威,男,1964年生,上海大学文学院历史系教授、博士生导师。译著:《民国时期的土匪》《近代中国的犯罪、惩罚与监狱》等;编著:《洋票与绑匪——外国人眼中的民国社会》等。

徐真华,男,1950年生于江苏,广州外国语学院毕业,摩洛哥王国穆罕默德五世大学、巴黎新索邦大学、加拿大蒙特利尔大学研修当代法国语言文学和高等教育管理,获文学硕士学位,任教育部高等学校外语专业教学指导委员会委员、法语专业教学指导委员会副主任委员。研究领域:法国现当代文学、城市语言学等。著作:《新词与社会互动关系研究》《理性与非理性——20世纪法国文学主流》等。

徐震宇,历史学博士,华东政法大学博士后。研究领域:外国法制史,西方法律思想史,欧洲中世纪和近代早期史。

许传玺,男,1965年生,山东人,美国耶鲁大学人类学专业、哈佛大学法律专业研究生,哲学博士,职业法律博士,教授。北京政法职业学院党委副书记、院长。

许翠霞,女,法学博士,美国天普大学访问学者,集美大学海洋文化与法律学院副教授。

研究方向：民商法学。

许多奇，法学博士，复旦大学法学院教授。著作：《债权融资法律问题研究》等；译著：《解密美国公司税法》等。

许光耀，男，1967年生，江苏人，广西大学法学院副院长。研究领域：反垄断法、国际私法等。著作：《欧共体竞争法通论》《欧共体竞争立法》等。

许钧，1954年出生，浙江龙游人，教育部长江学者特聘教授，著名翻译家，现任浙江大学文科资深教授，北京大学欧美文学中心兼职教授，国务院学位委员会第六届、第七届外国文学学科评议组召集人、全国翻译硕士专业学位教育指导委员会副主任。

许凯，法学博士，中国政法大学博士后，华东政法大学国际法学院任教，硕士研究生导师。研究领域：国际私法学和民商法学。

许可，男，安徽人。对外经济贸易大学法学博士。曾在美国加州大学伯克利分校交流。任对外经济贸易大学数字经济与法律创新中心主任。

许明月，男，法学学士、硕士、博士。西南政法大学期刊编辑部主任，《现代法学》《西南政法大学学报》主编。著作：《民事诉讼法要论》《新编经济法教程》等；译著：《律师咨询与商议的理论与技巧》等。

许庆坤，山东大学法学院教授，博士和硕士研究生导师。

许庆豫，男，香港中文大学教育学院教育学专业哲学博士。著作：《教育发展论》《教育分流论》等；译著：《教育政策学》等。

许章润，男，1962年出生于安徽，清华大学法学院教授，博士生导师，中国管理科学院院士。研究领域：法理学。著作：《说法 活法 立法——关于法律之为一种人世生活方式及其意义》《法学家的智慧：关于法律的知识品格于人文类型》《监狱学》等。

许身健，中国政法大学教授。专著：《刑事程序现代性研究》《电影中的律师职业伦理》。译著：《法律诊所：理念、组织与方法》《律师职业伦理及行业管理》等。

薛军，男，1974年生，江苏人，中南政法学院法学学士，中南财经政法大学法学硕士，意大利罗马第二大学法学博士，北京大学法学院教授。专著：《批判民法学的理论建构》；译著：《意大利法概要》《埃塞俄比亚民法典》《学说汇纂》等。

薛张敏敏，硕士，讲师，兼职律师。法学学士，香港城市大学法学硕士，香港城市大学法学专业博士研究生。

Y

闫冬，北京外国语大学法学院教授、副院长、英美法研究中心执行主任，英国华威大学法学博士。研究领域：劳动法、公司法和国际投资法。

严存生，男，1940年生，陕西大荔人，西北政法大学教授，法理学硕士研究生导师，国家级有突出贡献专家。专著：《法的价值问题研究》等。

严复,1854 年 1 月 8 日~1921 年 10 月 27 日,男,汉族,福建侯官县人,近代极具影响力的资产阶级启蒙思想家、著名的翻译家、教育家,先后毕业于福建船政学堂和英国皇家海军学院,曾任京师大学堂译局总办、上海复旦公学校长等。著作:《论世变之亟》《原强》等;译著:《群学肄言》《群己权界论》等。

严厚福,1982 年生,江西人,北京师范大学法学院副教授、硕士生导师,北京大学法学学士、硕士、博士。研究方向:环境法学等。著作:《抵御外来物种入侵:法律规制模式的比较与选择——我国外来物种入侵防治立法研究》等;译著:《环境正义:丧钟为谁而鸣——美国联邦法院环境诉讼经典判例选》等。

颜九红,女,北京政法职业学院教授。研究领域:刑法学。著作:《为了弱者的正义——和谐社会构筑中刑事政策的价值取向》;译著:《荷兰刑法典》等。

晏向阳,英语文学硕士,北京高校教师,毕业于江西师范大学。已出版《大自然为我们做了些什么》《午夜北平》等多部译作。

杨昂,男,1978 年生,法学博士,历史学博士后,华中科技大学法学院讲师。译著:《法的一般理论与马克思主义》等。

杨百揆,1950 年生于北京,北京大学国际政治系毕业,曾在中国社会科学院政治学研究所工作。代表作:《现代西方国家政治体制研究》等;译著:《新官场现形记——内阁大臣的日记》(杨百揆、刘庸安译)等。

杨贝,女,湖南人,博士,现为对外经济贸易大学法学院副教授。

杨波,男,博士,贵州人。中国政法大学社会学院心理学系教授,刑法学犯罪心理学方向博士生导师,中国政法大学社会学院实验室主任。

杨才然,男,广东人,中国工商银行总行公司治理办高级经理。论文:《塞尔新资本协议与商业银行公司治理》等;著作:《欧洲合同法中的诚信原则》《互联网著作权纠纷案》等。

杨代雄,男,1976 年生,法学博士,华东政法大学教授,博士生导师。研究方向:民法总论、物权法、民事责任理论和民法史。著作:《古典私权一般理论及其对民法体系构造的影响》《民法总论专题》等。

杨丹,女,法学学士、硕士、博士,暨南大学人文学院教授。研究领域:中国刑法学,比较刑法学,医疗法学等。著作:《医疗刑法研究》《刑罚、责任与正义》等。

杨杜芳,西南政法大学外国语学院奠基人之一。

杨飞,男,中国政法大学民商经济法学院博士,讲师。研究领域:劳动法、社会保障法学、民商法学。

杨广俊,男,1951 年生,教授,河南省高等学校外语教学研究会会长,从事理论语言学等方面的研究,出版《美国环境法概论》等译著。

杨国华,法学博士,清华大学法学院教授,曾任商务部条约法律司副司长。著作:《美国贸易法"301 条款"研究》等。

杨恒达，1948年11月出生于上海，1982年毕业于中国人民大学中文系，文学硕士。专著：《尼采美学思想》《卡夫卡传》等；译著：卢卡奇《小说理论》、韦勒克《现代文学批评史》等。

杨会永，男，汉，法学学士、硕士、博士，中国社会科学院文化法律研究中心研究员、河南省法学会行政法研究会理事等。研究领域：行政法、信息与传媒法。著作：《我国广播影视领域版权保护法制建设研究》等。

杨继，文学学士、法学硕士、德国法兰克福大学法学博士（Dr. iur.）。

杨建顺，男，汉族，日本国筑波大学第一学群社会科学士，日本国一桥大学大学院法学硕士、法学博士，中国人民大学法学院教授、博士生导师，担任中国人民大学公法研究中心副主任。研究领域：中国行政法学、行政诉讼法学、外国行政法学等。著作：《比较行政法——给付行政的法原理及实证性研究》等。

杨静辉，法学学士、硕士，曾在国务院港澳事务办公室工作，先后参加《中华人民共和国香港特别行政区基本法》《中华人民共和国澳门特别行政区基本法》起草工作，编写和参加编写十多部专著。

杨立峰，男，河北人，西北政法大学政治与公共管理学院副院长，浙江大学哲学博士。译著：《朝服：马基雅维利与他所创造的世界》《共和的理念》等。

杨立华，男，黑龙江人，北京大学哲学系教授，哲学博士。研究领域：中国哲学史、儒学、道家与道教。专著：《一本与生生：理一元论纲要》《宋明理学十五讲》等。

杨利华，法学博士，中国政法大学民商经济法学院知识产权法教研室教授。研究方向：知识产权法、信息法学、反不正当竞争法。著作：《知识产权法学》等。

杨明，湖北人，北京大学法学院副教授，法学博士，加州大学伯克利分校法学院访问学者、阿克伦大学法学院访问教授。致力于知识产权法、网络法、市场规制等领域的研究。

杨明成，西南政法大学法学副教授，律师，行政法学硕士研究生导师。

杨其华，中国计量学院质量与安全工程学院教授、院长。发表科技论文约30篇，获软件著作权登记4项，专利2项；专著：《激光指纹术》等。

杨秋颜，法学硕士，浙江工商大学公共管理学院讲师。

杨天江，北京大学法律史博士，西南政法大学法理学教研室主任，研究领域：法理学、西方法律思想史，特别致力托马斯主义自然法理论研究。

杨通进，男，1964年出生，贵州剑河人，哲学博士，中国社会科学院哲学研究所研究员、伦理学研究室副主任。著作：《环境伦理：全球话语，中国视野》《走向深层的环保》（专著）等；译著：《动物权利》《环境伦理学基础》等。

杨伟东，1970年生，中国政法大学法治政府研究院教授、博士生导师，法学博士，剑桥大学、伦敦大学访问学者。曾任国家行政学院法学部副主任、中央党校（国家行政学院）政治和法律教研部副主任。主编《行政复议法释解与案例评析》；翻译《英国行政法教科书》等。

杨垠红，法学博士，福建师范大学法学院教授，硕士生导师，美国 Wake Forest 大学访问学者。

杨运涛，国际经济法博士。译著：《国际货运代理法律指南》等。

杨召南，男，1945 年出生，江苏人，上海海事大学交通运输学院法律系教授、硕士研究生导师。1981 年上海海事大学国际经济专业研究生毕业，1986 年至 1987 年在美国路易斯安娜州杜兰大学法学院进修海商法。

姚建宗，男，1966 年生，四川省人，法学博士，曾任吉林大学理论法学研究中心常务副主任。专著：《法律与发展研究导论》等；译著：《罗尔斯》等。

姚梅镇，1915 年生，1936 年就读武汉大学法律系，新中国成立后历任武汉大学副教授、教授、法律系副主任、国际法研究所副所长、中国国际法学会第二届理事。

姚明斌，广东人，华东政法大学副教授，硕士生导师。法学学士、硕士、博士，德国明斯特大学联合培养博士生，华东政法大学法学博士后。研究领域：法律行为论、违约救济论、物权变动论、民法方法论。

姚念慈，上海立信会计金融学院国际金融专业的创办人，我国金融业的先驱者。编写、编译了《国际结算》《银行市场学》《银行商业信用证的法律》等教材、著作。

姚新华，中国政法大学研究生院民商法专业导师组副组长，民法学教授、硕士生导师，北京市仲裁委员会仲裁员，北京市民商法学会理事兼副秘书长。

姚中秋，又名秋风，1966 年出生，陕西蒲城人，当代儒者，经济学者，现代新儒学的代表人物。研究领域：儒学、经济学、法学、政治哲学、中外历史等。著作：《为什么是市场》等；译著：《财产、法律与政府——巴斯夏政治经济学文粹》等。

叶京生，1944 年生，男，浙江瑞安人，上海对外贸易学院经济学教授，主要从事知识产权和国际许可贸易的教学与研究。专著和教材：《知识产权与世界贸易》《工业产权基础》《美国知识产权案例与评注》等。

叶名怡，男，汉族，1979 年生，英语专科，诉讼法学专业硕士，民商法学博士，上海财经大学法学院教授。研究方向：侵权法、合同法、保险法及破产法等。论文：《过错与抗辩——以名誉权侵权为重点》等；译著：《美国破产法》等；著作：《侵权责任法理论与实务》等。

叶鹏飞，中国劳动关系学院社会工作学院教授。

易继明，男，1968 年出生，北京大学法学博士，北京大学法学院研究员，博士生导师。研究领域：法理学、私法一般理论、民法总论等。著作：《技术理性、社会发展与自由》《合同法理论》等。

易旻，成都电讯工程学院（现电子科技大学）工学士，西南政法大学法律硕士，担任《证据科学》编委、《中国司法鉴定》副理事长。

易平，女，东京大学法学政治学研究科法学博士、法学硕士，北京大学法学院法学硕士、法学学士，北京大学法学院副教授。研究领域：国际法史、战争法、国际组织法。论文：《日美学者关于清代民事审判制度的论争》等。

易宪容，江西人，青岛大学经济学院教授，原中国社科院金融研究所金融发展室主任。著作：《现代合约经济学导论》《交易行为与合约选择》《科斯经济思想研究》等；译著：《佃农理论》《经济解释》等。

殷生根，男，1975 年毕业于北京第二外国语学院德语专业。在北京语言大学任教期间曾分别赴歌德学院、洪堡大学、奥尔登大学等德国知名院校进修，现为德语副教授。参与出版《德语速成》和《目标》教材，组织编写《德语基本词汇手册》，翻译《瑞士民法典》。

尹灿，北京大学法学学士、硕士，美国哥伦比亚大学法学硕士。目前在北京任职于一家国际律师事务所。

尹超，男，中国政法大学法学博士、北京师范大学国际与比较教育研究院博士后，任职于中国政法大学法律硕士学院。研究方向：法学理论、法学教育、比较法等。

尹宣，1942 生，2009 年病逝于武汉。1963 年毕业于华中师范学院外语系俄语专业，同年起于武汉市第一中学教授俄语，后自学英语并一直任英语教师。伊利诺伊大学社会学硕士。译著：《现代美国文学简介（1919—1980）》等。

印波，中国政法大学刑事司法学院教授。英国阿伯丁大学法学博士，德国马克斯·普朗克外国刑法与比较刑法研究所访问学者。

应奇，男，浙江诸暨人，哲学博士，华东师范大学哲学系教授。研究方向：西方政治哲学、道德哲学、语言哲学、中西哲学比较等，兼任中华全国外国哲学史学会理事。

应星，清华大学社会科学学院政治学系、社会学系双聘教授。研究方向：历史社会学、政治社会学、法律社会学、教育社会史及社会运动研究，目前主要从事中国革命的历史社会学研究。出版《大河移民上访的故事》《村庄审判史中的道德与政治》等著作。

游云庭，上海大邦律师事务所高级合伙人、知识产权律师。毕业于华东政法大学，获外国法制史（英美法方面）法学硕士学位。

于安，男，法学博士，清华大学公共管理学院教授、博士生导师，政府研究所所长，清华大学 PPP 研究中心首席专家。研究领域：行政法和行政诉讼法、政府采购法、紧急状态法。

于改之，女，1969 年出生，山东人，法学硕士、博士，东京大学法学政治学研究科客员研究员，上海交通大学凯原法学院教授、博士生导师。研究领域：刑法学、经济刑法。著作：《刑法知识的更新与增长——西原春夫教授 90 华诞祝贺文集》；译著：《刑法与民法的对话》等。

于敏，1953 年生，北京人，东京都立大学法学硕士，名古屋大学法学博士，担任中国社会科学院法学研究所研究实习员、助理研究员。研究领域：民法学、环境法学和民法侵权等。论文：《两性和谐与权利的平等保护》《海峡两岸机动车损害赔偿责任保险比较研究》等；著作：《机动车损害赔偿责任与过失相抵——法律公平的本质及其实现过程》等。

于庆生，男，1976年生，河南师范大学法学院副教授、硕士生导师，法学学士、硕士、博士，主要从事西方法哲学、罗马法和商法基础理论的教学与研究工作，《论自由》《法学的概念天国》的译者。

于霄，1982年生于山东，上海师范大学副教授。华东政法大学博士，山东大学法学、英语语言文学双学士。研究领域为财产法。

于秀峰，男，吉林人，法学博士，商学院经济学博士后，曾留学日本早稻田大学法学部，北京市德恒律师事务所深圳分所主任。

于兆波，法学博士、博士后，北京理工大学法学院教授、硕士研究生导师。主要从事立法学研究。著作：《立法决策论》等。

于子亮，中国政法大学民商法博士。研究领域：民法、私法史。

俞剑红，男，汉族，浙江黄岩人，北京科技大学管理工程专业研究生毕业，工学硕士，教授。现任北京电影学院副校长，青年电影制片厂厂长。著作：《中国电影产业年报》等。

余佳楠，北京大学法学院博士后。

余履雪，法兰西学院博士后，北京大学法学院法学博士。研究领域：法理学、比较法学、立法学等。论文：《平等与功利之争——评罗尔斯的最小受惠者伦理》《欧盟私法的统一：存异与求同之间》等；著作：《德国历史法学派：方法与传统》等；译著：《国外公众参与立法》等。

余素梅，1976年生于湖北，经济学学士，法学博士。中南财经政法大学法学院国际经济法系副教授。研究方向：国际金融法学。主要成果：《网上银行业务安全的法律保障机制研究》。

余逊达，男，1956年出生于江苏盐城，哲学学士，法学硕士，史学博士，浙江大学教授，浙江大学社会科学研究院院长。研究方向：民主理论、政治发展、制度分析与治理理论。

余振龙，男，1928年生，上海人，东吴大学法学学士，上海市联合律师事务所特邀高级律师，中国国际经济科技法律人才学会理事。研究方向：国际经济法、香港法。著作：《香港法例中译参考》《国外票据法》等；译著：《牛津法律词典》（审译）、《英国公司法》（合作）等。

余仲儒：国家知识产权局材料工程发明审查部石油处处长，资深专利审查员。

虞政平，男，1968年生，江西省余干县人，华东政法学院法学学士，北京大学国际经济法专业法学硕士，中国政法大学民商法专业法学博士，曾任最高人民法院审判监督庭副庭长。研究领域：民商法、诉讼法、公司法等。著作：《英国公司法规汇编》《股东有限责任——现代公司法律之基石》等；论文：《中国特色社会主义司法制度的"特色"研究》等。

虞争鸣，浙江省温州人，2009年起开始学习拉丁文、古希腊文，曾从事多年的翻译工作，现业余时间翻译拉丁语、古希腊语著作。

宇文利，男，河北石家庄人，北京大学教授，北京大学马克思主义学院思想政治教育研究所所长，担任中国人学学会理事，公民教育研究所所长等。著作：《中华民族精神现当代发展新论》《现代思想政治教育课程论》等；译著：《社会理论与教育：社会与文化再生产理论批判》《公共教育》等。

喻文光，女，法学博士，中国人民大学法学院副教授。研究方向：经济行政法、一般行政法、经济宪法、PPP法律制度。专著：《关于公私合作伙伴关系的实践经验和法律问题的中德对比研究——以私人投资交通建设为例》等。

袁卫，经济统计学博士，曾任中国人民大学常务副校长，现任中国人民大学调查与数据中心主任，统计学教授，博士生导师。

袁筱一，女，华东师范大学法语系教授，南京大学博士。研究方向：法语语言文学专业翻译理论。译作：《生活在别处》《流浪的星星》《一个孤独漫步者的遐想》等。

袁瑜琤，工学学士，法学硕士、博士。现在烟台大学任教。研究领域：中国法制史、中国法律思想史。著作：《讼师文化解读：一种法律工具主义的样本》等。

袁震，男，西北政法大学民商法学院教师，西北政法大学物权与土地制度研究所所长。

岳礼玲，中国政法大学刑事司法学院教授，法学博士。著作：《刑事审判与人权保障》《美国刑事诉讼法经典文选与判例》等。

岳昌年，研究领域：社会学及统计学。主要成果：《城市老年住房建设模式的探讨》等。

Z

曾尔恕，女，硕士，中国政法大学图书馆馆长，博士生导师，全国外国法制史研究会副会长。

曾建平，男，汉族，1967年生，江西人，哲学博士、博士后，二级教授。著作：《环境正义——发展中国家环境伦理思想探究》《环境哲学的求索》等。

曾剑秋，英国剑桥大学博士，北京邮电大学经管学院教授、博导。研究领域：竞争力与IT发展、技术经济研究。

曾令良，1956-2016，男，汉族，湖北人，法学家，生前曾任武汉大学人文社会科学资深教授、教育部长江学者特聘教授。著作：《欧洲联盟法总论——以〈欧洲宪法条约〉为新视角》等。

曾彦，男，1979年生，湖南长沙人，中南财经政法大学刑事侦查本科、刑法学专业硕士，武汉大学刑法学专业博士。译著：《死刑的全球考察》；论文：《论我国杀人罪立法的缺陷与完善》《论交通肇事犯罪人的特点及刑事责任》。

查良鉴，美国密西根大学法理学博士。著作：《俄国现代史》等；译著：《证据法则要义》等。

查松，1972年生，四川人，民商法硕士、博士。先后供职于中国证监会、中国银行、国泰君安证券股份有限公司，现任西藏信托公司总经理。著作：《融资租赁法》《股票的发行与承销》；译作：《动产法》等。

翟宏丽，中国政法大学民商经济法学院社会法研究所教师，中国政法大学医药法律与伦理研究中心执行主任，法学博士，医学硕士，副主任医师。

翟继光，男，1979年生，哲学学士，法学博士，中国政法大学民商经济法学院副教授，硕士生导师。著作：《中华人民共和国企业所得税法释义》等。

翟小波，男，1978年生，河南人，法学博士，澳门大学法学院副教授。专著：《论我国宪法的实施制度》；译著：《现代宪法》等。

翟远见，法学学士、硕士，意大利罗马第二大学罗马法专业博士。中国政法大学比较法学研究院副教授。

翟志勇，男，北京航空航天大学法学院宪法学和法理学副教授，法学学士、硕士、博士，哈佛大学法学院东亚法律研究中心访问学者。研究方向：公法、法哲学、民族与国家理论。

战宪斌，日本横滨国立大学法学部国际经济法教授、博士生导师。《毛泽东诗词》日文版译者，《日汉大词典》编者。

张安华，男，1957年出生，江西人，经济学博士，中央财经大学中国发展和改革研究院能源经济研究中心主任，中国社会科学院可持续发展研究中心特约研究员。研究领域：能源可持续利用与消费、清洁生产与工业可持续发展、工业废物处理等。著作：《排污权交易的可持续发展潜力分析》；论文：《娱乐经济与娱乐产业》等。

张宝钧，男，1966年出生，籍贯河北，文学学士、硕士，教授，硕士研究生导师。译著：《马云传》《叶圣陶儿童文学选》等。

张保生，男，中国政法大学原副校长，法学教授，博士生导师。著作：《证据法学》等。

张翠玲，1972年出生，辽宁人，中共党员，博士研究生，现任西南政法大学刑事侦查学院（国家安全学院）副院长，教授，博士生导师。中国刑警学院刑事科学技术专业学士，中国医科大学生物物理专业硕士，南开大学文学院语言学及应用语言学专业博士。

张达楠，男，汉族，1930年生于江苏，中国社科院苏联东欧研究所译审，资深俄文翻译家。

张定军，1971年生，湖北人，法学学士、硕士，德国拜罗伊特大学访学，民商法学博士，华中科技大学法学院副教授，马普学会国际私法与比较法研究所（汉堡）访问学者。

张铎，1987年毕业于大连海事大学海洋船舶驾驶专业，1998年毕业于世界海事大学（瑞典）海事安全管理专业，获硕士学位，现为青岛远洋船员职业学院航海系教授（航海技术），本院海事公约研究所所长。研究方向：海事安全和国际海事公约，著有《1972年国际海上避碰规则理解与适用》等。

张光博，1929~2007年，教授，主要研究宪法。

张光润，四川剑阁人，华东师范大学历史系博士研究生。

张广良，男，文学学士，法学学士，美国约翰·马歇尔法学院知识产权法专业法学硕士，北京大学法学院知识产权法博士，中国人民大学法学院教师，中国知识产权法学研究会副秘书长。研究领域：知识产权法，知识产权相关竞争法。著作：《知识产权运用与保护研究》《知识产权侵权民事救济》等。

张国清，哲学博士，浙江大学公共管理学院政治学系教授。研究领域：政治学、哲学、中国政治与国际政治等。

张鸿巍，安徽人，美国 Sam Houston State University 刑事司法学博士，武汉大学法学学士，暨南大学少年及家事法研究中心教授、人文学院院长。研究方向：刑法学、犯罪学与法律诊所教育。

张洪竹，中文专业，中国政法大学法律专业文凭，法国里尔第三大学历史系硕士学位，现任天津张盈律师事务所律师，参与翻译《总统轶事》等。

张既义，1951 年毕业于东北人民大学法律系，1955 年中国人民大学法律系研究生班毕业。长期从事海商法和国际海运私法的教学和研究，是新中国第一届海商法硕士生导师。研究方向：海事国际私法。著作：《水运技术词典》（远洋运输分册）《海商法概论》；合译：《汉堡规则的成立及其条款解释》。

张继宗，男，吉林人，中国科学院人类学专业博士，公安部物证鉴定中心主任法医师，中国人民公安大学教授。从事法医人类学研究、教学、办案工作二十余年，曾留学德国慕尼黑大学从事法医人类学研究工作，是我国著名法医人类学家。

张家勇，男，1969 年生，四川人，法学学士、硕士、博士，中南财经政法大学法学院教授。研究领域：中国民法、比较民法等。著作：《为第三人利益合同的制度构造》《合同法与侵权法中间领域调整模式研究：以制度互动的实证分析为中心》等；译著：《私法的基础：财产、侵权、合同和不当得利》《欧洲统一侵权法：违法性》等。

张建文，1977 年生，男，河南人，法学博士、博士后，西南政法大学法学教授、博士生导师，西南政法大学俄罗斯法研究中心主任。主要从事中国民法学、中俄比较私法学研究。译著：《俄罗斯知识产权法》。

张金海，1973 年生，河南人，法学博士（民商法学专业），四川大学法学院教授。

张金玺，女，博士，毕业于中国人民大学新闻学院，中国人民大学新闻学院副教授，硕士生导师，中国人民大学新闻与社会发展研究中心研究员。研究方向：新闻传播法。译著：《大众传媒法》《传播法：自由、限制与现代媒介》等。

张军，男，汉族，1956 年 10 月生，中国人民大学法学博士。现任中共二十届中央委员，最高人民法院院长、党组书记、审判委员会委员，首席大法官。论著：《刑事错案追究》《刑事审判中法官的自由裁量权》；译著：《英国刑法导论》（合译）。

张军建，男，1956 年出生，河南人，博士，教授。中南大学法学院信托与信托法研究中心主任、中南大学中日经济法研究所所长。主要从事信托法、日本反垄断法方面的研究。

张森宽,男,法语语言文学博士,中南大学法语系教授。研究方向:应用语言学、法语教育。

张立新,博士,中国政法大学外国语学院教授、研究生导师。

张磊,法学博士,北京师范大学副教授,中国刑法学研究会学术秘书。

张礼洪,1971年生,福建人,意大利罗马第一大学罗马法和民法博士,巴黎第一大学博士后,现为华东政法大学法学院民商法专业教授、博士生导师。研究方向:比较民法、罗马法。译著:《罗马法体系的典型特征》。

张利宾,男,美国得克萨斯大学奥斯汀法学院法学博士(J.D.),世泽律师事务所高级合伙人。著作:《美国合同法:判例、规则与价值规范》等;译著:《美国能源法(精要)》《外国企业在美国并购实务指南》等。

张利民,江苏人,法学学士、硕士、博士,苏州大学法学院教授。

张莉,中国政法大学法治政府研究院教授、博士生导师,兼任中国行政法学研究会理事、欧洲公法研究会理事、《孟德斯鸠法律评论》等杂志编委会成员等职。研究领域:中国行政法、法国公法、比较行政法。

张凌,男,1956年生,黑龙江人,吉林大学法学博士、早稻田大学法学博士。中国政法大学刑事司法学院教授、博士生导师,中国犯罪学学会常务副会长。著作:《日中比较有组织犯罪论》(日文)等。

张凌云,男,经济学硕士,北京第二外国语学院旅游发展研究院院长、教授,发展咨询委员会委员。研究领域:旅游学基础理论、旅游经济、旅游地理、旅游目的地和旅游景区、旅游电子商务、旅游政策法规。著作:《旅游景区景点管理》等。

张路,男,1968年生,河南人,英语语言文化专业学士,经济学硕士、国际法学博士。研究领域:国际法学、权力治理、诚信法等。著作:《资本市场诚信法律制度研究》等;译著:《证券监管法基础》等。

张鲁平,男,广东外语外贸大学博士,曾任中国政法大学外国语学院副教授。

张嫚,女,1972年出生,经济学学士、硕士、博士,东北财经大学产业组织与企业组织研究中心专职研究人员。研究领域:产业经济学、规制经济学。著作:《环境规制约束下的企业行为——循环经济的微观实施机制》等。

张梦中,男,四川人,中山大学行政管理研究中心兼职教授,美国新泽西州立大学即罗格斯大学(Rutgers University)公共行政专业博士研究生,美国国家公共生产力中心研究员,美国行政学会美中公共行政国际合作局副主任。论文:《理论的建立与发展》、*Chinese Administrative Reforms in International Perspectives* 等。

张明楷,男,1959年生,湖北仙桃人,刑法学家,清华大学法学院教授,博士生导师。著作:《刑法格言的展开》等。

张明澍，1955年出生于四川，1986年毕业于中国社会科学院研究生院政治学系，硕士学位，研究员。研究方向：政治理论，比较政治。

张乃根，法学博士，复旦大学法学院国际法研究中心主任、知识产权研究中心主任。研究领域：国际法理论、国际贸易的知识产权法、法哲学。专著：《经济学分析法学》等；译著：《论经济与社会中的法律》《世界贸易体制：国际经济关系的法律与政策》等。

张凝，1983年毕业于北京外国语学院分院法语系，获文学士。1983~1986年就读于中国政法大学研究生院国际法专业，获法学硕士。

张平，男，1985年生，江西人，南京大学法学学士（2007）、法理学硕士（2011），巴黎一大社会法学硕士（2011），加拿大蒙特利尔大学法学博士研究生。研究方向：法哲学、劳动与社会法学。

张骐，男，1960年出生于河北省，北京大学法学院教授。研究方向：法理学（法哲学）、比较法学、法社会学、侵权法、产品责任法。著作：《走向和谐——当代中国的公民社会探析》等。

张企泰，曾任教于清华大学法学院，法学家。

张千帆，著名学者，生物物理学博士，政府学博士。现任北京大学法学院教授，政府管理院双聘教授，博士生导师，中国宪法学会副会长。

张清，女，中国政法大学外国语学院院长，教授，博士生导师。研究领域：法律语言学、法律英语、美国法律等。著作：《法官庭审话语的实证研究》等。

张青波，1997~2004年就读于中国政法大学，先后获得法学学士、硕士学位，2005~2009年就读于德国法兰克福大学，师从诺伊曼教授。2010~2013年任教于澳门科技大学，现任教于中南财经政法大学。研究方向：行政法学、法理学、宪法学。

张群，男，安徽人，法学学士、历史学硕士、法学博士，英国华威大学法学院访问学者，现任中国社会科学院法学研究所助理研究员，图书馆副馆长。研究领域：社会福利法制史。著作：《上奏与召对：中国古代决策规则和程序研究》《居有其屋——中国住房权历史研究》等。

张蕊楠，英国爱丁堡大学理学硕士，任职于西北政法大学。

张汝铮，中国刑警学院副教授。

张绍谦，男，上海交通大学凯原法学院刑事法研究所所长，教授。研究领域：刑法学、犯罪学。著作：《刑法因果关系论》《危害公共安全罪定罪》等。

张生，教授，中国政法大学博士生导师。研究领域：近代法律史、近代民法史。

张世明，男，1966年出生，四川省人，法学博士，中国人民大学法学院及清史研究所双聘教授，博士生导师。研究领域：边疆民族史、法律史等。著作：《经济法基础文献会要》《中国经济法历史渊源原论》等。

张守东，中国政法大学副教授，1990~1991年兼任中国社科院法学研究所《法学研究》

编辑。著作：《法制现代化与宪政》（合著）；译著：《卡多佐》《清代法制导论》等。

张书友，男，1979年生，河北人，西北政法大学法治学院副教授、研究生导师，法学学士、硕士、博士。研究方向：西方法理学、法律学说史、法律方法、法律与文学。专著：《纯粹法理论》《法律要义》等。

张曙光，副教授，硕士生导师，中国人民大学法学理论教研室主任。研究方向：法理学。著作：《法的形成和运作的原理》《法的概念和本质的原理》等。

张双根，男，毕业于德国柏林洪堡大学，北京大学法学院副教授，研究领域为民法、商法、德国私法。

张水波，男，1968年生，科技英语（辅修水利工程项目管理）学士，管理工程硕士，国际工程项目管理博士，天津大学管理与经济学部副主任，天津大学国际工程管理学院院长。译著：《工期延误与干扰索赔分析准则》等。

张素华，女，1976年生，武汉大学法学院教授、硕士研究生导师。著作：《网络银行风险监管法律问题研究》等。

张铁军，浙江大学经济学院讲师，瑞典哥德堡大学国际关系学副博士。主要研究国际政治经济学、和平与发展理论。

张韬略，男，法学硕士，管理学博士，同济大学法学院副教授。研究方向：知识产权法、竞争法、软件互联网法。

张万洪，男，1976年生，法学博士，武汉大学法学院教授，武汉大学社会弱者权利保护中心劳工部部长。研究方向：西方法学理论；宪法权利与人权。译著：《法理学》《宪法学》。

张巍，男，上海人，复旦大学法学学士，早稻田大学民法学硕士，哈佛大学法学硕士，加利福尼亚大学伯克利分校法学博士，现任新加坡管理大学杨邦孝法学院副院长、长聘教授。研究领域：法经济学、法律的经验研究、民商法学、法律与发展。

张伟君，同济大学法学院/知识产权学院教授，知识产权与竞争法研究中心主任。法学学士、硕士，管理学博士。专著：《规制知识产权滥用法律制度研究》等。

张卫平，清华大学法学院教授、博士生导师，中国民事诉讼法研究会会长，中国检察学研究会副会长。

张文显，法学硕士，哲学博士，吉林大学教授，国务院学位委员会委员、法学学科评议组成员等。著作：《法哲学范畴研究》《二十世纪西方哲学思潮研究》等。

张小义，研究领域：民商法、经济法。论文：《论纯粹经济损失的几个基本问题》《股票窃用交易的侵权责任》等。

张新宝，男，《中国法学》总编辑。1961年出生于湖北省，法学学士、硕士。研究领域：侵权法、人格权法、合同法、民法和信息法。专著：《侵权责任构成要件研究》等。

张新娟，女，1963年生，法学博士，中国社会科学院大学法学院教授，经济法专业硕士点负责人。研究方向：国际经济法、国际私法。出版《反倾销法律的理论与实践》《重返关贸总协定——企业面临的国际经济环境与对策》等 6 部著作。

张学安，法学博士，西北政法大学教授；中国国际经济法学会理事，比利时安特卫普大学管理学院 MPA 客座教授，西安市中级人民法院专家委员会成员。

张雪燃，女，贵州人，法学硕士，供职于澳大利亚房地产企业。

张彦春，女，1970 年生，中国刑警学院教授，工学博士，法学物证技术专业博士后。

张晓艳，女，译时在中国社会科学院法学所。论文：《全球语境下的刑罚反思》。

张文镇，1922 年生，北京大学法学士，曾任中国政法大学教授、研究生导师。

张艳，1984 年出生于吉林，吉林大学法学士，德国波恩大学法学硕士，德国柏林洪堡大学法学院博士。研究方向：民法、消费者保护法、银行法。

张永坚，男，大连海事大学教授、博士生导师。研究方向：航运业、法律。译著：《船长业务与法律》等。

张雨泽，男，1980 年出生，中国人民大学法学博士。研究方向：国际公法、国际私法、国际经济法。译著：《版权法导论》《版权导论》等；论文：《美国金融商业方法专利战略初探》。

张玉瑞，中国社会科学院法学研究所研究员。著作：《商业秘密与商业贿赂》《互联网上知识产权——诉讼与法律》等；译著：《电子商务与互联网法》《详解商业秘密管理》等。

张云峰，男，江苏省苏州市中级人民法院工作。研究领域：诉讼法与司法制度。主要成果：《浅谈民事诉讼承担与诉讼终结》。

张永华，男，西南政法大学民商法学院讲师。

张照东，法学学士、硕士、经济法学博士、经济学博士后。福建天衡联合律师事务所一级律师、合伙人。专著：《情事变更制度比较研究》《政府采购制度比较研究》等。

张朝霞，女，河北人，1970 年生，法学博士，2023 年 2 月，任北京市第三中级人民法院院长，中国政法大学兼职教授。著作：《中德刑事不起诉制度比较研究》等。

张铮，对外经济贸易大学经济学学士、法学硕士，哥伦比亚大学法学硕士，上海交通大学凯原法学院博士研究生、法社会学中心研究助理。

张芝梅，逻辑学硕士，法学博士，中国社会科学院社会学研究所《青年研究》编辑部主任。研究领域：法社会学、法经济学。专著：《美国的法律实用主义》；译著：《法律的道路及其影响》（合译）等。

张志铭，男，浙江人，法学博士，华东师范大学法学院院长，教授、博士生导师。研究方向：法理学基本概念、法治与公共政策、法律解释学、法律职业。专著：《法律解释操作分析》等；译著：《惩罚与责任》（合译）等。

张中，中国政法大学证据科学研究院教授，法学博士，社会学博士后，美国西北大学法学院访问学者。研究领域：刑事诉讼法学、证据法学。著作：《刑事诉讼关系的社会学分析》《弱势群体的法律救助》等。

张中载,男,1932年出生,浙江宁波人,北京外国语大学学士、硕士,北京外国语大学英语系教授。研究方向:英国小说、哈代研究、西方古典文论等。著作:《托马斯·哈代——思想的创作》《当代英国文学》等。

张卓明,浙江人,法学本科,法理学硕士,中国社科院法学所法理学博士,华东政法大学法律学院副教授、硕士生导师,法律方法与判例研究中心副主任。专著:《选举权论》;译著:《民主与不信任:关于司法审查的理论》;合编《法理学:案例与图表》。

赵炳昊,中国政法大学民商经济法学院副教授。

赵炳寿,1933年生于成都市,毕业于西南政法学院,原四川大学法学院院长。

赵秉志,男,1956年生,河南人,法学博士,前北京师范大学刑事法律科学研究院及北京师范大学法学院院长、法学教授、博士生导师。研究方向:中国刑法、国际刑法、港澳台刑法。专著:《犯罪主体论》等。

赵博阳,1987年生,上海人,华东政法大学法律史专业博士研究生。学术兴趣:西欧中世纪法律史、教会法。

赵宝成,男,中国犯罪学研究会理事、副秘书长。研究领域:刑事法学。著作:《犯罪学专论》《新犯罪学》等。

赵保庆,男,1964年生,河南省人,华北电力大学人文与社会科学学院副教授,法政系法律科学教研室副主任。研究方向:法理学、行政法学和国际法学。

赵昌来,台湾大学法律系毕业,德国特里尔大学法学博士。

赵承寿,汉族,博士(法学理论专业),中国社会科学院金融研究所博士后。著作:《法律推理》《法律推理引论》等。

赵赤,1967年生,湖南人,工科专业,刑法学硕士,犯罪学方向博士。常州大学史良法学院教授。研究领域:刑法学、犯罪学。

赵海峰,男,北京大学法学学士,法国巴黎第一大学欧洲刑法与刑事政策法学硕士,法学博士,教授,原哈尔滨工业大学法学院院长,2016年起担任国家法官学院教授。研究方向:国际法学、欧洲法和比较法学。著作:《国际司法制度初论》等;译著:《世界法的三个挑战》等。

赵洪芳,女,中国政法大学外国语学院副教授、英语教育本科,应用语言学硕士,法学理论博士。研究领域:英语教学研究、法律语言学、法律翻译。著作:《法律语言的实证研究》等;译著:《法律话语》《2012水晶头骨之谜》等。

赵建文,教授,中国政法大学法学博士,中国社会科学院国际法研究所研究员,中国社会科学院研究生院法学系教授、博士生导师。专著:《论和平共处五项原则》《国际法新论》。

赵劲松,大连海事大学学士、硕士,英国南安普顿大学博士。华东政法大学国际航运法律学院院长、教授、博士生导师。

赵可,男,1940年生,公安部公共安全研究所原副所长、研究员,中国人民公安大学研究生导师,中国犯罪学研究会副会长,多年从事犯罪学、警学与被害人学研究。出版有《犯罪学通论》《被害者学》等。

赵廉慧,男,中国政法大学民商经济法学院教授。研究领域:民商法(信托法,财产法)、社会法基础理论。著作:《债法总论要义》等。

赵玲,女,1978年生,法学学士、硕士、博士,对外经济贸易大学法学院副教授。研究领域:公司法、财税法、经济法。著作:《公司治理:理论与制度》等;译著:《公司治理的循环性危机》《国外可再生能源法律译编》等。

赵儒煜,教授,经济学博士,博士生导师,吉林大学东北亚研究院副院长,东北亚研究院区域经济研究所所长。研究领域:区域经济、产业经济、国际经济等。著作:《日本经济纵横论》等。

赵淑美,毕业于北京对外贸易学院,法国里尔第三大学"深入研究文凭"(博士注册资格文凭),天津外语学院法语教研室任教,1993年受法国杜埃上诉法院特聘为司法翻译。译著:法国小说《总统轶事》。

赵苏苏,曾任翻译和编辑。译有二十多部文学作品:爱伦·坡的《莫格街凶杀案》《查特莱夫人的情人》等。

赵维田,1926年生,河北人,著名国际航空法、国际贸易法专家,1946年入南京中央大学(新中国成立后更名为"南京大学")政治系、法律系,生前为中国社会科学院法学研究所国际法教授、研究员,对外经济贸易部 WTO 法律顾问。译著:《国际法导论》等;专著:《论三个反劫机公约》《国际航空法》等。

赵星,重庆人,浙江大学博士,美国印第安纳大学访问学者,华东师范大学教授,2014年9月起于华东师范大学从事研究教学工作,任信息管理系主任。

赵秀举,法学博士,上海交通大学凯原法学院副教授,硕士生导师。研究方向:民事诉讼法、强制执行法、证据法。著作:《德国、英国与中国非金钱债权强制执行的比较研究》。

赵秀文,女,1951年生,中国人民大学法学院教授,硕士、博士研究生导师。研究方向:国际商法、国际商事仲裁法、国际经济法、世界贸易组织法。著作:《国际商事仲裁及其适用法律研究》等。

赵旭东,男,1959年生,山东人,中国教育部"长江学者"。研究领域:商法学、公司法学、合同法学。著作:《企业法律形态论》《法人制度论》等;论文:《论我国公司法的调整对象》《论企业集团的法律问题》等;译著:《合同法》等。

赵雪纲,男,博士,中国政法大学法学院副教授。研究领域:法理学、自然法理论、政治哲学。专著:《法理学》;译著:《〈利维坦〉附录》等。

赵艳敏,法学博士,苏州大学法学院副教授。

赵阳,先后在北京大学和德国弗赖堡大学学习法律,取得法学学士、硕士学位,并取得斯特拉斯堡国际比较法学院一级比较法文凭。曾在弗赖堡大学学习古典语言学(拉丁文及古希腊文），曾经供职于中国国际经济贸易仲裁委员会和德国马克斯·普朗克外国刑法与国际刑法研究所，现在德国从事法律实务工作。

赵永琛，男，汉族，海南人，1959年生，北京大学法学院博士研究生毕业，曾任中国驻格林纳达特命全权大使，国际刑法学家，反恐专家。

赵渊，英国斯特拉斯克莱德大学法学博士，华东政法大学国际金融法律学院讲师、硕士生导师。主要从事公司法和上市公司治理研究。

甄西，1956年生，四川人，文学硕士，日本出版业研究学者，新闻出版署工作。译著：《出版大崩溃》《出版大冒险》《动漫创意产业论》等。

甄贞，女，1958年生，河北安平人，法学博士，北京市人民检察院副检察长。研究领域：中外刑事诉讼法学、法学教育与改革、中国司法制度与改革等。著作：《香港法律制度》《中国审判案例要览》等。

郑成思，男，1944年生，毕业于北京政法学院法律系，1981至1983年在英国伦敦经济学院研究生院学习，任中国社会科学院学部委员、中国社会科学院知识产权研究中心主任。著作：《知识产权文丛》《知识产权论》等。

郑达轩，男，副教授，外国语言学和应用语言学硕士生导师，西南政法大学外语学院教师。著作：《新帕尔格雷夫法经济学词典》《各国法律制度概况》等。

郑戈，1972年生，法学博士，上海交通大学凯原法学院教授。研究领域：中国宪法、比较宪法和法理学。著作：《法律与现代人的命运：马克斯·韦伯法律思想研究导论》《西方法律思想史》等；译著：《法律的道德性》《第三条道路——社会民主主义的复兴》等。

郑海平，男，1984年生，甘肃人，博士，对外经济贸易大学法学院副教授。研究方向：宪法学、网络与传媒法。

郑红丽，女，1977年生，副教授，法学博士。研究领域：犯罪心理学基础理论与研究方法、青少年犯罪、言词真实性识别技术、罪犯评估与矫治。著作：《中国犯罪心理学研究综述》；译著：《说谎心理学》等。

郑欢，成都理工大学外国语学院副院长、教授、硕士研究生导师。研究方向：英语语言文化、语义学、翻译学。

郑军男，男，生于1974年，法学学士、硕士、博士，吉林大学法学院教授。研究领域：中国刑法学，外国刑法学，比较刑法学。著作：《刑法新立罪的理论与实践》等。

郑磊，浙江大学宪法学与行政法学副教授，法学博士。先后以《宪法审查的启动要件》《宪法学方法论的特殊性》为博士论文、博士后出站报告。

郑鹏程，男，1964年出生，副教授，法学理论专业硕士研究生导师，主要讲授法理学、西方法律思想史、现代西方法理学等课程。

郑胜利，男，北京大学知识产权学院常务副院长、教授、博士生导师。研究方向：计算机技术、知识产权、科技法、专利、技术许可、计算机法律保护。

郑卫华，国家质检总局质量管理司助理巡视员。

郑旭，男，1972年生，法学学士、硕士、博士。中国政法大学刑事司法学院副教授、刑事诉讼法研究所副所长。研究领域：证据立法、英国司法改革、美国宪法刑事诉讼等。著作：《刑事诉讼法学》《非法证据排除规则》等；译著：《刑事诉讼革命的失败》等。

郑永流，湖北省人，法学博士，博士生导师，中国政法大学中欧法学院教授，主讲法理学、法社会学和比较法总论。著作：《转型中国的实践法律观》等；译著：《当代法哲学和法律理论导论》等。

郑云瑞，男，1965年出生，法学博士，民商法教授，深圳仲裁委员会和沈阳仲裁委仲裁员。研究领域：民法总论、物权法、合同法等。著作：《公司法论》《民法总论》等；译著：《合同法的丰富性：当代合同法理论的分析与批判》等。

郑淑红，在通信及互联网行业中的龙头企业拥有20年教育培训、设计开发管理和技术编写经验。研究领域：大数据产品和服务、通信专业知识、软硬件设计，通过跨界合作创新提高品质和效率。

郑育家，男，上海交通大学安泰经济与管理学院讲师。研究领域：电子商务、合同经济学、组织经济学等。著作：《企业性质、政府行为与真实控制权安排》等；译著：《合同理论》等。

支振锋，北京大学政治学博士后，中国社会科学院法学博士，中国社科院法学研究所研究员、教授，《环球法律评论》杂志副主编。研究方向：法治建设、比较政治、网络空间治理与法治等。译著：《社会因何要异见》等。

中国人民大学苏联东欧研究所，于1964年7月经教育部批准组建，是国内最早成立的国际问题研究所之一，也是当时国内集中研究苏联和东欧国家政治经济具有重要学术地位和重大学术影响的教学科研机构之一。

中国社会科学院法学研究所，是中国国家级法学研究机构、党和国家重要的法治智库，主要任务是开展法学基础理论研究与法治建设对策研究。

钟芳，安徽大学法学院副教授。

钟洪明，研究领域：经济法、法理、法史等；论文：《论股权众筹发行豁免注册的制度构建——基于美国及台湾地区经验之比》等。

钟瑞华，1975年生，江苏人，民商法博士，中国社会科学院国际法研究所国际经济法副研究员。研究方向：消费者保护法、政府管制和欧洲私法。译著：《现代契约法的反思性与福利性》等；著作：《权利革命之后》等。

钟书锋，男，1969年出生，江西人，民商法学博士，担任深圳市宝安区人民检察院侦查二科科长、深圳仲裁委员会仲裁员。译著：《旧制度与大革命》《萨达那：生命的证悟》等。

钟卫，中国人民大学公共管理学院公共管理定量分析研究所副教授，经济学博士、博士后。研究方向：应用统计学、科技统计。

钟鹰翔，青年翻译家，译著有《塔利班》等十余种图书。

周超，男，陕西人，法学博士，重庆大学法学院副教授、硕士生导师。研究领域：国际法、民商法、文化法。著作：《公司治理法律问题研究》等；译著：《日本知识产权法》等。

周大伟，旅美学者，中国社科院法学所特聘研究员。

周汉华，中国社会科学院法学研究所研究员、教授、博士生导师。专著：《政府监管与行政法》《现实主义法律运动与中国法制改革》等。

周江洪，法学学士、硕士，日本国神户大学民法学方向博士。浙江大学光华法学院教授，博士生导师。

周杰，上海海事大学法学院讲师，法学博士。

周珂，中国人民大学法学院教授，中国环境资源法学研究会常务理事。研究方向：环境资源法、民法、经济法、房地产法等。

周黎，河北人，工程师、保密师，毕业于西安电子科技大学，多次在《保密科学技术》等相关杂志刊物上发表文章，中国航天科技集团公司静电防护技术中心工程师，中国计算机学会理事会成员。

周林，男，河南人，法学硕士、博士，中国社科院知识产权中心副主任。译著：《艺术法概要》等；著作：《美术家著作权保护》《艺术法实用手册》等。

周林刚，男，法学博士，华东师范大学政治学系讲师、政治学系师资博士后，华东师范大学世界政治研究中心研究员。研究领域：宪法与政治哲学、国际法与历史哲学。译著《身披法袍的正义》《政治多元论：当代政治理论研究》等。

周强，男，1960年生，湖北人，西南政法学院民法专业法学硕士，曾任最高人民法院院长。

周武，1964年生，历史学硕士，上海社会科学院世界中国学研究所副所长。主要从事中国近代社会变迁，特别是近代文化变迁的研究。著作：《近代中国社会的新陈代谢》《中国遗书精选》等。

周玉辉，民商法学专业博士研究生，美国亚利桑那大学联合培养博士研究生。研究领域：侵权法和保险法。

周维明，江苏南京人，2008年起开始学习拉丁文、古希腊文，中国社会科学院研究生院刑法学专业博士生。译有《诙谐的断代史》《阿提卡之夜》等。

周伟，1956年生，四川人，法学博士，四川大学法学院教授、博士生导师，美国耶鲁大学法学院、德国Max-Planck比较公法与国际法研究所访问学者，四川大学人权法律研究中心主任。

周伟文，男，华东政法大学法律系副教授。主要从事外国法制史和西方法律思想史的教学和研究。成果：《外国法制史》《法律导引》（译著）等。

周学峰，法学学士、硕士、博士，美国弗吉尼亚大学访问学者，北京航空航天大学法学院教授、博士生导师、商法与网络信息法研究中心主任。著作：《灾难性损害补偿制度研究》。

周翼，男，1964 年生，复旦大学经济学博士，复旦大学经济学院经济学系副教授。

周友军，北京航空航天大学法学院副教授，法学博士、博士后，德国图宾根大学进修。

周枬，字叔厦，男，1908 年生，比利时鲁文大学政治外交硕士、法学博士，1982 年任安徽大学民法学教授、研究生导师，直至 1990 年退休。著作：《民法概论》《法学绪论》等；主编：《民法》（上海知识出版社 1981 年出版）、《经济法》（上海知识出版社 1982 年出版）等；发表有关罗马法和民商法的论文多篇。

周长征，法学博士，南京大学法学院副教授、硕士生导师。研究方向：劳动法、社会保障法、经济法、国际法。专著：《劳动法原理》等；译著：《社会保障法》。

周振杰，北京师范大学教授、博士生导师，日本早稻田大学访问学者，现任安徽师范大学法学院院长（挂职）。研究领域：外国刑法、中国刑法、国际刑法。主要成果：《日本死刑司法控制的经验及其借鉴》《关于特别没收程序最新司法解释的两点解析》等。

周忠海，1945~2021 年，中国政法大学法学教授，国际法学专业、军事法学专业博士生导师，中国海洋法学会副会长。著作：《国际法学述评》《国际经济关系中的法律问题》等；译著：《合同法概论》《英汉辞海》等。

周子亚，男，1911 年生于杭州，毕业于中央政治学校大学部行政系、外交系，柏林大学国际法硕士，毕业后在外交部工作。著作：《现代外交家传记》《当代国际人物》等；译著：《国际公法》《瑞典的仲裁》等。

周宗宪，男，辅仁大学法律学研究所博士，文化大学政治学研究所政治理论组硕士，东京大学法律学系司法实务组学士，担任日本国立北海道大学法学研究科外国人客员研究员、招聘研究员等。

朱安康，浙江人，中国外交家，1953 年入北京大学学习，1958 年毕业于匈牙利罗兰大学历史系，曾任中国驻匈牙利大使。

朱曾汶，1923 年生，著名翻译家，以麦黛玲为笔名写了大量关于好莱坞影片、影星的评价和报道文章。译作：电影剧本《左拉传》等。

朱虎，男，1982 年出生，安徽人，中国政法大学民商法学博士、中国人民大学法学院教授。研究领域：民商法、比较法。著作：《法律关系与私法体系：以萨维尼为中心的研究》等；译著：《当代罗马法体系》（第一卷）、《蒂堡和萨维尼论战文选》等。

朱晋卿，江苏籍，留美学士，《中华人民共和国专利法》十位起草人之一。

朱景文，男，中国人民大学教授、博士研究生导师，中国人民大学法律与全球化研究中心主任。研究方向：法理学、法社会学、比较法学、法律与全球化、当代西方后现代法学。代表作品：《比较法社会学的框架和方法》等。

朱靖江，中央民族大学影视人类学中心主任，民族学与社会学学院教授，北京大学社会学系博士。著作：《民族志纪录片创作》；译著：《中国国家地理自然百科系列：探险》等。

朱奎彬，男，博士，西南交通大学法学副教授、硕士研究生导师。研究方向：诉讼法学、证据法学、司法制度学、比较法学教育。

朱利江，男，法学学士、硕士、博士，瑞典隆德大学瓦伦堡人权与人道法研究所法学硕士，中国政法大学国际法学院教授。研究方向：国际刑法、国际人道法、国际人权法等。著作：《国际法》等；译著：《腐败、工人权利和良性治理》等。

朱琳，中国政法大学法学博士，中国政法大学外国语学院副教授。著作：《中华人民共和国刑事政策研究》《法国当代刑事政策研究及借鉴》等。

朱芒，法学学士，日本国京都大学研究生院法学研究科公法专业行政法硕士，法学博士，上海交通大学法学院教授，北京大学宪法与行政法研究中心研究员。著作：《行政法与行政诉讼法学》《行政诉讼法学》等。

朱淼，法学硕士，开封大学财政经济学院讲师。

朱奇武，男，1917年生，安徽人，毕业于燕京大学，南京中央大学法学院法学硕士，英国牛津大学研究院哲学博士，中国政法大学教授，回国后先后在燕京大学和北京大学做过助教和讲师。

朱苏力，男，汉族，江苏人，1955年生，教授，博士学历，博士生导师，2001年至2010年任北京大学法学院院长。研究方向：中国法律、西方法律史、美国商税法、法社会学、美国法律制度、法哲学、法律经济学分析、比较法、比较法律文化。代表作品：《法治及其本土资源》《制度是如何形成的》《送法下乡》《阅读秩序》。

朱伟东，男，河南人，中国海洋大学和湘潭大学教授、研究员，中国非洲史学会理事，中国亚非学会理事，中国国际私法学会理事。

朱晓青，女，法学学士、硕士，中国社会科学院国际法研究中心研究员，中国社会科学院研究生院教授。研究领域：国际法基本理论、国际条约法、国际人权法等。著作：《欧洲人权法律保护机制研究》等。

朱兴有，男，1955年生，毕业于西南政法大学法律系，任该系主任，中国法学会西部开发法律研究会理事、教授。专著：《中国民事审判学》《新型经济犯罪研究》。

朱岩，男，中国人民大学法学院教授，博士生导师。研究领域：中国民法、中国商法、德国民法、欧洲私法、比较法。专著：《侵权责任法通论·总论》《中国侵权法模范法典——条文与立法理由》；译著：《法律与历史》等。

朱羿锟，男，生于1967年，四川人，四川外语学院学士（英语），西南政法学院法学硕士（民商法），暨南大学经济学博士（产业经济），历任暨南大学法学院副院长、法学院院长等。研究方向：商法、国际商法、侨务法等。

朱勇，男，汉族，1955年生，安徽人，法学博士，中国政法大学教授，博士生导师。著作：《中国法律的艰辛历程》等。

朱育璜，同济大学法学院兼职教授，外交部法律顾问。

朱志昊，男，1984 年出生，河南人，法学学士、硕士、博士，华南理工大学法学院副教授。研究方向：法理学、立法学、政治哲学。著作：《法学研究方法》等。

竺家荣，著名翻译家，原籍浙江，1981 年毕业于国际关系学院，研究生学历，专攻日本近现代文学。译著：《失乐园》《近似无限透明的蓝色》等。

庄敬华，女，法学博士，中国政法大学民商经济法学院教授。研究领域：环境法学、民法学。

邹国勇，男，武汉大学国际法学院副教授。

邹建华，男，汉族，1955 年生，湖南人，教授，1995 年始享受国务院政府特殊津贴。代表著作：《国际商法》一至五版、《国际商法学习指导》一至五版等。

邹文星，1967 年出生，日本国立广岛大学法学博士，曾担任民事审判庭副庭长，日本社会保障法学会会员，福建省法学会劳动法专业委员会委员。研究方向：社会保障法、宪法、行政法、法理以及日本法（行政法、社会保障法、宪法）。

后 记

对事实的热爱和好奇是这些文字成书的最大动力。

五年前读到的两篇文章促使笔者坚定了做法学翻译基础研究的决心，一篇是苏力教授的《当代中国的法学著作翻译——从制度或经济学的角度考察》，另外一篇是贺卫方教授的《1949年以来中国的法律翻译》。两篇文章都很关注中国法学发展过程中法律翻译的现实情况，比如汉译法学著作都有什么，谁是译者，如何翻译，不同时期的译介情况、各个国家的译介情况、各部门法的译介情况，等等。掌握可靠的大规模的译著数据是回答上述问题的钥匙，而且有了一手数据，后续汉译法学著作就有了选题和研究的事实依据。但翻遍文献，只有短时期、阶段性或某法学领域的零散的数据整理，没法拼成一段时期汉译法律著作的完整样态。

收集译著信息工作量庞大，工作枯燥、耗时耗力，需要细心耐心。这些我预料到了，但是初期的收集工作还是花了三年时间。期间我频繁造访首都图书馆、北京图书馆，在美访学时的伯克利东亚图书馆，还经历了三九天儿为查馆藏CD中的数据，早6：30在首图门口排队与流浪汉们抢电脑的插曲，深感到图书馆服务的意识、态度、方式对研究方方面面的影响。

因此，我自认为这部书附录一的译著信息和附录二的译者信息价值最大，它为改革开放后汉译法学著作记录了事实，描绘了轮廓，数据摆在那，有价值的研究点不言自明。它可以作为后续法律翻译和法学译著研究的基础，也是法律移植、法律文化交流研究的依据之一。

如有感兴趣的读者需要电子版附录，敬请联系 ireneweiheng@163.com。

译著和译者信息庞杂，收集和整理过程中难免出纰漏，如发现信息有误，也请指正。

最后要感谢家人对我的支持。我的父亲独自照料久病直到去世的母亲，我的先生默默承担了我不干的家务，我的女儿也逐渐独立。没有家人的支持，很难想象我是否能完成这本书。

我的两位研究生,杜晗和莫雨,在读期间也帮助我整理了部分资料,在此表示感谢。感谢张宁律师提供的帮助。还要感谢中国政法大学出版社的余娟和隋晓雯两位老师的帮助和宝贵建议。

魏 蘅

2022 年 8 月于北京